HEISE

Mark Nelson

Datenkomprimierung

Effiziente Algorithmen in C

Verlag Heinz Heise

Die Deutsche Bibliothek – CIP-Einheitsaufnahme

Nelson, Mark:
Datenkomprimierung : effiziente Algorithmen in C / Mark Nelson. [Dt. von Otto Fischer]. – Hannover : Heise, 1993
Einheitssacht.: The data compression book <dt.>

ISBN 3-88229-022-6

Originaltitel: (ISBN 1-55851-216-0) The Data Compression Book
by Mark Nelson

Deutsch von: Otto Fischer, Wiesbaden

Printed in Germany 5 4 3 2 1
1997 96 95 94 93

Umschlaggestaltung: MB-GRAFIK-DESIGN, Hannover
Druck: Runge GmbH, Cloppenburg

ISBN 3-88229-022-6

Inhalt

Danksagung

Ich möchte hier die Möglichkeit ergreifen und allen Leuten danken, durch die dieses Buch möglich wurde: Denise, Joseph und Kaitlin für ihre Geduld und ihre Unterstützung. Tova und Robert, die mir gut zuredeten und mir halfen den Zeitplan (fast) einzuhalten. Und Robert X. Cringley, der mir die Geheimformel zum Schreiben dieses Buches anvertraute. Ganz besonders möchte ich Jon Erickson danken, ohne den dieses Buch gar nicht zustande gekommen wäre.

Mark Nelson

Ich folgerte daraus, daß wir Kinotropisten in Großbritannien zu den geschicktesten Programmierern von Computern aller Art gezählt werden müssen und daß alle im Bereich der Datenkomprimierung erzielten Fortschritte ihren Ursprung in kinotropischen Applikationen haben.

An dieser Stelle unterbrach er noch einmal und fragte, ob ich wirklich »Datenkomprimierung« gesagt hatte und den Ausdruck »algorithmische Komprimierung« kannte. Ich versicherte ihm, daß dem so sei.

The Difference Engine
William Gibson und Bruce Sterling

Vorwort

Möchten Sie wissen, wie Programme wie PKZIP und LHArc funktionieren, sollten Sie dieses Buch lesen. Die in diesen Programmen verwendeten Komprimierungstechniken werden detailliert beschrieben und durch Beispielprogramme illustriert. Nach Lektüre sind sogar C-Programmierneulinge in der Lage, vollständige Komprimierungs-/Archivierungsprogramme zu schreiben, die auf alle Betriebssysteme und Hardwarekonfigurationen übertragen werden können.

Möchten Sie Datenkomprimierungstechniken in andere Programme einbauen, ist das Buch ein wertvolles Hilfsmittel. Es enthält Dutzende von C-Programmen, die ganz einfach in Ihren Applikationen untergebracht werden können. Umfassende Erklärungen der verschiedenen Komprimierungsmethoden helfen Ihnen bei der Erstellung von Programmen, die mit Datenkomprimierungstechniken arbeiten.

Wollen Sie wissen, warum verlustbehaftete Datenkomprimierung der Schlüssel für die Multimedia-Revolution ist, brauchen Sie diese Buch. Die DCT-Komprimierung die zum Beispiel vom JPEG-Algorithmus angewandt wird, wird detailliert behandelt. Hilfsprogramme ermöglichen Ihnen das Experimentieren mit dieser faszinierenden neuen Technologie.

Datenkomprimierung ist ein umfassendes Handbuch für diesen wichtigen Bereich. Kein anderes Buch enthält solche genauen Beschreibungen der Komprimierungsalgorithmen oder der C-Implementationen dieser Algorithmen. Möchten Sie auf diesem Gebiet arbeiten, ist es für Sie unentbehrlich.

Die Quelltextdiskette zum Buch

Warum sollten Sie den gesamten Quelltext des Buches von Hand eingeben, wenn alle Informationen auf Diskette vorliegen? Im gesamten Text kommen Programmbeispiele vor und die zum Buch gehörende Diskette (PC/MS-DOS-Format) enthält den Quelltext für alle aufgeführten Programmbeispiele.

1 Einführung in die Datenkomprimierung

Der Hauptzweck dieses Buches besteht darin, die verschiedenen Datenkomprimierungstechniken zu beschreiben, die in Verbindung mit der Programmiersprache C eingesetzt werden können. Mit Hilfe der Datenkomprimierung ist es möglich, die Anzahl der Bit zu verringern, die zum Abspeichern oder Übermitteln von Informationen benötigt werden. Sie lernen eine Vielzahl von Soft- und Hardware-Komprimierungstechniken kennen, die sich teilweise so voneinander unterscheiden, daß sie nichts gemeinsam haben, außer der Tatsache, daß sie Daten komprimieren. Der LZW-Algorithmus beispielsweise, der in der CompuServe GIF-Spezifikation eingesetzt wird, hat in der Tat überhaupt nichts mit der CCITT G.721-Spezifikation zu tun, die zur Komprimierung digitalisierter Töne, die über Telefonleitungen übermittelt werden, verwendet wird.

In diesem Buch kann nicht jede der verschiedenen Techniken behandelt werden. Dazu ist die Materie im Laufe der letzten 25 Jahre einfach zu komplex geworden. Sie erfahren dagegen, wie die Techniken funktionieren, die am häufigsten auf Personal- und mittleren Computern eingesetzt werden. Dazu gehört die Komprimierung von Daten, Tönen, Grafiken und binären Programmen.

Außerdem werden im vorliegenden Buch keine Datenkomprimierungstechniken behandelt, oder wenn, dann lediglich gestreift, die in der Praxis nur mit Hilfe von Hardwarekomponenten funktionieren oder die Hardwareapplikationen benötigen. Viele der heute existierenden Stimmen-Komprimierungsschemata wurden bei der Entwicklung auf die weltweit eingesetzten festen Bandbreiten der digitalen Telekommunikationsnetzwerke abgestimmt. Diese Schemata sind zwar hochinteressant, aber sie erfordern den Einsatz spezieller Hardware, die auf die feste Bandbreite des Kommunikationskanals ausgerichtet ist. Andere Algorithmen, die diese Anforderungen nicht erfüllen müssen, werden zur Komprimierung digitalisierter Stimmen auf PCs herangezogen. Diese Algorithmen sind im allgemeinen leistungsfähiger.

Einige der interessantesten Aspekte betreffen Techniken, die erst mit der heutzutage verfügbaren leistungsfähigeren Hardware möglich wurden. Die verlustbehaftete Bildkomprimierung beispielsweise, die bei Multimediasystemen Verwendung findet, kann jetzt auch auf Standardcomputersystemen implementiert werden. In diesem Buch erfahren Sie, wie man mit einigen der in diesen Techniken eingesetzten Algorithmen experimentieren kann und wie diese Algorithmen implementiert werden.

An wen sich dieses Buch wendet

Sie müssen über Grundkenntnisse im Programmieren verfügen, damit Sie den Ausführungen, die die Quelltexte zur Datenkomprimierung begleiten, folgen können. Außerdem ist es notwendig, blockweise strukturierten Quelltext, wie er bei C oder Pascal Verwendung findet, lesen zu können. Zusätzlich ist es erforderlich, die Computerarchitektur gut genug zu kennen, um in der Lage zu sein, bit-orientierte Operationen, wie Shifting, logische Oder- sowie Und-Verknüpfungen usw. zu verstehen.

Das heißt jedoch nicht, daß Sie ein C-Guru sein müssen, damit Ihnen dieses Buch von Nutzen ist. Sie müssen noch nicht einmal Programmierer sein. Die Fähigkeit, zu Quelltext lesen, ist jedoch unabdingbar, da die hier behandelten Konzepte mit portablen C-Programmen illustriert werden. Der C-Quelltext wurde so verständlich wie möglich gehalten, damit auch C-Neulinge eine Chance haben, die Programme zu verstehen. Die etwas esoterischen C-Konstruktionen wurden weggelassen, aber es handelt sich immer noch um C- und nicht um Pseudocode.

Warum C?

Die Verwendung von C zur Illustration von Datenkomprimierungsalgorithmen kann zu einigen Schwierigkeiten führen. Normalerweise hätte man zur Skizzierung der Algorithmen Pseudocode verwendet. Aber die mangelnde Genauigkeit eines Pseudocode-»Programmes« führt häufig zu verschwommenen und unvollständigen Definitionen voller Zeilen wie »DIE DATEI SOLANGE BEARBEITEN, BIS KEINE DATEN MEHR VORLIEGEN«. Pseudocode ist zwar leichter zu lesen, aber läßt sich nicht ohne weiteres in ein funktionierendes Programm umsetzen.

Werden mit Pseudocode keine befriedigenden Ergebnisse erzielt, kann als nächstes eine konventionelle Programmiersprache herangezogen werden. Obwohl es Hunderte von Auswahlmöglichkeiten gibt, scheint C aus mehreren Gründen für diese Art von Buch die beste Wahl zu sein. Zum einen wurde C in vielerlei Hinsicht zur Verkehrssprache der Programmierer. Daß C-Compiler auf Computern mit einem einfachen 8051-Mikrokontroller bis hin zu Supermaschinen, die in der Lage sind, 100 Millionen Anweisungen pro Sekunde (MIPS) auszuführen, zur Verfügung stehen, mag viel damit zu tun haben. Es heißt aber nicht, daß alle Programmierer nur mit C arbeiten. Es bedeutet lediglich, daß die meisten Programmierer sehr wahrscheinlich über einen C-Compiler verfügen und aller Voraussicht nach häufig mit C-Quelltext zu tun haben. Deshalb ist der Großteil der Programmierer, der mit anderen

Sprachen arbeitet, auch in der Lage, mit C zu programmieren, und noch mehr können C-Quelltext zumindest lesen.

Ein zweiter Grund für den Einsatz von C ist, daß C eine Sprache ohne allzugroße Überraschungen ist. Die wenigen Konstruktionen, die als grundlegende Sprachelemente dienen, können ohne viel Aufwand in andere Sprachen übersetzt werden. Ein Datenkomprimierungsprogramm, das mit Hilfe von C illustriert wird, kann relativ einfach in ein funktionierendes Pascal-Programm übertragen werden. Sogar Assemblerprogrammierer werden den Vorgang als relativ harmlos empfinden.

Vorwiegend wird C jedoch aus Effektivitätsgründen eingesetzt. C wird häufig als eine Art Assemblerhochsprache angesehen, da C es dem Programmierer erlaubt, recht nah an die Hardware zu kommen. Trotz der immer weitergehenden Optimierung neuerer C-Compiler sieht es allerdings nicht so aus, als ob C jemals die Geschwindigkeit oder den geringen Umfang von mit der Hand geschriebenen Assemblerprogrammen übertreffen wird. Dieser Nachteil wird jedoch dadurch wettgemacht, daß C-Quelltext einfach auf andere Maschinen übertragen werden kann. C ist also, wie Sie sehen können, für dieses Buch die erste Wahl.

Welches C?

Auch wenn C als »portable« Sprache angepriesen wird, kann nicht garantiert werden, daß ein C-Programm, das auf einer bestimmten Maschine kompiliert werden kann und abläuft, dies auf jedem anderen Computer ebenfalls tut. Es kann vielleicht nicht einmal auf demselben Computer kompiliert werden, wenn ein anderer Compiler benutzt wird. Es ist wichtig zu wissen, daß nicht C portabel ist, sondern daß es portabel sein kann. Der Quelltext dieses Buches wurde so gehalten, daß er portabel ist. Er kann deshalb ohne Schwierigkeiten mit verschiedenen Compilern kompiliert werden und läuft auf unterschiedlichen Systemen. Die folgenden Compiler/Programmierumgebungen wurden verwendet:

- Microsoft C 6.0, MS-DOS 3.3/5.0
- Borland C++ 2.0, MS-DOS 3.3/5.0
- Zortech C++, MS-DOS 3.3/5.0 mit 286- und 386-DOS-Extendern
- Interactive Unix System 3.2 mit dem portablen C-Compiler

Eine wichtige Grundlage für die Portabilität sind Bibliotheksfunktionsaufrufe. Obwohl die Programmiersprache C sehr gut von Brian W. Kernighan und Dennis M. Ritchie, (Die *Programmiersprache C* [München 1988, 1990]) definiert wurde, blieb die Implementation der Laufzeit-Bibliothek völlig dem Gutdünken des Implementors überlassen. Glücklicherweise gelang es dem Nationalen Amerikanischen Standardinstitut (ANSI) 1990 die C-

Sprachspezifikation zu vervollständigen. Das Ergebnis wurde zum ANSI-Standard XJ11.34. Durch diesen Standard wurde die ursprüngliche Sprachspezifikation von Kernighan und Ritchie (K&R) nicht nur erweitert und festgelegt, sondern es wurde auch noch die Definition einer Standard-C-Laufzeit-Bibliothek mitaufgenommen. Dadurch ist es jetzt wesentlich einfacher, Programme zu schreiben, die auf unterschiedlichen Maschinen lauffähig sind. Beim in diesem Buch vorliegenden Quelltext wurde darauf geachtet, nur ANSI-C-Bibliotheksaufrufe zu verwenden. Compilerabhängige Erweiterungen sowohl der Sprache als auch der Bibliothek wurden weitestgehend vermieden.

Durch die Standardisierung der Bibliotheken konzentrieren sich die verbleibenden Portabilitätshindernisse auf zwei Dinge: die Größe der Datentypen und den Umgang mit widerspenstigen Compilern. Die Mehrzahl der Datentypenkonflikte entsteht beim Wechsel zwischen 16- und 32-Bit-Maschinen.

Zum Glück ist es ziemlich einfach, den Wechsel zwischen 16- und 32-Bit-Maschinen zu bewältigen. Obwohl der Basisintegertyp einmal 16 und das andere Mal 32 Bit einnimmt, verfügen beide Maschinen über einen 16 Bit umfassenden »short int«-Datentyp, und ein »long int« besteht bekanntermaßen im allgemeinen auf beiden Maschinen aus 32 Bit. In Fällen, bei denen die Größe eines Integers eine Rolle spielt, kann er mit der richtigen Deklaration entweder auf 16 oder auf 32 Bit festgelegt werden.

Bei fast allen heutzutage eingesetzten Computern umfaßt die C-Compiler-Implementation eines »char«-Datentyps 8 Bit. In diesem Buch werden wir die Tatsache, daß andere Größen existieren, einfach übergehen und uns mit 8-Bit-Zeichen begnügen. Im allgemeinen ist die Übertragung der hier gezeigten Programme auf Maschinen mit unüblichen char-Größen nicht sehr schwierig, aber wenn wir darauf zuviel Zeit verwenden, kommt dadurch das eigentlich Wichtige dieser Programme zu kurz, nämlich die Datenkomprimierung.

Ein letzter wichtiger Punkt im Zusammenhang mit übertragbarem Quelltext ist das Problem der widerspenstigen Compiler. In der MS-DOS-Welt werden diese Schwierigkeiten umgangen, da dort ungefähr alle zwei Jahre ein Upgrade herausgegeben wird. Das bedeutet, daß die meisten Compilerhersteller bereits neue Versionen ihrer Compiler entwickeln konnten, die jetzt im Einklang mit dem ANSI-C-Standard stehen. Das trifft aber leider nicht auf viele Anwender anderer Betriebssysteme zu. Zum Beispiel benutzen UNIX-Anwender oft noch einen C-Compiler, den sie zusammen mit ihrem System kauften und der auf der älteren K&R-Sprachdefinition basiert. Das ANSI-C-Komitee unternahm große Anstrengungen, um das ANSI-C ausgehend vom K&R-C aufwärts kompatibel zu gestalten, trotzdem müssen wir mit einigen Problemen rechnen.

Das erste Problem tritt bei der Verwendung von Funktionsprototypen auf. Beim K&R-C wurden Funktionsprototypen grundsätzlich nur dann eingesetzt, wenn es nötig war. Der Compiler nahm an, daß jede nicht zuvor deklarierte Funktion einen Integer als Rückgabewert besitzt, und er akzeptierte dies ohne Klagen. Übergab eine Funktion etwas Unübliches – etwa einen Zeiger oder einen Long-Integer – erstellte der Programmierer zur Information für den Compiler einen Funktionsprototyp:

```
long Suche_String();
```

Bei diesem Beispiel wies der Prototyp den Compiler an, Code zu generieren, der erwartet, daß die Funktion anstelle eines int ein long übergibt. Zu mehr waren Funktionsprototypen eigentlich nicht nutze. Deshalb machten viele C-Programmierer, die mit dem K&R-Standard arbeiteten, wenig oder keinen Gebrauch von Funktionsprototypen. Falls doch welche in einem Programm auftauchten, war das ungewöhnlich.

Auch wenn das ANSI-C-Komitee nicht versuchte, die grundlegenden Eigenschaften von C zu verändern, waren sie nicht bereit, die potentiellen Verbesserungen, die sich aus der Erweiterung der Sprache durch Funktionsprototypen ergeben, aufzugeben. Beim ANSI-C legt ein Funktionsprototyp nicht nur den Übergabetyp einer Funktion sondern auch den Typ aller Argumente fest. Die vorher gezeigte Funktion zum Beispiel besitzt bei einem ANSI-C-Compiler möglicherweise den folgenden Prototyp:

```
long Suche_String( FILE *Eingabe_Datei, char *String );
```

Aufgrund dieser Anweisung generiert der Compiler den richtigen Code für den Übergabetyp, und überprüft außerdem, ob die richtigen Argumenttypen und die richtige Argumentanzahl vorliegt. Eine Hauptfehlerquelle bei C besteht darin, den falschen Argumenttyp oder die falsche Anzahl von Argumenten zu übergeben. Deshalb war das Komitee zurecht der Meinung, daß durch die Einführung dieser Form der Typüberprüfung in C ein Schritt vorwärts gemacht wurde.

Bei vielen ANSI-C-Compilern wird nachdrücklich zum Einsatz der ANSI-Funktionsprototypen geraten. Deshalb generieren viele Compiler einen entsprechenden Warnhinweis, sobald eine Funktion ohne dazugehörigen Prototyp eingesetzt wird. Dies ist natürlich wünschenswert, aber dieselben Funktionsprototypen können in Verbindung mit einem noch so guten portablen C-Compiler unter UNIX nicht eingesetzt werden.

Der Ausweg aus diesem Dilemma ist zwar nicht besonders gut, aber er erfüllt seinen Zweck. Unter ANSI-C weist die Definition des vordefinierten Makros __STDC__ immer darauf hin, daß der Quelltext von einem höchstwahrscheinlich ANSI-kompatiblen Compiler kompiliert wird. Man kann den Präprozessor so beeinflussen, daß er bestimmte Bereiche der Headerdateien aktiviert oder deaktiviert, abhängig davon, ob ein kompatibler Compiler verwendet wird oder nicht. Eine Headerdatei, die beispielsweise die Prototypen eines bitorientierten Programmpaketes beinhaltet, könnte wie folgt aussehen:

```
#ifdef __STDC__
FILE *open_bitstream( char *Datei_Name, char *Modus );
void close_bitstream( FILE *bitstream );
int read_bit( FILE *bitstream );
int write_bit( FILE *bitstream, int bit);
#else
FILE *open_bitstream();
void close_bitstream();
int read_bit();
int write_bit();
#endif
```

Die Präprozessoranweisungen verbessern das Erscheinungsbild des Quelltextes nicht gerade, aber sie werden zur Erstellung von portablen Programmen benötigt. Da die Programme in diesem Buch darauf ausgelegt sind, daß der Compiler sie auf seiner höchsten Warnebene kompiliert, gehören einige »#ifdef«-Anweisungen einfach dazu.

Ein zweites Problem der K&R-C-Compilerfamilie ergibt sich aus dem eigentlichen Funktionskörper. Beim K&R-C kann eine Funktion über eine Definition wie die folgende verfügen:

```
int foo( c )
char c;
{
/* Funktionskörper */
}
```

Wird dieselbe Funktion unter Verwendung eines ANSI-C-Funktionskörpers geschrieben, sieht sie so aus:

```
int foo ( char c )
{
/* Funktionskörper */
}
```

Die beiden Funktionen sehen zwar gleich aus, aber die ANSI-C-Regeln bewirken eine unterschiedliche Behandlung beider Varianten. Der K&R-Funktionskörper veranlaßt den Compiler, das char-Argument in einen Integer »umzuwandeln«, bevor es im Funktionskörper eingesetzt wird. Der ANSI-C-Funktionskörper verändert das char-Argument nicht. Die Umwandlung eines Typs in einen anderen führt zu vielen vertrackten Problemen in einem scheinbar gut geschriebenen Programm. Strengere Compiler geben deshalb Warnhinweise aus, sobald sie auf ein derartiges Problem stoßen.

Da K&R-Compiler die zweite Form des Funktionskörpers nicht akzeptieren, müssen Sie bei der Definition von char-Funktionsargumenten vorsichtig sein. Die Lösung besteht unglücklicherweise darin, entweder ganz auf char-Argumente zu verzichten oder sich der häßlichen »#ifdef«-Präprozessoranweisungen zu bedienen.

Die Spur halten

In diesem Buch wird auf »Komprimierungsgrade« und Komprimierungsstatistiken Bezug genommen. Damit die unterschiedlichen Komprimierungsformen einen gemeinsamen Bezugspunkt haben, beziehen sich die Komprimierungsstatistiken immer auf die Beispielkomprimierungsdateien, aus dem Kompressionswettbewerb des *Dr. Dobb's Journal* vom Februar 1991. Diese Dateien umfassen ungefähr 6 Megabyte Daten, die in drei fast gleich große Kategorien aufgeteilt sind. Die erste Kategorie umfaßt Text, bestehend aus Manuskripten, Programmen, Memos und anderen lesbaren Dateien. Die zweite Kategorie besteht aus binären Daten, wie Datenbankdateien, ausführbaren Dateien und Tabellenkalkulationsdaten. Die dritte Kategorie besteht aus Grafikdateien, die in einfachen Bildschirmhardcopyformaten abgespeichert sind.

Die in diesem Buch gezeigten und behandelten Programme werden anhand von drei Leistungsmaßstäben gemessen.

1. Wieviel Speicher wird vom Programm während der Komprimierung verbraucht. Die genaue Zahl wird so genau als möglich ermittelt.
2. Wie lange dauert es, bis das Programm alle *Dr. Dobb's*-Dateien komprimiert hat.
3. Der Komprimierungsgrad aller Dateien.

Unterschiedliche Personen berechnen mit unterschiedlichen Formeln Komprimierungsgrade. Einige bevorzugen Bit pro Byte. Andere arbeiten mit Quotienten wie 2:1 oder 3:1 (in der Werbebranche Tätige ziehen angeblich dieses Format vor). In diesem Buch verwenden wir einen einfachen Prozentsatz für den Komprimierungsgrad, der mit folgender Formel berechnet wird:

```
( 1 - ( komprimierte_Größe / ursprüngliche_Größe ) ) * 100
```

Das bedeutet: Eine Datei, die sich durch die Komprimierung nicht verändert, hat einen Komprimierungsgrad von 0 %. Eine auf ein Drittel ihrer Originalgröße komprimierte Datei hat einen Komprimierungsgrad von 67%. Eine auf 0 Byte (!) geschrumpfte Datei hat demnach einen Komprimierungsgrad von 100%.

Diese Methode, den Komprimierungsgrad zu messen, mag nicht perfekt sein, aber sie zeigt prägnant, daß bei 100 % eine perfekte Komprimierung vorliegt und daß bei 0 % überhaupt nicht komprimiert wurde. Eine Datei, die ein Komprimierungsprogramm durchläuft und danach umfangreicher als zuvor ist, verfügt übrigens über einen negativen Komprimierungsgrad.

Die Buchstruktur

Dieses Buch besteht aus zwölf Kapiteln und Diskette. Der Aufbau des Buches folgt im Großen und Ganzen der historischen Entwicklung der Datenkomprimierung. Es beginnt ungefähr im Jahr 1950 und führt bis in die Gegenwart.

Kapitel 2 versteht sich als Referenz-Kapitel, das versucht, eine Art fundamentales Lexikon der Datenkomprimierung darzustellen. Die Entstehung der Informationstheorie wird besprochen, und es werden eine Reihe von Konzepten, Fachausdrücken, Schlagwörtern und Theorien vorgestellt, die im weiteren Verlauf des Buches immer wieder vorkommen. Auch wenn Sie bisher noch nicht viel über Datenkomprimierung wußten, können Sie es durch Lektüre von Kapitel 2 bis zum »Cocktail-Party«-Niveau bringen. Das heißt, Sie sind danach in der Lage, eine intelligent anmutende Konversation über Datenkomprimierung zu führen, auch wenn Sie nicht alles ganz genau verstanden haben.

In Kapitel 3 lernen Sie die Entstehungsgeschichte der Datenkomprimierung kennen. Es beginnt mit der Beschreibung der Codierung mit Hilfe einer variablen Anzahl von Bit. Die Entwicklung der Shannon-Fano- und der Huffman-Codierung kennzeichnet sowohl den Beginn der Datenkomprimierung als auch den der Informationstheorie. Diese Codierungsmethoden werden auch heute noch häufig gebraucht. Zusätzlich erfahren Sie in Kapitel 3, was der Unterschied zwischen Modellierung und Codierung ist – den beiden Seiten der Datenkomprimierungs-»Medaille«.

Wird die Standard-Huffman-Codierung in Verbindung mit Hochleistungskomprimierungen eingesetzt, gibt es ein großes Problem. Das Komprimierungsprogramm muß die Huffman-Codierungsstatistiken vollständig an das Expansionsprogramm weiterleiten. Versucht nun das Komprimierungsprogramm, die Komprimierung zu erhöhen, häufen sich dadurch mehr statistische Daten an und die Statistiken nehmen zwangsläufig immer mehr Platz ein. Dieser Prozeß arbeitet so der Verbesserung des Komprimierungsgrades entgegen. In Kapitel 4 wird eine Lösung für dieses Problem vorgestellt: Die adaptive Huffman-Codierung. Diese Neuerung gibt es noch nicht lange. Sie wurde aufgrund der veränderten CPU- und Speicherplatzgegebenheiten möglich. Die adaptive Codierung erweitert die Möglichkeiten der Huffman-Codierung sehr und führt zu ungeheuer beeindruckenden Komprimierungsgraden.

Bei der Huffman-Codierung wird für jeden Code eine ganzzahlige Anzahl Bit benötigt, die normalerweise nicht ganz dem Optimum entspricht. Eine Innovation der letzten Zeit, die arithmetische Codierung, arbeitet mit Bruchteilen von Bit pro Code. Dadurch wird die Komprimierungsleistung nochmals erhöht. In Kapitel 5 wird erklärt, wie das funktioniert und Sie sehen, wie ein arithmetischer Codierer in ein statistisches Modell integriert werden kann.

In Kapitel 6 wird die statistische Modellierung beschrieben. Egal ob man mit der Huffman-, der adaptiven Huffman- oder der arithmetischen Codierung arbeitet, man benötigt immer ein statistisches Modell für den Codierer. In diesem Kapitel erfahren Sie einiges über interessante Techniken, mit denen leistungsfähige Modelle bei optimaler Ausnutzung von begrenztem Speicherplatz implementiert werden können.

Die Tabellenkomprimierungsmethoden verfahren völlig verschieden zu den in den vorangegangenen Kapiteln behandelten Techniken. In Kapitel 7 finden Sie einen Überblick über diese Komprimierungsmethoden, die Zeichenketten einzelnen Codes zuordnen. Die Tabellenmethoden wurden aufgrund ihrer hohen Komprimierungsleistung mit vernünftigen Speicherplatzanforderungen zum de facto Standard bei der Universaldatenkomprimierung auf kleinen Computern kombiniert.

Die Väter der tabellengestützten Komprimierungsmethode, Ziv und Lempel, veröffentlichten 1977 einen Artikel, in dem sie eine gleitende Tabellen-Methode der Datenkomprimierung vorstellten, die sehr populär wurde. In Kapitel 8 lernen Sie neuere Adaptionen der LZ77-Komprimierung kennen, die heutzutage von beliebten Archivierungsprogrammen, wie zum Beispiel PKZIP, eingesetzt werden.

In Kapitel 9 erfahren Sie Details über eine der ersten weit verbreiteten tabellengestützten Komprimierungsmethoden: Die LZW-Komprimierung. LZW ist die Komprimierungsmethode, die beim UNIX COMPRESS-Programm und früheren Versionen des MS-DOS ARC-Programmes benutzt wurde. In diesem Kapitel werfen Sie auch einen Blick auf die Entstehung der LZW-Komprimierung, die 1978 von Ziv und Lempel veröffentlicht wurde.

Alle in Kapitel 9 behandelten Komprimierungstechniken sind »verlustlos«. Verlustbehaftete Methoden können auf Sprachdaten und Grafiken angewendet werden. Sie führen zu außergewöhnlich hohen Komprimierungsgraden.

In Kapitel 10 wird gezeigt, wie die verlustbehafteten Komprimierungstechniken auf digitale Klangdaten mit Techniken wie der linearen vorhersehenden Codierung und der adaptiven PCM (**P**lus **C**ode **M**odulation) angewendet werden können.

In Kapitel 11 wird die Anwendung verlustbehafteter Komprimierungstechniken auf Computergrafiken gezeigt. Die Industrie einigt sich zunehmend auf den bis jetzt noch nicht ganz definierten JPEG-Standard. Die Techniken des JPEG-Standards werden in diesem Kapitel vorgestellt.

In Kapitel 12 wird gezeigt, wie dies alles zu einem Archivprogramm zusammengefügt werden kann. Ein vielseitig einsetzbares Archivprogramm sollte in der Lage sein, Dateien zu komprimieren und zu dekomprimieren und dabei Datei Namen, Daten, Attribute, Komprimierungsgrade und -methoden zu verwalten. Ein Archivierungsformat sollte idealerweise auf verschiedenen Computertypen einsetzbar sein. Ein Beispielarchivierungsprogramm wird unter Verwendung der in den vorigen Kapiteln vorgestellten Techniken entwickelt.

2 Das Lexikon der Datenkomprimierung und seine Geschichte

Wie jede andere wissenschaftliche oder technische Disziplin gehört zur Datenkomprimierung ein Vokabular, das auf den ersten Blick für den Außenstehenden überwältigend fremd erscheint. Ausdrücke, wie *Lempel-Ziv-Komprimierung*, *arithmetische Codierung* und *statistische Modellierung* werden ganz unbekümmert dahingesagt.

Obwohl die Liste der Fachausdrücke lang genug ist, um ein Glossar zu rechtfertigen, ist es nicht so schwierig, die Materie zu beherrschen, wie es auf den ersten Blick scheint. Mit etwas Geduld und einigen Notizen sollte sich jeder Programmierer (jede Programmiererin) in Diskussionen über Datenkomprimierungstechniken behaupten können.

Die zwei Königreiche

Datenkomprimierungstechniken können in zwei große Familien unterteilt werden: verlustlose und verlustbehaftete. Verlustbehaftete Datenkomprimierung tauscht einen gewissen Genauigkeitsverlust zugunsten stark erhöhter Komprimierung ein. Verlustbehaftete Komprimierungen sind insbesondere bei der Anwendung auf grafische Darstellungen und digitalisierte Sprache effektiv. Da digitalisierte Darstellungen analoger Phänomene per se nicht exakt sind, ist der Gedanke, daß Ein- und Ausgabe nicht genau übereinstimmen, etwas akzeptabler. Bis vor kurzem wurden Mechanismen für verlustbehaftete Datenkomprimierung in spezieller Hardware implementiert. In den letzten Jahren wurden auch verlustbehaftete Komprimierungsprogramme auf Desktop-CPUs transferiert. Trotzdem wird der Markt immer noch von Hardware-Implementierungen beherrscht.

Bei verlustloser Komprimierung wird nach dem Komprimierungs/Erweiterungszyklus garantiert wieder ein exaktes Duplikat der Eingabedaten erzeugt. Diese Komprimierungstechniken werden beim Archivieren von Dateien, die von Datenbanken, Tabellenkalkulationen oder Textverarbeitungsprogrammen stammen, eingesetzt. Bei diesen Applikationen kann bereits der Verlust eines einzigen Bit schon zu einer Katastrophe führen.

Datenkomprimierung = Modellierung + Codierung

Allgemein gesagt, besteht die Datenkomprimierung daraus, einen Strom von Symbolen in entsprechende Codes umzuwandeln. Ist die Komprimierung effektiv, ist der resultierende Code-Ausgabestrom nicht so umfangreich wie der Eingabestrom. Welcher Code anstelle eines bestimmten Symbols oder einer Reihe von Symbolen eingesetzt wird, wird anhand eines Modells entschieden. Bei diesem Modell handelt es sich ganz einfach um eine Sammlung von Daten und Regeln, anhand derer Eingabesymbole bearbeitet werden und bestimmt werden kann, welche(r) Code(s) ausgegeben werden sollen. Ein Programm legt mit Hilfe dieses Modelles die Wahrscheinlichkeit fest, wie oft ein Symbol angetroffen wird. Der Codierer wird herangezogen, um mit Hilfe dieser Wahrscheinlichkeiten den entsprechenden Code zu erzeugen.

Modellierung und Codierung sind zwei grundsätzlich unterschiedliche Dinge. Der Ausdruck *Codierung* wird von vielen oft auf den gesamten Datenkomprimierungsprozeß und nicht nur auf die einzelne Komponente dieses Prozesses bezogen. Die Ausdrücke »Huffman-Codierung« oder »Lauflängen-Codierung« beispielsweise werden zur Bezeichnung von Datenkomprimierungstechniken herangezogen. Dabei handelt es sich aber tatsächlich lediglich um die Codierungsmethoden, die zusammen mit einem Modell zur Komprimierung von Daten eingesetzt werden.

Am Beispiel der Huffman-Codierung sieht eine Aufgliederung des Komprimierungsprozesses ungefähr wie folgt aus:

Bei der Huffman-Codierung hängt das, was der Codierer generiert, von einer Reihe von Wahrscheinlichkeiten ab. Wendet man diesen Codierungstyp an, hat ein Symbol, das mit hoher Wahrscheinlichkeit vorkommt, einen Code zur Folge, der nur aus wenigen Bit besteht. Ein Symbol andererseits, dessen Häufigkeit nicht sehr groß ist, erzeugt einen Code mit einer größeren Anzahl von Bit.

Es ist besser, das Modell und den Codierungsprozeß des Programmes auseinanderzuhalten, da es unzählige Möglichkeiten gibt, Daten zu modellieren, und bei jeder dieser Möglichkeiten kann mit demselben Codierungsprozeß gearbeitet werden. Ein einfaches Programm, das mit der Huffman-Codierung arbeitet, kann beispielsweise ein Modell anwenden, das für jedes Symbol eine ungefähre Wahrscheinlichkeit angibt, wie oft das Symbol irgendwo im Eingabestrom erscheinen wird. Ein anspruchsvolleres Programm berechnet die Wahrscheinlichkeitsraten vielleicht anhand der letzten 10 im Eingabestrom erschienenen Symbole. Auch wenn beide Programme mit Hilfe der Huffman-Codierung arbeiten, werden die Komprimierungsgrade völlig unterschiedlich sein.

Sollte bei Ihrer nächsten Cocktail-Party das Gespräch auf Codierungsmethoden kommen, seien Sie gefaßt auf Aussagen wie diese »Die Huffman-Codierung ist ja nicht gerade bekannt für gute Komprimierungsgrade.«. Das wäre für Sie die perfekte Gelegenheit, zu antworten: »Da könnten Sie genauso gut sagen, »Mit umgedrehten Turnschuhen läuft es sich nicht sehr schnell.» Ich dachte, das hängt auch stark davon ab, wer damit läuft.« Ist die Konversation zu diesem Zeitpunkt schon bei der Diskussion der Datenkomprimierung angelangt, könnte diese Bemerkung als echte Demonstration Ihrer Intelligenz dienen.

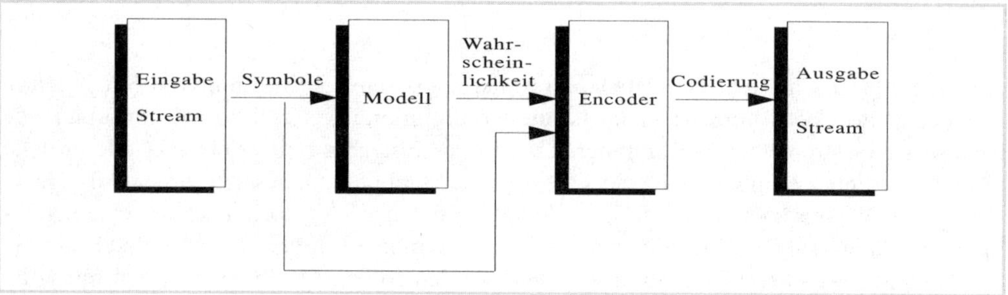

Abbildung 2-1: *Ein statistisches Modell mit einem Huffman-Codierer*

Die Morgenröte

Die Datenkomprimierung ist genau betrachtet die Grundlage der Informationstheorie. Die Informationstheorie ist ein Zweig der Mathematik. Sie entstand Ende der vierziger Jahre aus der Arbeit von Claude Shannon bei den Bell Laboratorien. Diese Theorie beschäftigt sich mit unterschiedlichen Fragen bezüglich der Informationsverarbeitung, unter anderem mit den verschiedenen Möglichkeiten, Meldungen zu speichern und weiterzugeben.

Die Datenkomprimierung ist eng mit der Informationstheorie verknüpft, da sie sich mit der Redundanz beschäftigt. Für redundante (überflüssige) Informationen in einer Meldung werden zum Codieren zusätzliche Bit benötigt. Wenn es möglich wäre, diese zusätzlichen Informationen loszuwerden, würde der Umfang der Meldung verringert.

Bei der Informationstheorie dient der Ausdruck *Entropie* als Maß dafür, wieviele Informationen in einer Meldung untergebracht sind. Das Wort *Entropie* ist aus der Thermodynamik entlehnt und hat hier eine ähnliche Bedeutung. Je höher der Entropiegrad einer Meldung ist, desto mehr Informationen beinhaltet sie. Die Entropie eines Symbols ist definiert als negativer Logarithmus seiner Wahrscheinlichkeit. Damit der Informationsgehalt einer Meldung in Bit festgestellt werden kann, drücken wir die Entropie mit Hilfe des Logarithmus zur Basis 2 aus:

Anzahl der Bit = - Log Basis 2 (Wahrscheinlichkeit)

Die Entropie einer Meldung ist ganz einfach die Summe der Entropien aller Einzelsymbole. Entropie tritt dann in Verbindung mit der Datenkomprimierung in Erscheinung, wenn es darum geht, zu bestimmen, aus wie vielen Informationsbit eine Meldung besteht. Ist die Vorkommenswahrscheinlichkeit des Buchstabens 'e' in diesem Manuskript beispielsweise 1/16, beträgt der Informationsgehalt des Zeichens vier Bit. Die Zeichenkette »eeeee« hat also einen Informationsgehalt von 20 Bit. Benutzt man zur Codierung dieser Meldung Standard-8-Bit-ASCII-Zeichen, sind jedoch 40 Bit dafür notwendig. Der Unterschied zwischen den 20 Bit der Entropie und den 40 Bit, die zur Codierung der Meldung benötigt werden, ist das Potential, das der Datenkomprimierung zur Verfügung steht.

Es ist wichtig zu wissen, daß bei dem hier gebrauchten Begriff der Entropie anders als bei der thermodynamischen Entropiemaßeinheit keine absolute Zahl für den Informationsgehalt einer bestimmten Meldung angegeben werden kann. Das Problem liegt darin, daß bei der Berechnung der Entropie eine Zahl benutzt wird, die die Wahrscheinlichkeit eines bestimmten Symbols angibt. Diese Wahrscheinlichkeitsrate bezieht sich allerdings auf ein bestimmtes Modell und ist keine absolute Zahl. Wird das Modell gewechselt, verändert sich auch die Wahrscheinlichkeitsrate.

Wie sich Wahrscheinlichkeitsraten verändern, kann man sehen, wenn man statistische Modelle mit unterschiedlicher Ordnung benutzt. Bei einem statistischen Modell wird die Wahrscheinlichkeitsrate eines Symbols daraus berechnet, welche Symbole vorher im Eingabestrom vorkamen. Die Ordnung des Modells legt fest, wieviele der vorhergehenden Symbole in Betracht gezogen werden. Bei einem Modell der Ordnung 0 zum Beispiel werden die vorhergehenden Symbole völlig außer Acht gelassen. Bei einem Modell der Ordnung 1 wird das erste der vorhergehenden Symbole zur Berechnung herangezogen usw.

Aus den unterschiedlichen Ordnungsmodellen können sich recht unterschiedliche Wahrscheinlichkeitsraten für ein Zeichen ergeben. Der Buchstabe 'u' hat bei einem Modell der Ordnung 0 zum Beispiel möglicherweise lediglich eine Wahrscheinlichkeit von 1%. War bei einem Modell der Ordnung 1 das letzte Zeichen ein 'q', beträgt dort die Wahrscheinlichkeitsrate für das 'u' unter Umständen 95%.

Der auf den ersten Blick schwer zu fassende Begriff der Wahrscheinlichkeitsrate für ein Zeichen bereitet vielen Probleme. Sie hätten es lieber, wenn ein Zeichen eine feststehende, »immer gültige« Wahrscheinlichkeitsrate besäße, die angibt, mit welcher Wahrscheinlichkeit ein Zeichen »tatsächlich« auftritt. Claude Shannon versuchte, den wirklichen Informationsgehalt der englischen Sprache mit einem »Partyspiel«-Experiment zu bestimmen. Er deckte eine Nachricht, die er vor dem Publikum verdeckte, zeichenweise auf. Dabei durfte das Publikum jeweils Zeichen für Zeichen raten, welches das nächste Zeichen ist, bis sie es herausfanden. Shannon konnte dann die Entropie der Meldung als Ganzes mit Hilfe des Logarithmus der Trefferquote bestimmen. Andere Forscher wandten bei weiteren Experimenten ähnliche Techniken an.

Diese Experimente sind zwar nützlich, räumen aber die Tatsache, daß die Wahrscheinlichkeitsrate eines Symbols von einem Modell abhängt, nicht aus dem Weg. Bei den zuvor behandelten Experimenten wird ebenfalls ein Modell benutzt, nämlich das, das sich im menschlichen Gehirn befindet. Das ist zwar wahrscheinlich eines der besten Modelle, aber auch nur ein Modell, und führt deshalb ebenfalls nicht zur absoluten Wahrheit.

Damit Daten korrekt komprimiert werden können, müssen Modelle ausgewählt werden, bei denen das Auftauchen von Symbolen mit hoher Wahrscheinlichkeit vorhergesagt werden kann. Ein Symbol mit einer hohen Wahrscheinlichkeitsrate verfügt über einen niederen

Informationsgehalt. Deswegen werden zu seiner Codierung weniger Bit benötigt. Werden mit dem Modell gute Wahrscheinlichkeitsraten erzielt, besteht der nächste Schritt darin, die Symbole mit einer entsprechenden Anzahl von Bit zu codieren.

Codierung

Nachdem die Informationstheorie soweit gediehen war, daß die Anzahl der Informationsbit eines Symbols bestimmt werden konnte, bestand der nächste Schritt darin, neue Methoden zur Codierung von Informationen zu entwickeln. Damit Daten komprimiert werden können, müssen Symbole mit genausovielen Bit codiert werden, wie das Symbol Informationsbit beinhaltet. Beinhaltet der Buchstabe 'e' nur vier Informationsbit, sollte er mit genau vier Bit codiert werden. Besteht das 'x' aus zwölf Bit, sollte es mit zwölf Bit codiert werden.

Werden Zeichen mit dem EBCDIC- oder dem ASCII-Standard codiert, ist das in beiden Fällen keinesfalls optimal. Da jedes Zeichen mit derselben Anzahl von Bit codiert wird, werden viele Fehler in beiden Richtungen produziert. Das heißt, die meisten Codes einer Meldung sind zu lang und nur einige zu kurz.

Dieses Codierungsproblem zu lösen, war eine der ersten Aufgaben der Pioniere der Informationstheorie. Zwei Möglichkeiten, die gut funktionierten, waren die Shannon-Fano- und die Huffman-Codierung – zwei unterschiedliche Wege, Codes mit variabler Länge anhand einer vorgegebenen Wahrscheinlichkeitstabelle für einen bestimmten Satz von Zeichen zu erzeugen.

Die Huffman-Codierung – benannt nach ihrem Erfinder D.A. Huffman – erreicht den kleinsten möglichen Redundanzgrad bei einem vorgegebenen Satz von Codes variabler Länge. Das heißt aber nicht, daß die Huffman-Codierung eine optimale Codierungsmethode ist. Es heißt lediglich, daß bei Verwendung von Codes mit vorgegebener Länge die beste Annäherung für die Codierung von Symbolen erreicht wird.

Das Problem bei der Huffman- oder der Shannon-Fano-Codierung besteht darin, daß für jeden Code eine integrale Anzahl von Bit verwendet wird. Beträgt die Entropie eines bestimmten Zeichens beispielsweise 2,5 Bit, umfaßt der Huffman-Code für dieses Zeichen entweder 2 oder 3 Bit und nicht 2,5. Deshalb kann die Huffman-Codierung nicht als optimale Codierungsmethode angesehen werden. Diese Methode ist aber immer noch die beste Lösung in Fällen, in denen man mit Codes fester Länge und einer ganzen Anzahl von Bit arbeitet. Es folgt ein Beispiel für Huffman-Code:

Symbol	Huffman-Code
E	100
T	101
A	1100
I	11010
...	
X	011101111
Q	01101110001
Z	01101110000

Eine Verbesserung

Obwohl die Huffman-Codierung, bedingt durch die Verwendung einer Anzahl Bit pro Code ineffizient ist, kann sie relativ einfach implementiert werden. Sie ist sowohl beim Codieren als auch beim Decodieren sehr effektiv. Huffman veröffentlichte im Jahre 1952 zum ersten Mal einen Artikel über Codierung. Dieser Artikel wurde schnell zum meistzitierten Aufsatz der Informationstheorie. Er ist es wohl heute noch. Auf der Grundlage von Huffmans Arbeit entstanden unzählige Variationen zu diesem Thema. Seine Ideen dominierten die Codierungswelt bis in die frühen 80er Jahre.

Als die Preise für CPUs verfielen, eröffneten sich neue Möglichkeiten hinsichtlich der Codierungstechniken. Speziell die arithmetische Codierung ist ein würdiger Nachfolger der Huffman-Codierung.

Die arithmetische Codierung ist, sowohl was das Konzept als auch die Implementation betrifft, etwas komplizierter als die Standardmethode der Codes mit variabler Länge. Es wird nicht für jedes Symbol ein einzelner Code erzeugt, sondern ein Code für eine gesamte Meldung. Das ist ein Fortschritt, da es im Endeffekt möglich ist, für ein Eingabesymbol in der Ausgabe einen Code zu erzeugen, der aus einem Bruchteil anstelle einer ganzen Anzahl von Bit bestehen kann. Beträgt die Entropie für das Zeichen 'e' also 2,5 Bit, ist es möglich, genau 2,5 Bit der Ausgabe hinzuzufügen.

Warum das effektiver sein kann, können Sie der folgenden Tabelle – einer Analyse einer imaginären Meldung – entnehmen. Dabei liefert die Huffman-Codierung eine Gesamtlänge der Meldung von 89 Bit, während sich die arithmetischen Codierung dem wahren Informationsgehalt der Meldung – nämlich 83,69 – annähert. Der Unterschied beträgt also fast 6 Prozent. Es folgen die Wahrscheinlichkeitsraten für die Beispielmeldung.

Symbol	Informationsgehalt	Anzahl Bit Huffman-Code	Häufigkeit
E	1,26 Bit	1 Bit	20
A	1,26 Bit	2 Bit	20
X	4,00 Bit	3 Bit	3
Y	4,00 Bit	4 Bit	3
Z	4,58 Bit	4 Bit	2

Das Problem der Huffman-Codierung bei der obigen Meldung ist, daß keine Code erstellt werden können, die den exakten Informationsgehalt wiedergeben. In den meisten Fällen liegt der Informationsgehalt etwas darüber oder darunter, was zu Abweichungen vom Optimum führt. Die arithmetische Codierung nähert sich dem wirklichen Informationsgehalt bis auf den Bruchteil eines Prozentes an, was eine genauere Codierung zur Folge hat.

Bei der arithmetischen Codierung wird von der CPU mehr Leistungsfähigkeit benötigt, als bis vor kurzem möglich war. Auch heute noch müssen bei der arithmetischen Codierung im Vergleich zu älteren Codierungsmethoden einige Geschwindigkeitsverluste hingenommen werden. Aber die Vorteile, die sich aus dieser Methode ergeben, sind groß genug, so daß als sicher gelten kann, daß die arithmetische Codierung immer dann ausgewählt wird, wenn der Aufwand Informationen zu senden oder zu speichern recht groß ist.

Modellierung

Benutzt man eine Metapher aus der Kraftfahrzeugtechnik für die Datenkomprimierung, entspräche die Codierung den Rädern und die Modellierung dem Motor. Unabhängig von der Effektivität der Codierungsmethode, könnten keine Daten wirkungsvoll komprimiert werden, wenn es kein Modell gäbe, das gute Wahrscheinlichkeitsraten liefert.

Die verlustlose Datenkomprimierung wird im allgemeinen mit einem von zwei verschiedenen zur Verfügung stehenden Modellen realisiert: mit Hilfe von Statistiken oder auf der Basis von Tabellen. Bei der statistischen Modellierung werden die Symbole anhand der Wahrscheinlichkeit, wie oft diese Zeichen auftauchen, nacheinander eingelesen und codiert. Bei der tabellengestützten Modellierung ersetzt ein einzelner Code mehrere aufeinanderfolgende Symbole und der Codierungsmechanismus tritt merklich in den Hintergrund, wobei das Modell die herausragende Rolle spielt.

Statistische Modellierung

Bei den einfachsten Formen der statistischen Modellierung wird eine feststehende Tabelle mit Wahrscheinlichkeitsraten benutzt. In den Anfängen der Informationstheorie war der Aufwand für die CPU, Daten zu analysieren und einen Huffman-Baum zu bilden, erheblich und wurde deshalb auch nicht häufig vorgenommen. Stattdessen wurden repräsentative Datenblöcke analysiert und eine Tabelle mit den Häufigkeitsraten der Zeichen erstellt. Daran anschließend wurden Huffman-Codierungs-/Decodierungsbäume gebildet und abgespeichert. Komprimierungsprogramme hatten Zugriff auf dieses *statistische Modell* und komprimierten mit seiner Hilfe Daten.

Der Einsatz eines allgemeingültigen und statischen Modells hat jedoch Grenzen. Entspricht ein Eingabestrom nicht den vorher gesammelten statistischen Daten, leidet der Komprimierungsgrad darunter – es kann sogar vorkommen, daß der Ausgabestrom länger als der Eingabestrom wird. Es bot sich deshalb an, eine statistische Tabelle für jeden Eingabestrom zu erstellen.

Erstellt man für jede Datei, die komprimiert werden soll, eine statische Huffman-Tabelle, hat das seine Vorteile. Die Tabelle ist genau an die spezielle Datei angepaßt. Die Folge sollten bessere Komprimierungsgrade als bei allgemeingültigen Tabellen sein. Aber es kommt zu einem zusätzlichen Overhead, da die Tabelle (oder die statistischen Daten, aus denen die Tabelle besteht) dem komprimierten Datenstrom vorher an den Decodierer übergeben werden muß.

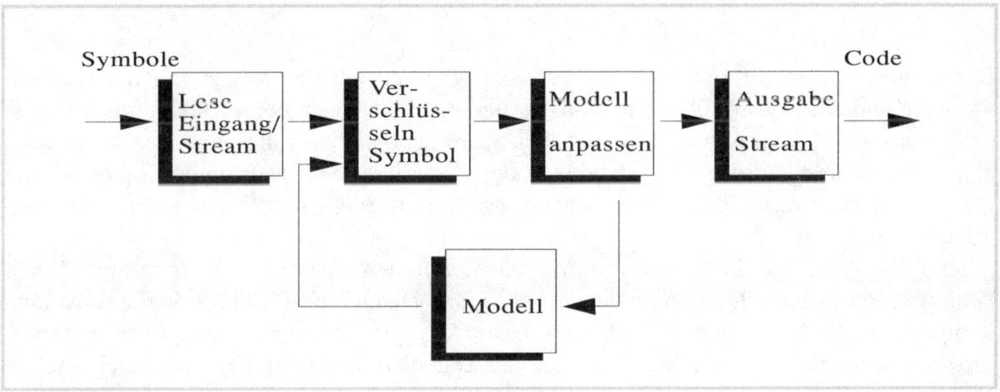

***Abbildung 2-2**: Allgemeine adaptive Komprimierung*

Bei einer Komprimierung der Ordnung 0 nehmen die zum Aufbau der Tabelle benötigten statistischen Daten nur ungefähr 256 Bytes ein – das ist kein allzu großer Overhead. Versucht man jedoch, bessere Komprimierungsgrade durch den Einsatz von Tabellen höherer Ordnung zu erreichen, wachsen die statistischen Daten, die an den Decodierer übergeben werden müssen, alarmierend an. Sogar schon ein Modell der Ordnung 1 kann die statistische Tabelle von 256 auf 65536 Byte anschwellen lassen. Auch wenn dadurch die

Komprimierungsgrade unzweifelhaft ansteigen; wenn man zu einem Modell der Ordnung 1 wechselt, werden alle daraus entstehenden Vorteile durch den Umfang der statistischen Daten zunichte gemacht.

Aus diesem Grund hat sich die Komprimierungsforschung der letzten 10 Jahre auf *anpassungsfähige* oder *adaptive* Modelle konzentriert. Benutzt man ein adaptives Modell, müssen die Daten nicht zuvor komplett eingelesen werden, um Statistiken zu erstellen. Stattdessen werden die Statistiken kontinuierlich während des Einlesens und Codierens neuer Zeichen modifiziert. Der Ablauf eines Programmes, das mit einem adaptiven Modell arbeitet, sieht ungefähr so aus, wie es in den Abbildungen 2-2 und 2-3 gezeigt wird.

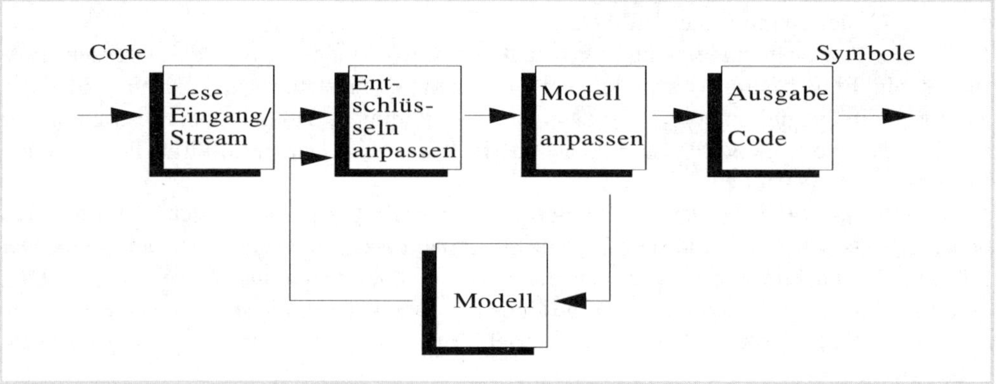

***Abbildung 2-3**: Allgemeine adaptive Dekomprimierung*

Damit dieses System funktioniert, ist es ganz wichtig, daß der Kasten mit der Inschrift »Modell anpassen« sowohl beim Komprimierungs- als auch beim Dekomprimierungsprogramm genau identisch funktioniert. Nachdem ein Zeichen (oder eine Zeichengruppe) eingelesen wurde, wird es (sie) codiert oder decodiert. Nur nach dem Codieren oder Decodieren kann das Modell entsprechend den letzten Zeichen oder der letzten Zeichengruppe angepaßt werden.

Ein Problem, das bei adaptiven Modellen auftaucht, ist, daß sie mit ihrer Arbeit beginnen, ohne tatsächlich irgendetwas über die Daten zu wissen. Ganz am Anfang komprimiert das Programm deshalb nicht besonders gut. Die meisten adaptiven Algorithmen sind jedoch in der Lage, sich rasch auf den Datenstrom einzustellen und erzielen schon nach einigen Tausend Bytes recht respektable Komprimierungsgrade. Es dauert aber auch nicht lange, bis sich der Komprimierungsgrad auf einem bestimmten Niveau einpendelt, so daß durch das Einlesen weiterer Daten der Komprimierungsgrad nicht verbessert wird.

Ein Vorteil, den adaptive Modelle gegenüber statischen Modellen haben, ist die Fähigkeit, sich auf lokale Bedingungen einzustellen. Beim Komprimieren von ausführbaren Dateien beispielsweise kann sich das Wesen der Eingabedaten drastisch ändern, sobald in den Programmdateien der binäre Programmcode von binären Daten abgelöst wird.

Tabellengestützte Schemata

Bei statistischen Modellen wird im allgemeinen jeweils ein einzelnes Symbol codiert – es wird eingelesen, eine Wahrscheinlichkeitsrate berechnet und dann als einzelner Code ausgegeben. Bei einem tabellengestützten Komprimierungsschema liegt ein anderes Konzept zugrunde. Die Eingabedaten werden eingelesen, und es wird nach Gruppen von Symbolen gesucht, die in einer Tabelle aufgeführt sind. Wird eine Übereinstimmung gefunden, kann anstelle des Symbolcodes ein Zeiger oder ein Verweis auf die Tabelle ausgegeben werden. Je länger die Übereinstimmung, desto besser der Komprimierungsgrad.

Diese Methode verändert den Schwerpunkt bei der tabellengestützten Komprimierung. Meistens werden einfache Codierungsmethoden eingesetzt, und das Hauptaugenmerk des Programms liegt bei der Modellierung. Bei der LZW-Komprimierung zum Beispiel werden für alle Substitutionen einfache Codes mit einheitlicher Länge eingesetzt.

Eine statische Tabelle wird wie eine Referenzliste eines wissenschaftlichen Aufsatzes benutzt. Im Verlauf eines Aufsatzes kann der Autor einfach eine Zahl einsetzen, die auf eine Liste mit Verweisen zeigt, anstatt den ganzen Titel des Werkes aufführen, auf das verwiesen werden soll. Diese Tabelle ist statisch, da sie beim Arbeiten erstellt wurde und mit dem Text übergeben wird – der Leser muß sie also nicht »im Fluge« erstellen. Wenn man in einem Text zum ersten Mal auf eine Zahl wie [2] trifft, weiß man, daß sie auf einen Eintrag in der Tabellen verweist.

Das Problem mit statischen Tabellen ist dasselbe wie für Anwender von statischen, statistischen Modellen: Die Tabelle muß mit dem Text übergeben werden. Das führt zu einem bestimmten Overhead, der dem komprimierten Text hinzugefügt wird. Ein adaptives Tabellenschema hilft bei der Vermeidung dieses Problemes.

Wir sind es gewöhnt, bei der Abkürzung von Fachausdrücken in wissenschaftlicher Literatur im Kopf eine Art adaptive Tabelle zu verwenden. Eine solche Tabelle wird angelegt, indem man den Fachausdruck zuerst ausschreibt und dann die abgekürzte Ersatzform in Klammern setzt. Wenn ich also das erste Mal das Massachusetts Institut für Technologie (MIT) erwähne, definiere ich sowohl den Tabelleneintrag als auch die Abkürzung. Von da an sollte das Lesen von MIT im Text eine mentale Substitution durch den tatsächlichen Text auslösen.

Ziv und Lempel

Bis 1980 setzten die meisten gängigen Komprimierungsschemata die statistische Modellierung ein. Aber 1977 und 1978 beschrieben Jacob Ziv und Abraham Lempel zwei Komprimierungsmethoden, die mit einer adaptiven Tabelle arbeiten. Diese beiden Algorithmen setzten eine Flut neuer Techniken in Gang, die mit Hilfe dieser tabellengestützten Methoden beeindruckende neue Komprimierungsgrade erzielten.

LZ77

Der erste von Ziv und Lempel beschriebene Komprimierungsalgorithmus wird allgemein als LZ77 bezeichnet. Die Tabelle besteht in diesem Fall aus allen Zeichenketten, die sich in einem Ausschnitt aus dem zuvor eingelesenen Eingabestrom befinden. Ein Dateikomprimierungsprogramm beispielsweise könnte einen 4 KByte großen Ausschnitt als Tabelle verwenden. Während neue Symbolgruppen eingelesen werden, sucht der Algorithmus nach Übereinstimmungen mit Zeichenketten in dem zuvor eingelesenen 4 KByte umfassenden Datenausschnitt. Alle Übereinstimmungen werden als Zeiger codiert dem Ausgabestrom übergeben.

LZ77 und seine Varianten erzeugen attraktive Komprimierungsalgorithmen. Das Modell zu verstehen und das Codieren ist einfach. Außerdem sind Programme, die mit Hilfe von LZ77 geschrieben werden, sehr schnell. Bekannte Programme, wie PKZIP und LHarc arbeiten mit Varianten des LZ77-Algorithmus und sind erwiesenermaßen sehr beliebt.

LZ78

Das Programm LZ78 verwendet für den Aufbau und die Verwaltung der Tabelle einen anderen Ansatz. Es existiert kein Ausschnitt begrenzter Größe aus dem vorangegangenen Text, sondern LZ78 setzt seine Tabelle aus allen vorher im Eingabetext angetroffenen Symbolen zusammen. Es besteht jedoch nicht auf alle Zeichenketten des zuvor eingelesenen Textes ein uneingeschränkten Zugriff, sondern die Tabelleneinträge werden Zeichen für Zeichen aufgebaut. Kommt zum Beispiel die Zeichenkette »Mark« das erste Mal vor, wird die Zeichenkette »Ma« in der Tabelle abgelegt. Das nächste Mal wird »Mar« hinzugefügt. Kommt »Mark« dann noch einmal vor, wird die gesamte Zeichenkette in der Tabelle aufgenommen.

Diese inkrementelle Prozedur isoliert häufig vorkommende Zeichenketten recht gut und bringt sie in der Tabelle unter. Anders als bei der LZ77-Methode können Zeichenketten bei der LZ78-Methode sehr lang sein, was bessere Komprimierungsgrade ergibt. LZ78 war der erste der beiden Ziv/Lempel-Algorithmen, der dank der LZW-Adaption von Terry Welch, der für den Kern des UNIX COMPRESS-Programmes verantwortlich ist, weite Verbreitung fand.

Verlustbehaftete Komprimierung

Bis heute wurde die verlustbehaftete Komprimierung hauptsächlich in Verbindung mit speziellen Hardwarekonfigurationen eingesetzt. Das Aufkommen preiswerter digitaler Signalprozessorchips (DSP) führte die verlustbehaftete Komprimierung weg vom Schaltsystem zum Desktop. Die CPU-Preise sind heutzutage so niedrig, daß es sich lohnt, diese Methode bei Universalcomputern einzusetzen.

Die verlustbehaftete Komprimierung unterscheidet sich in einem Punkt wesentlich von der verlustlosen: Es wird ein geringer Datenverlust akzeptiert, um die Komprimierung zu erleichtern. Die verlustbehaftete Komprimierung wird ausschließlich auf analoge Daten, die digital abgespeichert sind, angewendet. Die Hauptapplikationen sind Grafik- und Tondateien.

Bei diesem Komprimierungstyp werden häufig zwei Durchgänge ausgeführt. Beim ersten Durchgang werden die Daten mit einer anspruchsvollen, signalverarbeitenden Funktion bearbeitet. Dabei werden die Daten meist mit Hilfe eines FFT-ähnlichen Algorithmus in Frequenzbereiche umgewandelt. Nach der Umwandlung werden die Daten »geglättet«, wobei hohe und tiefe Punkte abgerundet werden. Dabei tritt ein Signalverlust auf. Schließlich werden die Frequenzpunkte mit den konventionellen verlustlosen Techniken komprimiert.

Die Glättungsfunktion, von der die Frequenzbereichsdaten bearbeitet werden, verfügt im allgemeinen über einen eingebauten »Qualitätsfaktor«, mit dem der Glättungsgrad bestimmt wird. Je mehr geglättet wird, desto größer ist der Signalverlust – und umso höher ist der Komprimierungsgrad.

In Verbindung mit kleineren Systemen wird ein Großteil der Arbeit für die Komprimierung von Grafiken, sowohl von feststehenden als auch sich bewegenden Bildern, verwendet. Die internationale Standardorganisation (ISO) und das beratende Komitee für internationale Telegrafen und Telefone (CCITT) haben sich zusammengetan und zwei Komitees gebildet: die vereinigte Gruppe der Experten für Fotografie (JPEG) und die Expertengruppe für bewegte Bilder (MPEG). Das JPEG-Komitee ist dabei, seinen Standard zu vervollständigen, und viele Händler verkaufen Hard- und Software, die mit Vorversionen dieses Standards arbeiten. Das MPEG-Komitee ist noch nicht sehr weit gediehen.

Der JPEG-Standard konvertiert mit Hilfe des DCT-Algorithmus (DCT: **D**iscrete **C**osine **T**ransform) Grafiken in Frequenzbereiche. Der DCT-Algorithmus wird seit vielen Jahren für Grafiktransformationen eingesetzt. Deshalb existieren bereits effektive Implementationen. Der JPEG-Standard sieht einen Qualitätsfaktor von 0 bis 100 vor, und das Komprimierungsprogramm kann den Faktor frei wählen.

Wird der JPEG-Algorithmus auf Bilder angewendet, kann das zu beeindruckenden Komprimierungsgraden führen. Mit wenig oder gar keiner Degradation sind Komprimierungsgrade von 5 bis 10 % üblich. Werden geringe Abweichungen akzeptiert, können Komprimierungsgrade von 1 bis 2 % erzielt werden.

Softwareimplementationen der JPEG- und der MPEG-Algorithmen scheitern immer noch daran, daß sie keine Echtzeitausführungsgeschwindigkeiten erzielen. Die meisten Multimediaanwendungen, die mit diesem Komprimierungstyp arbeiten, sind immer noch auf den Einsatz eines Coprozessorboards angewiesen, damit die Komprimierung in einer annehmbaren Zeit ausgeführt wird. Es wird nur noch wenige Jahre dauern, bis Komprimierungen nur mit Hilfe von Software ausgeführt werden können.

Programme, die Sie kennen sollten

Allgemein einsetzbare Datenkomprimierungsprogramme gibt es erst seit etwa 10 Jahren; und erst seit ungefähr 1980 gibt es allgemein zugängliche Computer, die in der Lage sind, die zur effektiven Komprimierung notwendigen Analysen auszuführen.

In der UNIX-Welt war eines der ersten allgemein einsetzbaren Komprimierungsprogramme COMPACT. COMPACT ist eine relativ direkte Implementation eines Komprimierungsprogrammes der Ordnung 0, das mit der adaptiven Huffman-Codierung arbeitet. COMPACT war in der Lage, annehmbare Komprimierungsergebnisse zu erzielen, jedoch langsam. COMPACT war außerdem ein Markenprodukt und somit nicht für alle UNIX-Anwender zugänglich.

COMPRESS, ein besseres Programm, gab es für Unix-Anwender einige Jahre später. Es ist eine direkte Implementation des tabellengestützten LZW-Komprimierungsschemas. Mit COMPRESS wurden merklich bessere Komprimierungsgrade als mit COMPACT erzielt, und es war schneller. Und was am besten war, der Quelltext von COMPRESS stand als Public-domain-Programm zur Verfügung. Außerdem erwies es sich als sehr portabel. COMPRESS wird auch heute noch von vielen Unix-Anwendern benutzt, obwohl sein weiterer Einsatz durch das LZW-Patent, das von Unisys gehalten wird, zurückgedränkt wird.

Anfang der 80er Jahre konnten Desktop-Anwender von CP/M- und MS-DOS-Systemen erstmals in den Genuß der Datenkomprimierung mit Hilfe des Programmes SQ kommen. SQ führte eine Komprimierung der Ordnung 0 unter Verwendung eines statischen

Huffman-Baumes aus, der in der Datei abgelegt wurde. Mit SQ wurden Komprimierungsgrade erzielt, die mit denen von COMPACT vergleichbar waren. Das Programm wurde häufig von den frühen Pionieren der Destoptelekommunikation benutzt.

Genauso wie in der Unix-Welt ebnete die Huffman-Codierung mit dem Erscheinen von ARC den Weg für die LZW-Komprimierung. ARC ist ein allgemein einsetzbares Programm, mit dem man sowohl Komprimierungen als auch Archivierungen durchführen kann. Diese Funktionen gehen oftmals Hand in Hand. (Unix-Anwender archivieren Dateien zuerst mit TAR und komprimieren dann das ganze Archiv.) ARC konnte ursprünglich Dateien mit Hilfe der Lauflängen-Codierung, der statischen Huffman-Codierung der Ordnung 1 oder der LZW-Komprimierung komprimieren. Der ursprüngliche LZW-Quelltext von ARC ist ein Abkömmling des Unix COMPRESS-Quelltextes.

Aufgrund der raschen Verbreitung, vornehmlich durch den Einsatz von Shareware und Telekommunikation, wurde ARC schnell zum de facto-Standard, was allerorten zu vielen Nachahmungen führte. Die Desktop-Welt ist heute geradezu überschwemmt mit Dutzenden von Archivierungs-/Komprimierungshilfsprogrammen, einige sind kommerzieller Art, andere sind Freeware, wieder andere Shareware.

ARC wurde bis zum heutigen Tag mehrfach überarbeitet und ist immer noch ein sehr beliebtes, kommerzielles Programm. Da es keinen klar abgegrenzten Komprimierungsstandard gibt, nimmt in der MS-DOS-Welt das Shareware-Programm PKZIP den ersten Rang ein. PKZIP ist recht günstig und bietet sowohl gute Komprimierungsgrade als auch eine ausreichende Komprimierungsgeschwindigkeit.

Zwei starke Konkurrenten für PKZIP sind in jüngster Zeit aufgetaucht. Das erste Programm, LHarc, kommt aus Japan und besitzt mehrere Vorteile gegenüber anderen Archivierungs-/Komprimierungsprogrammen.

1. Der Quelltext von LHarc ist für jedermann zugänglich und wurde auf unzählige Betriebssysteme und Hardwarekonfigurationen übertragen.
2. Der Autor von LHarc, Haruyasu Yoshizaki (Yoshi) gewährte allen das Recht sein Programm für beliebige persönliche oder kommerzielle Zwecke einzusetzen.

Beim zweiten Konkurrenten handelt es sich um ARJ von Robert Jung. ARJ kann für nicht kommerzielle Zwecke frei eingesetzt werden und erreicht Komprimierungsgrade, die etwas besser sind, als sie LHarc unter optimalen Bedingungen schafft. Zu ARJ existiert außerdem ein portabler ANSI C-Quelltext, mit dem Dateien aus ARJ-Archiven extrahiert werden können.

Einige Freeware- und Public-domain-Programme befinden sich auf der Quelltext-Diskette dieses Buches. Bei der Disketteninhaltsübersicht erfahren Sie mehr zu diesem Thema.

3 Die Morgenröte: Codieren mit so wenig Redundanz, wie möglich

In den späten 40er Jahren, den frühen Jahren der Informationstheorie, begann sich die Idee herauszukristallisieren, neue und effektive Codierungstechniken zu entwickeln. Forscher untersuchten das Wesen der Entropie, den Informationsgehalt und die Redundanz. Eine weitverbreitete Annahme besagte, daß, wenn die Wahrscheinlichkeit, wie oft ein Symbol in einer Meldung auftritt, bekannt wäre, es eine Möglichkeit geben müßte, die Symbole so zu codieren, daß die Meldung weniger Platz einnimmt.

Es ist besonders beachtenswert, daß diese frühen Ansätze zur Datenkomprimierung gemacht wurden, als es den digitalen Computer noch gar nicht gab. Heutzutage scheint es selbstverständlich, daß die Informationstheorie Hand in Hand mit der Computerprogrammierung geht, aber kurz nach dem zweiten Weltkrieg gab es praktisch noch gar keine digitalen Computer. Deshalb war der Gedanke, Algorithmen zur Codierung von Symbolen mit Hilfe der Arithmetik zur Basis 2 zu entwickeln, ein großer Schritt vorwärts.

Die erste allgemein bekannte Methode zur effektiven Codierung von Symbolen ist die Shannon-Fano-Codierung. Claude Shannon von den Bell Laboratorien und R.M. Fano vom M.I.T entwickelten diese Methode nahezu gleichzeitig. Sie basiert ganz einfach darauf, zu wissen, mit welcher Wahrscheinlichkeit ein Symbol in einer Meldung vorkommt. Sind die Wahrscheinlichkeiten bekannt, kann eine Codetabelle erstellt werden, die mehrere wichtige Eigenschaften besitzt:

- Unterschiedliche Codes verfügen über eine unterschiedliche Bitzahl.
- Codes für Symbole mit niedrigeren Wahrscheinlichkeitsraten haben mehr Bit als Codes für Symbole mit hohen Wahrscheinlichkeitsraten.
- Obwohl die Codes unterschiedliche Bitlängen haben, können sie einheitlich codiert werden.

Die ersten beiden Eigenschaften gehen Hand in Hand. Codes zu entwickeln, deren Länge entsprechend der Wahrscheinlichkeit des Symboles, das sie repräsentieren, variieren, ermöglicht die Datenkomprimierung. Die Codes als binären Baum anzuordnen, löst das Problem, diese verschieden langen Codes zu codieren.

Ein Beispiel dafür, was für eine Art Codierungsbaum bei der Shannon-Fano-Codierung verwendet wird, sehen Sie weiter unten. Die Decodierung eines hereinkommenden Codes beginnt an der Wurzel des Baumes, dann geht es beim linken oder rechten Ast weiter, nachdem ein hereinkommendes Bit aus dem Datenstrom gelesen wurde.

Irgendwann wird ein »Blatt« (am Ende eines Astes) des Baumes erreicht, und das entsprechende Symbol ist somit decodiert.

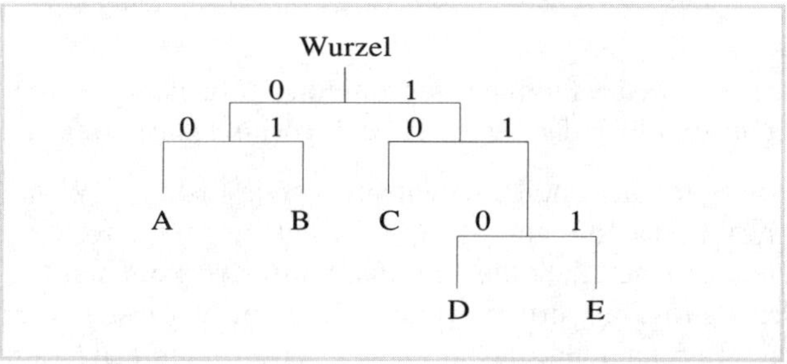

Abbildung 3-1:
Ein einfacher Shannon-Fano-Baum

In Abbildung 3-1 ist ein Shannon-Fano-Baum dargestellt, mit dem ein einfaches aus fünf Symbolen bestehendes Alphabet (die Buchstaben A bis E) codiert oder decodiert werden kann. Geht man den Baum durch, kommt folgende Codetabelle zustande:

Symbol	**Code**
A	00
B	01
C	10
D	110
E	111

Die Baumstruktur zeigt, wie Codes eindeutig definiert werden konnen, auch wenn ihre Bitzahl nicht übereinstimmt. Diese Baumstruktur scheint für Implementationen mit Hilfe des Computers entworfen worden zu sein, aber sie eignet sich auch für Maschinen, die aus Relais und Schaltern bestehen, wie zum Beispiel die Fernschreiber der 50er Jahre.

Die Tabelle zeigt eine der drei vorher angesprochenen Eigenschaften, nämlich die Möglichkeit, eine unterschiedliche Bitzahl zu verwenden, zu den anderen beiden Eigenschaften muß aber noch mehr gesagt werden. Also, Codebäume sehen ja ganz interessant aus, aber leisten sie auch gute Dienste?

Der Shannon-Fano-Algorithmus

Ein Shannon-Fano-Baum wird anhand eines bestimmten Algorithmus aufgebaut, der die Aufgabe hat, eine effektive Codetabelle zu bilden. Der eigentliche Algorithmus ist einfach:

1. Anhand einer gegebenen Liste von Symbolen muß eine entsprechende Liste mit Wahrscheinlichkeitsraten oder der Anzahl, wie oft ein Symbol auftrat, angelegt werden, damit bekannt ist, mit welcher relativen Häufigkeit die Symbole jeweils vorkommen.
2. Die Symbolliste muß anhand der Häufigkeit sortiert werden. Das am häufigsten vorkommende Symbol sollte sich am Listenanfang, das am seltensten vorkommende am Listenende befinden.
3. Die Liste muß in zwei Teile geteilt werden, wobei die Summe der Häufigkeiten der oberen Hälfte der Summe der unteren Hälfte so weit wie möglich entsprechen sollte.
4. Der oberen Listenhälfte wird die binäre Ziffer 0 und der unteren Hälfte die Ziffer 1 zugewiesen. Das bedeutet, daß die Codes für die Symbole der ersten Hälfte mit 0 und die Codes für die der zweiten Hälfte mit 1 beginnen.
5. Die Schritte 3 und 4 müssen rekursiv auf die beiden Listenhälften angewandt werden. Dadurch wird die Liste in Gruppen unterteilt und den Codes weitere Bit hinzugefügt, bis jedes Symbol isoliert und damit zu einem »Blatt« des Baumes wurde.

Der in Abbildung 3-1 gezeigte Shannon-Fano-Baum wurde aus der folgenden Häufigkeitstabelle gebildet.

Symbol	**Häufigkeit**
A	15
B	7
C	6
D	6
E	5

Wird die Tabelle zwischen den Symbolen B und C geteilt, ist die Summe der Häufigkeiten der oberen Gruppe 22 und die der unteren Gruppe 17, was der genauen Hälfte von 19,5 am nächsten kommt. Das bedeutet nun, A und B besitzen beide einen Code, der mit einem 0-Bit beginnt, und C, D und E fangen, wie Sie gleich sehen werden, mit einem 1-Bit an.

Symbol	Häufigkeit		
A	15	0	
B	7	0	
			Erste Teilung
C	6	1	
D	6	1	
E	5	1	

Im weiteren Verlauf wird die obere Tabellenhälfte zwischen A und B geteilt, was dazu führt, daß A zu einem »Blatt« mit dem Code 00 und B zu einem »Blatt« mit dem Code 01 wird. Nach vier Teilungen erhält man eine vollständige Liste mit Codes. In der daraus resultierenden Tabelle werden den drei Symbolen mit der höchsten Häufigkeit 2-Bit-Codes zugewiesen; die Symbole mit geringster Häufigkeit besitzen 3-Bit-Codes.

Symbol	Häufigkeit				
A	15	0	0		
				Zweite Teilung	
B	7	0	1		
			Erste Teilung		
C	6	1	0		
				Dritte Teilung	
D	6	1	1	0	
					Vierte Teilung
E	5	1	1	1	

Wie man oben sieht, bestehen die Codes der Symbole mit höheren Wahrscheinlichkeitsraten aus weniger Bit, was darauf schließen läßt, daß wir auf der richtigen Fährte sind. Die Formel für den Informationsgehalt eines bestimmten Symboles ist der negative Logarithmus zur Basis 2 der Symbolwahrscheinlichkeitsrate. Den Informationsgehalt von jedem Symbol unserer theoretischen Meldung finden Sie, zusammen mit der Gesamtzahl der Bit für dieses Symbol, in der nachfolgenden Tabelle:

Symbol	Zähler	Informationsgehalt	Inform. Bit
A:	15	1,38	20,68
B:	7	2,48	17,35
C:	6	2,70	16,20
D:	6	2,70	16,20
E:	5	2,96	14,82

Der Informationsgehalt dieser Meldung beläuft sich auf ca. 85,25 Bit. Hätten wir die Zeichen unter Verwendung von 8-Bit-ASCII-Zeichen codiert, wäre das Ergebnis 39x8 gleich 312 Bit gewesen. Hier ist offensichtlich Raum für Verbesserungen.

Codieren wir dieselben Daten mit Shannon-Fano-Codes, ergibt das ganz andere und weitaus bessere Werte, wie Sie in der folgenden Tabelle sehen können.

Symbol	Zähler	Informationsgehalt	Info Bit	SF Größe	SF Bit
A:	15	1,38	20,68	2	30
B:	7	2,48	17,35	2	14
C:	6	2,70	16,20	2	12
D:	6	2,70	16,20	3	18
E:	5	2,96	14,82	3	15

Beim Shannon-Fano-Codierungsverfahren werden zur Codierung von 85,25 Informationsbit lediglich 89 Bit benötigt. Wir sind jetzt offensichtlich schon ein gutes Stück bei unserer Suche nach effektiven Codierungsmethoden vorangekommen. Auch wenn die Shannon-Fano-Methode einen großen Fortschritt darstellt, wurde sie bald von einem noch effektiveren Codierungssystem überflügelt: der Huffman-Codierung.

Der Huffman-Algorithmus

Die Huffman-Codierung verfügt über die meisten Charakteristika der Shannon-Fano-Codierung. Es werden Codes mit unterschiedlicher Länge erzeugt, die aus einer ganzen Anzahl von Bit bestehen. Symbole mit höheren Wahrscheinlichkeitsraten besitzen kürze Codes. Huffman-Codes sind außerdem eindeutig und bilden niemals das Präfix eines anderen Codes. Das heißt, sie können korrekt decodiert werden, auch wenn sie unterschiedlich lang sind. Das Decodieren eines Stroms aus Huffman-Codes wird im allgemeinen mit Hilfe eines binären Decodierungsbaumes bewerkstelligt.

Der Huffman-Decodierungsbaum wird mit einem völlig anderen Algorithmus aufgebaut als bei der Shannon-Fano-Methode, nämlich von oben nach unten. Dabei werden jedem Code zuerst die signifikantesten Bit zugewiesen. Das wird solange fortgesetzt, bis der Baum fertig ist. Huffman-Codes dagegen werden von unten nach oben aufgebaut. Man arbeitet sich dabei beginnend mit den Blättern des Baumes bis zur Wurzel hin vor.

Das Verfahren zum Aufbau des Baumes ist einfach und elegant. Die einzelnen Symbole werden als eine aus Blättern bestehende Kette dargestellt, die durch einen binären Baum verbunden werden soll. Jedes Blatt, im folgenden als Konten bezeichnet, besitzt eine Gewichtung, die der Häufigkeit des Symbols entspricht. Der Baum wird dann anhand der folgenden Einzelschritte aufgebaut:

- Die beiden freien Knoten mit der geringsten Gewichtung werden ermittelt.
- Ein Elternknoten wird für diese beiden Knoten erzeugt. Diesem Elternknoten wird eine Gewichtung zugewiesen, die der Summe der beiden Kindknoten entspricht.
- Der Elternknoten wird der Liste der freien Knoten hinzugefügt, und die zwei Kindknoten werden aus der Liste entfernt.
- Einem der beiden Kindknoten wird ein 0-Bit und dem anderen ein 1-Bit zugewiesen.
- Die oben genannten Schritte werden solange ausgeführt, bis nur noch ein freier Knoten übrig ist. Dieser freie Knoten wird als Wurzel des Baumes bezeichnet.

Dieser Algorithmus kann auf die Symbole des vorigen Beispiels angewandt werden. Die fünf Symbole in unserer Meldung werden zusammen mit ihrer Häufigkeit wie folgt aufgereiht:

15	7	6	6	5
A	B	C	D	E

Diese fünf Knoten bilden die Blätter des Decodierungsbaumes. Sie stellen für den Anfang die gesamte Liste der freien Knoten dar.

Beim ersten Durchlauf des Baumes wird festgestellt, welche beiden Knoten die geringste Gewichtung besitzen: in diesem Fall D und E, mit den Werten 6 und 5. (Die Wahl zwischen C und D erfolgte willkürlich. Da die Tatsache, welcher Knoten ausgewählt wird, zwar den Endwert des Codes beeinflußt, aber den Komprimierungsgrad nicht tangiert, kann so vorgegangen werden.) Diese beiden Knoten werden zu einem Elternknoten verbunden, der die Gewichtung 11 bekommt, und aus der Liste der freien Knoten entfernt.

Nach Beendigung des ersten Durchlaufes wissen wir, wie die niederwertigsten Bit für D und E aussehen. D wird dem 0-Zweig des Elternknotens und E dem 1-Zweig zugewiesen. Diese beiden Bit bilden die niederwertigsten Bit des resultierenden Codes.

Beim zweiten Durchlauf der Liste der freien Knoten werden die Knoten B und C als die Knoten mit der geringsten Gewichtung herausgegriffen. Diese werden daraufhin mit einem neuen Elternknoten verbunden. Dem Elternknoten wird eine Gewichtung von 13 zugewiesen und B und C werden aus der Liste der freien Knoten entfernt. Jetzt sieht der Baum wie in Abbildung 3-2 gezeigt aus.

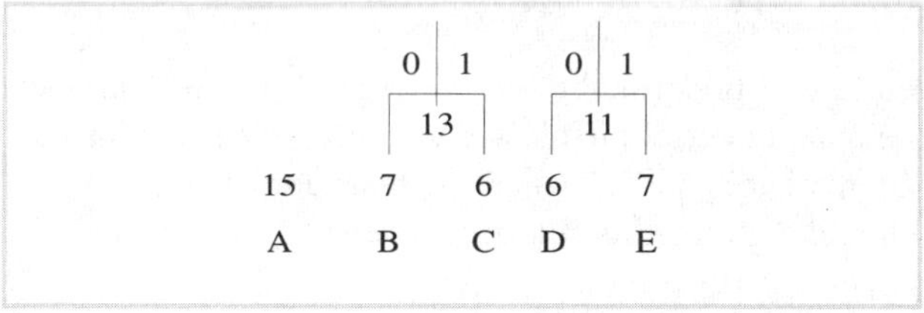

Abbildung 3-2:
Der Huffman-Baum nach zwei Durchgängen

Beim nächsten Durchgang sind die beiden Knoten mit der geringsten Gewichtung die Elternknoten der Paare B/C und D/E. Diese werden mit einem Elternknoten verbunden, dem die Gewichtung 24 zugewiesen wird. Die Kinder werden aus der Liste der freien Knoten entfernt. Bis jetzt wurden jedem Huffman-Code für die Symbole B, C, D und E zwei Bit zugewiesen. Nun muß nur noch dem Code für A ein einzelnes Bit zugewiesen werden.

Beim letzten Durchgang schließlich gibt es nur noch zwei freie Knoten. Der Elternknoten mit der Gewichtung 24 wird mit dem Knoten A verbunden, um einen neuen Elternknoten mit der Gewichtung 39 zu erzeugen. Nach Entfernen der beiden Kindknoten aus der Liste der freien Knoten bleibt lediglich ein Elternknoten übrig; der Baum ist also fertig. Das Endergebnis können Sie Abbildung 3-3 entnehmen.

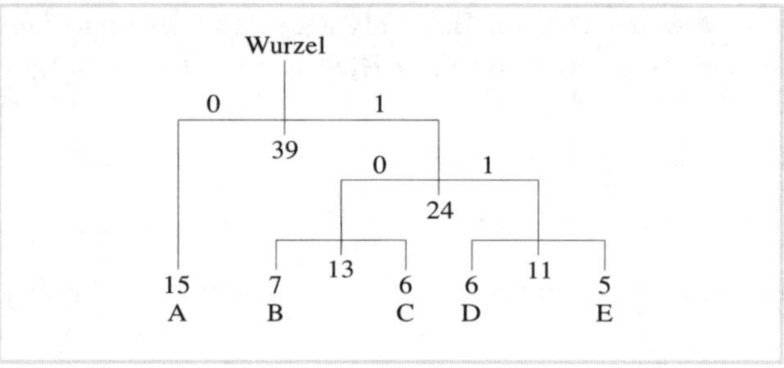

Abbildung 3-3:
Der Huffman-Baum

Damit der Code eines bestimmten Symbols bestimmt werden kann, muß von den Blättern zur Wurzel des Huffman-Baumes gewandert werden. Dabei sammeln sich bei jedem Passieren eines Elternknotens neue Bit an. Unglücklicherweise erhalten wir diese Bit in genau der umgekehrten Reihenfolge zurück, wie wir sie eigentlich wollen. Das heißt: Die Bit müssen auf einem Stack abgelegt und dann wieder heruntergeholt werden, um den Code zu erzeugen. Diese Vorgehensweise verleiht der Meldung die folgende Codestruktur:

Die Huffman-Codetabelle

A:	0
B:	100
C:	101
D:	110
E:	111

Wie Sie sehen, ist jeder Code eindeutig und bildet nicht den vorderen Teil eines anderen Codes. Huffman-Codes können also eindeutig entschlüsselt werden, wenn sie nacheinander in einem Strom auftauchen. Dem Symbol mit der höchsten Wahrscheinlichkeitsrate, A, wurden die wenigsten Bit zugewiesen und dem Symbol mit der niedersten Wahrscheinlichkeitsrate, E , die meisten.

Beachten Sie, daß sich die Huffman-Codes in der Länge von den Shannon-Fano-Codes unterscheiden. Die Codelänge von A beträgt lediglich ein Bit, anstelle von zwei und die Symbole B und C sind drei Bit lang und nicht zwei. In der folgenden Tabelle sehen Sie, was das für Auswirkungen auf die Gesamtzahl der von der Meldung produzierten Bit hat:

Symbol	Häufigkeit	Shannon-Fano-Länge	Shannon-Fano-Bit	Huffman-Länge	Huffman-Bit
A:	15	2	30	1	15
B:	7	2	14	3	21
C:	6	2	12	3	18
D:	6	3	18	3	18
E:	5	3	15	3	15

Diese Veränderungen in der Codelänge bewirken, daß zum Codieren der Symbole B und C 13 Bit mehr benötigt werden. Es werden aber bei der Codierung des Symboles A 15 Bit gespart, das ergibt eine Gesamtersparnis von 2 Bit. Bei der vorliegenden Meldung mit dem Informationsgehalt von 85,25 Bit werden bei der Shannon-Fano-Codierungsmethode 89 Bit benötigt, bei der Huffman-Codierungsmethode nur 87.

Im allgemeinen unterscheiden sich die Ergebnisse der Shannon-Fano- und der Huffman-Codierungsmethode nicht sehr. Aber die Huffman-Codierungsmethode ist immer mindestens so effektiv wie die Shannon-Fano-Methode, deshalb wurde sie zur dominierenden Codierungsmethode. Da beide Algorithmen ähnlich viel Prozessorleistung benötigen, ist es klüger, die Methode auszuwählen, die etwas bessere Ergebnisse erzielt. Außerdem hat Huffman bewiesen, daß diese Codierungsmethode durch keine andere übertroffen werden kann, die mit ganzzahligen Bitlängen arbeitet.

Seit D.A. Huffman im Jahre 1952 seinen Artikel »A Method for Construction of Minimum Redundany Codes« veröffentlichte, wurde sein Codierungsalgorithmus zum Gegenstand von sehr vielen Forschungsarbeiten. Zeitschriften zur Informationstheorie veröffentlichten bis zum heutigen Tage unzählige Artikel über Implementationen der verschiedensten esoterisch anmutenden Huffman-Codierungsvarianten - immer danach trachtend, diese Codierungsmethode noch besser auszunutzen. Die Huffman-Methode wird in kommerziellen Komprimierungsprogrammen, FAX-Geräten und sogar dem JPEG-Algorithmus eingesetzt. Der nächste logische Schritt in diesem Buch besteht darin, den C-Quelltext zu beschreiben, der zur Implementation des Huffman-Codierungsschemas benötigt wird.

Huffman in C

Ein Huffman-Baum wird als binärer Baum ausgehend von den Blattknoten gebildet. Huffman mag an digitale Computer gedacht haben oder nicht, als er sein Codierungsschema entwickelte, aber Programmierer arbeiten immer mit der Baum-Datenstruktur.

Zwei hier vorgestellte Programme illustrieren die Huffman-Codierungsmethode. Der KompressorHUFF-K – HUFF-K – benutzt ein einfaches Modell der Ordnung 0 und einen Huffman-Baum zur Codierung. HUFF-E erweitert die mit HUFF-K komprimierten Dateien. Beide Programme arbeiten mit einigen Hilfsroutinen, auf die Sie im gesamten Verlauf des Buches treffen werden. Bevor der eigentliche Huffman-Quelltext vorgestellt wird, wollen wir uns kurz anschauen, was für Aufgaben einige der Hilfsmodule haben.

BITEA.C

Datenkomprimierungsprogramme führen jede Menge Ein-/Ausgaben (E/A) aus, mit denen eine unübliche Anzahl von Bit gelesen oder geschrieben werden. Bei der Huffman-Methode werden beispielsweise Bit einzeln nacheinander übertragen. LZW-Programme können dagegen Datenblöcke lesen, die zwischen 9 und 16 Bit groß sind. Die in STDIO.H definierte Standard C-E/A-Bibliothek kennt nur byteweise arbeitende Ein-Ausgabefunktionen. Routinen wie putc() und getc() lesen und schreiben einzelne Bytes. Funktionen wie fread() und fwrite() lesen und schreiben wiederum nur ganze Byteblöcke. Diese Bibliothek ist also keine Hilfe für Programmierer, die eine Routine zum bitweisen Schreiben und Lesen benötigen.

Damit diese ungewöhnlichen Ein-/Ausgabe auf konventionelle Weise möglich wird, wurden bitorientierte E/A-Routinen in einem einzigen Quellmodul BITEA.C zusammengefaßt. Auf diese Routinen kann mit Hilfe einer Headerdatei namens BITEA.H zugegriffen werden, die aus einer Strukturdefinition und mehreren Funktionsprototypen besteht.

Zwei Routinen öffnen Dateien für die Bit-Ein-/Ausgabe, eine dient der Ein- und die andere der Ausgabe. Wie in BITEA.H definiert, handelt es sich dabei um:

```
BIT_FILE *OpenInputBitFile( char *name );
BIT_FILE *OpenOutputBitFile( char *name );
```

Diese beiden Routinen übergeben einen Zeiger auf eine neue Struktur mit dem Namen BIT_FILE. BIT_FILE ist wie folgt ebenfalls in BITEA.H definiert:

```
typedef struct bit_file {
    FILE *file;
    unsigned char maske;
```

```
    int akt_byte;
    int beruhigungs_zaehler;
} BIT_FILE;
```

OpenInputBitFile() oder OpenOutputBitFile() führen einen konventionellen fopen()-Aufruf aus und legen den resultierenden Zeiger auf die FILE-Struktur in der BIT_FILE-Struktur ab. Die beiden anderen Strukturelemente werden auf ihre Anfangswerte gesetzt, und ein Zeiger auf die resultierende BIT_FILE-Struktur wird übergeben.

Die beiden neuen Strukturelemente akt_byte und maske sind für den bitorientierten Aspekt von BIT_FILE verantwortlich. »akt_byte« enthält das aktuelle Datenbyte, das entweder aus der Datei gelesen wurde oder darauf wartet, in der Datei abgelegt zu werden. »maske« besteht aus einer Ein-Bit-Maske, mit deren Hilfe das aktuelle Ausgabebit entweder gesetzt/gelöscht oder das aktuelle Eingabebit ausmaskiert wird.

Im Zusammenhang mit BITEA.H stellt das höherwertigste Bit im E/A-Byte das erste Bit dar; das niederwertigste Bit im E/A-Byte repräsentiert das letzte Bit. Daraus folgt, daß das Element »maske« der BIT_FILE-Struktur mit 0x80 initialisiert wird, wenn eine BIT_FILE-Datei zum ersten Mal geöffnet wird. Während der Ausgabe wird beim ersten Ablegen eines Bit in der BIT_FILE-Datei dieses gesetzt oder gelöscht. Anschließend wird das Bit im maske-Element ein Bit weiterverschoben. Gelangt man in der Maske an den Punkt, an dem alle Bit durchlaufen wurden, wird das Element »akt_byte« in der Datei abgelegt und von vorn begonnen.

Das Lesen aus einer BIT_FILE-Datei erfolgt ähnlich. Die Maske wird zuerst auf 0x80 gesetzt und ein einzelnes Byte aus der Datei in das Element »akt_byte« übertragen. Jeder Aufruf, mit dem ein Bit aus der Datei gelesen wird, maskiert ein Bit aus und verschiebt das Maskenbit zum nächsten, niederwertigeren Bit. Sobald alle Bit des Elements »akt_byte« gelesen wurden, holt die Eingaberoutine ein neues Byte aus der Eingabedatei.

Zwei E/A-Routinentypen sind in BITEA.C definiert. Die beiden ersten Routinen lesen oder legen die Bit einzeln ab. Die nächsten beiden lesen oder legen eine Reihe von Bit ab. Die Anzahl ist durch die Größe des Datentyps unsigned long beschränkt. Für diese vier Routinen existieren in BITEA.H die folgenden ANSI-Prototypen:

```
void    OutputBit( BIT_FILE *bit_file, int bit );

void    OutputBits( BIT_FILE *bit_file, unsigned long code,
                    int zaehler );
int InputBit( BIT_FILE *bit_file );
unsigned long   InputBits(BIT_FILE *bit_file, int zaehler);
```

Spezielle Routinen öffnen BIT_FILE-Dateien, und zwei weitere Spezialroutinen schließen sie wieder. Durch die Ausgaberoutine wird sichergestellt, daß auch das letzte Byte in der Datei abgelegt wird. Sowohl die Eingabe- als auch die Ausgaberoutinen müssen ihre Dateien schließen, damit die beim Öffnen der Datei allokierte BIT_FILE-Struktur wieder freigegeben wird. Die zum Schließen einer Datei benutzten BIT_FILE-Routinen besitzen die folgenden ANSI-Prototypen in BITEA.H:

```
void    CloseInputBitFile( BIT_FILE *bit_file );
void    CloseOutputBitFile( BIT_FILE *bit_file );
```

Die Ein-/Ausgaberoutinen in BITEA.H verfügen nebenbei über eine spezielle »Beruhigungs«-Funktion, die beim Testen von Komprimierungsprogrammen nützlich sein kann. Jede BIT_FILE-Struktur besitzt einen »Beruhigungszähler«, der jedesmal inkrementiert wird, wenn ein neues Byte aus der entsprechenden Datei gelesen oder in ihr abgelegt wird. Alle 2084 Byte wird ein einzelnes Zeichen auf der Standardausgabe ausgegeben. So kann sich der ungeduldige Anwender versichern, daß auch wirklich gearbeitet wird. Bei MS-DOS-Systemen ist es dadurch dem Anwender zudem möglich, den Programmablauf zu unterbrechen, falls etwas nicht stimmt.

Die Headerdatei und der Code von BITEA.H wird im folgenden gezeigt:

```
/******************** Start von BITEA.H ********************/

#ifndef _BITEA_H
#define _BITEA_H

#include <stdio.h>

typedef struct bit_file {
    FILE *file;
    unsigned char maske;
    int akt_byte;
    int beruhigungs_zaehler;
} BIT_FILE;

#ifdef __STDC__
BIT_FILE     *OpenInputBitFile( char *name );
BIT_FILE     *OpenOutputBitFile( char *name );
void          OutputBit( BIT_FILE *bit_file, int bit );
void          OutputBits( BIT_FILE *bit_file,
              unsigned long code, int zaehler );
int           InputBit( BIT_FILE *bit_file );
unsigned long InputBits(BIT_FILE *bit_file, int bit_zaehler);
void          CloseInputBitFile( BIT_FILE *bit_file );
void          CloseOutputBitFile( BIT_FILE *bit_file );
void          FileBinaerAusgeben( FILE *file,
                        unsigned int code, int bits );
#else   /* __STDC__ */
BIT_FILE     *OpenInputBitFile();
BIT_FILE     *OpenOutputBitFile();
void          OutputBit();
void          OutputBits();
```

```
int             InputBit();
unsigned long InputBits();
void            CloseInputBitFile();
void            CloseOutputBitFile();
void            FileBinaerAusgeben();

#endif  /* __STDC__ */

#endif  /* _BITEA_H */

/******************* Ende von BITEA.H ********************/

/******************* Start von BITEA.C ********************
*
* Diese Datei mit Hilfsroutinen enthält Funktionen für die
* bitorientierte Ein- und Ausgabe sowohl für ANSI also auch
* K&R C. Alle Programme dieses Buches benutzen dieses Modul.
*
*/

#include <stdio.h>
#include <stdlib.h>
#include "bitea.h"
#include "errhand.h"

#define BERUHIGUNGS_ANZAHL 2047
BIT_FILE *OpenOutputBitFile( name )
char *name;
{
    BIT_FILE *bit_file;

    bit_file = (BIT_FILE *) calloc( 1, sizeof( BIT_FILE ) );
    if ( bit_file == NULL )
    return( bit_file );
    bit_file->file = fopen( name, "wb" );
    bit_file->akt_byte = 0;
    bit_file->maske = 0x80;
    bit_file->beruhigungs_zaehler = 0;
    return( bit_file );
}
BIT_FILE *OpenInputBitFile( name )
char *name;
{
    BIT_FILE *bit_file;
```

```
    bit_file = (BIT_FILE *) calloc( 1, sizeof( BIT_FILE ) );
    if ( bit_file == NULL )
    return( bit_file );
    bit_file->file = fopen( name, "rb" );
    bit_file->akt_byte = 0;
    bit_file->maske = 0x80;
    bit_file->beruhigungs_zaehler = 0;
    return( bit_file );
}

void CloseOutputBitFile( bit_file )
BIT_FILE *bit_file;

{
    if ( bit_file->maske != 0x80 )
    if ( putc( bit_file->akt_byte, bit_file->file ) !=
            bit_file->akt_byte )
       fataler_fehler("Fataler Fehler in CloseBitFile!\n");
    fclose( bit_file->file );
    free( (char *) bit_file );

}
void CloseInputBitFile( bit_file )
BIT_FILE *bit_file;
{
    fclose( bit_file->file );
    free( (char *) bit_file );
}
void OutputBit( bit_file, bit )
BIT_FILE *bit_file;

int bit;

{
    if ( bit )
    bit_file->akt_byte |= bit_file->maske;
    bit_file->maske >>= 1;
    if ( bit_file->maske == 0 ) {
    if ( putc( bit_file->akt_byte, bit_file->file ) !=
            bit_file->akt_byte )
        fataler_fehler( "Fataler Fehler in OutputBit!\n" );
    else
    if ( ( bit_file->beruhigungs_zaehler++ &
              BERUHIGUNGS_ANZAHL ) == 0 ) putc( '.', stdout );
```

```
    bit_file->akt_byte = 0;
    bit_file->maske = 0x80;
    }
}
void OutputBits( bit_file, code, zaehler ) BIT_FILE *bit_file;
unsigned long code;
int zaehler;
{
    unsigned long maske;
    maske = 1L << ( zaehler - 1 );
    while ( maske != 0) {
    if ( maske & code ) bit_file->akt_byte |= bit_file->maske;
    bit_file->maske >>= 1;
    if ( bit_file->maske == 0 ) {
        if ( putc( bit_file->akt_byte, bit_file->file ) !=
                 bit_file->akt_byte )
        fataler_fehler("Fataler Fehler in OutputBit!\n");
    else if ( ( bit_file->beruhigungs_zaehler++ &
                    BERUHIGUNGS_ANZAHL ) == 0 ) putc( '.', stdout );
        bit_file->akt_byte = 0;
        bit_file->maske = 0x80;
        }
    maske >>= 1;
    }
}
int InputBit( bit_file ) BIT_FILE *bit_file;
{
    int wert;
    if ( bit_file->maske == 0x80 ) {
    bit_file->akt_byte = getc( bit_file->file );
    if ( bit_file->akt_byte == EOF )
        fataler_fehler( "Fataler Fehler in InputBit!\n" );
    if ((bit_file->beruhigungs_zaehler++ & BERUHIGUNGS_ANZAHL) == 0)
        putc( '.', stdout );
    }
    wert = bit_file->akt_byte & bit_file->maske;
    bit_file->maske >>= 1;
    if ( bit_file->maske == 0 ) bit_file->maske = 0x80;
    return( wert ? 1 : 0 );

}
unsigned long InputBits( bit_file, bit_zaehler )
BIT_FILE *bit_file;
int bit_zaehler;
```

```
{
    unsigned long maske;
    unsigned long return_wert;
    maske = 1L << ( bit_zaehler - 1 );
    return_wert = 0;
    while ( maske != 0) {
    if ( bit_file->maske == 0x80 ) {
        bit_file->akt_byte = getc( bit_file->file );
        if ( bit_file->akt_byte == EOF )
        fataler_fehler("Fataler Fehler in InputBit!\n");
    if ( ( bit_file->beruhigungs_zaehler++ &
                BERUHIGUNGS_ANZAHL ) == 0 )
        putc( '.', stdout );
    }
    if ( bit_file->akt_byte & bit_file->maske )
        return_wert |= maske;
    maske >>= 1;
    bit_file->maske >>= 1;
    if ( bit_file->maske == 0 )
        bit_file->maske = 0x80;
    }
    return( return_wert );
}
void FileBinaerAusgeben( file, code, bits )
FILE *file;
unsigned int code;
int bits;
{
    unsigned int maske;
    maske = 1 << ( bits - 1 );
    while ( maske != 0 ) {
    if ( code & maske )
        fputc( '1', file );
        else
            fputc( '0', file );
    maske >>= 1;
    }
}

/******************* Ende von BITEA.C ********************/
```

Noch ein Wort zu Prototypen

Der Quelltext in diesem Buch kann sowohl in Verbindung mit Unix K&R- als auch mit modereneren MS-DOS-Compilern eingesetzt werden. Das betrifft den hier vorliegenden Quelltext hauptsächlich im Zusammenhang mit Funktionsparametern, sowohl im Prototyp als auch im Funktionskörper. Bei den Funktionskörpern wird für den gesamten Quelltext dieses Buches die althergebrachte, folgende Parameterschreibweise verwendet:

```
int main( argc, argv )
int argc;
char *argv[];
 {
 ...
```

Das ist die einzige Parameterdeklarationsmethode, die von K&R-Compilern akzeptiert wird, und als solche wird sie auch vom ANSI-Standard bestätigt. Einige Compiler (wie beispielsweise Microsoft C 6.0 auf der Warnebene 4) geben eine Warnung aus, sobald sie auf solche Funktionsdeklarationen treffen. Seien Sie also darauf gefaßt und ignorieren Sie diese Warnhinweise. Die Deklarierung von Funktionsparametern in dieser Weise hat keinerlei Einfluß auf die Zuverläßigkeit oder Lesbarkeit des Quelltextes. Das Arbeiten mit dem K&R-Stil kann demnach als vorteilhafter Anachronismus angesehen werden.

Der Einsatz von Parametern in Funktionsdeklarationen bringt einige Probleme mehr mit sich. Die ANSI-C-Spezifikation akzeptiert die K&R-Funktionsdeklarationen alten Stils (wie *int main();*) zwar, aber es gibt gute Gründe dafür, alle Funktionsargumente in der Deklaration anzugeben. Nutzt man die Verwendung von Prototypen voll aus, – wie bei *int main(int argc, char *argv[]);* – überprüft der Compiler, ob die richtigen Parameter übergeben werden, sobald er auf einen Funktionsaufruf trifft. Dadurch wird einer der häufigsten Fehler, die in C gemacht werden, vermieden: die Übergabe falscher Parameter.

Damit Prototypen eingesetzt werden können und gleichzeitig die Kompatibilität mit K&R-Compilern erhalten bleibt, existieren von allen Funktionsprototypen immer zwei Formen: Ein K&R-kompatibler Prototyp und ein vollständig mit ANSI C konformer Prototyp. Die ANSI C-Prototypen werden aktiviert, indem die Existenz von __STDC__ überprüft wird – einem vordefinierten Makro, das definiert wird, wenn ein Compiler eingesetzt wird, der dem ANSI-Standard entspricht. Die Prototypen für eine Reihe von Funktionen sehen in einer Headerdatei demnach ungefähr wie folgt aus:

```
#ifdef __STDC__  int main( int argc, char *argv[] );
FOO *open_foo( char *name );
#else
int main();
FOO *open_foo();
#endif
```

Dieser Kompromiß geht sicher zu Lasten der Lesbarkeit und sollte deshalb bei der Programmentwicklung nicht benutzt werden. Aber wenn die Routinen erst einmal richtig funktionieren und sie in absehbarer Zeit wahrscheinlich nicht geändert werden müssen, kommt man mit dieser Art Headerdatei gut aus. Anwender von ANSI C-Compilern werden feststellen, daß es im Zusammenhang mit sehr vielen MS-DOS-Compilern zu Problemen kommt. Compiler wie Microsoft C oder Borland C++ sind zwar ANSI C-Compiler, aber sie verfügen standardmäßig über eine Reihe von Spracherweiterungen wie beispielsweise far-Zeiger, alternative Funktionsaufrufkonventionen usw. Sind diese Spracherweiterungen aktiv (sie sind es standardmäßig), ist __STDC__ nicht definiert, da der Compiler nicht mehr als reiner ANSI C-Compiler arbeitet. Das bedeutet, daß nicht der richtige Funktionsprototyp verwendet wird.

Die Lösung dieses Problemes besteht darin, den Quelltext dieses Buches mit dem Compiler im ANSI C-Modus zu kompilieren. Der Compiler wird normalerweise durch Deaktivierung der Erweiterungen in diesen Modus versetzt. Bei Microsoft C geht das von der Befehlszeile aus mit der Option /Za. Beim Borland C++ werden die C-Erweiterungen mit der Option -A ausgeschaltet.

Um den Quelltext für einen ganz bestimmten Einsatz mit einem speziellen Compiler anzupassen, müssen möglicherweise die "#ifdef __STDC__«-Zeilen aus den Headerdateien und dem Quelltext entfernt werden. Je mehr Compiler mit den ANSI C-Prototypen und Parameterdefinitionen zurechtkommen, desto überflüssiger wird diese Portabilitätsmaschinerie.

MAIN-K.C und MAIN-E.C

Ein weiterer Teil des in diesem Buch verwendeten Hilfsquelltextes ist der "main()«-Teil der Komprimierungs- und Dekomprimierungsprogramme. Jedes Komprimierungsprogramm muß über einen Hauptteil verfügen, der Kommandozeilenargumente verarbeitet, Dateien öffnet, die Komprimierungsroutinen aufruft und anschließend die Dateien wieder schließt. Der Einfachheitshalber habe ich zwei Versionen erstellt: eine für das Kompressionsprogramm (MAIN-K. C) und eine für das Dekompressionsprogramm (MAIN-E.C).

Sowohl MAIN-K.C als auch MAIN-E.C erwarten die Komprimierungs- oder die Dekomprimierungsroutine, eine Hilferoutine zur Erklärung der Kommandozeilenparameter und einen externen String mit dem Namen der verwendeten Komprimierungstechnik in einer getrennten Datei. Die Deklarationen für die Funktionen und der Name des externen Strings befinden sich in MAIN.H. MAIN.H sollte im Komprimierungsmodul untergebracht werden, damit sichergestellt wird, daß die Routinen mit dem richtigen Typ versehen werden. Das Listing von MAIN.H folgt als nächstes.

Die hinter diesen beiden Routinen steckende Absicht es, daß die Infrastruktur eines Komprimierungstestprogrammes nicht jedesmal erstellen zu müssen, wenn ein neues Komprimierungsmodul programmiert wird. Eine neue Routine sollte mit dem bereits existierenden Komprimierungsprogramm zuammenarbeiten können.

```
/******************* Start von MAIN.H ********************/

#ifndef _MAIN_H
#define _MAIN_H
#ifdef __STDC__
void KomprimiereDatei( FILE *input, BIT_FILE *output,
                       int argc, char *argv[] );
void ExpandiereDatei( BIT_FILE *input, FILE *output,
                      int argc, char *argv[] );

#else   /* __STDC__ */
void KomprimiereDatei();
void ExpandiereDatei();

#endif  /* __STDC__ */
extern char *Anwendung;
extern char *KomprimierungsName;

#endif  /* _MAIN_H */

/******************** Ende von MAIN.H ********************/
```

In Verbindung mit MAIN-K.C muß das Komprimierungsmodul die folgenden drei Dinge zur Verfügung stellen: Einen Anwendung-String, der eine Liste der Parameter etc. enthält; einen KomprimierungName-String, mit dessen Hilfe das Programm MAIN-K.C die Komprimierungsmethode angeben kann; und eine KomprimiereDatei()-Routine, die für die Komprimierung der Datei zuständig ist. In diesem Kapitel befinden sich diese Routinen in einer Datei mit dem Namen HUFF.C, dic ein Modell der Ordnung 0 mit einem Huffman-Codierer realisiert:

```
/******************* Start von MAIN-K.C ******************/
/*
* Dieses Programmskelett wird benutzt, um die einzelnen Kom-
* primierungsalgorithmem zu testen. Um unnötigen, doppelten
* Quelltext zu vermeiden, wird dieses Modul von allen
* Komprimierungsroutinen dieses Buches benutzt.
* Für diesen Zweck müssen die Komprimierungsroutinen folgende
* externe Routinen und Strings bereitstellen
* (in main.h definiert):
```

```
*
*     void KomprimiereDatei( FILE *eingabe, BIT_FILE
*                            *ausgabe,
*                        int argc, char *argv );
*     char *Anwendung;
*     char *KomprimierungsName;
*
* Die in dieser Datei enthaltene main-Routine hat die
* Aufgabe, zu überprüfen, ob die Ein- und Ausgabedateien
* geöffnet werden können und ob Argumente anwesend sind.
* Anschließend wird die Komprimierungsroutine aufgerufen. Im
* Fehlerfall werden entsprechende Meldungen (beispielsweise
* wie das Programm aufgerufen werden muß) ausgegeben.
*
* Wird mit diesem Modul ein Komprimierungsprogramm erstellt,
* besitzt dieses die folgende Aufrufkonvention:
*
* main-k eingabedatei ausgabedatei [ optionen ]
*/
#include <stdio.h>
#include <stdlib.h>
#include <string.h>
#include "bitea.h"
#include "errhand.h"
#include "main.h"

#ifdef __STDC__
void anwendungshinweis_aussprung( char *programm_name );
void grad_ausgeben( char *eingabe, char *ausgabe );
long datei_groesse( char *name );

#else

void anwendungshinweis_aussprung();
void grad ausgeben();
long datei_groesse();
#endif
int main( argc, argv )
int argc;
char *argv[];
{
    BIT_FILE *ausgabe;
    FILE *eingabe;
    setbuf( stdout, NULL );
```

```
    if ( argc < 3 )
    anwendungshinweis_aussprung( argv[ 0 ] );
    eingabe = fopen( argv[ 1 ], "rb" );
    if ( eingabe == NULL )
    fataler_fehler( "Fehler beim Öffnen von %s für die"+
                    "Eingabe\n", argv[ 1 ] );
    ausgabe = OpenOutputBitFile( argv[ 2 ] );
    if ( ausgabe == NULL )
    fataler_fehler( "Fehler beim Öffnen von %s für die"+
                    "Ausgabe\n", argv[ 2 ] );
  printf("\nKomprimiere %s nach %s\n", argv[ 1 ], argv[ 2 ]);
    printf( "Unter Verwendung von: %s\n", KomprimierungsName );
    KomprimiereDatei( eingabe, ausgabe, argc - 3, argv + 3 );
    CloseOutputBitFile( ausgabe );
    fclose( eingabe );
    grad_ausgeben( argv[ 1 ], argv[ 2 ] );
    return( 0 );
}

/*
* Diese Routine gibt einen Anwendungshinweis aus, falls das
* Programm ohne Argumente aufgerufen wurde. Als erstes wird
* immer der Programmname ausgegeben. Diesen findet man in
* argv[0], das in der Regel den kompletten Programmnamen
* (inkl. Pfadangaben etc.) enthält.
* Da nur der eigentliche Programmname von Interesse ist, wird
* dieser mit einigem Aufwand bestimmt.
*/
void anwendungshinweis_aussprung( programm_name )
char *programm_name;
{
    char *kurz_name;
    char *extension;

    kurz_name = strrchr( programm_name, '\\' );
    if ( kurz_name == NULL )
    kurz_name = strrchr( programm_name, '/' );
    if ( kurz_name == NULL )
    kurz_name = strrchr( programm_name, ':' );
    if ( kurz_name != NULL )
    kurz_name++;
    else
    kurz_name = programm_name;
    extension = strrchr( kurz_name, '.' );
```

```
    if ( extension != NULL ) * extension = '\0';
    printf( "\nAnwendung:  %s %s\n", kurz_name, Anwendung );
    exit( 0 );
}

/*
* Diese Routine wird von main benutzt, um die Dateigröße ei-
* ner geschlossenen Datei zu bestimmen. Die Größe wird als
* long zurückgeliefert. Damit kann main die Größe der ur-
* sprünglichen Datei und die Größe der komprimierten Datei,
* sowie den Komprimierungsgrad ausgeben.
*/
#ifndef SEEK_END
#define SEEK_END 2
#endif
long datei_groesse( name )
char *name;
{
    long eof_ftell;
    FILE *file;
    file = fopen( name, "r" );
    if ( file == NULL )
    return( 0L );
    fseek( file, 0L, SEEK_END );
    eof_ftell = ftell( file );
    fclose( file );
    return( eof_ftell );
}
/*
* Diese Routine gibt den Komprimierungsgrad aus, nachdem die
* Ein- und Ausgabedateien geschlossen wurden.
*/
void grad_ausgeben( eingabe, ausgabe )
char *eingabe;
char *ausgabe;
{
    long eingabe_groesse;
    long ausgabe_groesse;
    int grad;
    eingabe_groesse = datei_groesse( eingabe );
    if ( eingabe_groesse == 0 )
    eingabe_groesse = 1;
    ausgabe_groesse = datei_groesse( ausgabe );
    grad = 100 - (int) ( ausgabe_groesse * 100L /
```

```
                     eingabe_groesse );
    printf( "\nBytes in der Eingabe:        %ld\n",
             eingabe_groesse );
    printf( "Bytes in der Ausgabe:        %ld\n",
             ausgabe_groesse );
    if ( ausgabe_groesse == 0 )
    ausgabe_groesse = 1;
    printf( "Komprimierungsgrad :  %d%%\n", grad );
}

/******************** Ende von MAIN-K.C ********************/
```

MAIN-K.C

Es gibt einige grundlegende Dinge zum Aufruf von MAIN-K.C. MAIN-K.C wird aufgerufen, um eine in der Kommandozeile aufgeführte Eingabedatei zu komprimieren und um die komprimierte Ausgabe in einer anderen Datei, die ebenfalls in der Kommandozeile angegeben wird, abzulegen. Die grundlegende Kommandozeilenform von MAIN-K.C lautet demnach *MAIN-K Eingabe_Datei Ausgabe_Datei*. Ruft der Anwender MAIN-K.C ohne Argumente auf, wird eine einfache Gebrauchsanweisung ausgegeben. Diese Gebrauchsanweisung umfaßt den vom Komprimierungsmodul zur Verfügung gestellten Anwendungs-String.

Befinden sich zwei Dateinamen in der Kommandozeile, versucht MAIN-K.C beide zu öffnen. Die Eingabedatei wird mit fopen() geöffnet. Die Ausgabedatei wird, wie in BITEA.H definiert, als BIT_FILE-Datei geöffnet. Kann eine der Dateien nicht geöffnet werden, wird eine Fehlermeldung ausgegeben und das Programm verlassen. Werden beide Dateien geöffnet, besteht der nächste Schritt darin, die Komprimierungsroutine aufzurufen.

MAIN-K.C erwartet, daß die Routine den Namen KomprimiereDatei() trägt. Diese Routine wird mit vier Argumenten aufgerufen. Bei den beiden ersten handelt es sich um den Zeiger auf die Dateistruktur der Eingabedatei und einen Zeiger auf die BIT_FILE-Struktur der Ausgabedatei. Als letztes werden die entsprechenden angepaßten Werte für argv und argc an die Komprimierungsroutine übergeben. Die Werte von argc und argv werden so verändert, daß die Argumente argv[0] (das sollte der Programmname sein), sowie argv[1] und argv[2] (das sind die Namen der Ein- und Ausgabedateien) übersprungen werden. Das Komprimierungsprogramm ist daraufhin in der Lage, unter den verbleibenden Argumenten nach den Argumenten zu suchen, die für diese Routine spezifisch sind. Sobald sie ihre Arbeit beendet hat, kehrt sie zu MAIN-K.C zurück, das die Dateien schließt und das Programm beendet.

MAIN-E.C bewirkt gerade das Gegenteil von MAIN-K.C. Es verfügt zwar auch über zwei Argumente, aber dieses Mal ist die Eingabedatei die komprimierte Datei und die Ausgabedatei eine unkomprimierte Textdatei. Genau wie bei MAIN-K.C wird überprüft, ob mindestens zwei Argumente vorliegen. Anschließend wird versucht, die beiden Dateien zu öffnen. Gibt es keine zwei Argumente, wird eine Meldung für den Anwender ausgegeben. Kann eine der beiden Dateien nicht geöffnet werden, wird eine Fehlermeldung angezeigt. Das Listing von MAIN-E.C finden Sie am Ende dieses Kapitels.

ERRHAND.C

Eine weitere Routine vereinfacht den Quelltext. Bei der Profi-Version eines Programmes wird im allgemeinen ein anspruchsvoller Fehlerbehandlungsmechanismus benötigt. Es ist besonders wichtig, daß der Anwender auf dem Laufenden darüber ist, was passiert, und daß dafür gesorgt wird, daß Dateien, die beispielsweise nur teilweise bearbeitet wurden, ordnungsgemäß behandelt werden. Weiterhin ist es notwendig, Systemeinstellungen wiederherzustellen, die unter Umständen verändert wurden.

In diesem Buch beschränkt sich unser Interesse auf die Komprimierungsgenauigkeit, die Geschwindigkeit und den Komprimierungsgrad. Deshalb existiert nur eine einfache, universell einsetzbare Bearbeitungsroutine für fatale Fehler. Die Fehlerbearbeitungsroutine ist in ERRHAND.H definiert:

```
/****************** Start von ERRHAND.H ******************/

#ifndef _ERRHAND_H

#define _ERRHAND_H

#ifdef __STDC__

void fataler_fehler( char *fmt, ... );

#else   /* __STDC__ */

void fataler_fehler();

#endif  /* __STDC__ */
#endif  /* _ERRHAND_H */

/****************** Ende von ERRHAND.H *******************/
```

Die Fehlerbearbeitungsroutine wird aufgerufen, sobald im Programm ein fataler, nicht behebbarer Fehler auftritt. Sie hat dieselbe Syntax wie printf. Das bedeutet, ihr können ein Formatstring und formatiert auszugebende Argumente übergeben werden.

```
/****************** Start von ERRHAND.C ******************
*
* Diese allgemeine Fehlerbearbeitungsroutine wird von allen
* Programmen dieses Buches benutzt.
*/

#include <stdio.h>
#include <stdlib.h>
#include <stdarg.h>
#include "errhand.h"

#ifdef __STDC__
void fataler_fehler( char *fmt, ... )
#else
#ifdef __UNIX__
void fataler_fehler( fmt, va_alist )
char *fmt;
va_dcl
#else
void fataler_fehler( fmt )
char *fmt;
#endif
#endif

{
    va_list argptr;

    va_start( argptr, fmt );
    printf( "Fataler Fehler: " );
    vprintf( fmt, argptr );
    va_end( argptr );
    exit( -1 );

}

/****************** Ende von ERRHAND.C ******************/
```

Der Huffman-Quelltext

Nachdem die Infrastruktur existiert, genügt es zur Erstellung eines Programmes, das die Huffman-Codierung demonstriert, zwei Routinen – KomprimiereDatei() und ExpandiereDatei() – und eine Reihe von Strings bereitzustellen, die den Namen der Komprimierungsmethode und der Programmanwendungsweise beschreiben. Der Quelltext dafür befindet sich in HUFF.C.

Um den Huffman-Decodierungsbaum bilden zu können, wird eine Datenstruktur benötigt, die den Baum beschreiben kann. Bei den vorhergehenden Beispielen waren jedem Baumknoten mehrere Informationen zugeordnet:

1. Die mit dem Knoten verbundene Gewichtung.
2. Zeiger auf die beiden Kindknoten, einer verbunden mit dem 0-Bit und einer mit dem 1-Bit.
3. Zu jedem Blattknoten der Wert des mit dem Blatt verbundenen Symboles.

Die in diesem Programm zur Bildung des Huffman-Baumes verwendete Knoten-Datenstruktur sieht wie folgt aus:

```
typedef struct baum_knoten {
    unsigned int zaehler;
    unsigned int geretteter_zaehler;
    int kind_0;
    int kind_1;  } KNOTEN;
```

Als erstes bemerkt man, daß bei dieser Struktur keine Information über den Wert eines Blattknotens existiert. Das liegt daran, daß die Knotenstrukturen als Array aus 514 Knoten angeordnet sind. Die unteren Knoten sind alles Blattknoten und die oberen interne Knoten. Der Blattwert ergibt sich also aus der Position des Knotens im Array.

Unser Alphabet für dieses Programm besteht nicht wie erwartet aus 256 Symbolen sondern aus 257. Die Werte 0 bis 255 sind für den normalen Bytebereich reserviert, in dem sich ein Zeichen bewegen kann. Der Symbolwert 256 hat die Aufgabe, das Ende des Stromes anzuzeigen. Dabei handelt es sich um den letzten im Strom vorkommenden Code, das heißt, es folgen keine weiteren Daten. Da komprimierte Daten bitorientiert sind, ist das Ende einer Datei nicht ganz einfach zu bestimmen. Eine Methode besteht darin, einen Code zur Meldung des Dateiendes zu benutzen. Bei einer anderen Methode wird die Dateilänge den komprimierten Daten vorangestellt.

Da wir im voraus wissen, daß es sich um 257 Symbole handelt, ist auch der größtmögliche Umfang des Huffman-Baumes bekannt. Kommen alle 257 Symbole zum Einsatz, gibt es 256 interne Knoten. Das heißt, es muß ein Array für 513 Knotenstrukturen angelegt werden. Im Programm habe ich vorsorglich Platz für 514 Strukturen allokiert und setze die letzte als Dummywert für Vergleichsoperationen beim Aufbau des Baumes ein.

Symbole zählen

Damit der Baum aufgebaut werden kann, muß zuerst die relative Häufigkeit der Symbole berechnet werden. In HUFF.C wird ein Array bestehend aus 256 long-Integern eingerichtet. Es wird vom Anfang bis zum Schluß gezählt, wie häufig jedes Zeichen in der Datei vorkommt. Die Position des Dateizeigers wird zwischengespeichert, sobald der Zählvorgang beginnt und wiederhergestellt, sobald die Zählung beendet ist. All das findet in der Funktion zaehle_bytes() statt.

Obwohl ich mit 32-Bit umfassenden, vorzeichenlosen long-Zählern beginne, reduziere ich die Zählerwerte ganz wesentlich in Modul skaliere_zaehler. Die Funktion scale_zaehler() sucht zuerst den maximalen Zählerwert. Anschließend wird ein Skalierungsfaktor gesucht, der diesen und alle restlichen Zähler so anpaßt, daß sie ein vorzeichenloses Zeichen aufnehmen kann. Die Zähler werden daraufhin in die Elemente für die Gewichtung der ersten 257 Knotenelemente kopiert.

Es gibt mehrere gute Gründe, die Zählerwerte zu reduzieren. Durch die Limitierung der Gewichtung eines beliebigen Symboles auf ein 8-Bit umfassendes, vorzeichenloses Zeichen können alle mathematischen Operationen, die beim Aufbau des Baumes anfallen, mit vorzeichenlosen 16-Bit-Integern ausgeführt werden. Dadurch läuft das Programm etwas schneller ab, und es wird nicht soviel Speicher für das Knotenarray benötigt. Außerdem wird dadurch der maximale Umfang eines Huffman-Codes ebenfalls eingeschränkt und sichergestellt, daß er 16-Bit nicht überschreitet.

Abspeichern der Zähler

Damit das Dekomprimierungsprogramm den Huffman-codierten Bitstrom richtig dekomprimieren kann, wird ein Abbild des Huffman-Baumes benötigt, das mit dem vom Codierungsprogramm eingesetzten identisch ist. Daraus folgt, daß der Baum oder sein Äquivalent als Header in der Datei abgelegt werden müssen, damit das Dekomprimierungsprogramm ihn lesen kann, bevor der Huffman-Code verarbeitet wird.

Am einfachsten wäre es, wenn das Dekomprimierungsprogramm durch Abspeichern des gesamten Knotenarrays vor den komprimierten Daten an diese Daten kommen würde. Das würde gut funktionieren und wäre nicht allzu schwer für das Komprimierungsprogramm zu realisieren. Eine alternative Methode, die viel weniger Platz in der komprimierten Datei einnimmt, besteht jedoch darin, die Symbolzählerwerte an das Dekomprimierungsprogramm weiterzuleiten. Da der Huffman-Baum bekanntlich aus den Symbolzählern gebildet wird, ist es einleuchtend, daß das Dekomprimierungsprogramm nicht mehr zur Erfüllung seiner Aufgabe braucht. Da das skalierte Zählerarray nur aus 256 Byte im Vergleich zu den 4 Kbyte des Huffman-Baumes besteht, spricht alles für diese Vorgehensweise.

Ich habe mich entschieden, die Menge der übertragenen Daten noch weiter zu verringern. Häufig liegen viele 0-Zähler vor. Bei ASCII-Textdateien wie zum Beispiel Programmlistings werden meistens nicht mehr als 100 der zur Verfügung stehenden 256 Symbole benötigt. Es ist reine Verschwendung, all diese 0-Zähler weiterzuleiten, wenn es nicht notwendig ist. Damit das unterbleibt, habe ich ein etwas komplizierteres Headerformat benutzt.

Der in HUFF.C eingesetzte Header für die Symbolzähler besteht aus einer Reihe von »Zähler-für-einen-Symbolbereich«-Definitionen, gefolgt von einem abschließenden 0-Zeichen. Eine solche Definition besteht aus dem Wert des ersten Bereichsymbols, gefolgt vom Wert des letzten Symbols. Daran schließen sich die Zähler aller Symbole des Bereichs an. Das wird solange wiederholt, bis alle Bereiche in der Ausgabedatei abgelegt wurden. Gibt es keine weiteren Daten zum Abspeichern, wird in der Datei als erster Wert eine 0 abgelegt. Beträgt der Wert für den allerersten Bereich allerdings 0, wird das nicht als das Ende des Headers behandelt.

Bei einer typischen ASCII-Datei sieht der Anfang der komprimierten Datei wie in Abbildung 3-4 dargestellt aus.

Die Erstellung dieses Symbolzählerformates ist relativ aufwendig und wird von output_zaehler() in HUFF.C vorgenommen. Das Einlesen der Symbolzähler ist wesentlich einfacher, da schon Vorarbeit geleistet wurde. Das Einlesen der Zähler für die Dekomprimierung wird von der Routine zaehler_einlesen() erledigt.

Aufbau des Baumes

Unabhängig davon, ob komprimiert oder dekomprimiert werden soll, nachdem die Zähler bestimmt wurden, ist es an der Zeit, den Huffman-Baum aufzubauen. In HUFF.C wird das in einer Funktion mit dem Namen bilde_baum() getan. Da beim Aufbau der Datenstruktur mit einiger Sorgfalt vorgegangen wurde, kann der Baumaufbau ganz einfach in einer Schleife erledigt werden, wobei die beiden freien Knoten mit der geringsten Gewichtung zu einem internen Knoten mit der Summe der Gewichtung der beiden Knoten vereint werden. Sobald nur noch ein freier Knoten übrig ist, ist der Baum fertig und dieser freie Knoten die Wurzel des Baumes.

Der Aufbau der bilde_baum()-Routine ist denkbar einfach. Beim ersten Eintritt in die Routine entspricht der Zählerwert aller Knoten unter 257 der Häufigkeit in der Datei. Ein Wert ungleich Null bedeutet hier also, daß es sich um einen aktiven Knoten handelt.

Die Routine bilde_baum() richtet einen speziellen Knoten ein, der als Strohmann für Vergleichszwecke dient. Der Knoten 513, der nie benutzt wird, wird auf den Zählerwert 65535 gesetzt. Diesen Wert kann ein normaler Knoten niemals erreichen. Bei der Suche nach den beiden Knoten mit dem kleinsten Wert beginne ich damit, als Minimum-Knoten den Knoten 513 anzunehmen, da ich weiß, daß jeder gültige, aktive Knoten dessen Zählerwert unterschreitet.

10	Erster, Wert = 10 (LF)
13	Letzter, Wert = 13 (CR)
19	Zähler 10
0	Zähler 11
0	Zähler 12
19	Zähler 13
32	Erster, Wert = 32 (“)
126	Letzter, Wert = 126 ('~')
10	Zähler 32
18	Zähler 33
19	Zähler 34
12	Zähler 35
• • •	
11	Zähler 126
0	Ende

Abbildung 3-4:
Der Anfang einer typischen, komprimierten ASCII-Datei

Bevor der Vergleich anfängt, wird ein Index für den nächsten freien Knoten initialisiert. Das Knotenarray wird von 0 bis 256 genutzt. Der nächste freie Knoten befindet sich also bei 257.

Nachdem alles eingerichtet wurde, tritt bilde_baum() in eine Endlos-Schleife ein. Bei jedem Schleifendurchlauf versucht bilde_baum(), die beiden aktiven Knoten mit der geringsten Gewichtung zu finden. Wird lediglich ein Knoten gefunden, ist der Baum fertig und die Schleife wird verlassen. Liegen zwei gültige Minimumwerte vor, kann ein neuer Baumknoten erstellt werden. Dieser neue Knoten wird mit Hilfe des Knotenindex naechster_freier lokalisiert. Seine beiden Kindzeiger werden so gesetzt, daß sie auf die beiden vorher gefundenen Minimumknoten zeigen. Die Gewichtung des neuen Knotens entspricht der Summe der beiden Minimumknoten. Die beiden Minimumknoten werden dann als inaktiv markiert, indem ihre Gewichtungen auf 0 gesetzt werden. Knoten mit einer Gewichtung von 0 werden als inaktiv betrachtet und später auf der Suche nach Minimumknoten nicht mehr berücksichtigt.

Ein Stück uneffektiver Programmierarbeit wurde absichtlich in bilde_baum() belassen. Es gibt ein zusätzliches Mitglied der Knotenstruktur namens geretteter_zaehler. Wird ein Knoten aus der Liste der aktiven Knoten entfernt, indem sein Zähler auf 0 gesetzt wird, wird der vorige Zählerstand in geretteter_zaehler abgespeichert. Selektiert der Anwender die Option -d, um das Modell anzuzeigen, kann der gespeicherte Wert ausgegeben werden. Das hilft bei der Fehlersuche des Programmes und beim Verständnis der Baumstruktur.

Einsatz des Baumes

Während der Dekomprimierungsphase ist leicht zu sehen, wie der Huffman-Baum eingesetzt wird. Beginnend beim Wurzelknoten werden die Bit nacheinander vom Decodierer eingelesen. Handelt es sich um ein 0-Bit, ist der nächste Knoten der, auf den vom kind_0-Index gezeigt wird. Ist es ein 1-Bit, wird auf den nächsten Knoten vom kind_1-Index gezeigt. Beträgt der Wert des neuen Knotens 256 oder weniger, wurde ein Blatt des Baumes erreicht, und das entsprechende Symbol kann ausgegeben werden. Handelte es sich bei dem Symbol um das spezielle Ende-des-Stromes-Symbol, kann das Programm stattdessen verlassen werden. Das alles wird in der Funktion expand_node() vorgenommen. Es handelt sich dabei nur um einige wenige Zeilen, aber sie sind in der Lage, eine komprimierte Huffman-Codedatei mit relativ wenig Aufwand zu dekomprimieren.

Das Komprimieren derselben Datei ist etwas schwerer. Eigentlich sollte der Baum von oben nach unten abgearbeitet und dabei bei jedem Knoten ein 1- oder ein 0-Bit ausgegeben werden, bis der entsprechende Blattknoten erreicht wird. Unglücklicherweise wird das durch die Baumstruktur verhindert. Beginnt man beim Wurzelknoten, weiß man nicht, ob der 0- oder 1-Zweig zum Erreichen des gewünschten Symboles genommen werden muß.

Eine Möglichkeit, dieses Problem zu lösen, besteht darin, der Baumstruktur beim Aufbau des Baumes ein Elternelement hinzuzufügen. Bei der Verbindung der beiden Minimumknoten zu einem neuen internen Knoten besäße dann jeder Minimumknoten einen Verweis auf die Elternstruktur. Mit diesem neuen Knotenverweis könnte am Blattknoten begonnen und der Weg im Baum nach oben zur Wurzel hin fortgesetzt werden. Das einzige Problem dieser Vorgehensweise besteht darin, daß die Bit in der umgekehrten Reihenfolge angesammelt werden, wenn der Baum durchlaufen wird. Die Bit müßten solange gesammelt werden, bis der Wurzelknoten erreicht wird und dann in umgekehrter Reihenfolge ausgegeben werden.

Glücklicherweise gibt es eine bessere Problemlösung. Anstatt den Baum bei der Dateikomprimierung zur Codierung der Symbole heranzuziehen, kann eine Codetabelle erstellt werden, indem der gesamte Baum lediglich einmal rekursiv durchlaufen wird. Die daraus resultierende Codetabelle enthält pro Symbol einen Code und die jeweilige Codelänge. Nachdem die Tabelle fertiggestellt ist, kann die Datei durch Ausgabe des entsprechenden Codes für ein in der Eingabedatei angetroffenes Symbol codiert werden.

Der Programmteil, mit dessen Hilfe die Baumdatenstruktur in eine Codetabelle umgewandelt wird, ist dank eines rekursiven Algorithmus nicht kompliziert. Es wird beim Baumwurzelknoten mit einer Null begonnen. Anschließend werden die einzelnen Zweige des Baumes abgearbeitet, wobei nach Durchlauf eines Zweiges dem Code jedesmal eine 0 oder 1 hinzugefügt wird. Immer, wenn ein Blatt erreicht wird, werden die Codewerte für dieses Blatt in der Codetabelle abgelegt und zum vorigen Knoten zurückgegangen. Dort kann mit der Abarbeitung der anderen Baumseite fortgefahren werden.

Der dafür zuständige Programmtext befindet sich in der Funktion konvertiere_baum_nach_codes(). Diese Routine benötigt zur Erstellung der Codetabelle viel Arbeit. Nachdem das alles allerdings erledigt ist, ist die eigentliche Dateikomprimierung kein Hexenwerk mehr.

Der Komprimierungsquelltext

Den Quelltext für die Huffman-Komprimierung und -Dekromprimierung finden Sie im folgenden Listing. Diese Datei mit dem Namen HUFF.C umfaßt ca. 500 Zeilen, davon sind ca. 30% Kommentare. Es ist also möglich, ein statisches, tabellengestütztes Huffman-Komprimierungsprogramm zu erstellen, das nur aus 300 Quelltextzeilen besteht. Der tatsächliche Quelltext kann leicht noch komprimiert werden. Durch die geringen Speicheranforderungen ist die Huffman-Codierungsmethode ideal für Applikationen, bei denen das Hauptaugenmerk sowohl auf den Speicher- als auch den CPU-Erfordernissen liegen.

```
/********************** Start von HUFF.C **********************
*
* Diese ist das Modul, das die Huffman-Codierung aus
* Kapitel 3 benutzt. Kompilieren Sie es mit BITEA.C,
* ERRHAND.C und entweder MAIN-K.C oder MAIN-E.C
*/

#include <stdio.h>
#include <stdlib.h>
#include <string.h>
#include <ctype.h>
#include "bitea.h"
#include "errhand.h"
#include "main.h"

/*
* Die Struktur KNOTEN beschreibt einen Knoten im Huffman-De-
* codierungsbaum. Der Zähler enthält die Gewichtung des
* Knotens und die beiden Zeiger kind_0 und kind_1 zeigen auf
* die Kindknoten. Das Element geretteter_zaehler dient nur
* der Fehlersuche und kann ggf. ohne Probleme entfernt
* werden. Dieses Element enthält die anfängliche Häufigkeit
* des entsprechenden Symbols aus dem Element zaehler, das
* seinerseits im folgenden ständig verändert wird.
*/
typedef struct baum_knoten {
    unsigned int zaehler;
    unsigned int geretteter_zaehler;
    int kind_0;
    int kind_1;
} KNOTEN;
```

```
/*
* Der Huffman-Baum wird nur für die Decodierung nicht für die
* Codierung benötigt. Bei der Codierung wird der Huffman-Baum
* einmal durchlaufen und eine Codetabelle erstellt. Die
* Codetabelle benutzt die Struktur CODE.
*/

typedef struct code {
    unsigned int code;
    int code_bits;
} CODE;
/*
* Das spezielle EOS-Symbol (Ende des Stroms) hat den Wert 256
* und ist der erste freie Wert nach allen möglichen
* Bytewerten. Beim Decodieren zeigt dieses Symbol an, daß
* alle Daten eingelesen wurden.
*/

#define END_OF_STREAM 256

/*
* Lokale Funktionsprototypen (ANSI- und nicht ANSI-Varianten)
*/
#ifdef __STDC__
void zaehle_bytes( FILE *eingabe,
                   unsigned long *long_zaehler );
void skaliere_zaehler( unsigned long *long_zaehler,
                       KNOTEN *knoten );
int  bilde_baum( KNOTEN *knoten );
void konvertiere_baum_nach_codes( KNOTEN *knoten,
               CODE *codes,
               unsigned int code_so_far,
               int bits,
               int kn );
void zaehler_ausgeben( BIT_FILE *ausgabe, KNOTEN *knoten );
void zaehler_einlesen( BIT_FILE *eingabe, KNOTEN *knoten );
void modell_ausgeben( KNOTEN *knoten, CODE *codes );
void komprimiere_daten( FILE *eingabe, BIT_FILE *ausgabe,
                        CODE *codes );
void expandiere_daten( BIT_FILE *eingabe, FILE *ausgabe,
                       KNOTEN *knoten,
          int wurzel_knoten );
void zeichen_ausgeben( int c );
#else   /* __STDC__ */
```

```
void zaehle_bytes();
void skaliere_zaehler();
int  bilde_baum();

void konvertiere_baum_nach_codes();
void zaehler_ausgeben();
void zaehler_einlesen();
void modell_ausgeben();
void komprimiere_daten();
void expandiere_daten();
void zeichen_ausgeben();
#endif  /* __STDC__ */

/*
* Diese beiden Strings werden von MAIN-K.C and MAIN-E.C für
* wichtige Programmeldungen benutzt.
*/
char *KomprimierungsName = "Statisches Modell der Ordnung 0"+
                          "mit Huffman-Codierung";
char *Anwendung =
"eingabe ausgabe [-d]\n\nDie Angabe von -d gibt die "+
         "Modelldaten aus\n";

/*
* KomprimiereDatei ist die Komprimierungsroutine, die von
* MAIN-K.C aufgerufen wird. Sie untersucht, ob ein
* zusätzliches Argument (-d) vorlag und gibt ggf. die
* Modelldaten (vornehmlich zum Zwecke der Fehlersuche) aus.
*
* Diese Routine arbeitet recht gradlinig. Zuerst wird für
* drei Felder Speicherplatz allokiert. Danach werden alle
* Bytes in der Eingabedatei gezählt. Die Byteanzahlen liegen
* als long int vor und werden als nächstes zur char-Größe
* herunterskaliert und im Knoten-Array abgelegt. Anschließend
* wird der Huffman-Bau gebildet und eine Code-Tabelle
* angelegt. Schließlich wird die Datei komprimiert und der
* allokierte Speicherplatz freigegeben.
*/

void KomprimiereDatei( eingabe, ausgabe, argc, argv )
FILE *eingabe;
BIT_FILE *ausgabe;
int argc;
char *argv[];
```

```
{
    unsigned long *zaehler;
    KNOTEN *knoten;
    CODE *codes;
    int wurzel_knoten;

    zaehler = ( unsigned long *) calloc( 256, sizeof(
                unsigned long ) );
    if ( zaehler == NULL )
    fataler_fehler( "Fehler beim Allokieren des "+
                        "zaehlerArrays\n" );
    if ( ( knoten = (KNOTEN *) calloc( 514, sizeof( KNOTEN )
                   ) ) == NULL )
    fataler_fehler( "Fehler beim Allokieren des "+
                        "knotenArrays\n" );
    if ( ( codes = (CODE *) calloc( 257, sizeof( CODE ) ) )
          == NULL )
    fataler_fehler( "Fehler beim Allokieren des "+
                        "codesArray\n" );
    zaehle_bytes( eingabe, zaehler );
    skaliere_zaehler( zaehler, knoten );
    zaehler_ausgeben( ausgabe, knoten );
    wurzel_knoten = bilde_baum( knoten );
    konvertiere_baum_nach_codes(knoten, codes, 0, 0, wurzel_knoten);
    if ( argc > 0 && strcmp( argv[ 0 ], "-d" ) == 0 )
    modell_ausgeben( knoten, codes );
    komprimiere_daten( eingabe, ausgabe, codes );
    free( (char *) zaehler );
    free( (char *) knoten );
    free( (char *) codes );
}

/*
* ExpandiereDatei ist die Routine, die von MAIN-E.C
* aufgerufen wird.
* Sie dekomprimiert eine Datei, die mit der Huffman-Codierung
* der Ordnung 0 komprimiert wurde. Die Routine ist etwas
* einfacher aufgebaut als die Komprimierungsroutine. Sie muß
* lediglich die Zähler aus der komprimierten Datei einlesen,
* daraus den Huffman-Baum bilden und dann Bit für Bit
* einlesen und anhand des Baumes komprimieren.
*/
void ExpandiereDatei( eingabe, ausgabe, argc, argv )
BIT_FILE *eingabe;
```

```
FILE *ausgabe;
int argc;
char *argv[];
{
    KNOTEN *knoten;
    int wurzel_knoten;
    if ( ( knoten = (KNOTEN *) calloc( 514, sizeof( KNOTEN )
          )) == NULL ) fataler_fehler("Fehler beim Allokieren des "+
                          "knotenArrays\n" );
    zaehler_einlesen( eingabe, knoten );
    wurzel_knoten = bilde_baum( knoten );
    if ( argc > 0 && strcmp( argv[ 0 ], "-d" ) == 0 )
    modell_ausgeben( knoten, 0 );
   expandiere_daten(eingabe, ausgabe, knoten, wurzel_knoten);
    free( (char *) knoten );
}
/*
* Damit das Expansionsprogramm mit demselben Modell arbeiten
* kann, muß das Komprimierungsprogramm die Symbolzähler in
* der Ausgabedatei ablegen. Um Platz zu sparen und nicht alle
* Zähler für die gesamten 256 Symbole abspeichern zu müssen,
* wird ein spezielles Format benutzt, das wie folgt aufgebaut
* ist:
*
* start, stop, mehrere zaehler, start, stop, mehrere zaehler,
* ... 0
*
* Es werden also kontinuierlich Zählerbereiche abgelegt, die
* am Ende durch ein Nullbyte abgeschlossen werden. Da
* mindestens ein Bereich vorhanden sein muß, kann als erster
* Startwert auch eine Null fungieren. Damit ergibt sich, daß
* auch für Dateien ohne Symbolzähler (leere Dateien)
* mindestens ein Zählerwert abgelegt werden muß.
*
* Damit dieses Format effektiv ausgenutzt werden kann, soll-
* ten auch Bereiche abgelegt werden, in denen ein oder 2
* aufeinanderfolgende Nullzähler vorhanden sind. In einer
* Schleife wird also versucht, Bereiche zu finden, die durch
* 3 oder mehr Nullzähler begrenzt sind.
*
* Das Konzept scheint einfach zu sein, es stellte sich jedoch
* heraus, daß dieser Teil des Programms eine der komplizier-
* testen Routinen darstellt.
* Eine Routine, die stur alle 256 Zähler ausgibt, wäre
```

```
* einfacher gewesen, sie verschlechtert jedoch den Komprimier-
* ungsgrad bei kleinen Dateien.
*/

void zaehler_ausgeben( ausgabe, knoten )
BIT_FILE *ausgabe;
KNOTEN *knoten;
{
    int erster;
    int letzter;
    int naechster;
    int i;
    erster = 0;
    while ( erster < 255 && knoten[ erster ].zaehler == 0 )
        erster++;
/*
* Jedesmal zum Beginn der Schleife wird angenommen, daß er-
* ster der Startwert eines Bereichs mit Zählern, die ungleich Null
* sind, ist. Der Rest der Schleife beschäftigt sich damit, heraus-
* zufinden, wo der Bereich endet (letzter) und wo der nächste
* Bereich beginnt (naechster). Ist dies gelungen, wird erster der
* Wert von naechster zugewiesen, und die Schleife beginnt von vorn.
*/
    for ( ; erster < 256 ; erster = naechster ) {
    letzter = erster + 1;
    for ( ; ; ) {
        for ( ; letzter < 256 ; letzter++ )
        if ( knoten[ letzter ].zaehler == 0 )
            break;
        letzter--;
        for ( naechster = letzter + 1; naechster < 256 ;
                    naechster++ )
        if ( knoten[ naechster ].zaehler != 0 )
            break;
        if ( naechster > 255 )
        break;
        if ( ( naechster - letzter ) > 3 )
        break;
        letzter = naechster;
    };
/*
* An diese Stelle werden die Werte von erster und letzter
* sowie die Werte aller zugehöriger Zähler ausgegeben.
*/
```

```
    if ( putc( erster, ausgabe->file ) != erster )
        fataler_fehler( "Fehler beim Schreiben eines "+
                                            "Bytezählers\n" );
    if ( putc( letzter, ausgabe->file ) != letzter )
        fataler_fehler( "Fehler beim Schreiben eines "+
                                            "Bytezählers\n" );
    for ( i = erster ; i <= letzter ; i++ ) {
        if ( putc( knoten[ i ].zaehler, ausgabe->file ) !=
          (int) knoten[ i ].zaehler )
        fataler_fehler( "Fehler beim Schreiben eines "+
                                                  "Bytezählers\n" );
    }
    }
    if ( putc( 0, ausgabe->file ) != 0 )
        fataler_fehler( "Fehler beim Schreiben eines "+
                                            "Bytezählers\n" );
}

/*
* Beim Expandieren müssen die Symbolzähler wieder eingelesen
* werden. Dieser Prozeß ist ungleich einfacher zu bewerkstel-
* ligen als das Herausschreiben der Werte, da in diesem Fall
* keine Entscheidungen getroffen werden müssen. Alles, was zu
* tun ist, ist, den Startsymbolwert einzulesen und zu über-
* prüfen, ob es der letzte Bereich war. Wenn nicht, wird der
* Endwert gelesen, und dann die entsprechende Anzahl
* Zählerwerte.
*/

void zaehler_einlesen( eingabe, knoten )
BIT_FILE *eingabe;
KNOTEN *knoten;
{
    int erster;
    int letzter;
    int i;
    int c;

    for ( i = 0 ; i < 256 ; i++ )
    knoten[ i ].zaehler = 0;
    if ( ( erster = getc( eingabe->file ) ) == EOF )
    fataler_fehler( "Fehler beim Lesen eines Bytezählers\n" );
    if ( ( letzter = getc( eingabe->file ) ) == EOF )
    fataler_fehler( "Fehler beim Lesen eines Bytezählers\n" );
```

```
    for ( ; ; ) {
    for ( i = erster ; i <= letzter ; i++ )
        if ( ( c = getc( eingabe->file ) ) == EOF )
        fataler_fehler( "Fehler beim Lesen eines "+
                                          "Bytezählers\n" );
        else
        knoten[ i ].zaehler = (unsigned int) c;
    if ( ( erster = getc( eingabe->file ) ) == EOF )
        fataler_fehler( "Fehler beim Lesen eines "+
                                    "Bytezählers\n" );
    if ( erster == 0 )
        break;
    if ( ( letzter = getc( eingabe->file ) ) == EOF )
        fataler_fehler( "Fehler beim Lesen eines "+
                                    "Bytezählers\n" );
    }
    knoten[ END_OF_STREAM ].zaehler = 1;
}

/*
* Diese Routine zählt die Häufigkeit, wie oft die Symbole in
* der Eingabedatei auftreten. Dazu wird zuerst die Datei-
* zeigerposition * zwischengespeichert, die Bytes gezählt
* und danach die Dateiposition wiederhergerstellt.
*/

#ifndef SEEK_SET
#define SEEK_SET 0
#endif
void zaehle_bytes( eingabe, zaehler )
FILE *eingabe;
unsigned long *zaehler;
{
    long zeiger_marker;
    int c;
    zeiger_marker = ftell( eingabe );
    while ( ( c = getc( eingabe )) != EOF )
    zaehler[ c ]++;
    fseek( eingabe, zeiger_marker, SEEK_SET );
}
/*
* Damit die Huffman-Codes 16 Bit nicht übersteigen, werden
* alle Zähler so skaliert, daß sie der Datentyp unsigned char
* aufnehmen kann. Danach werden die Werte als anfängliche
```

```
* Gewichtung im KNOTEN-Array abgelegt. Das einzige, worauf
* man achten muß, ist, daß ein Zählerwerte, der ungleich Null
* ist, beim Skalieren nicht auf Null gesetzt wird, da Zähler-
* werte von Null keine Codes produzieren.
*/
void skaliere_zaehler( zaehler, knoten )
unsigned long *zaehler;
KNOTEN *knoten;
{
    unsigned long max_zaehler;
    int i;
    max_zaehler = 0;
    for ( i = 0 ; i < 256 ; i++ )
       if ( zaehler[ i ] > max_zaehler )
       max_zaehler = zaehler[ i ];
    if ( max zaehler == 0 ) {
    zaehler[ 0 ] = 1;
    max_zaehler = 1;
    }
    max_zaehler = max_zaehler / 255;
    max_zaehler = max_zaehler + 1;
    for ( i = 0 ; i < 256 ; i++ ) {
    knoten[ i ].zaehler = (unsigned int) ( zaehler[ i ] /
                                   max_zaehler );
    if ( knoten[ i ].zaehler == 0 && zaehler[ i ] != 0 )
        knoten[ i ].zaehler = 1;
    }
    knoten[ END_OF_STREAM ].zaehler = 1;
}

/*
* Der Aufbau eines Huffman-Baumes ist relativ einfach. Man
* muß nur alle aktiven Knoten durchgehen und die beiden mit
* der geringsten Gewichtung suchen. Diese beiden werden ver-
* knüpft und bilden einen neuen Knoten. Der neue Knoten
* besitzt zwei Verweise auf seine Kindknoten, die ihrerseits
* als inaktiv markiert werden. Dieser Prozeß wird solange
* wiederholt, bis nur noch ein Knoten übrig ist.
* Dieser Wurzelknoten wird dem aufrufenden Programm
* übergeben.
*
* Knoten 513 wird als Hilfsknoten mit einem Wert, der garan-
* tiert dem Maximumwert entspricht, benutzt. Zu Beginn werden
* min_1 und min_2 mit diesem Knoten versehen. Ist nach einem
```

```
* Durchlauf min_1 immer noch auf 513, existiert nur noch ein
* aktiver Knoten.
*/

int bilde_baum( knoten )
KNOTEN *knoten;
{
    int naechster_freier;
    int i;
    int min_1;
    int min_2;

    knoten[ 513 ].zaehler = 0xffff;
    for ( naechster_freier = END_OF_STREAM + 1 ; ;
          naechster_freier++ ) {

    min_1 = 513;
    min_2 = 513;

    for ( i = 0 ; i < naechster_freier ; i++ )
        if ( knoten[ i ].zaehler != 0 ) {
        if (knoten[ i ].zaehler < knoten[min_1].zaehler){
            min_2 = min_1;
            min_1 = i;
        } else if (knoten[ i ].zaehler <
                            knoten [ min_2 ].zaehler)
            min_2 = i;

        }
    if ( min_2 == 513 )
        break;

    knoten[ naechster_freier ].zaehler =
                knoten[ min_1 ].zaehler
                + knoten[ min_2 ].zaehler;
    knoten[ min_1 ].geretteter_zaehler =
                knoten[ min_1 ].zaehler;
    knoten[ min_1 ].zaehler = 0;
    knoten[ min_2 ].geretteter_zaehler =
                knoten[ min_2 ].zaehler;
    knoten[ min_2 ].zaehler = 0;
    knoten[ naechster_freier ].kind_0 = min_1;
    knoten[ naechster_freier ].kind_1 = min_2;
    }
```

```
    naechster_freier--;
    knoten[ naechster_freier ].geretteter_zaehler =
            knoten[ naechster_freier ].zaehler;
    return( naechster_freier );
}
/*
* Da der Huffman-Baum als Decodierungsbaum fungiert, gibt es
* keine einfache Möglichkeit, für jedes Symbol den Codier-
* ungswert zu bestimmen. Diese Routine durchläuft den Baum
* rekursiv, bis sie an einen Blattknoten gelangt. Dort wird
* der Codewert in der CODE-Tabelle abgelegt.
*/
void konvertiere_baum_nach_codes( knoten, codes, code_so_far,
                                  bits, kn )
KNOTEN *knoten;
CODE *codes;
unsigned int code_so_far;
int bits;
int kn;
{
    if ( kn <= END_OF_STREAM ) {
    codes[ kn ].code = code_so_far;
    codes[ kn ].code_bits = bits;
    return;
    }
    code_so_far <<= 1;
    bits++;
    konvertiere_baum_nach_codes( knoten, codes, code_so_far,
                                 bits, knoten[ kn ].kind_0 );
    konvertiere_baum_nach_codes(knoten, codes,
              code_so_far | 1,  bits, knoten[ kn ].kind_1 );
}

/*
* Wenn die Option -d angegeben wurde, wird diese Routine
* aufgerufen, um die Modellinformationen auszugeben, nachdem
* der Baum gebildet wurde. Dies ist die einzige Stelle, an
* der das Element geretteter_zaehler Verwendung findet. Zum
* Zeitpunkt, an dem diese Routinen aufgerufen wird, ist das
* Element zaehler aller aktiven Elemente Null.
*/
void modell_ausgeben( knoten, codes )
KNOTEN *knoten;
CODE *codes;
```

```
{
    int i;

    for ( i = 0 ; i < 513 ; i++ ) {
    if ( knoten[ i ].geretteter_zaehler != 0 ) {
        printf( "Knoten=" );
        zeichen_ausgeben( i );
        printf(" Zähler=%3d", knoten[ i ].geretteter_zaehler);
        printf( "  kind_0=" );
        zeichen_ausgeben( knoten[ i ].kind_0 );
        printf( "  kind_1=" );
        zeichen_ausgeben( knoten[ i ].kind_1 );
        if ( codes && i <= END_OF_STREAM ) {
        printf( "  Huffman-Code=" );
        FileBinaerAusgeben(stdout, codes[ i ].code,
                                        codes[ i ].code_bits);
        }
        printf( "\n" );
    }
    }
}

/*
* Die Routine modell_ausgeben benutzt diese Funktion, um die
* Knotennummer auszugeben. Sollte es sich um ein druckbares
* Zeichen handeln, wird als Zeichen ausgegeben, ansonsten als
* Zahl. Dies macht die Ausgabe lesbarer.
*/
void zeichen_ausgeben( c )
int c;
{
    if ( c >= 0x20 && c < 127 )
    printf( "'%c'", c );
    else
    printf( "%3d", c );
}
/*
* Nachdem der Baum aufgebaut und die CODE-Tabelle angelegt
* wurde, ist das Komprimieren der Datei ein Kinderspiel. Byte
* für Byte wird eingelesen und der entsprechende Code
* ausgegeben.
*/
void komprimiere_daten( eingabe, ausgabe, codes )
FILE *eingabe;
```

```
BIT_FILE *ausgabe;
CODE *codes;
{
    int c;
    while ( ( c = getc( eingabe ) ) != EOF )
    OutputBits( ausgabe, (unsigned long) codes[ c ].code,
            codes[ c ].code_bits );
    OutputBits( ausgabe, (unsigned long) codes[
     END_OF_STREAM].code, codes[ END_OF_STREAM ].code_bits );
}
/*
* Das Expandieren komprimierter Daten ist etwas schwieriger.
* Bit für Bit wird eingelesen und der Baum ausgehend von
* der Wurzel entsprechend durchlaufen. Wird ein Blattknoten
* erreicht, wird das entsprechende Symbol ausgegeben. Sollte
* es sich beim Symbol um das ED_OF_STREAM-Symbol handeln, ist
* das Dateiende erreicht, und der Prozeß kann abgeschlossen
* werden.
*/
void expandiere_daten( eingabe, ausgabe, knoten, wurzel_knoten )
                      BIT_FILE *eingabe;
FILE *ausgabe;
KNOTEN *knoten;
int wurzel_knoten;
{    int kn;
    for ( ; ; ) {    kn = wurzel_knoten;
    do {
        if ( InputBit( eingabe ) ) kn = knoten[ kn ].kind_1;
        else
        kn = knoten[ kn ].kind_0;
    } while ( kn > END_OF_STREAM );
    if ( kn == END_OF_STREAM )
        break;
    if ( ( putc( kn, ausgabe ) ) != kn )
        fataler_fehler( "Fehler bei der Ausgabe des "+
                              "expandierten Bytes" );
    }
}

/****************** Ende von HUFF.C ********************/
```

Alles zusammenfügen

Die Befehle zum Aufbau der Komprimierungs- und Dekomprimierungsprogramme unterscheiden sich abhängig davon, welchen Compiler und welches Betriebssystem Sie verwenden. Angenommen, Sie nennen das Komprimierungsprogramm HUFF-K und das Dekomprimierungsprogramm HUFF-E. Finden Sie im folgenden die Kommandozeilen, mit deren Hilfe Sie das Programm mit den unterschiedlichen Compilern kompilieren können:

```
Microsoft C:
cl /W3 /Za /FeHUFF-K MAIN-K.C HUFF.C BITEA.C ERRHAND.C
cl /W3 /Za /FeHUFF-E MAIN-E.C HUFF.C BITEA.C ERRHAND.C

Borland C++:
bcc -Ax -w -eHUFF-K MAIN-K.C HUFF.C BITEA.C ERRHAND.C
bcc -Ax -w -eHUFF-E MAIN-E.C HUFF.C BITEA.C ERRHAND.C

UNIX pcc:
cc -ohuff-k main-k.c huff.c bitea.c errhand.c
cc -ohuff-e main-e.c huff.c bitea.c errhand.c
```

Sie wissen ja, daß bei ANSI-kompatiblen C-Compilern die Spracherweiterungen in der Kommandozeile ausgeschaltet werden müssen, damit der Einsatz des Makros __STDC__ möglich wird. Das Makro __STDC__ wird zur Aktivierung der ANSI-Prototypen benötigt. Möchten Sie diese ungewöhnliche Kommandozeilenoption nicht jedesmal hinzufügen, wenn Sie kompilieren, entfernen Sie einfach die Zeile »#ifdef __STDC__« und verwenden Sie immer die ANSI C-Prototypen. Obige Vorgehensweise wurde gewählt, damit mit K&R-Compilern reibungslos kompiliert werden kann. Arbeiten Sie nicht mit einem K&R-Compiler, ist das Mitführen der K&R-Prototypen von zweifelhaftem Wert.

Das Modul ERRHAND.C benötigt die Definition von __UNIX__, damit die alte Form für variable Argumente eingesetzt werden kann. Bei vollständig kompatiblen ANSI C-Compilern muß diese Option nicht aktiviert sein. Möchten Sie Ihren Quelltext nur auf Ihrem UNIX-System einsetzen, wäre es einfacher, die Zeile »#define __UNIX__« in der Datei ERRHAND.C unterzubringen.

Leistungsfähigkeit

Die Huffman-Codierung der Ordnung 0 wird keinen Preis gewinnen, wenn es um das Erreichen möglichst hoher Komprimierungsgrade geht. Sie leistet jedoch gute Arbeit, wenn Dinge wie die Programmgröße, die Speicheranforderungen und die Ausführungsgeschwindigkeit wichtig sind. In Anhang A können Sie die Effektivität von HUFF.C mit anderen Komprimierungstechniken vergleichen.

```
/******************** Start of MAIN-E.C ********************
*
* Dieses Programmskelett wird benutzt, um die einzelnen Kom-
* primierungsalgorithmem zu testen. Um unnötigen, doppelten
* Quelltext zu vermeiden, wird dieses Modul von allen Dekom-
* primierungsroutinen dieses Buches benutzt.
* Für diesen Zweck müssen die Dekomprimierungsroutinen
* folgende externe Routinen und Strings bereitstellen (in
* main.h definiert):
*
*     void ExpandiereDatei( FILE *eingabe, BIT_FILE *ausgabe,
*                          int argc, char *argv );
*     char *Anwendung;
*     char *KomprimierungsName;
*
* Die in dieser Datei enthaltene main-Routine hat die Auf-
* gabe, zu überprüfen, ob die Ein- und Ausgabedateien geöff-
* net werden können und Argumente anwesend sind. An-
* schließend wird die Dekomprimierungsroutine aufgerufen. Im
* Fehlerfall werden entsprechende Meldungen (beispielsweise
* wie das Programm aufgerufen werden muß) ausgegeben.
*
* Wird mit diesem Modul ein Komprimierungsprogramm erstellt,
* besitzt dieses die folgende Aufrufkonvention:
*
*   main-e eingabedatei ausgabedatei [ optionen ]
*
*/
#include <stdio.h>
#include <stdlib.h>
#include <string.h>
#include "bitea.h"
#include "errhand.h"
#include "main.h"
#ifdef __STDC__
```

```
void anwendungshinweis_aussprung( char *programm_name );
#else
void anwendungshinweis_aussprung();

#endif

int main( argc, argv )
int argc;
char *argv[];
{
    FILE *ausgabe;
    BIT_FILE *input;

    setbuf( stdout, NULL );
    if ( argc < 3 )
    anwendungshinweis_aussprung( argv[ 0 ] );
    input = OpenInputBitFile( argv[ 1 ] );
    if ( input == NULL )
    fataler_fehler( "Fehler beim Öffnen von %s für die "+
                    "Eingabe\n", argv[ 1 ] );
    ausgabe = fopen( argv[ 2 ], "wb" );
    if ( ausgabe == NULL )
    fataler_fehler( "Fehler beim Öffnen von %s für die "+
                    "Ausgabe\n", argv[ 2 ] );
    printf("\nExpandiere %s nach %s\n", argv[ 1 ], argv[2]);
    printf( "Unter Verwendung von: %s\n", KomprimierungsName );
    argc -= 3;
    argv += 3;
    ExpandiereDatei( input, ausgabe, argc, argv );
    CloseInputBitFile( input );
    fclose( ausgabe );
    putc( '\n', stdout );
    return( 0 );
}

/*
* Diese Routine gibt einen Anwendungshinweis aus, falls das
* Programm ohne Argumente aufgerufen wurde. Als erstes wird
* immer der Programmname ausgegeben. Diesen findet man in
* argv[0], das in der Regel den kompletten Parogrammnamen
* (inkl. Pfadangaben etc.) enthält.
* Da nur der eigentliche Programmname von Interesse ist, wird
* dieser mit einigem Aufwand bestimmt.
*/
```

```
void anwendungshinweis_aussprung( programm_name )
char *programm_name;
{
    char *kurz_name;
    char *extension;

    kurz_name = strrchr( programm_name, '\\' );
    if ( kurz_name == NULL )
    kurz_name = strrchr( programm_name, '/' );
    if ( kurz_name == NULL )
    kurz_name = strrchr( programm_name, ':' );
    if ( kurz_name != NULL )
    kurz_name++;
    else
    kurz_name = programm_name;
    extension = strrchr( kurz_name, '.' );
    if ( extension != NULL )
    *extension = '\0';
    printf( "\nAnwendung:  %s %s\n", kurz_name, Anwendung );
    exit( 0 );
}

/****************** Ende von MAIN-E.C ********************/
```

4 Eine wesentliche Verbesserung: Die adaptive Huffman-Codierungsmethode

In Kapitel 3 sahen Sie, wie man durch Reduzierung des Redundanzgehalts bei der Symbolcodierung mit der Huffman-Codierungsmethode effektiv Daten komprimieren kann. Die Huffman-Codierungsmethode allein gibt keinen Anhaltspunkt dafür, wie der Informationsgehalt jedes Symbols durch Entwicklung eines passenden Modells reduziert werden kann. Sie kann aber zusammen mit jedem Modell eingesetzt werden, das in der Lage ist, die Wahrscheinlichkeit, wie oft ein Symbol auftritt, mit beliebiger Genauigkeit vorherzusagen.

Bei den Beispielen in Kapitel 3 wurde immer mit Modellen der Ordnung 0 gearbeitet, die im wesentlichen nicht auf den Kontext eingehen. Das bedeutet, die Wahrscheinlichkeitsrate eines bestimmten Zeichens wird, ohne daß die vorangehenden Zeichen berücksichtigt werden, berechnet. Bei den Programmen wurde stets die gesamte Eingabedatei analysiert und eine Tabelle mit den Wahrscheinlichkeitsraten eines jeden Symbols erstellt. Solange diese Wahrscheinlichkeitsraten von einer einheitlichen Verteilung abgeleitet werden, ist es möglich, Daten zu komprimieren.

Ein kleiner Nachteil von Huffman-Codierungsprogrammen besteht darin, daß zusammen mit den komprimierten Daten immer ein Abbild der Wahrscheinlichkeitstabelle mitgeliefert werden muß. Das Decodierungsprogramm hat sonst keine Möglichkeit, die Daten korrekt zu entschlüsseln. Für die Tabelle werden in der Ausgabedatei zusätzlich um die 250 Bytes benötigt, und das hat in der Regel keine großen Auswirkungen auf den Komprimierungsgrad. Auch weniger umfangreiche Dateien sind nicht sehr stark betroffen, da bei diesen Dateien die Wahrscheinlichkeitstabelle meist auch klein ausfällt.

Dieser »kleine Nachteil« wächst sich jedoch mehr und mehr zu einem Problem aus, wenn man versucht, die Komprimierungsfähigkeit von Programmen zu verbessern. Geht man zum Beispiel von Modellen der Ordnung 0 zu Modellen der Ordnung 1 über, müssen 257 Wahrscheinlichkeitstabellen statt einer übergeben werden. Setzt man also eine Technik ein, mit der es möglich ist, besser vorauszusagen, wie häufig bestimmte Zeichen auftreten, führt das zu Schwierigkeiten durch den zusätzlich produzierten Overhead. Nur wenn die Dateien, die komprimiert werden sollen, sehr umfangreich sind, können die Nachteile, die durch die Erhöhung der Ordnung entstehen, gegenüber den erzielten Vorteilen vernachlässigt werden.

Adaptive Codierung

Wir scheinen an einem toten Punkt angelangt zu sein. Damit besser komprimiert werden kann, müssen mehr statistische Daten gesammelt werden. Liegen mehr statistische Daten vor, erhöht sich zwar der Komprimierungsgrad, aber der erzielte Vorteil wird durch die Weitergabe der Modelldaten zunichte gemacht.

Glücklicherweise gibt es einen Ausweg aus diesem Dilemma. Bei der adaptiven Codierungsmethode ist es möglich, mit Modellen höherer Ordnung zu arbeiten, *ohne* dafür die Nachteile irgendwelcher zusätzlicher statistischer Daten in Kauf nehmen zu müssen. Realisiert wird dies, indem der Huffman-Baum anhand von zuvor gelesenen Daten und ohne Wissen über zukünftige statistische Daten während der Komprimierung ständig aktualisiert wird.

Die adaptive Codierungsmethode kann nicht nur in Verbindung mit der Huffman-Methode eingesetzt werden. Im Prinzip kann fast jede Codierungsmethode so abgewandelt werden, daß sie adaptiv arbeitet. Im folgenden sehen Sie das zur Ausführung einer adaptiven Komprimierung notwendige C-Programm.

```
initialisiere_modell();
do {
    c = getc( eingabe );
    codiere( c, ausgabe );
    aktualisiere_modell( c );
} while ( c != EOF );
```

Das Dekomprimierungsprogramm funktioniert ähnlich:

```
initialisiere_modell();
while ( ( c == decodiere( eingabe ) ) != EOF ) {
    putc( c, ausgabe );
    aktualisiere_modell( c );
}
```

Die adaptive Codierungsmethode funktioniert, da zwei Routinen, die in diesen beiden Algorithmen eingesetzt werden identisch sind: initialisiere_modell() und aktualisiere_modell(). Unterscheiden sich diese beiden Routinen auch nur minimal, bricht das gesamte System zusammen.

Diese Art der Codierung ist recht einfach. Komprimierungs- und Dekomprimierungsprogramm beginnen mit identischen Codierungs-/Decodierungsmodellen. Erzeugt das Komprimierungsprogramm also sein erstes codiertes Symbol, ist das Dekomprimierungsprogramm in der Lage, es zu interpretieren.

Nachdem das Komprimierungsprogramm das erste Zeichen ausgegeben hat, wird die Funktion aktualisiere_modell() ausgeführt. An dieser Stelle tritt die adaptive Natur des Programmes zutage. Die Funktion bringt unter Berücksichtigung des soeben gelesenen Zeichens den Wert für die Häufigkeit und die zur Codierung des Zeichens benutzten Codierungsdaten auf den neuesten Stand. Bei einem Huffman-Baum wird also der Zähler des entsprechenden Zeichens inkrementiert und anschließend der gesamte Huffman-Baum neu gebildet.

Den Huffman-Baum aktualisieren

Der zum Aufbau eines Huffman-Baumes benötigte Algorithmus ist recht einfach. Trotzdem ist es unnötig, ihn jedesmal neu aufzubauen, nachdem ein Zeichen codiert wurde. Mit der folgenden Aktualisierungsfunktion würde es nicht schwerfallen, die adaptive Huffman-Codierung zu implementieren:

```
aktualisiere_modell( int c )
{
    zaehler[ c ]++:
    bilde_baum( zaehler );
}
```

Leider wäre das Ergebnis dieser Implementierung das langsamste Datenkomprimierungsprogramm der Welt. Der Aufbau des gesamten Baumes dauert zu lange, als daß er nach jedem Zeichen neu durchgeführt werden könnte.

Zum Glück gibt es die Möglichkeit, einen bereits existierenden Huffman-Codierungsbaum zu nehmen und ihn für jedes neue Zeichen zu modifizieren. Dazu muß der Baum zu Beginn nur ein wenig anders aufgebaut werden. Man muß sich dabei an ein Konzept halten, bei dem jeder Knoten einen Geschwisterknoten besitzt. Bei einen Huffman-Baum handelt es sich um einen Binärbaum, dessen Knoten jeweils eine Gewichtung besitzen – unabhängig davon, ob es sich um interne oder Blattknoten handelt. Jeder Knoten (außer der Wurzel) hat einen Geschwisterknoten, also einen zweiten Knoten, der denselben Elternknoten besitzt. Für das angesprochene Konzept ist es weiterhin wichtig, daß alle Knoten nach steigender Gewichtung angeordnet werden können.

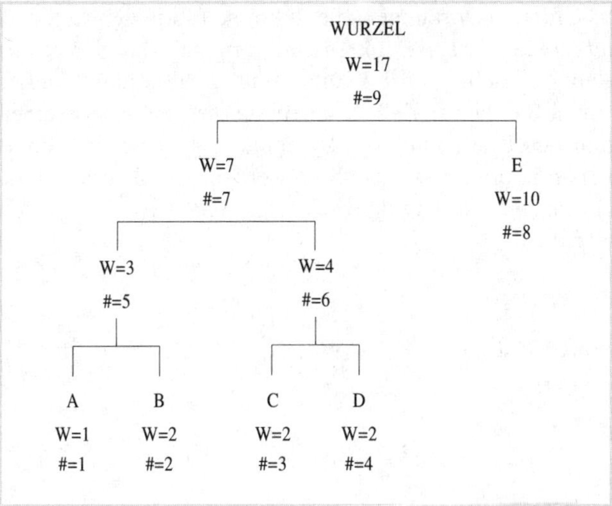

Abbildung 4-1:
Ein Huffman-Baum

Ein binärer Baum ist dann und nur dann ein Huffman-Baum, wenn er über die oben behandelt Eigenschaften, die im folgenden als Geschwister-Eigenschaft bezeichnet werden soll, verfügt. In Abbildung 4-1 wird dies illustriert. Bei diesem Baum wurden den Knoten Nummern zugewiesen, wobei die Zuweisung von links nach rechts und von unten nach oben erfolgt ist. Dabei wurde bei der untersten Knotenreihe begonnen. Dieser Baum wurde mit Hilfe eines konventionellen Huffman-Algorithmus und den Gewichtungen A=1, B=2, C=2, D=2 und E=3 erstellt.

In Abbildung 4-1 sind die Knoten A, B, C und D in der untersten Reihe des Baumes ansteigend durchnumeriert. Die Nummer beginnt mit 1. Die Knoten 5 und 6 sind die beiden ersten internen Knoten und besitzen die Gewichtungen 3 und 4. Die Knotennummern setzen ihren Weg fort bis zu Knoten 9, der Wurzel. Diese Anordnung zeigt, daß der Baum über die oben behandelten Eigenschaften verfügt. Die Knoten wurden nach ansteigender Gewichtung numeriert und zu jedem Knoten existiert ein Geschwisterknoten.

Die Geschwister-Eigenschaft ist im Zusammenhang mit der adaptiven Huffman-Codierung deshalb so wichtig, da sie verdeutlicht, was mit einem Huffman-Baum zu machen ist, wenn die Zähler aktualisiert werden müssen. Wird die Geschwister-Eigenschaft während des Updateprozesses beibehalten, ist gewährleistet, daß sowohl vor als auch nach der Aktualisierung der Zähler ein Huffman-Baum vorliegt.

Der Baum-Updateprozeß besteht hauptsächlich aus zwei Vorgängen. Der erste Vorgang, das Inkrementieren des Zählers, ist leicht nachvollziehbar. Soll der Zähler für das Symbol 'c' inkrementiert werden, muß beim Blattknoten des Symboles entsprechend angesetzt werden. Anschließend geht es beim Elternknoten weiter. Da die Gewichtung des Elternknotens der Summe der Gewichtungen seiner Kinder entspricht, muß sein Wert lediglich ebenfalls um eins inkrementiert werden. Dieser Prozeß wird solange fortgesetzt, bis der Wurzelknoten erreicht wird.

In Abbildung 4-2 sehen Sie, was für Auswirkungen die Inkrementierungen auf den Baum haben. Beginnend beim Blattknoten wird die Inkrementierung im Baum solange fortgesetzt, bis der Wurzelknoten erreicht wird. Die Implementierung dieses Arbeitsschrittes ist recht einfach. Achten Sie darauf, daß zu jedem Knoten ein Elternzeiger existiert und daß jeweils ein Index auf den Blattknoten des Symbols zeigt. Das kann ohne viel Mühe mit konventionellen Datenstrukturen bewerkstelligt werden. Der Durchschnitt der benötigten Inkrementierungsoperationen entspricht dem mittleren Bedarf an Bit, die zur Codierung eines Symbols benötigt werden.

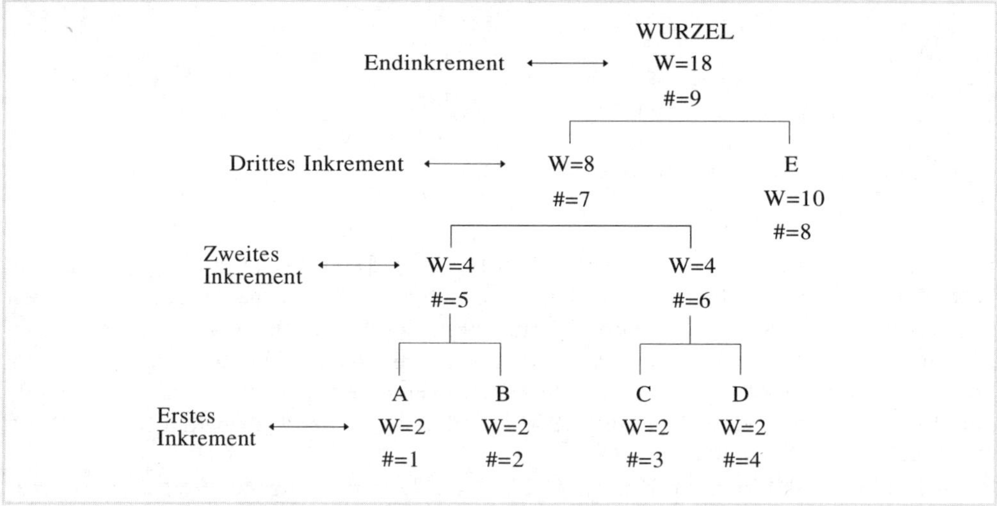

Abbildung 4-2: *Der Inkrementierungsprozeß*

Der zweite Vorgang bei der Aktualisiere-Prozedur wird notwendig, falls die Knoteninkrementierung Auswirkungen auf die Geschwister-Eigenschaft hat. Das ist der Fall, sobald der inkrementierte Knoten über dieselbe Gewichtung verfügt, wie der nächst höhere Knoten in der Liste. Wird die Inkrementierung daraufhin ganz normal fortgesetzt, liegt kein Huffman-Baum mehr vor.

Wird durch die Inkrementierung die Geschwister-Eigenschaft beeinträchtigt, muß der betreffende Knoten in der Liste an eine höhere Position gebracht werden. Das bedeutet, daß der Knoten von seiner augenblicklichen Position im Baum entfernt und mit einem Knoten weiter oben in der Liste vertauscht wird.

In Abbildung 4-3 sehen Sie, wie der Huffman-Baum aus Abbildung 4-2 aussieht, nachdem der Knoten A nochmals inkrementiert und mit dem Knoten D vertauscht wurde. Warum wurde gerade der Knoten D für den Tausch ausgewählt? Damit die Arbeit bei der Vertauschungsaktion möglichst gering bleibt, sollen nur zwei Knoten vertauscht werden. Besitzt der soeben inkrementierte Knoten jetzt den Wert W+1, hat der nächsthöhere den Wert W. Es kann nun sein, daß noch mehr Knoten nach dem nächsthöheren die Gewichtung W besitzen. Die Vertauschungsfunktion bewegt sich also solange in der Liste nach oben, bis der letzte Knoten mit der Gewichtung W gefunden wird. Dieser wird dann mit dem Knoten, der den Wert W+1 hat, vertauscht. In der neuen Knotenliste gibt es dann eine Kette aus einem oder mehreren Knoten mit dem Wert W gefolgt vom soeben inkrementierten Knoten mit der Gewichtung W+1.

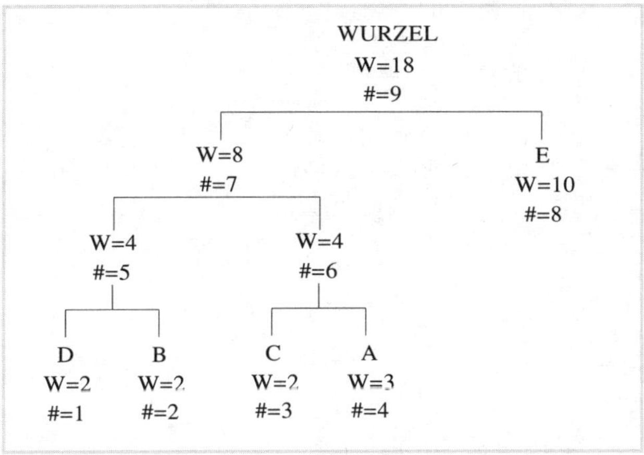

Abbildung 4-3: *Nach einem Knotenaustausch (nur Knoten A wurde inkrementiert)*

In Abbildung 4-3 wurde der Knoten A mit der Gewichtung 2 mit der Gewichtung 3 versehen. Da der nächste Knoten in der Liste, der Knoten B, den Wert 2 hatte, verfügte der Baum nicht mehr über die Geschwister-Eigenschaft. Das heißt, es mußte getauscht werden. Die Liste wurde solange zum Ende hin durchsucht, bis der letzte Knoten mit der Gewichtung 2 , der Knoten D , gefunden wurde. Anschließend wurden die Knoten A und D vertauscht, was wieder zu einem korrekt angeordneten Baum führte.

Nach der Tauschaktion kann der Updateprozeß fortgesetzt werden. Der nächste Knoten, der erhöht wird, ist der Elternknoten des inkrementierten Knotens. In Abbildung 4-3 wäre das der interne Knoten 6. Immer wenn ein Knoten inkrementiert wurde, wird überprüft, ob der Baum richtig ausgerichtet ist; falls notwendig, findet eine Vertauschung statt.

Was beim Vertauschen passiert

Die in Abbildung 4-3 gezeigte Vertauschung hat keine bemerkbare Auswirkung auf die Codierung der Symbole. Die Knoten A und D wurden zwar vertauscht, aber die Länge ihrer Codes veränderte sich nicht. Sie waren sowohl vorher als auch nachher drei Bit lang.

In Abbildung 4-4 sehen Sie, was passiert, wenn das Symbol A weitere zweimal inkrementiert wird. Nach der zweiten Inkrementierung ist die Gewichtung des Knotens A so groß, daß er mit einem internen Baumknoten einer höheren Ebene vertauscht werden muß. Dadurch verändern sich sowohl der Baum als auch die Codelängen. Als der Wert des Zählers von A – wie von drei anderen Symbolen – 2 betrug, wurde A mit drei Bit codiert. Nachdem nun der Zählerstand von A fünf beträgt, wird A nur mit zwei Bit codiert. Das Symbol C wird immer noch mit 3 Bit codiert, B und D dagegen mit 4 Bit.

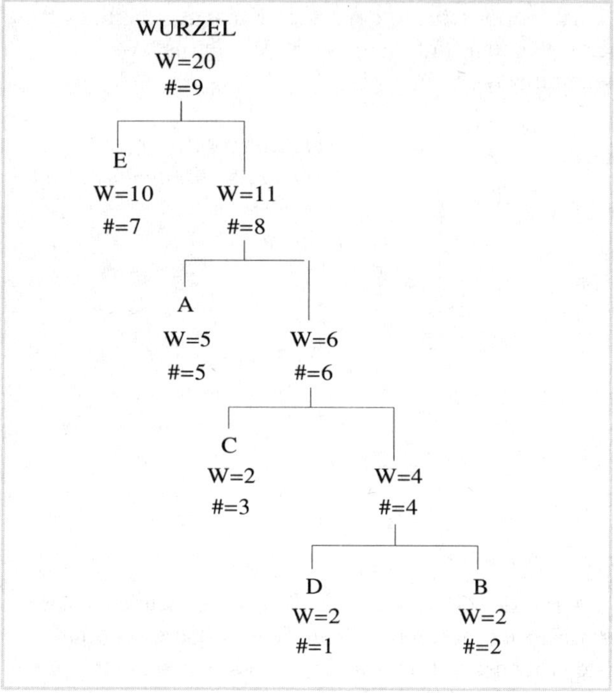

Abbildung 4-4:
Eine weitere Knoten-Tauschaktion

Der Algorithmus

Der Algorithmus zum Inkrementieren eines Knotenzählers sieht ungefähr so aus:

```
for ( ; ; )

{
    inkrementiere_knoten[ kn ].zaehler;
    if ( kn == WURZEL )
        break;
    if ( knoten[ kn ].zaehler > knoten[ kn + 1].zaehler )
        vertausche_knoten();
    kn = knoten[ kn ].eltern_knoten;
}
```

Die Routine vertausche_knoten() muß in der Knotenliste solange nach oben gehen, bis der richtige Knoten zum Vertauschen gefunden wird. Anschließend kann die Vertauschung stattfinden. Die Routine sieht ungefähr wie folgt aus:

```
tausch_knoten = kn + 1;
while ( knoten[ tausch_knoten + 1].zaehler
                < knoten[ kn ].zaehler ) tausch_knoten++;
temp = knoten[ tausch_knoten ].eltern_knoten;
knoten[ tausch_knoten ].eltern_knoten =
                        knoten[ kn ].eltern_knoten;
knoten[ kn ].eltern_knoten = temp;
```

Eine Verbesserung

Eine Möglichkeit den Codierungsvorgang effizienter zu gestalten, ist es, zu verhindern, daß das Codierungsprogramm Platz für Symbole verschwendet, die nicht in der Meldung vorkommen. Bei der Standard-Huffman-Codierung aus dem vorigen Kapitel war das einfach. Da die Daten, bevor der Huffman-Baum aufgebaut wurde, komplett gesichtet wurden, um die statistischen Daten zu sammeln, mußten Symbole mit einem Zählerwert von 0 nicht mitaufgenommen werden.

Bei einer adaptiven Vorgehensweise weiß man im voraus nicht, welche Symbole in der Meldung vorkommen werden. Man löst dieses Problem am einfachsten, indem man den Huffman-Baum initialisiert, daß alle 256 möglichen Bytes (bei einer konventionellen 8-Bit-Meldung) mit einem Zählerwert von 1 vordefiniert werden. Beginnt der Codierungsprozeß, hat jede Meldung eine Länge von 8 Bit. Sobald mehr statistische Daten vorliegen, werden für häufig vorkommende Zeichen immer weniger Bit eingesetzt.

Diese Codierungsmethode funktioniert zwar, in vielen Fällen wird dadurch aber Speicherkapazität verschwendet. Besonders bei kürzeren Meldungen führen diese zusätzlichen unnötigen Codes zu einer Verminderung des Komprimierungsgrads, da die Statistiken der Meldung verfälscht sind.

Es wäre also besser, den Codierungsprozeß mit einer leeren Tabelle zu beginnen und Symbole nur dann dort einzutragen, wenn diese in der hereinkommenden Meldung tatsächlich vorkommen. Aber dadurch werden wir mit einem offensichtlichen Widerspruch konfrontiert. Taucht ein Symbol das erste Mal auf, kann es nicht codiert werden, da es noch nicht in der Tabelle vorkommt. Wie kann dieses Problem aus dem Weg geräumt werden?

Der Escape-Code

Die Lösung bietet der sogenannte Escape-Code. Beim Escape-Code handelt es sich um ein spezielles Symbol, das das Codierungsprogramm ausgibt und damit mitteilt, daß der aktuelle Kontext verlassen (engl. escape) wird. Das Decodierungsprogramm weiß dann, daß das nächste Symbol anders codiert ist. So können Symbole codiert werden, die sich noch nicht im momentan definierten Huffman-Baum befinden.

Beim Beispielprogramm in diesem Kapitel weist der Escape-Code darauf hin, daß das nächste codierte Symbol als vollständiges 8-Bit-Zeichen übergeben wird. Das Symbol wird anschließend in die Tabelle aufgenommen und der normale Codierungsprozeß fortgesetzt. Der zur Realisierung eines solchen Codierungsprogrammes, das diesen Algorithmus benutzt, benötigte C-Quelltext sieht wie folgt aus:

```
codiere( char c )
{
    if ( im_baum( c ) )
        sende_huffman_code( c, ausgabe_datei );
    else {
        sende_huffman_code( ESCAPE, ausgabe_datei );
        putc( c, ausgabe_datei );
        fuege_code_dem_baum_zu( c );
    }
    aktualisiere_baum( c );
}
```

Dieses Beispiel zeigt, daß der Escape-Code genauso übermittelt wird, wie jedes andere Symbol aus dem Huffman-Baum auch; es muß sich also auch im Huffman-Baum befinden, damit es ordnungsgemäß übertragen werden kann. Das Codierungsprogramm muß diesen Code deshalb bereits vordefinieren.

Im Beispielprogramm dieses Kapitels wird der Huffman-Baum mit zwei Werten initialisiert: dem Escape-Code und dem Ende-der-Datei-Code. Da beide in der Datei vorkommen, beginnen wir mit einem sehr kleinen Huffman-Baum:

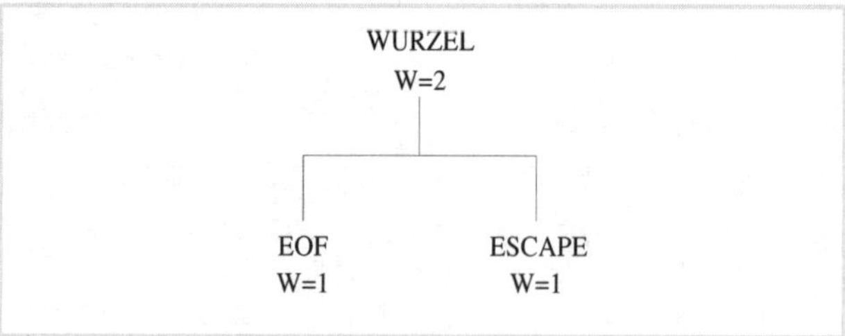

Abbildung 4-5:
Ein Huffman-Baum mit zwei Werten

Schreitet der Codierungsprozeß fort, füllt sich die Tabelle, und der Baum wächst. Der Ende-der-Datei-Code hat immer die Gewichtung 1. In der vorliegenden Implementation besitzt auch der Escape-Code diesen Wert. Während der Baum wächst, befinden sich diese beiden Codes also immer an den äußersten Zweigen des Baumes und besitzen die längsten Codes.

Das Überlaufproblem

Je weiter das Komprimierungsprogramm in seiner Arbeit fortschreitet, desto größer werden die in der Tabelle vorliegenden Zähler. Irgendwann sind die Zähler so groß, daß sich daraus Schwierigkeiten für das Programm ergeben. Die Aufmerksamkeit muß sich dabei besonders auf zwei Bereiche richten. Ein Problem kann daraus entstehen, daß der Wert des Wurzelknotens die Kapazität der Zähler des Baumes überschreitet. Bei den meisten hier eingesetzten Programmen ist das bei 16 Bit der Fall.

Ein anderes Problem kann noch früher auftreten und zwar dann, wenn die Länge des längsten möglichen Huffman-Codes den Bereich des Integers überschreitet, mit dem der Code übertragen wird. Beim Decodierungsprozeß spielt die Codelänge keine Rolle, da der Baum Bit für Bit nach unten abgearbeitet wird. Der Transmitter hat aber ein anderes Problem. Er muß beim Blattknoten des Baumes anfangen und sich bis zur Wurzel vorarbeiten. Er akkumuliert die zu übertragenden Bit in umgekehrter Reihenfolge. Sie müssen also aufgestapelt werden. Das geschieht üblicherweise mit Hilfe einer Integervariablen. Überschreitet also ein Huffman-Code die Größe von diesem Integer, treten Probleme auf.

Die maximale Länge eines Huffman-Codes steht mittels der Fibonacci-Sequenz mit dem maximalen Zählerwert in Beziehung. Die Fibonacci-Funktion ist folgendermaßen definiert:

```
int fib( int n )
{
    if ( n <= 1 )
        return( 1 );
    else
        return( fib( n-1 ) + fib( n-2 ) );
}
```

Die Reihenfolge der Fibonacci-Zahlen ist: 1, 1, 2, 3, 5, 8, 13, 21, 34, usw. Diese Zahlen ergeben im schlechtesten Fall einen Huffman-Baum mit Schlagseite:
Davon ausgehend kann abgeleitet werden, daß, falls der Wert des Wurzelknotens eines Huffman-Baumes gleich fib(i) ist, der längste für diesen Baum mögliche Code i-1 Bit beträgt. Das bedeutet: sind die zusammen mit den Huffman-Codes eingesetzten Integer nur 16 Bit lang, kann ein Wurzelwert von 4181 unter Umständen einen Überlauf produzieren. (Dieser niedrige Wert wird bei einfachen Huffman-Implementationen immer übersehen. Eine Datei mit Fibonacci-Zählerwerten bis zur Größe von fib[18] einzurichten, ist eine gute Möglichkeit, Huffman-Programme zu testen.) Wird der Baum aktualisiert, muß festgestellt

werden, ob der Maximalwert überschritten wird. Ist dies der Fall, müssen alle Zähler neu skaliert werden. Normalerweise geschieht dies, indem man sie durch einen bestimmten Faktor, häufig den Faktor 2, teilt.

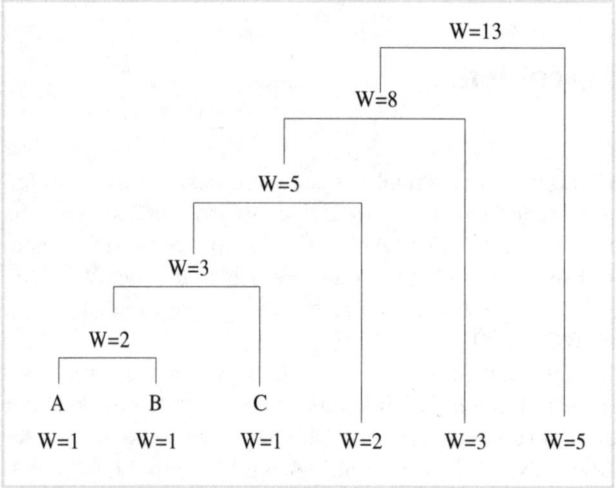

Abbildung 4-6:
Ein Huffman-Baum mit Schlagseite erstellt mit einer Sequenz von Fibonacci-Zahlen

Teilt man alle Zähler durch zwei, kann das zu einer Veränderung des Baumes führen. Da es sich um Integer handelt, wird durch die Division der Nachkommateil des Ergebnisses nicht berücksichtigt, was ein Ungleichgewicht zur Folge haben kann. Schauen Sie sich dazu den Huffman-Baum in Abbildung 4-7 an.

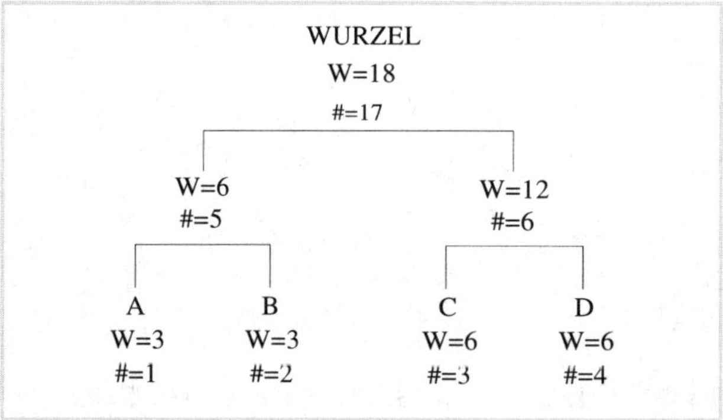

Abbildung 4-7:
Ein Huffman-Baum für 4 Symbole

Dieser Baum wurde für vier Symbole erstellt: A, B, C und D, mit den Gewichtungen 3, 3, 6 und 6. Die Knoten des Baumes sind in diesem Diagramm numeriert. Aus dem Diagramm geht eindeutig hervor, daß es sich bei dem Baum um einen Huffman-Baum handelt, da er die Geschwister-Eigenschaft besitzt. Probleme mit diesem Baum gibt es, sobald eine Baumneugestaltung vorgenommen wird. Bei einer einfachen Vorgehensweise würde jeder Blattknotenwert durch zwei geteilt und die Neugestaltung des Baumes von den Blattknoten aus nach oben weitergeführt. Der sich daraus ergebende Baum sähe wie folgt aus:

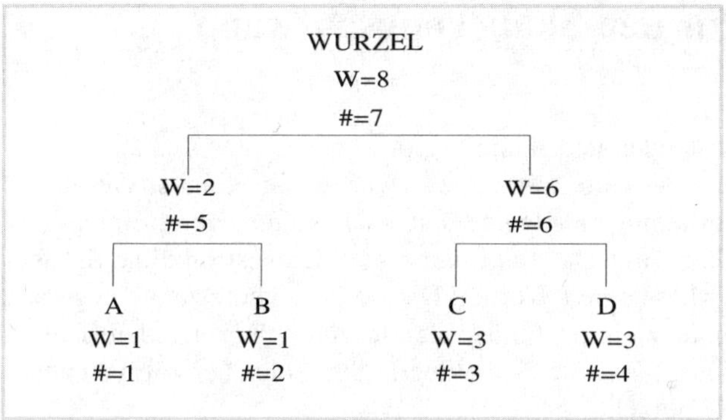

Abbildung 4-8:
Das Reskalierungs-Problem nach einer Division durch 2

Bei diesem Baum handelt es sich nicht mehr um einen Huffman-Baum. Aufgrund der unvermeidlichen Rundungen, die durch die Integerdivision hervorgerufen werden, sollte der Baum nach der Division wie folgt aussehen:

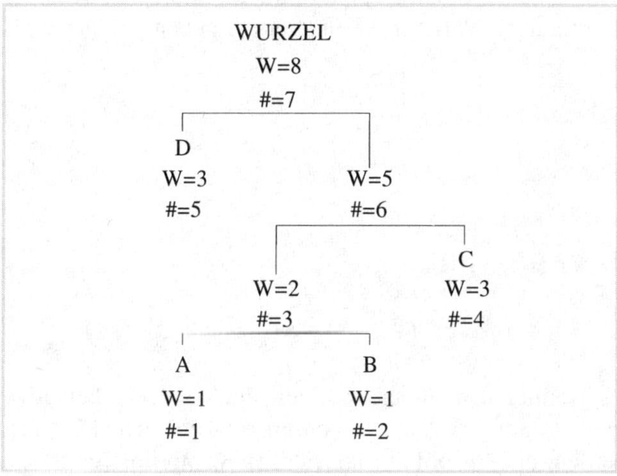

Abbildung 4-9:
So sollte der Baum nach der Integerdivision aussehen

Der richtig aufgebaute Huffman-Baum ähnelt dem Baum vor der Skalierung in nichts mehr. Das liegt daran, daß die statistischen Daten durch die Skalierung einiges an Genauigkeit verlieren, wodurch sich Fehler in den Baum einschleichen. Im Laufe der Zeit werden allerdings immer mehr statistische Daten gesammelt, und der Einfluß der Fehler wird dementsprechend geringer.

Leider gibt es keine einfache Möglichkeit, den Neuaufbau des Baumes nach der Skalierung zu umgehen. Beim Beispielprogramm in diesem Kapitel wird der Baum nach der Skalierung sozusagen mit Gewalt wieder neu aufgebaut. Das Neuaufbauen des gesamten Baumes ist recht aufwendig, aber da es selten vorkommt, kann man damit leben.

Ein Bonus für den Skalierungsaufwand

Wird der Baum in regelmäßigen Abständen neu skaliert, gibt es einen interessanten Nebeneffekt. Durch die Skalierung der Zählerwerte kommt es zwar zu Genauigkeitsverlusten, aber Tests ergeben, daß die Neuordnung im allgemeinen zu besseren Komprimierungsgraden führt, als wenn sie vermieden wird. Das liegt daran, daß Datenströme häufig über einen »alten Hut«-Effekt verfügen. Mit anderen Worten: Die statistischen Daten von gerade gelesenen Symbolen sind im allgemeinen zutreffender als die von früher aus dem Datenstrom gewonnenen. Ganz einfach gesagt, entsprechen aktuelle Symbole eher kürzlich angetroffenen als früher aufgetretenen Symbolen.

Durch Skalierungsoperationen wird der Einfluß älterer Symbole zunehmend geringer, und der Einfluß neuerer Symbole steigt an. Auch wenn das schwierig zu messen ist, scheint es einen guten Einfluß auf die Komprimierung zu haben. Experimentiert man mit verschiedenen Skalierungsversionen, führt das zu unterschiedlichen Ergebnissen mit unterschiedli chen Werten. Es sieht jedoch nicht so aus, als ob daraus eine optimale Strategie abgeleitet werden könnte. Es mag zwar einen optimalen Wert für die Skalierung geben, aber er variiert von Datenstrom zu Datenstrom.

Der Quelltext

Beim Beispielprogramm für dieses Kapitel handelt es sich um eine einfache adaptive Huffman-Komprimierungsroutine der Ordnung 0. Das Programm muß mit den Modulen aus dem vorigen Kapitel gelinkt werden, um sowohl ein lauffähiges Komprimierungs- als auch ein Dekomprimierungsprogramm zu erzeugen.

Damit Sie verstehen, wie dieses Programm funktioniert, müssen Sie über die Datenstrukturen des Programmes Bescheid wissen. Die Datenstruktur, die den Baum beschreibt, folgt als nächstes.

```
typedef struct baum {
    int blatt[ ANZAHL_SYMBOLE ];
    int naechster_freier;
    struct knten {
    unsigned int gewichtung;
    int eltern_knoten;
    int kind_ist_blatt;
    int kind;
    } knoten[ ANZAHL_TAB_KNOTEN ]; } BAUM;
```

Zwei Felder beschreiben den Baum. Der Baum selbst wird vollständig durch das Array knoten[] repräsentiert. Dieses Array besteht aus einer Reihe von Strukturen, die sich aus den folgenden Elementen zusammensetzen:

- unsigned int: Das Element gewichtung enthält die Gewichtung der gewichtung einzelnen Knoten. Siehe dazu auch Kapitel 3.
- int eltern_knoten: Dieser Integer stellt den Index zum Elternknoten dar. Der Elternknotenwert wird sowohl bei der Codierung eines Symboles als auch beim Aktualisieren des Modelles benötigt.
- int kind_ist_blatt: Beim Kind eines bestimmten Knotens kann es sich entweder um ein Blatt oder ein Knotenpaar handeln. Mit diesem Flag wird angezeigt, um welche der bei-den Möglichkeiten es sich handelt.
- int kind: Ist das Kind ein Blatt, beinhaltet dieser Integer den Wert des Symboles, das bei diesem Blatt codiert ist. Ist das Kind ein Knotenpaar, ist der Wert der Index des ersten Knotens.

Aufgrund der Geschwister-Eigenschaft liegen beide Knoten immer nebeneinander. Man weiß daher, wenn der erste Knoten beim Wert kind zu finden ist, daß der zweite Knoten sich bei kind+1 befindet.

Wie schon weiter oben in diesem Kapitel beschrieben wurde, ist jeder Knoten des Baumes Teil einer durchnumerierten Liste. Als wir diese Liste behandelten, besaß der Knoten mit niedrigster Gewichtung die Nummer 1, und darauf folgten Knoten mit höheren Werten, bis die Wurzel erreicht wurde. Bei der vorliegenden Implementation gilt genau das Gegenteil, auch wenn dieselben Prinzipien angewandt werden können. Die Liste der Knoten befindet sich im Array knoten[]. Der Knoten mit der höchsten Gewichtung steht in knoten[0]. Wandert man zu niedereren Gewichtungen, besitzen diese Knoten höhere Indizes in der Knotenliste.

Wird der Baum initialisiert, ist knoten[0] der Wurzelknoten, knoten[1] repräsentiert das Ende-des-Stromes-Symbol (END_OF_STREAM) und knoten[2] das Escape-Symbol. Das Element naechster_freier besitzt den Wert 3. Wird dem Baum ein weiteres Zeichen hinzugefügt, wird es in knoten[3] untergebracht.

Das Array blatt[] wird in der Baumdatenstruktur dazu eingesetzt, um den Blattknoten für ein bestimmtes Symbol finden zu können. Soll ein Symbol codiert werden, muß beim Blattknoten begonnen und von da aus bis zum Wurzelknoten des Baumes vorgearbeitet werden. Dabei werden Bit gesammelt (in umgekehrter Reihenfolge). Würde es das Array blatt[] nicht geben, müßte jedesmal der gesamte Baum nach dem richtigen Blattknoten durchsucht werden, wenn ein Zeichen codiert werden soll.

Die Initialisierung des Arrays

Der Huffman-Baum wird mit immer mit ein und derselben Routine initialisiert und zwar unabhängig davon, ob eine Komprimierung oder eine Dekomprimierung durchgeführt werden soll. Soll eine adaptive Komprimierung erfolgen, ist es außerordentlich wichtig, daß sowohl für die Initialisierung als auch für die Aktualisierung des Modelles derselbe Algorithmus verwendet wird. In diesem Fall benutzen wir, damit nichts schiefgeht, denselben Programmteil.

Die Initialisierungsroutine InitialisiereBaum(baum) ist sowohl beim Komprimierungs- als auch beim Dekomprimierungsprogramm die Routine, die als erste aufgerufen wird. Zur Initialisierung der Knoten 0, 1 und 2 wird der folgende Quelltext benutzt:

```
baum->knoten[ WURZEL_KNOTEN ].kind                =
              WURZEL_KNOTEN + 1;
baum->knoten[ WURZEL_KNOTEN ].kind_ist_blatt      = FALSE;
baum->knoten[ WURZEL_KNOTEN ].gewichtung          = 2;
baum->knoten[ WURZEL_KNOTEN ].eltern_knoten       = -1;
baum->knoten[ WURZEL_KNOTEN + 1 ].kind            =
              END_OF_STREAM;
baum->knoten[ WURZEL_KNOTEN + 1 ].kind_ist_blatt = TRUE;
baum->knoten[ WURZEL_KNOTEN + 1 ].gewichtung     = 1;
baum->knoten[ WURZEL_KNOTEN + 1 ].eltern_knoten  =
              WURZEL_KNOTEN;
baum->blatt[ END_OF_STREAM ] = WURZEL_KNOTEN + 1;

baum->knoten[ WURZEL_KNOTEN + 2 ].kind            = ESCAPE;
baum->knoten[ WURZEL_KNOTEN + 2 ].kind_ist_blatt = TRUE;
baum->knoten[ WURZEL_KNOTEN + 2 ].gewichtung     = 1;
baum->knoten[ WURZEL_KNOTEN + 2 ].eltern_knoten  =
             WURZEL_KNOTEN;
baum->blatt[ ESCAPE ]  = WURZEL_KNOTEN + 2;

baum->naechster_freier = WURZEL_KNOTEN + 3;

for ( i = 0 ; i < END_OF_STREAM ; i++ )
    baum->blatt[ i ] = -1;
```

Die Initialisierung der Elemente von baum->knoten[] erfolgt ohne Umschweife. Dem Escape- und dem Ende-des-Stromes-Knoten wird eine Gewichtung von 1 zugewiesen. Dadurch erhält der Wurzelknoten die Gewichtung 2. Die Elemente für die Escape- und Ende-des-Stromes-Symbole im Array baum->blatt[] werden so gesetzt, daß sie auf die entsprechenden Knoten zeigen. Außerdem werden die Eltern- und Kindzeiger für jeden der Baumknoten initialisiert.

Zur Vervollständigung des Initialisierungsprozesses müssen lediglich noch der Index baum->naechster_freier gesetzt und die restlichen Elemente des Arrays baum->blatt[] initialisiert werden. Da keines der blatt[]-Elemente für die konventionelle Symbole momentan Verwendung findet, werden alle mit dem Wert -1 versehen. Während des Codierungsprozesses wird der Wert von baum->blatt[] für ein bestimmtes Symbol mit -1 verglichen, damit festgestellt werden kann, ob das Symbol schon definiert wurde oder nicht.

Das Komprimierungshauptprogramm

Der Quelltext des Komprimierungsprogrammes ist nicht lang:

```
InitialisiereBaum( &Baum );
while ( ( c = getc( eingabe ) ) != EOF )
{
CodiereSymbol( &Baum, c, ausgabe );
AktualisiereModell( &Baum, c );
}
CodiereSymbol( &Baum, END_OF_STREAM, ausgabe );
```

Nachdem der Baum initialisiert wurde, tritt das Programm in eine Schleife ein. Dort codiert es die Zeichen und aktualisiert das Modell. Müssen keine weiteren Zeichen codiert werden, wird das Ende-des-Stromes-Zeichen codiert, und das Programm hat seine Arbeit getan.

Der komplexe Teil des Ablaufs ist in den Funktionen verborgen. Die Funktion CodiereSymbol muß überprüfen, ob das Symbol schon definiert ist. Ist das nicht der Fall, gibt CodiereSymbol den Escape-Code und das nicht codierte Symbol aus. Anschließend fügt CodiereSymbol das Symbol mit einem Zähler von 0 dem Baum hinzu.

Auch die Funktion AktualisiereModell ist recht komplex. Von dieser Funktion wird die weiter vorn in diesem Kapitel behandelte aufwendige Aktualisierung vorgenommen. Bevor das allerdings geschieht, wird überprüft, ob der Wurzelknoten den maximal erlaubten Wert erreicht hat. Ist das der Fall, wird der Baum um den Faktor zwei skaliert und neu aufgebaut.

Das Dekomprimierungshauptprogramm

Wie das Komprimierungshauptprogramm ist auch das Dekomprimierungspendant kurz und schmerzlos. Nach Initialisierung des Baumes werden die Symbole mit der DecodiereSymbole-Routine gelesen und anschließend in der Ausgabedatei abgelegt. Immer wenn ein Symbole decodiert und in der Ausgabedatei abgelegt wurde, wird das Modell aktualisiert.

Genau wie beim Komprimierungsprogramm ist hier die Komplexität in den aufgerufenen Funktionen verborgen. Die Routine DecodiereSymbol überprüft, ob es sich bei dem decodierten Symbol um einen Escape-Code handelt. Ist das der Fall, verwirft DecodiereSymbol den Escape-Code und liest ein »nicht codiertes« 8-Bit-Symbol ein. Dieses Symbol wird daraufhin mit einem anfänglichen Zähler von 0 dem Huffman-Baum hinzugefügt.

Wie Sie schon wissen, überprüft die Routine AktualisiereModell(), ob der Wurzelknoten seinen maximalen Zählerstand erreicht hat. Ist das der Fall, wird der Huffman-Baum neu aufgebaut. Danach findet der normale Inkrementierungs-/Test-/Vertausch-Ablauf statt.

```
InitialisiereBaum( &Baum );
while ( ( c = DecodiereSymbol( &Baum, eingabe ) ) !=
            END_OF_STREAM ) { if ( putc( c, ausgabe ) == EOF )
        fataler_fehler( "Fehler bei der Zeichenausgabe" );
AktualisiereModell( &Baum, c );}
```

Die Codierung des Symboles

Nachdem der Baum initialisiert wurde, ruft die Komprimierungsroutine wiederholt die Routine CodiereSymbol auf. Sie (siehe unten) stellt zuerst fest, welcher Blattknoten zu dem Symbol gehört, das codiert werden soll. Steht in der Blattabelle dafür der Wert -1, bedeutet das, daß dieses Symbol noch nicht im Huffman-Baum existiert. In diesem Fall wird als zu codierendes Symbol das Escape-Symbol gewählt.

Der Codierungsprozeß eines Huffman-Baumes beginnt beim Blattknoten, und durchläuft Knoten für Knoten die Elternknoten, bis die Wurzel erreicht wird. Bei einem konventionellen Huffman-Baum gibt es normalerweise zu jedem Elternknoten zwei Kindknoten. Mit einem wird ein 0-Bit codiert und mit dem anderen ein 1-Bit. Die in diesem Programm eingesetzten Datenstrukturen profitieren von der Geschwister-Eigenschaft, bei der immer zwei Kinder eines Elternknotens nebeneinander in der Knotenliste plaziert sind.

Das Gruppieren von Kindern spart Platz, da lediglich ein Kindzeiger benötigt wird. Außerdem weiß ein Kind aufgrund dessen, daß es sich an einer ungeraden oder geraden Position befindet, auch automatisch, ob es das Kind ist, das eine 1 oder eine 0 codiert. In diesem Programm wurde dem ungeraden Kind willkürlich die 1 und dem geraden die 0 zugewiesen.

Aufgrund dieser Informationen werden für den Codierungsprozeß nur wenige C-Quelltextzeilen benötigt. Beginnend beim Blattknoten wird dem Huffman-Code Bit für Bit hinzugefügt. Ob ein 0-Bit oder ein 1-Bit hinzugefügt wird, wird daran festgestellt, ob die Position gerade oder ungerade ist. Sobald ein Bit codiert ist, wird die Maske aktuelles_bit um eins verschoben, damit das nächste Bit an der richtigen Position hinzugefügt wird. Ein Zähler, der protokolliert, wieviele Bit aufgenommen wurden, wird ebenfalls inkrementiert.

```
code = 0;
aktuelles_bit = 1;
code_groesse = 0;
aktueller_knoten = baum->blatt[ c ];
if ( aktueller_knoten == -1 )
aktueller_knoten = baum->blatt[ ESCAPE ];
while ( aktueller_knoten != WURZEL_KNOTEN ) {
if ( ( aktueller_knoten & 1 ) == 0 ) code |= aktuelles_bit;
aktuelles_bit <<= 1;
code_groesse++;
aktueller_knoten = baum->knoten[aktueller_knoten ]
                                      .eltern_knoten;
};
OutputBits( ausgabe, code, code_groesse );
if ( baum->blatt[ c ] == -1 ) {
    OutputBits( ausgabe, (unsigned long) c, 8 );
neuen_knoten_aufnehmen( baum, c );
}
```

Nachdem die Bit des Huffman-Codes gebildet wurden, wird die Hilfsroutine OutputBit (sie befindet sich in BITEA.C) zur Ausgabe des Codes aufgerufen. Daran anschließend muß vor Beendigung der Routine noch eines erledigt werden. Handelt es sich bei dem soeben ausgegebenen um den Escape-Code, muß einer speziellen Situation Rechnung getragen werden: ein zuvor nicht definiertes Symbol ist aufgetreten.

Der erste Schritt, der folgt, nachdem der Escape-Code übertragen wurde, ist recht einfach. Das neue Symbol wird uncodiert ausgegeben, genauso wie es in der Datei vorgefunden wurde. Dadurch weiß das Decodierungsprogramm, welches Symbol der Tabelle hinzugefügt werden muß. Der zweite Schritt besteht darin, den neuen Knoten – mit einer Gewichtung von 0 – im Huffman-Baum unterzubringen. Dieser Knoten mit der Gewichtung 0 behält diesen Wert nicht lange: Er wird später, wenn das Modell aktualisiert wird, inkrementiert. Weist man einem Knoten den Wert 0 zu, hat das den Vorteil, daß man sich nicht um die Aktualisierung der anderen Knoten kümmern muß oder, was noch schlimmer wäre, den gesamten Baum neu aufbauen muß.

Arbeitet man mit den Geschwister-Definitionen, ist bekanntlich der neue Knoten mit dem Wert 0 der erste Knoten in der Liste, da Knoten dort anhand ihrer Gewichtung angeordnet sind. Der Knoten wird also in die Tabelle eingefügt, indem man feststellt, welcher Knoten momentan den kleinsten Wert hat, und diesen in zwei neue Knoten unterteilt. Der Knoten mit dem ursprünglich geringsten Wert ist einer der beiden neuen Knoten und der neue Knoten mit dem Wert 0 der andere.

In Abbildung 4-10 sehen Sie, wie durch diesen Vorgang ein Huffman-Baum verändert wird. Bei diesem Baum lagen schon die Knoten A, B, C und D mit Gewichtungen ungleich Null vor. Der Knoten A hat die geringste Gewichtung und bildet demzufolge den Listenanfang (Sie wissen ja, daß bei der Liste dieses Programmes die höchsten Werte bei 0 liegen). Sobald das Symbol E dem Baum hinzugefügt wird, wird zuerst festgestellt, daß A der letzte Knoten der Tabelle ist. Der Platz, den A einnahm, wird in einen internen Knoten umgewandelt, und zwei neue Knoten werden erzeugt. Da es sicher ist, daß E den kleinsten Wert hat, wird es an die erste Position in der Liste gesetzt. A nimmt den zweiten Platz ein.

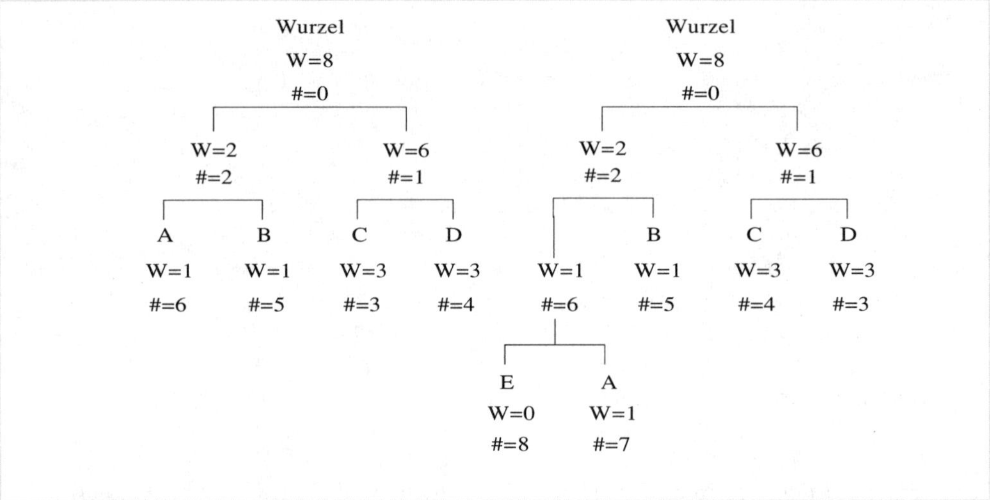

Abbildung 4-10: *Der Huffman-Baum vor und nach dem Hinzufügen eines Knotens mit der Gewichtung 0*

Es folgt der Quelltext, mit dessen Hilfe der Knoten im Baum untergebracht wird. Zuerst muß festgestellt werden, welcher Knoten die kleinste Gewichtung besitzt. Bei unserem Beispiel war das A. Die Variable neuer_knoten enthält den Platz, der A zugewiesen wird, und die Variable null_gewichtungs_knoten ist für E zuständig. Da es sich dabei um zwei neue Knoten handelt, werden daraus die Knoten naechster_freier und naechster_freier+1. Daran anschließend wird naechster_freier um zwei inkrementiert, damit die Variable beim nächsten Mal auf die richtige Stelle zeigt.

```
geringster_knoten = baum->naechster_freier - 1;
neuer_knoten = baum->naechster_freier;
null_gewichtungs_knoten = baum->naechster_freier + 1;
baum->naechster_freier += 2;

baum->knoten[ neuer_knoten ] = baum->
              knoten[ geringster_knoten ];
baum->knoten[ neuer_knoten ].eltern_knoten =
              geringster_knoten;
baum->blatt[ baum->knoten[ neuer_knoten ].kind ] =
                           neuer_knoten;
baum->knoten[ geringster_knoten ].kind = neuer_knoten;
baum->knoten[ geringster_knoten ].kind_ist_blatt = FALSE;
```

```
baum->knoten[ null_gewichtungs_knoten ].kind        = c;
baum->knoten[ null_gewichtungs_knoten ].kind_ist_blatt =
              TRUE;
baum->knoten[ null_gewichtungs_knoten ].gewichtung   = 0;
baum->knoten[ null_gewichtungs_knoten ].eltern_knoten
              = geringster_knoten;
baum->blatt[ c ] = null_gewichtungs_knoten;
```

Nachdem die beiden neuen Knoten erzeugt wurden, müssen noch einige Details erledigt werden, damit die beiden neuen Kinder mit ihrem Elternteil verbunden werden können, um sicherzustellen, daß ihre Gewichtungen korrekt sind und damit das Blattarray auf die richtigen Knoten zeigt. Danach ist die Arbeit der Routine beendet und der Baum kann aktualisiert werden.

Den Baum aktualisieren

Den kompliziertesten Teil eines adaptiven Huffman-Programmes bilden die Routinen, mit deren Hilfe der Baum aktualisiert wird. Das Modell zu aktualisieren, besteht im Grunde nur daraus, die Gewichtung eines Symbol zu inkrementieren und auf alle Nebeneffekte dieser Aktion zu achten. Aber gerade die Nebeneffekte können nur schwer im Zaum gehalten werden.

```
if ( baum->knoten[ WURZEL_KNOTEN].gewichtung ==
                   MAX_GEWICHTUNG )
BaumAufbauen( baum );
aktueller_knoten = baum->blatt[ c ];
while ( aktueller_knoten != -1 ) {
baum->knoten[ aktueller_knoten ].gewichtung++;
for ( neuer_knoten = aktueller_knoten ; neuer_knoten >
          WURZEL_KNOTEN ; neuer_knoten-- )
    if ( baum->knoten[ neuer_knoten - 1 ].gewichtung >=
     baum->knoten[ aktueller_knoten ].gewichtung ) break;
if ( aktueller_knoten != neuer_knoten ) {
    vertausche_knoten( baum, aktueller_knoten,
                           neuer_knoten );
    aktueller_knoten = neuer_knoten;
    }
aktueller_knoten = baum->knoten[ aktueller_knoten ]
                           .eltern_knoten;
}
```

Dieser Programmteil erledigt alle zur Aktualisierung des Baumes notwendigen Arbeiten. Zuerst wird überprüft, ob der Baum die höchstmögliche Gewichtung erreicht hat. Ist das der Fall, wird die Routine BaumAufbauen aufgerufen, damit alle Zähler herunterskaliert werden.

Danach wird in die Schleife eingetreten, mit deren Hilfe die Knotengewichtungen inkrementiert werden. Der erste zu inkrementierende Knoten ist der mit dem Symbol verbundene Blattknoten. Die Schleife inkrementiert die Gewichtung dieses Symbols und geht dann zum Elternknoten weiter, um diesen zu inkrementieren. Dieser Prozeß wird solange fortgesetzt, bis die Wurzel erreicht wird. Daraufhin ist die Aktualisierung beendet.

Von der Schleife wird ein weiterer Arbeitsschritt ausgeführt, und zwar nachdem die Gewichtung eines Knotens inkrementiert wurde. Die Schleife, die unmittelbar auf die Inkrementierungsoperation folgt, arbeitet sich rückwärts durch die Knotenliste, um herauszufinden, ob es aufgrund des vergrößerten Wertes des aktuellen Knotens notwendig ist, daß der Knoten in der Liste nach vorn wandern muß. Wird die Schleife verlassen, zeigt neuer_knoten auf die richtige Stelle, an der sich der aktuelle Knoten befinden sollte. Ist neuer_knoten danach gleich aktueller_knoten, bleibt der inkrementierte Knoten an seinem Platz, und man kann beim Elternknoten fortfahren. Sind aber neuer_knoten und aktueller_knoten nicht gleich, müssen sie vertauscht werden.

Beim Vertauschen von zwei Knoten müssen zwei ganze Unterbäume ihre augenblickliche Position in der Liste verlassen und miteinander tauschen. Das kann mit einer Baumdatenstruktur einfacher bewerkstelligt werden, als es auf den ersten Blick scheinen mag. Die Tauschaktion per se ist unkompliziert. Kompliziert wird es nur dadurch, daß jeder Knoten, der vertauscht werden muß, sowohl Verbindungen zu seinem Kind als auch zu seinem Elternteil hat, und sowohl Elternteil als auch Kind sind mit dem Knoten verbunden. Dazu müssen keine großartigen Anstrengungen unternommen werden. Es folgt der zum Tauschen notwendige Quelltext:

```
    struct knten temp;

    if ( baum->knoten[ i ].kind_ist_blatt )
    baum->blatt[ baum->knoten[ i ].kind ] = j;
    else {
    baum->knoten[baum->knoten[ i ].kind].eltern_knoten = j;
    baum->knoten[ baum->knoten[ i ].kind + 1 ]
                    .eltern_knoten = j;
    }
    if ( baum->knoten[ j ].kind_ist_blatt )
    baum->blatt[ baum->knoten[ j ].kind ] = i;
    else {
    baum->knoten[baum->knoten[ j ].kind].eltern_knoten = i;
    baum->knoten[ baum->knoten[ j ].kind + 1 ]
.eltern_knoten = i;
    }
    temp = baum->knoten[ i ];
```

```
baum->knoten[ i ] = baum->knoten[ j ];
baum->knoten[ i ].eltern_knoten = temp.eltern_knoten;
temp.eltern_knoten = baum->knoten[ j ].eltern_knoten;
baum->knoten[ j ] = temp;
```

Eine Aktualisierung kann auch die Umstrukturierung des Baumes nach sich ziehen. Baumumstrukturierungen machen viel Arbeit, da hierbei ein neuer Huffman-Baum aufgebaut werden muß.

Der Neuaufbau erfolgt in drei Schritten. Der erste Schritt besteht darin, alle Blattknoten zu sammeln, alle internen Knoten zu entfernen und die Blattknotengewichtungen durch 2 zu teilen. Die daraus resultierende Knotenliste ist so aufgebaut, daß sich alle neuen Blattknoten am Anfang der Tabelle befinden.

```
j = baum->naechster_freier - 1;
for ( i = j ; i >= WURZEL_KNOTEN ; i-- ) {
if ( baum->knoten[ i ].kind_ist_blatt ) {
    baum->knoten[ j ] = baum->knoten[ i ];
    baum->knoten[ j ].gewichtung = ( baum->knoten[ j ]
                                 .gewichtung + 1 ) / 2;
        j--;
    }
}
```

Den dazu notwendigen Quelltext sehen Sie oben. Beachten Sie, daß bei dieser Realisation keiner der Knoten den Wert 0 zugewiesen bekommt. Das wird erreicht, indem zum Knotenwert 1 addiert wird, bevor er durch 2 dividiert wird.

Durch die obigen Anweisungen erhält man eine Liste mit Blattknoten, die den Anfang der Liste bilden, und die durch den Index naechster_freier beendet wird. Beim nächsten Schritt werden die bei 0 beginnenden und beim aktuellen Wert von j endenden internen Knoten neu aufgebaut.

In Kapitel 3 wurde ein Huffman-Baum aufgebaut, indem durch wiederholtes Abarbeiten der Knotenliste immer wieder die beiden Knoten mit den kleinsten Gewichtungen gesucht wurden. Diese beiden Knoten wurden zusammengefaßt und bildeten dann einen neuen internen Knoten. Beim Aufbau des Baumes wirdjetzt ein anderes Verfahren auf der Basis der Geschwister-Eigenschaft angewendet.

Die Schleife, die die internen Knoten erzeugt, startet mit einem Wert von j, der so beschaffen ist, daß er auf den nächsten zu definierenden Knoten zeigt. Die Variable i ist ein Index, der auf das nächste Knotenpaar zeigt, das zu einem internen Knoten zusammengefaßt wird. Die Schleife durchläuft nacheinander alle Knoten und verbindet und addiert dabei solange neue interne Knoten, bis der Wurzelknoten an der Position 0 erreicht wird.

Der zum Aufbau des neuen internen Knotens benötigte Prozeß ist recht einfach. Dem neuen Knoten, der sich beim Index j befindet, wird eine Gewichtung zugewiesen. Bei diesem Wert handelt es sich, wie nicht anders erwartet, um die Summe der beiden Knotengewichtungen an der Position i. Die eigentliche Arbeit kommt erst noch. Nachdem der

Knoten j erzeugt wurde, muß entschieden werden, an welcher Stelle der Knotenliste er positioniert werden soll. Die Entscheidung wird anhand der in der Liste vorliegenden Knotengewichtungen gefällt. Von der Geschwister-Eigenschaft wird vorgeschrieben, daß die Knoten anhand ihrer Gewichtungen in der Liste angeordnet sein müssen. Die Liste muß also solange durchsucht werden, bis der erste Knoten gefunden wird, dessen Gewichtung kleiner als die des Knotens j ist. Der neue Knoten wird daraufhin unmittelbar hinter diesem Knoten in der Liste plaziert. Mit der folgenden Prozedur wird die richtige Position für j bestimmt:

```
for (i=baum->naechster_freier - 2 ; ;
             j >= WURZEL_KNOTEN i -= 2, j-- ) {
    k = i + 1;
baum->knoten[ j ].gewichtung = baum->knoten[ i ]
             .gewichtung + baum->knoten[ k ].gewichtung;
gewichtung = baum->knoten[ j ].gewichtung;
baum->knoten[ j ].kind_ist_blatt = FALSE;
for ( k = j + 1 ;
     gewichtung < baum->knoten[ k ].gewichtung ; k++ )
       ;
    k--;
memmove( &baum->knoten[ j ], &baum->knoten[ j + 1 ],
     ( k - j ) * sizeof( struct knten ) );
baum->knoten[ k ].gewichtung = gewichtung;
baum->knoten[ k ].kind = i;
baum->knoten[ k ].kind_ist_blatt = FALSE;
}
```

Der Variablen »gewichtung« wird die Gewichtung des neuen internen Knotens zugewiesen. Anschließend durchläuft die Routine erneut die Liste, bis der erste Knoten gefunden wird, dessen Wert kleiner oder gleich j ist. Der Knoten j wird unmittelbar hinter diesem Knoten in der Liste plaziert. Bevor dieser Knoten positioniert werden kann, muß in der Liste Platz geschaffen werden, indem alle Knoten mit höheren Werten eine Position nach oben rücken. Das wird mit der Funktion memmove() erledigt. Danach werden im neuen Knoten den Elementen kind und gewichtung die entsprechenden Werte zugewiesen, und die Schleife wird weiter durchlaufen.

Den Ablauf können Sie aus der kurzen Knotenliste in Abbildung 4-11 ersehen. Nach der Skalierung haben die Symbole A, B, C und D die Gewichtungen 1, 3, 5 und 7. Nachdem die internen Knoten entfernt wurden, sieht die Knotenliste wie folgt aus:

'D'	'C'	'B'	'A'
W=7	W=5	W=3	W=1
#=3	#=4	#=5	#=6

Abbildung 4-11: *Die Knotenliste, nachdem die internen Knoten entfernt wurden*

Die ersten beiden Knoten, die verbunden werden müssen, sind die Knoten B und A. Daraus entsteht ein neuer Knoten j an der Position 2 in der Tabelle. Durchläuft man die Tabelle von der Position 2 aus rückwärts, wird ersichtlich, daß der resultierende interne Knoten sich zwischen den Positionen 4 und 5 genau vor B befinden sollte. Nachdem die Speicherverschiebung beendet und der Knoten erzeugt wurde, sieht der partielle Huffman-Baumes wie folgt aus:

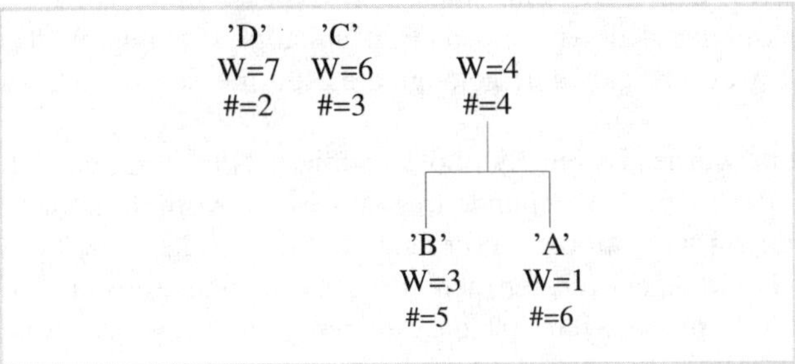

Abbildung 4-12:
Ein partieller Huffman-Baum, nachdem die Speicherverschiebung stattfand

Da die Knoten frei bewegt werden, weisen wir während dieses Prozesses keine Elternzeiger zu. Wurde ein Knoten einem anderen Knoten als Kind zugewiesen, ändert er im folgenden seine Position in der Tabelle nicht mehr. Elternknoten aber , die noch zu Kinder eines anderen internen Knotens werden, müssen unter Umständen in der Liste nach oben verschoben werden, wenn andere Knoten gebildet werden. Würden in diesem Stadium Elternknotenindizes zugewiesen, müßte jedesmal beim Verschieben eines Knotens eine Prozedur durchlaufen werden, die die Kinder sucht und deren Elternindizes aktualisiert. Diese aufwendige Prozedur wird umgangen, indem der Aufbau der Elternknotenindizes erst im dritten und letzten Teil der Aufbau-Prozedur stattfindet. Das Zuweisen von Elternknotenindizes ist denkbar einfach. Man beginnt beim Wurzelknoten und lokalisiert die Kinder von jedem Knoten des Baumes. Der Elternknotenindex wird dann den Kindern zugewiesen. Handelt es sich bei dem Kind um ein Blatt und nicht um einen anderen Knoten, wird der entsprechende Eintrag im blatt[]-Array aktualisiert.

```
for ( i=baum->naechster_freier - 1 ; i >= WURZEL_KNOTEN ;
      i-- ) {
if ( baum->knoten[ i ].kind_ist_blatt ) {
    k = baum->knoten[ i ].kind;
    baum->blatt[ k ] = i;
    } else {
    k = baum->knoten[ i ].kind;
    baum->knoten[ k ].eltern_knoten = baum->
                knoten[ k + 1 ].eltern_knoten = i;
    }
}
```

Ein Symbol decodieren

Bei der letzten Prozedur, die hier noch behandelt werden muß, handelt es sich um die Routine, mit deren Hilfe ein eingelesenes Symbol decodiert wird. Genau wie die Codierungsfunktion ist diese Routine kurz und unkompliziert. Sie beginnt mit ihrer Arbeit am Wurzelknoten des Baumes und liest Bit für Bit ein. Nach dem Einlesen eines Bit wird zu einem der beiden Kinder des aktuellen Knotens gewandert, abhängig davon, ob das gelesene Bit eine Null oder eine 1 war. Irgendwann gelangt die Routine schließlich zu einem Blattknoten.

Nachdem der Blattknoten erreicht wurde, ist ein Symbol decodiert. Nur wenn es sich beim decodierten Symbol um einen Escape-Code handelt, kann es zu Komplikationen kommen. Ist das nämlich der Fall, taucht das von der Codierungsfunktion codierte Symbol nicht im Huffman-Baum auf. Das heißt: Die nächsten acht Bit im Eingabestrom stellen dann die nicht codierte Version des Symboles dar. Ist das so, wird die Eingaberoutine aufgerufen, um das Symbol direkt zu lesen.

```
aktueller_knoten = WURZEL_KNOTEN;
while (!baum->knoten[ aktueller_knoten ].kind_ist_blatt){
aktueller_knoten = baum->knoten[ aktueller_knoten ].kind;
aktueller_knoten += InputBit( eingabe );
}
c = baum->knoten[ aktueller_knoten ].kind;
if ( c == ESCAPE ) {
    c = (int) InputBits( eingabe, 8 );
neuen_knoten_aufnehmen( baum, c );
}
return( c );
```

An das aufrufende Programm wird entweder das decodierte Symbol oder die direkt gelesene Version des Symboles übergeben. Dort kann es in der Ausgabedatei abgelegt werden. Der schwierige Teil folgt erst, nachdem das Symbol decodiert wurde und der Baum aktualisiert werden muß, um die neuen Verhältnisse widerzuspiegeln.

Der Quelltext

Der Quelltext des adaptiven Huffman-Komprimierers ist folgt nachstehend. Dieses Modul befindet sich auf der Quelltextdiskette in der Datei AHUFF.C. Zum Aufbau des Komprimierungsprogrammes muß diese Datei kompiliert und mit den Hilfsroutinen gelinkt werden, die im letzten Kapitel behandelt wurden: BITEA.C, ERRHAND.C und MAIN-K.C. Für das Dekomprimierungsprogramm muß MAIN-E.C anstatt MAIN-K.C eingesetzt werden. Die beiden Argumente der beiden Programme stellen die Eingabedatei und die Ausgabedatei dar.

```
/******************** Start von AHUFF.C ********************
*
* Dies ist das Modul, das die adaptive Huffman-Codierung aus
* Kapitel 4 benutzt. Kompilieren Sie es mit BITEA.C,
* ERRHAND.C und entweder MAIN-K.C oder MAIN-E.C
*/

#include <stdio.h>
#include <stdlib.h>
#include <string.h>
#include <ctype.h>
#include "bitea.h"
#include "errhand.h"

char *KomprimierungsName = "Adaptive Huffman-Codierung, mit "+
                            "EscapeCodes";
char *Anwendung         = "eingabedatei ausgabedatei [ -d ]";

#define END_OF_STREAM       256
#define ESCAPE              257
#define ANZAHL_SYMBOLE      258
#define ANZAHL_TAB_KNOTEN   ( ( ANZAHL_SYMBOLE * 2 ) - 1 )
#define WURZEL_KNOTEN       0
#define MAX_GEWICHTUNG      0x8000
#define TRUE                1
#define FALSE               0

/*
* Lediglich diese Datenstruktur wird benötigt, um den adap
* tiven Huffman-Baum für Codierung und Decodierung zu
* verwalten. Das Array blatt enthält Indizes für das Array
* knoten, die auf die Blattknoten der Symbole verweisen. Um
```

```
* beispielsweise 'A' zu codieren, kann der Blattknoten von
* 'A' mit blatt['A'] lokalisiert werden. Der Index
* naechster_freier wird benutzt, um feststellen zu können,
* welcher Knoten im Array als nächster benutzt werden kann.
* Da neue Knoten angelegt werden, wenn Zeichen erstmals
* eingelesen werden, informiert dieser Zeiger uns darüber, wo wir
* uns im Array befinden. Das gesamte Array knoten bildet den
* Huffman-Baum. Der Index kind zeigt entweder zu einem Paar Kinder
* oder enthält den Symbolwert, abhängig davon ob * 'kind_ist_blatt'
* True oder False ist.
*/

typedef struct baum {
    int blatt[ ANZAHL_SYMBOLE ];
    int naechster_freier;
    struct knten {
    unsigned int gewichtung;
    int eltern_knoten;
    int kind_ist_blatt;
    int kind;
    } knoten[ ANZAHL_TAB_KNOTEN ];
} BAUM;

/*
* Baum ist eine globale Struktur. Sie könnte auch dynamisch
* allokiert werden, da alle Funktionen einen Zeiger auf die
* BAUM-Struktur erwarten.
*/

BAUM Baum;

/*
* Lokale Funktionsprototypen (ANSI- und nicht ANSI-Varianten)
*/

#ifdef __STDC__

void KomprimiereDatei( FILE *eingabe, BIT_FILE *ausgabe,
                       int argc, char *argv[] );
void ExpandiereDatei( BIT_FILE *eingabe, FILE *ausgabe,
                       int argc, char *argv[] );
void InitialisiereBaum( BAUM *baum );
void CodiereSymbol( BAUM *baum, unsigned int c,BIT_FILE *ausgabe );
int DecodiereSymbol( BAUM *baum, BIT_FILE *eingabe );
```

```
void AktualisiereModell( BAUM *baum, int c );
void BaumAufbauen( BAUM *baum );
void vertausche_knoten( BAUM *baum, int i, int j );
void neuen_knoten_aufnehmen( BAUM *baum, int c );
void DruckeBaum( BAUM *baum );
void print_codes( BAUM *baum );
void print_code( BAUM *baum, int c );
void calculate_rows( BAUM *baum, int knten, int level );

int calculate_columns( BAUM *baum, int knten,
                       int starting_guess );
int find_minimum_column(BAUM *baum, int knten, int max_row);

void rescale_columns( int factor );
void print_baum( BAUM *baum, int first_row, int last_row );
void print_connecting_lines( BAUM *baum, int row );
void print_knten_numbers( int row );
void print_gewichtungs( BAUM *baum, int row );
void print_symbol( BAUM *baum, int row );

#else

void KomprimiereDatei();
void ExpandiereDatei();
void InitialisiereBaum();
void CodiereSymbol();

int DecodiereSymbol();
void AktualisiereModell();
void BaumAufbauen();
void vertausche_knoten();
void neuen_knoten_aufnehmen();
void DruckeBaum();
void print_codes();
void print_code();
void calculate_rows();
int calculate_columns();
void rescale_columns();
void print_baum();
void print_connecting_lines();
void print_knten_numbers();
void print_gewichtungs();
void print_symbol();
#endif
```

```
/*
* Der Aufbau der Komprimierungsroutine ist recht einfach. Zu-
* erst wird der Huffman-Baum mit dem ESCAPE- und
* END_OF_STREAM-Symbol initialisiert. Danach werden in einer
* Schleifen die Symbole codiert und dem Modell hinzugefügt.
* Sind keine Zeichen mehr zu codieren, wird das
* END_OF_STREAM-Symbol codiert. Der Decodierer kann daran
* erkennen, wann er aufhören muß.
*/

void KomprimiereDatei( eingabe, ausgabe, argc, argv )
FILE *eingabe;
BIT_FILE *ausgabe;
int argc;
char *argv[];
{

    int c;

    InitialisiereBaum( &Baum );
    while ( ( c = getc( eingabe ) ) != EOF ) {
      CodiereSymbol( &Baum, c, ausgabe );
      AktualisiereModell( &Baum, c );
    }

    CodiereSymbol( &Baum, END_OF_STREAM, ausgabe );
}

/*
* Die Expandierungsroutine ähnelt der Komprimierungsroutine.
* Zuerst wird wieder der Huffman-Baum initialisiert. In einer
* Schleife werden anschließend die Zeichen decodiert und das
* Modell aktualisiert, bis der END_OF_STREAM-Code angetroffen
* wird.
*/

void ExpandiereDatei( eingabe, ausgabe, argc, argv )

BIT_FILE *eingabe;
FILE *ausgabe;
int argc;
char *argv[];
{
    int c;
```

```
    InitialisiereBaum( &Baum );
    while ( ( c = DecodiereSymbol( &Baum, eingabe ) ) !=
                  END_OF_STREAM ) {
    if ( putc( c, ausgabe ) == EOF )
        fataler_fehler( "Fehler bei der Zeichenausgabe" );
    AktualisiereModell( &Baum, c );
    }
}

/*
* Bei der adaptiven Komprimierung ist der Huffman-Baum zu-
* nächst fast leer. Nur die beiden Symbole ESCAPE und
* END_OF_STREAM sind vorhanden. Das ESCAPE-Symbol muß vorhan-
* den sein, damit dem Expansionsprogramm neue Zeichen über-
* mittelt werden können. Das END_OF_STREAM-Symbol dient der
* Kennzeichnung des Dateiendes.
*
* Zusätzlich zu den Initialisierungen des Wurzelknotens und
* der beiden Kinder wird auch das blatt-Array eingerichtet.
* Nur die Symbole ESCAPE und END_OF_STREAM sind dort
* vorhanden. Der Rest des Arrays wird mit dem Wert -1
* versehen.
*/

void InitialisiereBaum( baum )
BAUM *baum;
{
    int i;

    baum->knoten[ WURZEL_KNOTEN ].kind = WURZEL_KNOTEN + 1;
    baum->knoten[ WURZEL_KNOTEN ].kind_ist_blatt     = FALSE;
    baum->knoten[ WURZEL_KNOTEN ].gewichtung         = 2;
    baum->knoten[ WURZEL_KNOTEN ].eltern_knoten      = -1;

    baum->knoten[ WURZEL_KNOTEN + 1 ].kind = END_OF_STREAM;
    baum->knoten[ WURZEL_KNOTEN + 1 ].kind_ist_blatt = TRUE;
    baum->knoten[ WURZEL_KNOTEN + 1 ].gewichtung     = 1;
    baum->knoten[ WURZEL_KNOTEN + 1 ].eltern_knoten  =
                  WURZEL_KNOTEN;
    baum->blatt[ END_OF_STREAM ] = WURZEL_KNOTEN + 1;

    baum->knoten[ WURZEL_KNOTEN + 2 ].kind    = ESCAPE;
    baum->knoten[ WURZEL_KNOTEN + 2 ].kind_ist_blatt = TRUE;
    baum->knoten[ WURZEL_KNOTEN + 2 ].gewichtung     = 1;
```

```
    baum->knoten[ WURZEL_KNOTEN + 2 ].eltern_knoten  =
                  WURZEL_KNOTEN;
    baum->blatt[ ESCAPE ]                         = WURZEL_KNOTEN + 2;

    baum->naechster_freier                       = WURZEL_KNOTEN + 3;
    for ( i = 0 ; i < END_OF_STREAM ; i++ )
    baum->blatt[ i ] = -1;
}

/*
* Diese Routine ist verantwortlich für die Konvertierung ei-
* nes Symbols in eine Reihe von Bit, so wie es der Huffman-
* Baum vorgibt. Die einzige zu bewältigende Schwierigkeit
* besteht darin, daß die Bit in umgekehrter Reihenfolge
* auftauchen und daher umgedreht werden müssen. Die Bit
* werden dazu in einem Integer umgekehrt abgelegt und dann
* als Einheit übermittelt. Diese Programm erlaubt nur Codes,
* die in einen long-Integer passen.
*/

void CodiereSymbol( baum, c, ausgabe )
BAUM *baum;
unsigned int c;
BIT_FILE *ausgabe;
{
    unsigned long code;
    unsigned long aktuelles_bit;
    int code_groesse;
    int aktueller_knoten;

    code = 0;
    aktuelles_bit = 1;
    code_groesse = 0;
    aktueller_knoten = baum->blatt[ c ];
    if ( aktueller_knoten == -1 )
    aktueller_knoten = baum->blatt[ ESCAPE ];
    while ( aktueller_knoten != WURZEL_KNOTEN ) {
    if ( ( aktueller_knoten & 1 ) == 0 )
        code |= aktuelles_bit;
    aktuelles_bit <<= 1;
    code_groesse++;
    aktueller_knoten = baum->knoten[ aktueller_knoten ]
                                     .eltern_knoten;
    };
```

```
    OutputBits( ausgabe, code, code_groesse );
    if ( baum->blatt[ c ] == -1 ) {
        OutputBits( ausgabe, (unsigned long) c, 8 );
    neuen_knoten_aufnehmen( baum, c );
    }
}

/*
* Symbole zu decodieren, ist einfach. Man beginnt beim
* Wurzelknoten und arbeitet sich bis zu einem Blattknoten
* vor. Den Weg entscheiden die eingelesenen Bit. Wurde ein
* Blatt erreicht, wird überprüft, ob es sich um das ESCAPE-
* Symbol handelt. Ist das der Fall, werden die nächsten 8 Bit
* direkt eingelesen. Dieses Symbol muß dann der Tabelle
* hinzugefügt werden.
*/

int DecodiereSymbol( baum, eingabe )
BAUM *baum;
BIT_FILE *eingabe;
{
    int aktueller_knoten;
    int c;

    aktueller_knoten = WURZEL_KNOTEN;
    while (!baum->knoten[ aktueller_knoten ].kind_ist_blatt){
    aktueller_knoten = baum->knoten[ aktueller_knoten ]
                                           .kind;
    aktueller_knoten += InputBit( eingabe );
    }
    c = baum->knoten[ aktueller_knoten ].kind;
    if ( c == ESCAPE ) {
        c = (int) InputBits( eingabe, 8 );
    neuen_knoten_aufnehmen( baum, c );
    }
    return( c );
}

/*
* Die Routine AktualisiereModell wird aufgerufen, um den
* Zähler eines Symbols zu erhöhen. Danach muß die Routine
* über die Elternknoten zurückwandern und alle vorgefundenen
* Zähler ebenfalls inkrementieren. Dies ist der leichte Teil.
* Der schwere Teil muß nach jeder Erhöhung prüfen, ob noch
```

```
* alles in der richtigen Reihenfolge vorliegt. Wenn nicht,
* müssen die Knoten wieder korrekt angeordnet werden.
*/

void AktualisiereModell( baum, c )
BAUM *baum;
int c;
{
    int aktueller_knoten;
    int neuer_knoten;

    if ( baum->knoten[ WURZEL_KNOTEN].gewichtung ==
                        MAX_GEWICHTUNG )
    BaumAufbauen( baum );
    aktueller_knoten = baum->blatt[ c ];
    while ( aktueller_knoten != -1 ) {
    baum->knoten[ aktueller_knoten ].gewichtung++;
    for ( neuer_knoten = aktueller_knoten ; neuer_knoten >
              WURZEL_KNOTEN ; neuer_knoten-- )
        if ( baum->knoten[ neuer_knoten - 1 ].gewichtung >=
         baum->knoten[ aktueller_knoten ].gewichtung )
                  break;
    if ( aktueller_knoten != neuer_knoten ) {
    vertausche_knoten(baum,aktueller_knoten,neuer_knoten);
        aktueller_knoten = neuer_knoten;
        }
    aktueller_knoten = baum->knoten[ aktueller_knoten ]
                                             .eltern_knoten;
    }
}

/*
* Der Baum muß neu aufgebaut werden, wenn die Zählerwerte zu
* groß werden. Einfach betrachtet besteht dieser Vorgang
* daraus, alle Zähler durch 2 zu teilen. Unglücklicherweise
* kommt es hierbei zu Rundungseffekten, und das Baumlayout
* kann sich verändern. Einige Knoten müssen daher verschoben werden.
*/

void BaumAufbauen( baum )
BAUM *baum;
{
    int i;
    int j;
```

```
    int k;
    unsigned int gewichtung;

/*
* Zu Beginn werden alle Blätter gesammelt und am Ende des
* Huffman-Baumes plaziert. Im gleichen Zug werden die Zähler
* durch 2 geteilt.
*/
    printf( "R" );
    j = baum->naechster_freier - 1;
    for ( i = j ; i >= WURZEL_KNOTEN ; i-- ) {
    if ( baum->knoten[ i ].kind_ist_blatt ) {
        baum->knoten[ j ] = baum->knoten[ i ];
        baum->knoten[ j ].gewichtung = ( baum->knoten[ j ]
                                  .gewichtung + 1 ) / 2;
        j--;
    }
    }

/*
* An dieser Stelle zeigt j auf den ersten freien Knoten. Da
* alle Blätter definiert sind, können jetzt die höheren
* Knoten gebildet werden. Der erste interne Knoten wird bei j
* angelegt. Jedesmal wenn ein neuer interner Knoten angelegt
* wird, muß überprüft werden, an welche Position er gehört.
* Sollte er verschoben werden müssen, wird hierzu die
* memmove()-Funktion eingesetzt. Auf manchen UNIX-Systemen
* muß memmove() eventuell durch memcpy ersetzt werden, das
* einen gleichen Parameter erwartet.
*/
    for ( i = baum->naechster_freier - 2 ; j >=
             WURZEL_KNOTEN ; i -= 2, j-- ) {
    k = i + 1;
    baum->knoten[ j ].gewichtung = baum->knoten[ i ]
                          .gewichtung +
                  baum->knoten[ k ].gewichtung;
    gewichtung = baum->knoten[ j ].gewichtung;
    baum->knoten[ j ].kind_ist_blatt = FALSE;
    for ( k = j + 1 ; gewichtung < baum->knoten[ k ]
             .gewichtung ; k++ );
        k--;
    memmove( &baum->knoten[ j ], &baum->knoten[ j + 1 ],
         ( k - j ) * sizeof( struct knten ) );
    baum->knoten[ k ].gewichtung = gewichtung;
```

```
    baum->knoten[ k ].kind = i;
    baum->knoten[ k ].kind_ist_blatt = FALSE;
    }
/*
* Der letzte Schritt besteht darin, den Baum durchzugehen und
* alle eltern_knoten-Elemente und das blatt-Array zu aktuali-
* sieren. Dies ist jetzt ohne Probleme möglich, da alle
* Knoten an ihrem korrekten Platz sind.
*/
    for ( i = baum->naechster_freier - 1 ; i >=
                    WURZEL_KNOTEN ; i-- ) {
    if ( baum->knoten[ i ].kind_ist_blatt ) {
        k = baum->knoten[ i ].kind;
        baum->blatt[ k ] = i;
    } else {
        k = baum->knoten[ i ].kind;
        baum->knoten[ k ].eltern_knoten = baum->
                  knoten[ k + 1 ].eltern_knoten = i;
    }
    }
}
/*
* Der Tausch von Knoten tritt ein, wenn ein Knoten einen zu
* großen Zählerwert im Verhältnis zu seiner Position im Baum
* aufweist. Wenn die Knoten i und j vertauscht werden, wird
* der Baum umstrukturiert, indem die Kinder unter i und j
* vertauscht werden.
*/
void vertausche_knoten( baum, i, j )
BAUM *baum;
int i;
int j;
{
    struct knten temp;

    if ( baum->knoten[ i ].kind_ist_blatt )
    baum->blatt[ baum->knoten[ i ].kind ] = j;
    else {
    baum->knoten[baum->knoten[ i ].kind].eltern_knoten = j;
    baum->knoten[ baum->knoten[ i ].kind + 1 ].
                         eltern_knoten = j;
    }
    if ( baum->knoten[ j ].kind_ist_blatt )
    baum->blatt[ baum->knoten[ j ].kind ] = i;
```

```
    else {
    baum->knoten[baum->knoten[ j ].kind].eltern_knoten = i;
    baum->knoten[ baum->knoten[ j ].kind + 1 ]
                            .eltern_knoten = i;
    }
    temp = baum->knoten[ i ];
    baum->knoten[ i ] = baum->knoten[ j ];
    baum->knoten[ i ].eltern_knoten = temp.eltern_knoten;
    temp.eltern_knoten = baum->knoten[ j ].eltern_knoten;
    baum->knoten[ j ] = temp;
}
/*
* Einen neuen Knoten baum hinzuzufügen, ist recht einfach.
* Man muß dazu lediglich den Knoten mit der geringsten
* Gewichtung aufteilen und ihm den neuen Knoten als
* Geschwister zuweisen. Der neue Knoten bekommt eine
* Gewichtung von 0, so daß der Baum nicht umstrukturiert
* werden muß.
* Bei der späteren Aktualisierung wird seine Gewichtung er-
* höht. Beachten Sie, daß unten davon ausgegangen wird, daß
* der Knoten mit der geringsten Gewichtung ein Blattknoten
* ist. Wäre das nicht der Fall, würde die Baumstruktur
* zerstört.
*/

void neuen_knoten_aufnehmen( baum, c )
BAUM *baum;
int c;
{
    int geringster_knoten;
    int neuer_knoten;
    int null_gewichtungs_knoten;

    geringster_knoten = baum->naechster_freier - 1;
    neuer_knoten = baum->naechster_freier;
    null_gewichtungs_knoten = baum->naechster_freier + 1;
    baum->naechster_freier += 2;

    baum->knoten[ neuer_knoten ] = baum->
          knoten[ geringster_knoten ];
    baum->knoten[ neuer_knoten ].eltern_knoten =
                geringster_knoten;
    baum->blatt[ baum->knoten[ neuer_knoten ].kind ] =
                              neuer_knoten;
```

```
    baum->knoten[ geringster_knoten ].kind = neuer_knoten;
    baum->knoten[ geringster_knoten ].kind_ist_blatt = FALSE;

    baum->knoten[ null_gewichtungs_knoten ].kind      = c;
    baum->knoten[ null_gewichtungs_knoten ].kind_ist_blatt
                 = TRUE;
    baum->knoten[ null_gewichtungs_knoten ].gewichtung   = 0;
    baum->knoten[ null_gewichtungs_knoten ].eltern_knoten =
                geringster_knoten;
    baum->blatt[ c ] = null_gewichtungs_knoten;
}

/******************** Ende von AHUFF.C *********************/
```

5 Noch besser als Huffman: Die arithmetische Codierung

In den letzten beiden Kapiteln sahen Sie, wie bei der Huffman-Codierung das Wissen über den Informationsgehalt dazu eingesetzt wurde, Symbole effektiv zu codieren. Ist bekannt, wie häufig ein bestimmtes Symbol in einer Meldung vorkommt, kann das Symbol mit einem Minimum an Bit codiert werden. Die Huffman Codierungsmethode ist bewiesenermaßen die beste zur Zeit verfügbare Codierungsmethode, die mit festen Längen arbeitet.

Schwierigkeiten

Huffman-Codes verfügen immer über eine ganze Anzahl von Bit, und das stellt manchmal ein Problem dar. Liegt die Wahrscheinlichkeit eines Zeichens zum Beispiel bei 1/3, beträgt die optimale Anzahl Bit, um dieses Zeichen zu codieren, ungefähr 1,6. Bei der Huffman-Methode müssen dem Code entweder ein oder zwei Bit zugewiesen werden. Beide Male ergibt sich daraus eine längere komprimierte Meldung als eigentlich theoretisch möglich wäre.

Diese nicht ganz optimale Codierung wird zu einem beachtlichen Problem, sobald die Wahrscheinlichkeitsrate eines Zeichens sehr hoch ist. Konnte mit einer statistischen Methode einem Zeichen eine 90%ige Wahrscheinlichkeitsrate zugewiesen werden, würde die optimale Codelänge 0,15 Bit betragen. Bei der Huffman-Codierung würde dem Symbol ein 1-Bit Code zugewiesen, der dann sechsmal länger als nötig ist.

Das würde bei der Komprimierung von zweifarbigen Bildern, wie sie beispielsweise von schwarz-weiß-Faxgeräten übermittelt werden, zu Problemen führen. Da es nur zwei Farben gibt, würde bei einer gewöhnlichen Codierungsmethode das 1-Bit der einen Farbe und das 0-Bit der anderen zugewiesen. Da beide Codes nur über ein Bit verfügen, können diese Daten mit der Huffman-Methode überhaupt nicht komprimiert werden. Unabhängig von der Wahrscheinlichkeitsrate eines der Bit, müßte man es immer mit einem codieren.

Eine konventionelle Lösung wäre es, die Bit zu Paketen zusammenzufassen und darauf die Huffman-Codierung anzuwenden. Die oben angesprochene Schwäche ist jedoch daran schuld, daß die Huffman-Codierung keine universelle Komprimierungsmethode darstellt.

Arithmetische Codierung: Ein Schritt vorwärts

Seit ungefähr 10 Jahren gibt es einen ernstzunehmenden Kandidaten, der den Platz der Huffman-Methode erfolgreich einnehmen kann: die arithmetische Codierung. Bei der arithmetischen Codierung werden die einzelnen Eingabesymbole nicht durch bestimmte Codes ersetzt. Stattdessen nimmt eine einzige Fleißkommazahl, die Stelle eines Stroms ein, der aus mehreren Eingabesymbolen besteht. Für längere, komplexe Meldungen werden in der resultierenden Zahl mehr Bit benötigt. Dieses Konzept ist schon seit längerem bekannt, aber erst in letzter Zeit wurde es möglich, die arithmetische Codierung auf Computer mit ihren Registern fester Länge zu übertragen.

Die Ausgabe eines arithmetischen Codierungsprozesses besteht aus einer Zahl kleiner als 1 und größer oder gleich 0. Diese Zahl kann eindeutig decodiert werden, um genau den Symbolstrom zu erzeugen, aus dem diese Zahl gebildet wurde. Für die Erstellung der Ausgabezahl werden den Symbolen zunächst eine Reihe von Wahrscheinlichkeiten zugewiesen. Die Meldung »BILL GATES« zum Beispiel hätte die folgende Wahrscheinlichkeitsverteilung:

Zeichen	**Wahrscheinlichkeit**
LEERZEICHEN	1/10
A	1/10
B	1/10
E	1/10
G	1/10
I	1/10
L	2/10
S	1/10
T	1/10

Sind die Wahrscheinlichkeitsraten der Zeichen bekannt, müssen den einzelnen Symbolen Ausschnitte, die sich entlang eines »Wahrscheinlichkeitsbereiches« bewegen, zugewiesen werden (dieser geht nominell von 0 bis 1). Es spielt keine Rolle, welchem Zeichen welcher

Ausschnitt zugewiesen wird, solange das Codierungs- und das Decodierungsprogramm das Gleiche tun. Der hier eingesetzte aus neun Zeichen bestehende Symbolsatz würde wie folgt aufgeteilt:

Zeichen	Wahrscheinlichkeitsrate	Bereich
Leerzeichen	1/10	0,00 >= r > 0,10
A	1/10	0,10 >= r > 0,20
B	1/10	0,20 >= r > 0,30
E	1/10	0,30 >= r > 0,40
G	1/10	0,40 >= r > 0,50
I	1/10	0,50 >= r > 0,60
L	2/10	0,60 >= r > 0,80
S	1/10	0,80 >= r > 0,90
T	1/10	0,90 >= r > 1,00

Jedem Zeichen wird der Teil des Bereiches von 0 bis 1 zugewiesen, der seiner Wahrscheinlichkeitsrate entspricht. Dem Zeichen »gehört« alles ausschließlich des oberen Wertes. Dem Buchstaben T ist beispielsweise der Bereich 0,90 bis 0,9999... zugeordnet.

Der höherwertigste Teil einer arithmetisch codierten Meldung (Zahl) wird durch das erste Symbol bestimmt – bei der Meldung »BILL GATES« also vom B. Damit das erste Zeichen ordnungsgemäß decodiert werden kann, muß die fertig codierte Meldung einer Zahl größer oder gleich 0,20 und kleiner als 0,30 entsprechen. Damit diese Zahl erstellt werden kann, muß also der Bereich aus der obigen Aufstellung genommen werden, der für den ersten Buchstaben zuständig ist. Nach der Codierung des ersten Zeichens ist klar, daß die Zahl in einen Bereich fällt, dessen unteres Ende 0,20 und dessen oberes Ende 0,30 beträgt.

Im weiteren Verlauf des Codierungsprozesses wird durch jedes neue Symbol der mögliche Bereich der Ausgabezahl weiter eingeschränkt. Das nächste Zeichen, das codiert werden muß, der Buchstabe I, beschränkt den aktuellen Bereich von 0,2 bis 0,3 auf die Werte zwischen 0,25 und 0,26 (das ist der Unterbereich 0,5 bis 0,6 des ursprünglichen Bereichs von 0,2 bis 0,3). Mit dem folgenden Algorithmus kann diese Vorgehensweise auf eine Meldung beliebiger Länge angewandt werden:

```
unten = 0.0;
oben = 1.0;

while ( ( c = getc( eingabe ) ) != EOF ) {
    bereich = oben - unten;
    oben = unten + bereich * obere_grenze( c );
    unten = unten + bereich * untere_grenze( c );
}

ausgabe( unten );
```

Wendet man diesen Prozeß auf unserer Meldung an, ergibt sich folgende Tabelle:

Zeichen	Untere Bereichsgrenze	Obere Bereichsgrenze
B	0,0	1,0
I	0,2	0,3
L	0,25	0,26
L	0,256	0,258
LEERZEICHEN	0,25720	0,25724
G	0,257216	0,257220
A	0,2572164	0,2572168
T	0,25721676	0,2572168
E	0,257216772	0,257216776
S	0,2572167752	0,2572167756

Der letzte untere Wert 0,2572167752 allein genügt, um laut unserem aktuellen Codierungsschema die Meldung »BILL GATES« zu codieren.

Anhand dieses Schemas ist es relativ einfach, vorherzusehen, wie der Decodierungsprozeß ablaufen wird. Das erste Symbol der Meldung wird bestimmt, indem festgestellt wird, welchem Symbol der Bereich zugeordnet ist, in den unsere codierte Zahl (Meldung) fällt. Da 0,2572167752 zwischen 0,2 und 0,3 liegt, muß das erste Zeichen ein B sein. Anschließend wird der Bereich von B von der codierten Zahl »entfernt«. Da wir die obere und untere Bereichsgrenze von B kennen, kann ihr Einfluß durch Umkehrung des Codierungsprozesses aufgehoben werden. Zuerst muß der Wert der unteren Bereichsgrenze von B abgezogen werden, das ergibt 0,0572167752. Anschließend wird durch die Bereichsspannbreite von B 0,1 dividiert. Das ergibt einen Wert von 0,572167752. Betrachtet man sich daraufhin, in welchen Bereich die neue Zahl fällt, landet man beim nächsten Buchstaben, dem I. Der Algorithmus zum Decodieren der eingelesenen Zahl sieht also wie folgt aus:

```
zahl = lese_code();
for ( ; ; ) {
    symbol = suche_passenden_bereich( zahl );
    putc( symbol );
    bereich = obere_grenze( symbol ) - untere_grenze(
                                      symbol );
    zahl = zahl - untere_grenze( symbol );
    zahl = zahl / bereich;
}
```

Ich habe bisher geflissentlich das Problem übersehen, wie man herausbekommt, ob noch mehr Symbole decodiert werden müssen. Dies kann entweder durch Codieren eines speziellen Ende-der-Datei-Symboles oder durch Mitführen der Dateilänge in der codierten Meldung geschehen. Beim Beispiel in diesem Kapitel, wie auch sonst in diesem Buch, führe ich immer ein spezielles Ende-des-Stromes-Symbol mit, das dem Decodierungsprogramm mitteilt, wann keine Symbole mehr vorliegen. Der Decodierungsalgorithmus für die Meldung »BILL GATES« läuft wie folgt ab:

Codierte Zahl	Ausgabesymbol	Obere Grenze	Untere Grenze	Bereich
0,2572167752	B	0,2	0,3	0,1
0,572177752	I	0,5	0,6	0,1
0,72167752	L	0,6	0,8	0,2
0,6083876	L	0,6	0,8	0,2
0,041938	LEERZEICHEN	0,0	0,1	0,1
0,41938	G	0,4	0,5	0,1
0,1938	A	0,2	0,3	0,1
0,938	T	0,9	1,0	0,1
0,38	E	0,3	0,4	0,1
0,8	S	0,8	0,9	0,1
0,0				

Man kann wie folgt zusammenfassen. Beim Codierungsprozeß mit jedem neuen Zeichen findet eine weitere Eingrenzung des erlaubten Zahlenbereiches stattfindet. Die neue Bereichsspannweite ist proportional zur jeweiligen Wahrscheinlichkeitsrate des Symboles. Beim Decodieren findet genau das Gegenteil statt, der Bereich erweitert sich proportional zur Wahrscheinlichkeitsrate, je mehr Zeichen decodiert werden.

Praktische Belange

Codieren und Decodieren einer Reihe von Symbolen mit der arithmetischen Codierung ist nicht sehr kompliziert. Auf den ersten Blick sieht jedoch alles recht unpraktisch aus. Die meisten Computer lassen Fließkommazahlen bis ca. 80 Bit Umfang zu. Muß also jedesmal neu begonnen werden, wenn zehn oder fünfzehn Symbole codiert wurden? Wird ein Fließkommacoprozessor benötigt? Können Computer mit unterschiedlichen Fließkommaformaten mit Hilfe der arithmetischen Codierungsmethode miteinander kommunizieren?

Es hat sich erwiesen, daß man am besten mit der arithmetischen Codierung zurecht kommt, wenn mit der Standard 16- oder 32-Bit-Integermathematik gearbeitet wird. Fließkommazahlen sind weder notwendig noch hilfreich. Notwendig ist dagegen ein inkrementelles Übertragungsschema, bei dem Integervariablen mit fester Größe die neuen Bit am unteren Ende empfangen und sie an das obere Ende weiterleiten, um daraus eine Zahl zu bilden, die so lang sein kann, wie Bit im Computer zur Verfügung stehen.

Sie wissen schon, daß der Algorithmus mit oberen und unteren Bereichsgrenzen arbeitet, um die Ausgabezahl immer weiter einzugrenzen. Zu Beginn des Algorithmus ist die untere Grenze 0 und die obere 1. Benutzt man Integermathematik, besteht die erste Vereinfachung darin, die 1 in 0,999... oder binär 0,111... umzuwandeln. Mathematiker werden bestätigen, daß binär 0,111... genau dasselbe wie binär 1 ist. Dadurch wird die Codierung und Decodierung erheblich vereinfacht.

Damit diese Zahlen in Integerregistern abgelegt werden können, müssen sie zuerst so ausgerichtet werden, daß sich der implizite Dezimalpunkt auf der linken Seite des Integer-Wortes befindet. Anschließend muß von den anfänglichen oberen und unteren Grenzwerten so viel eingeladen werden, wie in dem Wort, mit dem gearbeitet wird, untergebracht werden kann. Bei meiner Implementation benutze ich vorzeichenlose 16-Bit-Arithmetik. Der obere Grenzwert beträgt am Anfang also 0xFFFF und der untere 0. Es ist bekannt, daß der obere Wert aus unendlich vielen F- und der untere aus lauter Null-Nachkommastellen besteht – es ist daher möglich, diese zusätzlichen Stellen problemlos nachzuschieben, falls dies notwendig wird.

Stellen Sie sich das »BILL GATES«-Beispiel in einem aus fünf Dezimalziffern bestehenden Register vor (ich benutze der Übersichtlichkeit halber bei diesem Beispiel Dezimalziffern), dann würde das dezimale Äquivalent der Anfangswerte wie folgt aussehen:

```
Oberer Wert: 99999 implizite Ziffern => 999999999...
Unterer Wert: 00000 implizite Ziffern => 000000000...
```

Damit der erste Zahlenbereich bestimmt werden kann, muß der Codierungsalgorithmus aus dem vorigen Abschnitt eingesetzt werden. Zuerst wird die Spannweite zwischen dem oberen und dem unteren Grenzwert berechnet. Der Unterschied zwischen den beiden Registern beträgt 100000 und nicht 99999. Das liegt daran, daß sich im oberen Register unendlich viele, implizite 9en befinden. Der berechnete Wert muß also um eins erhöht werden. Anschließend wird mit Hilfe der Formel aus dem vorigen Abschnitt der neue obere Grenzwert berechnet:

```
oben = unten + obere_grenze(symbol)
```

In diesem Fall betrug die obere Bereichsgrenze 0,30, was für den oberen Grenzwert einen neuen Wert von 30000 ergibt. Bevor der neue Wert abgelegt wird, muß, damit wieder mit den impliziten Nachkommastellen korrekt gearbeitet werden kann, der Wert noch einmal dekrementiert werden. Der neue obere Grenzwert beträgt also 29999. Der untere Grenzwert wird entsprechend berechnet. Das ergibt einen neuen unteren Grenzwert von 20000. Die beiden Werte sehen wie folgt aus:

```
oben: 29999 (999...)
unten: 20000 (000...)
```

Zu diesem Zeitpunkt stimmen die ersten Ziffern des oberen und des unteren Grenzwertes überein. Es liegt am Wesen des Algorithmus, daß die beiden Werte immer näher zusammenrücken, ohne allerdings jemals identisch zu werden. Sobald also die höherwertigsten Ziffern übereinstimmen, ändern sich diese Ziffern nicht mehr. Diese Ziffer kann dann als erste Ziffer unserer codierten Zahl ausgegeben werden. Dazu wird sowohl der obere als auch der untere Grenzwert um eine Ziffer nach links verschoben und zusätzlich eine 9 an die letzte Stelle des oberen Wertes gesetzt. Entsprechende Operationen werden bei der C-Implementation dieses Algorithmus mit Binärzahlen durchgeführt.

Wird dieser Prozeß fortgesetzt, rücken der obere und der untere Grenzwert immer weiter zusammen, wobei neue Ziffern der codierten Zahl entstehen. Der entsprechende Ablauf für die Meldung »BILL GATES« folgt:

Oberer Wert	**Unterer Wert**	**Oberer Wert**	**Bereich**	**gesammelt Ausgabe**
Anfangszustand	99999	00000	100000	
B cod. (0,2-0,3)	29999	20000		
2 herausschieben	99999	000000	10000	0,2
I cod. (0,5-0,6)	59999	50000		0,2
5 herausschieben	99999	00000	100000	0,25
L cod. (0,6-0,8)	79999	60000	20000	0,25
L cod. (0,6-0,8)	75999	72000		0,25
7 herausschieben	59999	20000	40000	0,257
LEER cod.(0,0-0,1)	23999	20000		0,257
2 herausschieben	39999	00000	40000	0,2572
K cod. ((0,4-0,5)	19999	16000		0,2572
1 herausschieben	99999	60000	40000	0,25721
A cod. (0,1-0,2)	67999	64000		0,25721
6 herausschieben	79999	40000	40000	0,257216
T cod. (0,9-1.0)	79999	76000		0,257216
7 herausschieben	99999	60000	40000	0,2572167
E cod. (0,3-0,4)	75999	72000		0,2572167
7 herausschieben	59999	20000	40000	0,25721677
S cod. (0,8-0,9)	55999	52000		0,25721677
5 herausschieben	59999	20000		0,257216775
2 herausschieben				0,2572167752
0 herausschieben				0,25721677520

Nachdem alle Buchstaben bearbeitet wurden, müssen entweder vom oberen oder unteren Wert zwei weitere Ziffern herausgeschoben werden; erst dann ist der Ausgabevorgang beendet. Nur so ist das Decodierungsprogramm in der Lage, die Eingabedaten ordnungsgemäß zu verarbeiten, da Teile der Informationen über die codierten Daten sich immer noch im oberen und unteren Register befinden. Diese Informationen müssen an die Datei weitergeleitet werden, damit sie das Decodierungsprogramm später verwenden kann.

Eine Komplikation

Dieses Schema funktioniert gut bei der inkrementellen Codierung von Meldungen. Die doppeltgenauen Integerberechnungen gewährleisten, daß die Meldung präzise codiert wird. Unter bestimmten Umständen kann es jedoch zu Genauigkeitsverlusten kommen.

Befindet sich im codierten Integer-Wort eine Reihe von 0en oder 9en, nähern sich der obere und der untere Grenzwert nur langsam einem gemeinsamen Wert an, und die höherwertigen Ziffern stimmen nicht schnell genug überein. Der obere Wert könnte beispielsweise 70004 und der untere 699995 betragen. Die berechnete Bereichsspannweite besteht dann lediglich aus einer Stelle. Das heißt, der Ausgabewert besitzt genug Stellen bzw. Genauigkeit, um präzise codiert zu werden. Und was noch schlimmer ist, nach einigen weiteren Durchgängen, könnte der obere Wert 70000 und der untere 69999 betragen.

Die Verarbeitung gerät an dieser Stelle an einen toten Punkt. Der Bereich zwischen dem oberen und dem unteren Wert wird so eng, daß jede weitere Iteration mit einem anderen Symbol dazu führt, daß der obere und der untere Wert sich nicht ändert und gleich bleibt. Da dann die beiden höherwertigsten Ziffern beider Integer-Worte nicht gleich sind, kann der Algorithmus diese Ziffer nicht ausgeben und herausschieben. Es sieht so aus, als wären wir in einer Sackgasse angelangt.

Dieses Problem kann aus dem Weg geräumt werden, indem man es gar nicht erst soweit kommen läßt. Der Originalalgorithmus besagt ungefähr folgendes »Falls oberer und unterer Grenzwert in ihrer höherwertigsten Ziffer übereinstimmen, kann diese herausgeschoben werden.« Stimmen die beiden Ziffern nicht überein, und es handelt sich um zwei aufeinanderfolgende Zahlen, muß ein zweiter Test durchgeführt werden. Sind der obere und der untere Wert nur eine Zahl voneinander getrennt, wird überprüft, ob die nächst höherwertigste Zahl des oberen Wertes eine 0 und die nächst höherwertigste des unteren Wertes eine 9 ist. Ist dem so, kann es zu einem Unterlaufproblem kommen.

Unterlaufprobleme können mit einer etwas modifizierten Verschiebeoperation vermieden werden. Statt die höherwertigste Ziffer aus dem Integer-Wort zu schieben, werden die zweiten Ziffern des oberen und unteren Wertes entfernt und die restlichen Ziffern rücken auf, um die Lücke zu füllen. Die höherwertigste Ziffer bleibt dabei an ihrem Platz. Anschließend wird ein Unterlaufzähler eingesetzt, der sich merkt, daß eine Ziffer entfernt wurde. Schauen Sie sich dazu die folgende Tabelle an:

	Vorher	**Nachher**
Oben:	40344	43449
Unten:	39810	38100
Unterlauf:	0	1

Falls die höherwertigsten Ziffern nicht übereinstimmen, muß nach jeder Berechnung erneut überprüft werden, ob sich ein Unterlauf anbahnt. Ist das der Fall, werden die entsprechenden Ziffern entfernt und der Zähler nochmals inkrementiert.

Nähern sich die höherwertigsten Ziffern schließlich einem Wert an, muß dieser Wert ausgegeben werden. Anschließend werden die vorher entfernten Unterlaufziffern ausgegeben. Bei den Unterlaufziffern handelt es sich entweder um 9er oder 0en. Das hängt davon ab, ob sich der obere und der untere Wert dem höheren oder dem niederen Wert angenähert haben. Bei der C-Implementation dieses Algorithmus achtet der Unterlaufzähler darauf, wieviele 0en und 1er ausgegeben werden müssen.

Decodieren

Der »ideale« Decodierungsprozeß könnte mit der vollständigen Eingabezahl arbeiten; der Algorithmus müßte dann Dinge wie »dividiere die codierte Zahl durch die Symbolwahrscheinlichkeitsrate« ausführen. In der Praxis kann man dies nicht mit einer Zahl machen, die Milliarden von Bytes lang sein kann. Genau wie beim Codierungsprozeß können bei der Decodierung für Berechnungen nur 16- und 32-Bit-Integer herangezogen werden.

Bei der Decodierung wird nicht mit zwei Zahlen, dem oberen und unteren Grenzwert, sondern mit dreien gearbeitet. Die ersten beiden, oberer und unterer Grenzwert, entsprechen genau den vom Codierer bearbeiteten oberen und unteren Grenzwerten. Die dritte Zahl enthält die aktuellen aus dem Eingabestrom gelesenen Bit. Der Wert von Code liegt immer zwischen dem oberen und dem unteren Grenzwert. Wenn die Werte sich immer mehr dem Wert von Code annähern, finden Verschiebeoperationen statt, und die beiden Grenzwerte entfernen sich wieder weiter vom Codewert.

Die beiden Grenzwerte werden genau wie beim Codieren nach jedem Symbol aktualisiert und sollten beide während dieses Prozesses genau dieselben Werte vorweisen. Indem man den identischen Vergleichstest auf die oberste Ziffer des oberen und des unteren Wertes anwendet, weiß der Decoder, wann es an der Zeit ist, eine neue Ziffer nachzuschieben. Es werden auch dieselben Unterlauftest wie beim Codierer durchgeführt.

Beim idealen Algorithmus wäre es einfach herauszufinden, welches das aktuell zu decodierende Symbol ist. Man müßte nur das Symbol bestimmen, in dessen Wahrscheinlichkeitsbereich der aktuelle Codewert fällt. Beim vorliegenden Algorithmus, der mit Integern arbeitet, liegen die Dinge etwas anders. Die Wahrscheinlichkeitsspannbreite wird vom Unterschied zwischen oberem und unterem Grenzwert bestimmt. Der Bereich liegt also nicht zwischen .0 und 1.0, sondern zwischen zwei positiven 16-Bit-Integern. Die aktuelle Wahrscheinlichkeitsrate wird dadurch bestimmt, wohin der aktuelle Codewert in diesem Bereich fällt. Die aktuelle Wahrscheinlichkeitsrate für das aktuelle Symbol erhält man durch Division von (Wert - unterer Grenzwert) durch (oberer Grenzwert - niederer Grenzwert +1).

Wo liegt der Nutzen?

Es ist nicht auf den ersten Blick ersichtlich, warum dieser Codierungsprozeß eine Verbesserung gegenüber der Huffman-Codierungsmethode ist. Dies wird erst klar, wenn wir uns einen Fall anschauen, bei dem die Wahrscheinlichkeitsraten besonders gelagert sind. Muß die Sequenz »AAAAAAA« codiert werden und die Wahrscheinlichkeitsrate von A beträgt 0,9, besteht eine 90%ige Chance, daß es sich bei einem eingelesenen Zeichen um ein A handelt. Die Wahrscheinlichkeitsratentabelle wird dann so eingerichtet, daß A den Bereich von 0,0 bis 0,9 belegt und das Ende-der-Meldung-Symbol den Bereich 0,9 bis 1. Der Codierungsprozeß ist im folgenden dargestellt:

Neues Zeichen	Unterer Grenzwert	Oberer Grenzwert
	0,0	1,0
A	0,0	0,9
A	0,0	0,81
A	0,0	0,729
A	0,0	0,6561
A	0,0	0,59049
A	0,0	0,531441
A	0,0	0,4782969
ENDE	0,43046721	0,4782969

Da nun der Wertebereich durch die oberen und unteren Werte bekannt ist, muß nur noch eine Zahl zur Codierung dieser Meldung herausgesucht werden. Mit der Zahl 0,45 kann diese Meldung eindeutig als »AAAAAA« decodiert werden. Diese beiden Dezimalziffern beanspruchen wenig mehr als sieben Bit, um die Nachricht anzugeben. Das heißt, acht Symbole wurden mit weniger als acht Bit codiert! Bei einer optimalen Ausnutzung der Huffman-Methode hätte man immer noch neun Bit benötigt.

Die Sache kann noch weiter auf die Spitze getrieben werden. Ich führte dazu einen Test mit nur zwei Symbolen durch. Dabei hatte das Symbol 0 eine Wahrscheinlichkeitsrate von 16382/16383 und das Ende-der-Datei-Symbol die Wahrscheinlichkeitsrate 1/16383. Anschließend erzeugte ich eine mit 100000 0en gefüllte Datei. Nach der Komprimierung mit der arithmetischen Methode war die Ausgabedatei nur drei Byte lang! Mit der Huffman-Codierung hätte man eine minimale Größe von 12501 Bytes erreicht. Das ist zwar ein realitätsfernes Beispiel, aber es zeigt, daß mit der arithmetischen Codierung Daten mit Raten, die besser als ein Bit pro Byte sind, komprimiert werden können, falls die Symbolwahrscheinlichkeitsraten entsprechend geartet sind.

Der Quelltext

Bei dem zu diesem Kapitel gehörenden Quelltext, der in ARITH.C vorliegt, handelt es sich um ein einfaches Modul, mit dessen Hilfe unter Verwendung eines Modelles der Ordnung 0 arithmetische Komprimierungs- und Dekomprimierungsoperationen durchgeführt werden können. Es funktioniert genau wie das nicht adaptive Huffman-Programm aus Kapitel 3. Zuerst werden die Daten einmal durchgegangen und dabei die Symbole gezählt. Anschließend werden die Zählerwerte auf 8-Bit herunterskaliert. Diese Werte werden für das Dekomprimierungsprogramm in der Ausgabedatei abgelegt. Daraufhin wird die arithmetische Codierungstabelle aufgebaut. Schließlich bearbeitet das Komprimierungsprogramm die Daten und komprimiert dabei Symbol für Symbol. Ist das erledigt, wird das Ende-des-Stromes-Zeichen ausgegeben, der arithmetische Codierer geleert und das Programm verlassen.

Das Komprimierungsprogramm

Der Komprimierungsteil des Programmes wird im folgenden kurz erläutert. Das Hauptmodul wird durch das Hilfsmodul MAIN-K.C aufgerufen, das sich bereits um das Öffnen von Dateien, das Analysieren der Argumente usw. gekümmert hat. Hat das Programm die Komprimierungsphase erreicht, sind die Vorarbeiten bereits erledigt.

Der Komprimierungsteil kann in drei Abschnitte untergliedert werden. Die ersten beiden Zeilen initialisieren das Modell und den Codierer. Die Komprimierung selbst wird von der while-Schleife und der unmittelbar darauffolgenden Zeile durchgeführt. Mit den letzten drei Zeilen wird die Komprimierung zum Abschluß gebracht.

```
bilde_modell( eingabe, ausgabe->file );
initialisiere_arith_codierer();

while ( ( c = getc( eingabe ) ) != EOF ) {
konvertiere_int_nach_symbol( c, &s );

codiere_symbol( ausgabe, &s );
}
konvertiere_int_nach_symbol( END_OF_STREAM, &s );
codiere_symbol( ausgabe, &s );

leere_arithmetik_codierer( ausgabe );
OutputBits( ausgabe, 0L, 16 );
```

Die Routine bilde_modell() hat mehrere Aufgaben. Sie liest die Daten ein erstes Mal, um alle Zeichen zu zählen. Die Zähler werden daraufhin herunterskaliert, damit sie ein vorzeichenloses Zeichen aufnehmen kann. Anschließend wird mit diesen Zählern die vom Codierer benötigte Bereichetabelle eingerichtet. Zum Schluß werden die Zähler in der Ausgabedatei abgelegt, damit der Decoder später darauf zugreifen kann.

Die zur Initialisierung des Arithmetik-Codierers notwendige Routine ist recht einfach aufgebaut. Mit ihr werden die während der Codierung eingesetzten Integervariablen für die oberen und unteren Grenzwerte mit ihren Anfangswerten versehen. Die Codierungsschleife ruft zur Codierung eines Symboles zwei verschiedene Routinen auf. Die erste konvertiere_int_nach_symbol() nimmt das aus der Datei gelesene Zeichen und bestimmt den dem Symbol korrespondierenden Bereich. Dieser Bereich wird daraufhin in einer Symbol-Variablen abgelegt, deren Struktur wie folgt aufgebaut ist:

```
typedef struct {
    unsigned short int unterer_zaehler;
    unsigned short int oberer_zaehler;
    unsigned short int spannweite;
} SYMBOL;
```

Zur Codierung eines Symboles mit dem Arithmetik-Codierer werden nur diese drei Werte benötigt. Die Werte für den unteren und den oberen Zähler definieren eindeutig, wo sich das Symbol im Bereich von 0 bis 1 befindet, und der Wert für die Spannweite bezeichnet, wie groß die Gesamtspanne der von 0 bis 1 reichenden Skala ist. Wurden in einer Textdatei zum Beispiel 1000 Zeichen gezählt, könnten unterer_zaehler und oberer_zaehler für A 178 und 199 und die Spannweite 1000 betragen. Oder anders ausgedrückt: A würde bei einer von 0 bis 1 reichenden Skala den Bereich 0,178 bis 0,199 einnehmen.

Nachdem die Symbol-Variable gefüllt wurde, kann sie an den Codierer weitergeleitet werden. Der Arithmetik-Codierer benötigt zur Bearbeitung eines Symboles und zur Aktualisierung der Ausgabezahl nur die folgenden drei Dinge: den oberen und unteren Bereichsgrenzwert sowie den Unterlaufzähler. Alle drei sind intern als statische Variablen abgelegt.

Die Art und Weise, wie die Modelldaten von den Codierungsdaten getrennt wurden, gibt uns zum Experimentieren mit neuen Modellierungsmöglichkeiten einen geschickten Mechanismus an die Hand. Wir müssen uns nur mit den Zahlen beschäftigen, die dem Symbol zugeordnet sind. Die Codierungsfunktion kümmert sich nicht darum, wie man an diese Zahlen gelangt, solange sie konsistent abgeleitet werden, damit die Datei später decodiert werden kann.

Wird das Ende der Eingabedatei erreicht, wird das Ende-des-Stromes-Symbol codiert und übermittelt. Anhand dieses Symboles weiß das Dekomprimierungsprogramm anschließend, wann es aufhören kann. Bevor das Programm beendet werden kann, muß eine Routine zum Leeren des Arithmetik-Codierers aufgerufen werden, die sich um eventuell vorliegende UnterlaufBit kümmert. Schließlich müssen noch sechzehn zusätzliche Bit ausgegeben werden. Der Grund dafür ist einfach. Beim Decodieren des Eingabestroms befinden sich die effektiven Bit an der höherwertigsten Bitposition des Eingaberegisters. Damit auch die letzten Bit dort hingelangen, müssen andere Bit von hinten hereingeschoben werden. Zum korrekten Decodieren des letzten Symboles werden also mindestens 15 Bit benötigt. Werden 16 Bit an das Ende der Datei gehängt, erhält der Decoder beim Decodieren der Eingabedatei kein vorzeitiges Ende-der-Datei-Signal.

Das Dekomprimierungsprogramm

Der Hauptteil des Dekomprimierungsprogramms folgt demselben Schema. Zuerst wird das Modell eingerichtet und der Arithmetik-Codierer wird initialisiert. Beim vorliegenden Programm besteht die Initialisierung des Modelles darin, die Zählerwerte aus der Eingabedatei zu lesen, wo sie das Komprimierungsprogramm plaziert hat. Die Initialisierung des Arithmetik-Codierers bildet das Ablegen der Werte 0000 und FFFF im unteren und oberen Grenzwertregister. Anschließend werden die ersten 16 Bit aus der Eingabedatei gelesen.

```
lese_zaehler( eingabe->file );
initialisiere_arith_decodierer( eingabe );
for ( ; ; ) {
bestimme_symbol_spannweite( &s );
count = bestimme_aktuellen_zaehler( &s );
c = konvertiere_symbol_nach_int( count, &s );
if ( c == END_OF_STREAM )
        break;
entferne_symbol_aus_strom( eingabe, &s );
putc( (char) c, ausgabe );}
```

Die Decodierungsschleife in dieser Routine ist etwas komplizierter, damit der Modellaufbau und der Decodierungsvorgang voneinander getrennt gehalten werden können. Zuerst muß die Spannweite des aktuellen Modelles bestimmt werden. Sie wird vom Arithmetik-Decoder benötigt. Daraufhin konvertiert der Decoder mit der Routine bestimme_aktuellen_zaehler seinen aktuellen Eingabecode in einen Zählerwert. Anhand des Zählers kann dann das zu decodierende Symbol bestimmt werden. Dies wird mit Hilfe der Routine konvertiere_symbol_nach_int() erledigt.

Auch wenn es komisch aussieht, wird das codierte Symbol solange nicht aus dem Eingabebitstrom entfernt, bis es tatsächlich decodiert wurde. Beim Entfernen des Symboles aus dem Eingabestrom müssen die oberen und unteren Grenzwerte verändert und unter Umständen neue Bit aus dem Eingabestrom hereingeschoben werden. Schließlich wird das decodierte Zeichen in der Ausgabedatei abgelegt.

Die Initialisierung des Modelles

Das Modell eines Programmes, das mit der arithmetischen Codierung arbeitet, benötigt für jedes Symbol drei verschiedene Informationen: den unteren Grenzwert des Symbolbereichs, den oberen Grenzwert und die Spannweite des gesamten Bereichs (dieser ist bei allen Symbolen des Alphabetes gleich). Da der obere Bereichsgrenzwert eines bestimmten Symboles gleichzeitig der untere Grenzwert des nächsten ist, müssen nur N + 1 Zahlen für N Symbole des Alphabets verwaltet werden.

Ein Beispiel dafür, wie diese Bereichsinformationen erzeugt werden, wird im folgenden für die Symbole A, B, C, D und E gezeigt. Diese Symbole besitzen die Zählerwerte 5, 2, 3, 3 und 8. Die Zahlen können innerhalb des Bereichs in beliebiger Reihenfolge arrangiert werden, wenn es immer gleich geschieht.

Bereich	**:**	**21**
E	:	13
D	:	10
C	:	7
B	:	5
A	:	0

In diesem Fall besteht das Alphabet aus fünf Symbolen, und die Anzahl der notwendigen Werte beträgt sechs. Das Array enthält die aufsummierten Zählerwerte, wobei bei Null begonnen und der gesamte Bereich durchlaufen wird.

Mit einer solchen Struktur als Vorgabe ist es ein Leichtes, die drei verschiedenen Informationen, mit denen ein Symbol für den Arithmetik-Codierer definiert wird, abzuleiten. Für das Symbol x befindet sich der untere Grenzwert bei gesamt[x], der obere Grenzwert bei gesamt[x+1] und die Spannweite bei gesamt[N]. N ist dabei die Anzahl der Symbole im Alphabet.

Die Komprimierungsroutinen legen dieses Array an. Im vorliegenden Programm heißt das Array gesamt[] und umfaßt 258 Elemente. Die Anzahl der Symbole des Alphabets beträgt 257, nämlich die normalen 256 plus das Ende-des-Stromes-Symbol.

Die Zählerwerte unterliegen jedoch einer Einschränkung. Zwei Dinge bestimmen den größtmöglichen Zählerwert: die Anzahl der im oberen und unteren Grenzwertregister vorliegenden Bit und die Anzahl der Bit in den Codewerten. Da Fließkommazahlenberechnungen in Registern fester Länge ausgeführt werden, muß die in unseren Berechnungen benötigte Genauigkeit so minimiert werden, daß keine Fehler auftreten können.

Die Anzahl der Bit, die bei der arithmetischen Codierung eingesetzt werden, unterliegt zwei Beschränkungen: 1. Die Anzahl der Bit der Häufigkeitswerte muß mindestens um zwei kleiner als die Gesamtzahl der im oberen und unteren Grenzwertregister vorliegenden Bit sein. 2. Außerdem dürfen die Bit der Häufigkeitswerte plus die Bit entweder aus dem oberen oder dem unteren Grenzwertregister nicht die Anzahl der Bit überschreiten, die während der Codierung bei den arithmetischen Berechnungen eingesetzt werden.

Während der Berechnungsoperationen muß demnach mit vorzeichenlosen long-Werten gearbeitet werden. Das ergibt 32 Bit. Da das untere und das obere Grenzwertregister sowie die Häufigkeitswerte durch die Verwendung von vorzeichenlosen short-Integern auf 16 Bit begrenzt sind, wird die zweite Einschränkung implizit erfüllt. Die erste Einschränkung bedarf umfangreicherer Modifikationen. Da für den oberen und den unteren Grenzwert nur 16-Bit-Register benutzt werden, darf der höchstmögliche Gesamtzählerwert im Array gesamt[] nicht mehr als 14 Bit oder 16384 betragen.

Der Programmteil, mit dem sichergestellt wird, daß der Gesamtzählerwert der Symbole 16384 nicht überschreitet, befindet sich in der Routine bilde_modell(), die bei der Initialisierung des Modelles aufgerufen wird. Diese Routine geht sogar noch einen Schritt weiter: Die Zähler werden soweit verkleinert, daß sie alle in ein einziges Byte passen damit die in der Ausgabedatei abgespeicherten Zählerdaten so wenig Platz wie möglich einnehmen.

Während der Komprimierungsphase des Programms wird die Routine bilde_modell() aufgerufen, um alle notwendigen Arbeiten durchzuführen, die mit dem in diesem Programm eingesetzten Modell der Ordnung 0 in Zusammenhang stehen. Es folgen die vier Quelltextzeilen von bilde_modell():

```
zaehle_bytes( eingabe, zaehler );
skaliere_zaehler( zaehler, skalierte_zaehler );
zaehler_ausgeben( ausgabe, skalierte_zaehler );
erstelle_gesamt( skalierte_zaehler );
```

Die Routine bilde_modell() arbeitet nicht allein. Sie ruft eine Reihe von vier Hilfsroutinen auf, die für die Datenbearbeitung zuständig sind. Bei der ersten Routine handelt es sich um zaehle_bytes(). Sie macht ihrem Name alle Ehre und zählt, wie oft jedes Symbol in der Datei vorkommt. Dann legt sie die Gesamtzahl in einem Array ab.

```
for ( i = 0 ; i < 256 ; i++ ) zaehler[ i ] = 0;
datei_position = ftell( eingabe );
while ( ( c = getc( eingabe )) != EOF )
zaehler[ c ]++;
fseek( eingabe, datei_position, SEEK_SET );
```

Die Routine zaehle_bytes() durchläuft die gesamte Eingabedatei und restauriert anschließend den Dateizeiger wieder. Es wird vorausgesetzt, daß die Gesamtanzahl eines bestimmten Symboles in der Datei nicht die Spannweite eines vorzeichenlosen long-Integers überschreitet. Trifft das nicht zu, werden weitere Maßnahmen benötigt, um einen Überlauf der zaehler[]-Arrayelemente zu verhindern.

Nachdem das Array erstellt wurde, müssen die Zählerwerte verkleinert werden. Dies wird von der Routine skaliere_zaehler() erledigt. Der erste Schritt besteht dabei darin, die Werte des vorzeichenlosen long-Integer-Arrays zaehler[] so zu verkleinern, daß sie von einem Array aus vorzeichenlosen Zeichen aufgenommen werden können. Dadurch nehmen die Zähler in der Ausgabedatei weniger Platz ein. Der dafür notwendige Quelltext sieht wie folgt aus:

```
maximal_wert = 0;
for ( i = 0 ; i < 256 ; i++ )
  if ( zaehler[ i ] > maximal_wert )
    maximal_wert = zaehler[ i ];
spannweite = maximal_wert / 256;
spannweite = spannweite + 1;
for ( i = 0 ; i < 256 ; i++ ) {
skalierte_zaehler[ i ] = (unsigned char) ( zaehler[ i ]
                                   / spannweite );
if ( skalierte_zaehler[ i ] == 0 && zaehler[ i ] != 0 )
    skalierte_zaehler[ i ] = 1;
}
```

Ist das erledigt, muß ein weiterer Skalierungsvorgang folgen. Da es beim Einsatz von Registern mit fester Länge bestimmte Einschränkungen gibt, muß die Gesamtsumme der Zählerwerte auf weniger als 16384 oder vierzehn Bit begrenzt werden. Der zweite Teil von skaliere_zaehler() erledigt das mit roher Gewalt: Zuerst wird die Gesamtsumme festgestellt, dann wird entweder durch zwei oder vier geteilt, um das richtige Ergebnis zu erhalten. Ein zusätzlicher Zählerwert von 1 muß aufgrund des Ende-des-Stromes-Zeichens hinzugefügt werden.

```
total = 1;
for ( i = 0 ; i < 256 ; i++ ) total += skalierte_zaehler[ i ];
if ( total > ( 32767 - 256 ) ) spannweite = 4;
else if ( total > 16383 ) spannweite = 2;
else
    return;
for (i=0 ; i < 256 ; i++ ) skalierte_zaehler[ i ] /= spannweite;
```

Die Routine skaliere_zaehler() bietet noch Raum für Verbesserungen. Jedesmal, wenn durch die Skalierung der Zählerwerte etwas an Genauigkeit verloren geht, wird auch der Komprimierungsgrad schlechter. Bei einer idealen Skalierungsroutine würden die Zähler gerade so weit verkleinert, daß sie in den richtigen Bereich passen. Die hier gezeigten Routinen sind in dieser Beziehung nicht sehr effizient.

Sind die Zählerwerte so klein, daß sie vom vorzeichenlosen char-Array aufgenommen werden können, wird die Routine zaehler_ausgeben() aufgerufen. Diese Routine legt die Zählerwerte in der Ausgabedatei ab. Bei diesem Programm wird zum Abspeichern der Zählerwerte dieselbe Methode angewandt wie beim Beispiel zur Huffman-Codierung in Kapitel 3. Anstatt das gesamte Zählerarray abzulegen, werden nur Werte ungleich 0 in der Ausgabedatei untergebracht. Mehr dazu erfahren Sie in Kapitel 3.

Der letzte Schritt beim Aufbau des Modelles besteht darin, das Array gesamt[] mit den aufsummierten Zählerwerten einzurichten. Dieses Array wird bei der eigentlichen arithmetischen Codierung benötigt. Der unten aufgeführte Quelltext zeigt, wie das Array gebildet wird. Sie wissen ja, daß, nachdem das Array eingerichtet wurde, sich der Bereich für das

Symbol x in gesamt[x] und gesamt[x+1] befindet. Der Bereich für das gesamte Alphabet ist in gesamt[END_OF_STREAM + 1] zu finden.

```
gesamt[ 0 ] = 0;
for ( i = 0 ; i < END_OF_STREAM ; i++ )
gesamt[ i + 1 ] = gesamt[ i ] + skalierte_zaehler[ i ];
gesamt[END_OF_STREAM + 1] = gesamt[ END_OF_STREAM ] + 1;
```

Das Modell lesen

Zur Dekomprimierung muß das Programm dasselbe Modell im Array gesamt[] erzeugen, wie es auch von der Komprimierungsroutine gemacht wurde. Da die Originaldatei nicht mehr zur Verfügung steht, liest das Programm das Array skalierte_zaehler[], das sich in der komprimierten Datei befindet. Die Programmteile, mit denen das bewerkstelligt wird, sind mit denen der Huffman-Dekomprimierung aus Kapitel 3 identisch. Möchten Sie Näheres dazu wissen, lesen Sie bitte dort nach.

Nachdem das Array skalierte_zaehler[] eingelesen wurde, kann die Routine, die auch vom Komprimierungsprogramm benutzt wird, zum Aufbau des Arrays gesamt[] aufgerufen werden. Indem man sowohl in der Komprimierungs- als auch in der Dekomprimierungsroutine mit erstelle_gesamt() arbeitet, wird sichergestellt, daß es sich am Schluß um dasselbe Array handelt.

Den Codierer initialisieren

Bevor die Komprimierung begonnen werden kann, müssen die Variablen initialisiert werden, aus denen der Arithmetik-Codierer besteht. Drei 16-Bit-Variablen bilden den Arithmetik-Codierer: untere_grenze, obere_grenze und unterlauf_bits. Beginnt der Codierer mit seiner Arbeit, liegt der Bereich der Ausgabefließkommazahl irgendwo zwischen 0 und 1. Die Variable untere_grenze wird auf 0 und die Variable obere_grenze auf 0xFFFF gesetzt. Diese beiden Variablen besitzen vor dem höherwertigsten Bit einen impliziten Dezimalpunkt; hinter ihnen befindet sich ein unendlich langer Schwanz aus 0en oder 1ern. Die 1er werden in die Variable obere_grenze und die 0en in die Variable untere_grenze hineingeschoben.

```
untere_grenze = 0;
obere_grenze = 0xffff;
unterlauf_bits = 0;
```

Der Codierungsprozeß

Jetzt kann der eigentliche Codierungsprozeß beginnen. Dabei wird die gesamte Datei mit Hilfe einer Schleife durchlaufen, wobei ein Zeichen eingelesen wird, die Bereichsvariablen bestimmt werden und dann das Zeichen codiert wird. Nach dem Durcharbeiten der Datei folgt der letzte Schritt, die Codierung des Ende-des-Stromes-Symboles:

```
while ( ( c = getc( eingabe ) ) != EOF ) {
konvertiere_int_nach_symbol( c, &s );
codiere_symbol( ausgabe, &s );     }
konvertiere_int_nach_symbol( END_OF_STREAM, &s );
codiere_symbol( ausgabe, &s );
```

Zwei Routinen werden zur Codierung eines Symboles benötigt. konvertiere_int_nach_symbol() sucht nach den Modellinformationen für das Symbol und bestimmt die Werte, die für die arithmetische Codierung benötigt werden. Dabei wird die aus drei Elementen bestehende SYMBOL-Struktur wie folgt mit Werten versehen:

```
s->spannweite = gesamt[ END_OF_STREAM + 1 ];
s->unterer_zaehler = gesamt[ c ];
s->oberer_zaehler = gesamt[ c + 1 ];
```

Sobald die Symbolinformationen vorliegen, kann das Symbol mit der arithmetischen Codierungsroutine codiert werden. Der dazu benötigte und in codiere_symbol() enthaltene C-Quelltext führt dazu zwei Arbeitsschritte aus. Der erste besteht darin, die Variablen obere_grenze und untere_grenze anhand der Symbolinformationen, die an den Codierer übergeben wurden, anzupassen.

```
bereich = (long) ( obere_grenze-untere_grenze ) + 1;
obere_grenze = untere_grenze +
        (unsigned short int)
  (( bereich * s->oberer_zaehler ) / s->spannweite - 1 );
    untere_grenze = untere_grenze +
        (unsigned short int)
 (( bereich * s->unterer_zaehler ) / s->spannweite );
```

Beim im folgenden gezeigten Quelltext wird der Bereich, den die Variablen obere_grenze und untere_grenze bilden, auf die von den Symbolinformationen vorgegebene Größe eingeschränkt. Der Symbolbereich wird von s->unterer_zaehler und s->oberer_zaehler festgelegt. Diese beiden Werte werden relativ zur Variablen s->spannweite gemessen. Nachdem die Anpassungen vorgenommen wurden, sind die Werte von obere_grenze und untere_grenze größer oder gleich als zuvor. Der Bereich - oder der Abstand - zwischen den zweien, ist kleiner oder gleich dem vorigen Wert.

```
for ( ; ; ) {
if ( ( obere_grenze & 0x8000 ) ==
          ( untere_grenze & 0x8000 ) ) {
    OutputBit( strom, obere_grenze & 0x8000 );
    while ( unterlauf_bits > 0 ) {
    OutputBit( strom, ~obere_grenze & 0x8000 );
    unterlauf_bits--;
        }
    }
else if ( ( untere_grenze & 0x4000 ) && !
               ( obere_grenze & 0x4000 )) {
    unterlauf_bits += 1;
    untere_grenze &= 0x3fff;
    obere_grenze |= 0x4000;
    } else
        return ;
untere_grenze <<= 1;
obere_grenze <<= 1;
obere_grenze |= 1;}
```

Nachdem die Variablen untere_grenze und obere_grenze neu berechnet wurden, muß die Routine alle eventuell verfügbaren Bit herausschieben. Wurden irgendwelche Berechnungen vorgenommen, ist im voraus unbekannt, wieviele Bit verschoben werden müssen. Besitzt das codierte Symbol eine sehr große Wahrscheinlichkeitsrate, wird die Anzahl der Bit gering sein. Ist die Wahrscheinlichkeitsrate klein, müssen viele Bit verschoben werden.

Da die Anzahl nicht im voraus bekannt ist, befindet sich die Codierungsroutine in einer Schleife und verschiebt so lange Bit, bis keine mehr zur Verfügung stehen. Die Routine überprüft zwei Bedingungen, um festzustellen, ob verschoben werden muß oder nicht. Die erste Bedingung tritt ein, falls die höherwertigsten Bit des oberen und des unteren Wortes übereinstimmen. Sind die beiden Bit identisch, werden sie sich aufgrund der angewandten Formeln nicht mehr verändern. Ist das der Fall, wird das Bit in der Ausgabedatei abgelegt, und der obere und der untere Grenzwert werden ebenfalls verschoben.

Bevor jedoch das Bit herausgeschoben werden kann, müssen zuerst alle eventuell vorher zwischengespeicherten Unterlaufbit übertragen werden. Bei den Unterlaufbit handelt es sich um eine Sequenz aus Bit, die den umgekehrten Wert des herauszuschiebenden Bit besitzen (siehe unten). Die Anzahl der Unterlaufbit ist in der Variablen unterlauf_bits vermerkt.

```
oben   =  0,100000...
unten  =  0,011111...
```

Das führt uns zur zweiten Bedingung, die eine Verschiebung der Variablen obere_grenze und untere_grenze erforderlich macht: Unterlauf. Dieser tritt ein, sobald die Variablen obere_grenze und untere_grenze sich gefährlich nahe kommen, aber in ihren höherwertigsten Bit nicht übereinstimmen; eine Situation ähnlich der wie oben dargestellt.

Kommen sich die Variablen zu nahe, wird der Berechnungsspielraum gefährlich klein. Ob diese Bedingung vorliegt, muß überprüft werden, nachdem festgestellt wurde, daß die beiden höherwertigsten Bit nicht übereinstimmen. Stimmen sie nicht überein, schauen Sie nach, ob das nächste Bit im oberen Grenzwert 0 ist und im unteren 1 ist. Ist das so, muß eine Unterlaufverschiebung vorgenommen werden.

Bei der Unterlaufverschiebeoperation wird das Unterlaufbit entfernt (das Bit, das auf das höherwertigste Bit folgt), und die restlichen Bit werden um eins nach links verschoben, um die Lücke zu füllen. Gleichzeitig wird der Unterlaufzähler inkrementiert. Der dafür benötigte Quelltext ist etwas undurchsichtig, er erfüllt jedoch seinen Zweck.

Besteht die Gefahr eines Unterlaufes, sind zwei Dinge bekannt, und diese Tatsache macht man sich zunutze. 1. Es ist bekannt, daß das höherwertigste Bit im oberen Grenzwert eine 1 und im unteren eine 0 ist. 2. Das Bit, das aus dem oberen Grenzwert entfernt wird, ist eine 0 und beim unteren eine 1.

Da der Wert der beiden höchsten Bit bekannt ist, kann die Verschiebeoperation vereinfacht werden. Beim in diesem Kapitel benutzten Quelltext wird sowohl im unteren als auch im oberen Grenzwert das zweithöherwertigste Bit invertiert; anschließend findet eine normale Verschiebeoperation statt. Es sieht dann so aus, alsob die unteren 14 Bit nach links verschoben wurden und das höherwertigste Bit nicht verändert wurde.

Verläuft die Überprüfung beider Verschiebebedingungen negativ, müssen keine Bit mehr manipuliert werden, und die Codierung ist beendet. Trifft eine der beiden Bedingungen zu, kann die notwendige Verschiebeoperation durchgeführt werden. Sowohl der obere als auch der untere Grenzwert wird um eine Bitposition nach links verschoben. Beim oberen Grenzwert wird eine 1 in das niederwertigste Bit geschoben und beim unteren Grenzwert eine 0. Anschließend wird die Schleife erneut durchlaufen und, falls notwendig, werden weitere Bit ausgegeben und verschoben.

Den Codierer leeren

Nach dem Codieren muß der Arithmetik-Codierer geleert werden. Die dazu notwendigen Anweisungen befinden sich in der Routine leere_arithmetik_codierer(). Dort werden zwei Bit ausgegeben und alle angelaufenen Unterlaufbit hinterher geschickt.

Der Decodierungsprozeß

Bevor mit der arithmetischen Decodierung begonnen werden kann, müssen die zugehörigen Variablen initialisiert werden. Beim Codieren gab es lediglich die Variablen obere_grenze und untere_grenze. Beide werden vom Decodierer mit der Variablen code gesteuert. Diese Variable beinhaltet den aktuellen Bitstrom, der aus der Eingabedatei gelesen wurde.

Beim arithmetischen Codieren sollten die Variablen obere_grenze und untere_grenze genau dieselben Werte einnehmen, die sie beim Codieren hatten. Die Variable code sollte den Bitstrom widerspiegeln, so wie er aus der Eingabedatei eingelesen wird. Die einzige Ausnahme ist, daß der Variablen code wie auch den Variablen obere_grenze und untere_grenze Unterlaufbit entzogen werden.

```
code = 0;
for ( i = 0 ; i < 16 ; i++ ) {
     code <<= 1;
code += InputBit( strom );     }
untere_grenze = 0;
obere_grenze = 0xffff;
```

Bei der vorliegenden Implementation des arithmetischen Decodierungsprozesses werden vier separate Schritte zur Decodierung jedes Zeichens benötigt. Der erste Schritt besteht darin, die aktuelle Spannweite für das Symbol zu bestimmen. Dazu müssen lediglich die momentanen Modelldaten angeschaut werden. Bei dieser Implementation befindet sich die Spannweite in gesamt[END_OF_STREAM + 1]. Wir verwenden hierzu eine zusätzliche, abgetrennte Routine und nicht das Array direkt, da bei zukünftigen Erweiterungen des Komprimierungsprogrammes vielleicht andere Modellierungstechniken angewandt werden. In diesem Fall könnte die Bestimmung der Modellspannweite sich viel komplexer gestalten, wie es beispielsweise beim Programm im nächsten Kapitel der Fall ist.

Ist die aktuelle Modellspannweite bekannt, findet ein zweiter Aufruf statt, mit dem der Zählerwert für den aktuellen arithmetischen Code bestimmt wird. Dazu muß der Bereich des Decodierers, ausgedrückt durch die Variablen obere_grenze und untere_grenze, in den vom Modell benutzten Bereich, der sich in der Variablen spannweite befindet, umgewandelt werden.

```
bereich = (long) ( obere_grenze - untere_grenze ) + 1;
zaehler = (short int) ((((long) ( code - untere_grenze ) + 1 ) *
            s->spannweite-1 ) / bereich );
return( zaehler );
```

Der Zählerwert, der an die Expansionsroutine zurückgeliefert wird, ist eigentlich nur das Ergebnis einer einfachen Umskalierung der Variablen code. Wurde der Zählerwert bestimmt, kann daraus abgeleitet werden, welches Symbol codiert wurde. Da der obere und der untere Bereich eines jeden Symbols des Alphabets bekannt ist, findet man durch sukzessive Überprüfung der Werte im Array gesamt[] schnell heraus, welches Symbol welchem Zählerwert entspricht.

```
for ( c = END_OF_STREAM ; zaehler < gesamt[ c ] ; c-- );
s->oberer_zaehler = gesamt[ c + 1 ];
s->unterer_zaehler = gesamt[ c ];
return( c );
```

Bei der hier eingesetzten Version von konvertiere_symbol_nach_int() wird das richtige Symbol herausgefunden, indem das Array gesamt vom Ende bis zum Anfang durchgegangen wird, bis ein Zählerwert gefunden wird, der zum aktuellen Symbol paßt. Das ist nicht optimal, da bis zu 257 Vergleichsoperationen durchgeführt werden müssen, bis das richtige Symbol lokalisiert wird.

Bei einer besseren Variante müßten die Symbole sortiert aufbewahrt werden, damit die am häufigsten benötigten Symbole früher gefunden werden. Dadurch reduziert sich die durchschnittliche Zeit, die benötigt wird, um ein Symbol zu lokalisieren. Bei Zufallsdaten ist auch dann jedoch keine große Verbesserung festzustellen. Der Einfachheithalber haben wir diese Methode hier nicht angewandt.

Hat konvertiere_symbol_nach_int() das richtige Symbol im Array gesamt[] gefunden, wird der obere und der untere Zählerwert in der SYMBOL-Variablen abgelegt. Diese beiden Werte werden beim nächsten Schritt des Decodierungsprozesses benötigt. Der korrekte Symbolwert wird anschließend als int an das aufrufende Programm übergeben.

Nachdem die SYMBOL-Struktur eingerichtet wurde, wird die Funktion entferne_symbol_aus_strom() aufgerufen. Bei der arithmetischen Codierung wird unkonventionellerweise zuerst bestimmt, um welches Symbol es sich handelt, und erst danach werden die damit verbundenen Bit entfernt und neue eingelesen.

```
    bereich = (long)( obere_grenze - untere_grenze ) + 1;

    obere_grenze = untere_grenze + (unsigned short int)
    (( bereich * s->oberer_zaehler ) / s->spannweite - 1 );
    untere_grenze = untere_grenze + (unsigned short int)
     (( bereich * s->unterer_zaehler ) / s->spannweite );
    for ( ; ; ) {
    if ( ( obere_grenze & 0x8000 ) ==
              ( untere_grenze & 0x8000 ) ) {
        }
    else if ((untere_grenze & 0x4000) == 0x4000  &&
                  (obere_grenze & 0x4000) == 0 ) {
                   code ^= 0x4000;
        untere_grenze   &= 0x3fff;
        obere_grenze   |= 0x4000;
        } else
            return;
        untere_grenze <<= 1;
    obere_grenze <<= 1;
        obere_grenze |= 1;
        code <<= 1;
        code += InputBit( strom );
    }
}
```

Die Anweisungen, die das Symbol aus dem Strom entfernen, sind oben zu sehen. Sie stellen fast das Spiegelbild der Codierungsanweisungen dar. Zuerst werden die Variablen obere_grenze und untere_grenze mit ihren neuen Bereichswerten versehen, so wie es die Bereichswerte des zu entfernenden Symboles vorschreiben. Dann beginnt der Verschiebeprozeß.

Wie vorher gibt es zwei Gründe, um die neuen Bit zu verschieben. 1. Stimmen die Variablen obere_grenze und untere_grenze in ihren höherwertigsten Bit überein, werden die Bit entfernt, und ein neues Bit wird als Ersatz hereingeschoben. 2. Ist das höherwertigste Bit von obere_grenze und untere_grenze nicht identisch, und die zweithöherwertigsten Bit weisen auf einen drohenden Unterlauf hin, werden die zweithöherwertigsten Bit entfernt und neue Bit hereingeschoben.

Trifft keines der beiden obigen Kriterien zu, kann zum aufrufenden Programmteil zurückgekehrt werden, da das Symbol keinen Einfluß mehr auf den Eingabestrom besitzt. Anderenfalls müssen die Variablen obere_grenze, untere_grenze und code verschoben werden. In das niederste Bit der Variablen obere_grenze wird eine 1 und in das niederste Bit von untere_grenze eine 0 hineingeschoben. Das niederste Bit von code erhält ein neues Bit aus dem Eingabestrom. Dieser Prozeß wird so lange fortgesetzt, bis alle Verschiebeoperationen durchgeführt wurden. Dann kann zur aufrufenden Routine zurückgekehrt werden.

Zusammenfassung

Die arithmetische Codierung sieht auf den ersten Blick komplizierter als die Huffman-Codierung aus, aber der Umfang des zur Implementierung notwendigen Programmes ist nicht wesentlich größer. Der Programmablauf ist wesentlich langsamer als bei der Huffman-Codierung.Das liegt daran, daß Codierer und Decodierer eine wesentlich höhere Rechenleistung verlangen. Kommt es auf jedes eingesparte Bit bei der Codierung an, ist die arithmetische Codierung immer der Huffman-Methode vorzuziehen. Es müssen aber umsichtige Optimierungen vorgenommen werden, damit die Ausführungsgeschwindigkeit akzeptabel wird.

```
/******************** Start von ARITH.C ********************
*
* Dies ist das Modul, das die arithmetische Codierung aus
* Kapitel 5 benutzt. Kompilieren Sie es mit BITEA.C,
* ERRHAND.C und entweder MAIN-K.C oder MAIN-E.C
*/
#include <stdio.h>
#include <stdlib.h>
```

```
#include "errhand.h"
#include "bitea.h"

/*
* Mit der SYMBOL-Struktur wird ein Symbol für die arithme-
* tische Codierung definiert. Ein Symbol ist hierbei als
* Bereich zwischen 0 und 1 definiert. Da wir mit Integern-
* arbeiten, wird anstatt des Bereichs 0 bis 1 der Bereich 0
* bis spannweite genommen. Die Werte unterer_zaehler und
* oberer_zaehler legen fest, in welchen Bereich das Symbol
* fällt.
*/

typedef struct {
    unsigned short int unterer_zaehler;
    unsigned short int oberer_zaehler;
    unsigned short int spannweite;
} SYMBOL;

/*
* Lokale Funktionsprototypen (ANSI- und nicht ANSI-Varianten)
*/
#ifdef __STDC__
void bilde_modell( FILE *eingabe, FILE *ausgabe );
void skaliere_zaehler( unsigned long zaehler[],
                       unsigned char skalierte_zaehler[] );
void erstelle_gesamt( unsigned char skalierte_zaehler[] );
void zaehle_bytes( FILE *eingabe, unsigned long zaehler[] );
void zaehler_ausgeben( FILE *ausgabe,
                       unsigned char skalierte_zaehler[] );
void lese_zaehler( FILE *strom );
void konvertiere_int_nach_symbol( int symbol, SYMBOL *s );
void bestimme_symbol_spannweite( SYMBOL *s );
int konvertiere_symbol_nach_int( int zaehler, SYMBOL *s );
void initialisiere_arith_codierer( void );
void codiere_symbol( BIT_FILE *strom, SYMBOL *s );
void leere_arithmetik_codierer( BIT_FILE *strom );
short int bestimme_aktuellen_zaehler( SYMBOL *s );
void initialisiere_arith_decodierer( BIT_FILE *strom );
void entferne_symbol_aus_strom( BIT_FILE *strom, SYMBOL *s );

#else
void bilde_modell();
void skaliere_zaehler();
```

```
void erstelle_gesamt();
void zaehle_bytes();
void zaehler_ausgeben();
void lese_zaehler();
void konvertiere_int_nach_symbol();
void bestimme_symbol_spannweite();
int konvertiere_symbol_nach_int();
void initialisiere_arith_codierer();
void codiere_symbol();
void leere_arithmetik_codierer();
short int bestimme_aktuellen_zaehler();
void initialisiere_arith_decodierer();
void entferne_symbol_aus_strom();

#endif

#define END_OF_STREAM 256
short int gesamt[ 258 ]; /* Die kummulierten Zählerwerte */

char *KomprimierungsName = "Modell der Ordnung 0 mit "+
                           "arithmetischer Codierung";
char *Anwendung           = "eingabedatei ausgabedatei\n\n";

/*
* Diese Dateikomprimierungsroutine ist eine recht normale
* Routine dieser Art. Zuerst werden die Statistiken gebildet
* und dann der Codierer initialisiert. Anschließend werden
* dann alle Zeichen bis zum Ende der Datei codiert. Beachten
* Sie die zwei zusätzlich ausgegebenen Bytes. Wird später
* wieder decodiert, müssen diese zusätzlichen Bit eingelesen
* werden. Dies ist notwendig, damit alle Bit in den Arbeits-
* variablen die höherwertigste Stelle erreichen. Dazu sind
* mindestens 15 Bit notwendig. Die beiden zusätzlichen Bytes
* sorgen für diesen Nachschub.
*/
void KomprimiereDatei( eingabe, ausgabe, argc, argv )
FILE *eingabe;
BIT_FILE *ausgabe;
int argc;
char *argv[];
{
    int c;
    SYMBOL s;
   bilde_modell( eingabe, ausgabe->file );
```

```
    initialisiere_arith_codierer();

    while ( ( c = getc( eingabe ) ) != EOF ) {
    konvertiere_int_nach_symbol( c, &s );
    codiere_symbol( ausgabe, &s );
    }
    konvertiere_int_nach_symbol( END_OF_STREAM, &s );
    codiere_symbol( ausgabe, &s );
    leere_arithmetik_codierer( ausgabe );
    OutputBits( ausgabe, 0L, 16 );
    while ( argc-- > 0 ) {
    printf( "Unbenutztes Argument: %s\n", *argv );
        argv++;
    }
}

/*
* Diese Expansionsroutine ist ebenfalls konventionell. Sie
* liest das Modell, initialisiert den Decoder und liest dann
* in einer Schleife alle Zeichen. Wird das Symbol
* END_OF_STREAM decodiert, ist die Arbeit beendet. Beachten,
* daß zur Decodierung eines Zeichens drei Schritte notwendig
* sind: Zuerst wird die Spannweite des aktuellen Symbols
* bestimmt, indem die Differenz von obere_grenze und
* untere_grenze gebildet wird. Dann wird betrachtet, wo in
* diesen Bereich der aktuelle Eingabewert fällt und schließ-
* lich wird im Array gesamt nach dem zugehörigen Symbol
* gesucht. Danach muß das Symbol aus dem Decoder entfernt
* werden.
*/
void ExpandiereDatei( eingabe, ausgabe, argc, argv )
BIT_FILE *eingabe;
FILE *ausgabe;
int argc;
char *argv[];
{
    SYMBOL s;
    int c;
    int zaehler;
    lese_zaehler( eingabe->file );
    initialisiere_arith_decodierer( eingabe );
    for ( ; ; ) {
    bestimme_symbol_spannweite( &s );
    zaehler = bestimme_aktuellen_zaehler( &s );
```

```
    c = konvertiere_symbol_nach_int( zaehler, &s );
    if ( c == END_OF_STREAM )
        break;
    entferne_symbol_aus_strom( eingabe, &s );
    putc( (char) c, ausgabe );
    }
    while ( argc-- > 0 ) {
    printf( "Unbenutztes Argument: %s\n", *argv );
    argv++;
    }
}

/*
* Diese Routine wird aufgerufen, um die Eingabedatei zu
* durchsuchen, die Zählerwerte zu skalieren, das Array gesamt
* zu bilden und die Zählerwerte in der Ausgabedatei
* abzulegen.
*/
void bilde_modell( eingabe, ausgabe )
FILE *eingabe;
FILE *ausgabe;
{
    unsigned long zaehler[ 256 ];
    unsigned char skalierte_zaehler[ 256 ];

    zaehle_bytes( eingabe, zaehler );
    skaliere_zaehler( zaehler, skalierte_zaehler );
    zaehler_ausgeben( ausgabe, skalierte_zaehler );
    erstelle_gesamt( skalierte_zaehler );
}
/*
* Diese Routine durchläuft die Datei und zählt, wie oft jedes
* Symbol vorkommt.
*/
#ifndef SEEK_SET
#define SEEK_SET 0
#endif

void zaehle_bytes( eingabe, zaehler )
FILE *eingabe;
unsigned long zaehler[];
{
    long datei_position;
    int i;
```

```
    int c;
    for ( i = 0 ; i < 256 ; i++ )
    zaehler[ i ] = 0;
    datei_position = ftell( eingabe );
    while  ( ( c = getc( eingabe )) != EOF )
    zaehler[ c ]++;
    fseek( eingabe, datei_position, SEEK_SET );
}
/*
* Mit dieser Routine werden die Zählerwerte herunterskaliert.
* Zwei Arten der Skalierung müssen unternommen werden.
* Zunächst müssen die Zählerwerte so skaliert werden, daß sie
* ein unsigned char aufnehmen kann. Weiterhin darf die Summe
* aller Zählerwerte 1684 nicht überschreiten.
*/
void skaliere_zaehler( zaehler, skalierte_zaehler )
unsigned long zaehler[];
unsigned char skalierte_zaehler[];
{
    int i;
    unsigned long maximal_wert;
    unsigned int total;
    unsigned long spannweite;

/*
* Hier wird sichergestellt, daß alle Zählerwerte in ein Byte
* passen.
*/

    maximal_wert = 0;
    for ( i = 0 ; i < 256 ; i++ )
       if ( zaehler[ i ] > maximal_wert )
       maximal_wert = zaehler[ i ];
    spannweite = maximal_wert / 256;
    spannweite = spannweite + 1;
    for ( i = 0 ; i < 256 ; i++ ) {
    skalierte_zaehler[ i ] = (unsigned char )
                          ( zaehler[ i ] / spannweite );
    if ( skalierte_zaehler[ i ] == 0 && zaehler[ i ] != 0 )
        skalierte_zaehler[ i ] = 1;
    }
/*
* Dieser Abschnitt stellt sicher, daß die Summe über alle
* Werte 16384 nicht übersteigt. total wird mit 1
```

```
* initialisiert, da das END_OF_STREAM- Symbol mitberücksichtigt
* werden muß.
*/
    total = 1;
    for ( i = 0 ; i < 256 ; i++ )
    total += skalierte_zaehler[ i ];
    if ( total > ( 32767 - 256 ) )
    spannweite = 4;
    else if ( total > 16383 )
    spannweite = 2;
    else
    return;
    for ( i = 0 ; i < 256 ; i++ )
    skalierte_zaehler[ i ] /= spannweite;
}

/*
* Diese Routine wird sowohl vom Codierer als auch vom
* Decodierer benutzt, um das Array gesamt zu erstellen. Die
* Zählerwerte befinden sich im Feld skalierte_zaehler und wir
* wissen, daß das EOS-Symbol genau einmal vorkommt.
*/
void erstelle_gesamt( skalierte_zaehler )
unsigned char skalierte_zaehler[];
{
    int i;

    gesamt[ 0 ] = 0;
    for ( i = 0 ; i < END_OF_STREAM ; i++ )
    gesamt[ i + 1 ] = gesamt[ i ] + skalierte_zaehler[ i ];
    gesamt[ END_OF_STREAM + 1 ] = gesamt[ END_OF_STREAM ] + 1;
}
/*
* Damit das Expansionsprogramm mit demselben Modell arbeiten
* kann, muß das Komprimierungsprogramm die Symbolzähler in
* der Ausgabedatei ablegen. Um Platz zu sparen und nicht alle
* Zähler für die gesamten 256 Symbole abspeichern zu müssen,
* wird ein spezielles Format benutzt, das wie folgt aufgebaut
* ist:
*
*  start, stop, mehrere zaehler, start, stop, mehrere
* zaehler, ... 0
* Es werden also kontinuierlich Zählerbereiche abgelegt, die
* am Ende durch ein Nullbyte abgeschlossen werden. Da
```

```
* mindestens ein Bereich vorhanden sein muß, kann als erster
* Startwert auch eine Null fungieren. Damit ergibt sich, daß
* auch für Dateien ohne Symbolzähler (leere Dateien)
* mindestens ein Zählerwert abgelegt werden muß.
*
* Damit dieses Format effektiv ausgenutzt werden kann,
* sollten auch Bereiche abgelegt werden, in denen ein oder zwei
* aufeinanderfolgende Nullzähler vorhanden sind. In einer
* Schleife wird also versucht, Bereich zufinden, die durch drei
* oder mehr Nullzähler begrenzt sind.
*
* Das Konzept scheint einfach zu sein, es stellte sich jedoch
* heraus, daß dieser Teil des Programms eine der komplizier-
* testen Routinen darstellt. Eine Routine, die stur alle 256
* Zähler ausgibt, wäre einfacher gewesen, sie verschlechtert
* jedoch den Komprimierungsgrad bei kleinen Dateien.
*/
void zaehler_ausgeben( ausgabe, skalierte_zaehler )
FILE *ausgabe;
unsigned char skalierte_zaehler[];
{
    int erster;
    int letzter;
    int naechster;
    int i;
    erster = 0;
    while (erster < 255 && skalierte_zaehler[ erster ] == 0)
        erster++;

/*
* Jedesmal zum Beginn der Schleife wird angenommen, daß
* erster der Startwert eines Bereichs mit Zählern, die un-
* gleich Null sind, ist. Der Rest der Schleife beschäftigt
* sich damit, herauszufinden, wo der Bereich endet (letzter)
* und wo der nächste Bereich beginnt (naechster). Ist dies
* gelungen, wird erster der Wert von naechster zugewiesen,
* und die Schleife beginnt von vorn.
*/
    for ( ; erster < 256 ; erster = naechster ) {
    letzter = erster + 1;
    for ( ; ; ) {
        for ( ; letzter < 256 ; letzter++ )
        if ( skalierte_zaehler[ letzter ] == 0 )
            break;
```

```
        letzter--;
        for ( naechster = letzter + 1; naechster < 256 ;
                   naechster++ )
        if ( skalierte_zaehler[ naechster ] != 0 )
            break;
        if ( naechster > 255 )
        break;
        if ( ( naechster - letzter ) > 3 )
        break;
        letzter = naechster;
    };

/*
* An diese Stelle werden die Werte von erster und letzter
* sowie die Werte aller zugehöriger Zähler ausgegeben.
*/
    if ( putc( erster, ausgabe ) != erster )
        fataler_fehler( "Fehler beim Scheiben eines "+
                                     "Bytezählers\n" );
    if ( putc( letzter, ausgabe ) != letzter )
        fataler_fehler( "Fehler beim Scheiben eines "+
                                     "Bytezählers\n" );
    for ( i = erster ; i <= letzter ; i++ ) {
        if ( putc( skalierte_zaehler[ i ], ausgabe ) !=
         (int) skalierte_zaehler[ i ] )
        fataler_fehler( "Fehler beim Scheiben eines "+
                                           "Bytezählers\n" );
    }
    }
    if ( putc( 0, ausgabe ) != 0 )
        fataler_fehler( "Fehler beim Scheiben eines "+
                                     "Bytezählers\n" );
}

/*
* Beim Expandieren müssen die Symbolzähler wieder eingelesen
* werden. Dieser Prozeß ist ungleich einfacher zu bewerk-
* stelligen als das Herausschreiben der Werte, da in diesem
* Fall keine Entscheidungen getroffen werden müssen. Alles,
* was zu tun ist, ist, den Startsymbolwert einzulesen, zu
* überprüfen, ob es der letzte Bereich war. Wenn nicht wird
* der Endwert gelesen, und dann die entsprechende Anzahl
* Zählerwerte.
*/
```

```
void lese_zaehler( eingabe )
FILE *eingabe;
{
    int erster;
    int letzter;
    int i;
    int c;
    unsigned char skalierte_zaehler[ 256 ];
    for ( i = 0 ; i < 256 ; i++ )
    skalierte_zaehler[ i ] = 0;
    if ( ( erster = getc( eingabe ) ) == EOF )
    fataler_fehler( "Fehler beim Lesen eines Bytezählers\n" );
    if ( ( letzter = getc( eingabe ) ) == EOF )
    fataler_fehler( "Fehler beim Lesen eines Bytezählers\n" );
    for ( ; ; ) {
    for ( i = erster ; i <= letzter ; i++ )
        if ( ( c = getc( eingabe ) ) == EOF )
        fataler_fehler( "Fehler beim Lesen eines "+
                                      "Bytezählers\n" );
        else
        skalierte_zaehler[ i ] = (unsigned char) c;
    if ( ( erster = getc( eingabe ) ) == EOF )
        fataler_fehler( "Fehler beim Lesen eines "+
                                "Bytezählers\n" );
    if ( erster == 0 )
        break;
    if ( ( letzter = getc( eingabe ) ) == EOF )
        fataler_fehler( "Fehler beim Lesen eines "+
                                "Bytezählers\n" );
    }
    erstelle_gesamt( skalierte_zaehler );
}

/*
* Alles ab hier wird für den Arithmetik-Codierer benötigt.
*/

/*
* Diese vier Variablen definieren den aktuellen Zustand des
* Codierers/Decodierers. Es wird angenommen, daß sie 16 Bit
* groß sind. Deklariert man sie als short int sind sie das
* bei den meisten 80X86-, 680X0- und VAX-Computern.
*/
static unsigned short int code;/* Der aktuelle Eingabecode */
```

```
static unsigned short int untere_grenze;
/* Start des aktuellen Codebereichs */
static unsigned short int obere_grenze;
/* Ende des aktuellen Codebereichs  */
long unterlauf_bits; /* Anzahl der Unterlaufbits */

/*
* Diese Routine muß aufgerufen werden, um den
* Codierungsprozeß zu initialisieren. Die Variable
* obere_grenze wird mit lauter 1-Bit versehen und es wird
* angenommen, daß auf diese 1-Bit unendlich viele 1-Bit
* folgen, die bei Bedarf hereingeschoben werden.
*/
void initialisiere_arith_codierer()
{
    untere_grenze = 0;
    obere_grenze = 0xffff;
    unterlauf_bits = 0;
}
/*
* Am Ende des Codierungsprozesses befinden sich noch Bit in
* den Variablen obere_grenze und untere_grenze. Diese und
* eventuelle Unterlaufbit werden hier ausgegeben.
*/
void leere_arithmetik_codierer( strom )
BIT_FILE *strom;
{
    OutputBit( strom, untere_grenze & 0x4000 );
    unterlauf_bits++;
    while ( unterlauf_bits-- > 0 )
    OutputBit( strom, ~untere_grenze & 0x4000 );
}

/*
* Die Werte für den Symbolbereich und dessen Spannweite zu
* bestimmen, ist auf Grund der Art und Weise, wie das Array
* gesamt organisiert ist, recht einfach.
*/
void konvertiere_int_nach_symbol( c, s )
int c;
SYMBOL *s;
{
    s->spannweite = gesamt[ END_OF_STREAM + 1 ];
    s->unterer_zaehler = gesamt[ c ];
```

```
    s->oberer_zaehler = gesamt[ c + 1 ];
}

/*
* Die gesamte Spannweite zu bestimmen ist ebenfalls einfach.
*/

void bestimme_symbol_spannweite( s )
SYMBOL *s;
{
    s->spannweite = gesamt[ END_OF_STREAM + 1 ];
}

/*
* Während der Dekomprimierung muß im Array gesamt das Symbol
* gesucht werden, das dem Zählerwert entspricht. Außerdem
* werden die Bereichgrenzen für das Symbol bestimmt, damit es
* aus dem Eingabestrom entfernt werden kann.
*/
int konvertiere_symbol_nach_int( zaehler, s)
int zaehler;
SYMBOL *s;
{
    int c;

    for ( c = END_OF_STREAM ; zaehler < gesamt[ c ] ; c-- )
    ;
    s->oberer_zaehler = gesamt[ c + 1 ];
    s->unterer_zaehler = gesamt[ c ];
    return( c );
}

/*
* Diese Routine wird aufgerufen, um ein Symbol zu codieren.
* Das Symbol wird in Form einer SYMBOL-Struktur, die Be-
* reichsgrenzen und eine Spannweite enthält, übergeben. Der
* Codierungsprozeß umfaßt zwei Schritte:
* Zuerst werden die Variablen untere_grenze und obere_grenze
* entsprechend dem Symbolbereich weiter eingeschränkt.
* Anschließend werden so viele Bit wie möglich ausgegeben.
*/
void codiere_symbol( strom, s )
BIT_FILE *strom;
SYMBOL *s;
```

```
{
    long bereich;
/*
* Diese drei Zeilen reskalieren obere_grenze und
* untere_grenze.
*/
    bereich = (long) ( obere_grenze-untere_grenze ) + 1;
    obere_grenze = untere_grenze + (unsigned short int)
         (( bereich * s->oberer_zaehler ) / s->
                    spannweite - 1 );
    untere_grenze = untere_grenze + (unsigned short int)
         (( bereich * s->unterer_zaehler ) /
                    s->spannweite );

/*
* Diese Schleife gibt neue Bit aus, bis obere_grenze und
* untere_grenze wieder weit genug voneinander entfernt sind.
*/
    for ( ; ; ) {
/*
* Wenn dieser Test erfolgreich verläuft, stimmen die
* höherwertigsten Bit überein und können ausgegeben werden.
*/
    if ( ( obere_grenze & 0x8000 ) ==
           ( untere_grenze & 0x8000 ) ) {
        OutputBit( strom, obere_grenze & 0x8000 );
        while ( unterlauf_bits > 0 ) {
        OutputBit( strom, ~obere_grenze & 0x8000 );
        unterlauf_bits--;
        }
    }
/*
* Wenn dieser Test zutrifft, besteht die Gefahr eines
* Unterlaufs.
*/
    else if ( ( untere_grenze & 0x4000 ) && !
                 ( obere_grenze & 0x4000 )) {
        unterlauf_bits += 1;
        untere_grenze &= 0x3fff;
        obere_grenze |= 0x4000;
    } else
        return ;
    untere_grenze <<= 1;
    obere_grenze <<= 1;
```

```
        obere_grenze |= 1;
        }
}

/*
* Diese Routine wird beim Decodieren aufgerufen, um
* herauszufinden, welches Symbol als nächstes decodiert wird.
* Sie erwartet die Modellspannweite in s->spannweite und
* berechnet einen Fließkommazählerwert.
* code = zaehler / s->spannweite
*/
short int bestimme_aktuellen_zaehler( s )
SYMBOL *s;
{
    long bereich;
    short int zaehler;

    bereich = (long) ( obere_grenze - untere_grenze ) + 1;
    zaehler = (short int)
        ((((long) ( code - untere_grenze ) + 1 ) *
                        s->spannweite-1 ) / bereich );
    return( zaehler );
}
/*
* Diese Routine wird aufgerufen, um den arithmetischen
* Decoder zu initialisieren. Dies umfaßt das Versehen der
* Variablen obere_grenze und untere_grenze mit ihren üblichen
* Werten und das Einlesen der ersten 16 Bit.
*/
void initialisiere_arith_decodierer( strom )
BIT_FILE *strom;
{
    int i;
    code = 0;
    for ( i = 0 ; i < 16 ; i++ ) {
    code <<= 1;
    code += InputBit( strom );
    }
    untere_grenze = 0;
    obere_grenze = 0xffff;
}
/*
* Das Herausfinden, wie das aktuelle Symbol lautet, entfernt
* es noch nicht aus dem Eingabestrom. Diese Aufgabe übernimmt
```

```
* die folgende Routine.
*/
void entferne_symbol_aus_strom( strom, s )
BIT_FILE *strom;
SYMBOL *s;
{
    long bereich;
/*
* Zuerst wird der Bereich expandiert, damit das Symbol
* entfernt werden kann.
*/
    bereich = (long)( obere_grenze - untere_grenze ) + 1;
    obere_grenze = untere_grenze + (unsigned short int)
         (( bereich * s->oberer_zaehler ) /
                      s->spannweite - 1 );
    untere_grenze = untere_grenze + (unsigned short int)
         (( bereich * s->unterer_zaehler ) / s->spannweite );

/*
* Dann werden falls möglich Bit herausgeschoben.
*/
    for ( ; ; ) {

/*
* Falls die höherwertigsten Bit übereinstimmen, werden sie
* herausgeschoben.
*/
    if ( ( obere_grenze & 0x8000 ) ==
            ( untere_grenze & 0x8000 ) ) {
    }
/*
* Falls ein Unterlauf auftritt, werden die zweithöherwertigs-
* ten Bit entfernt.
*/
    else if ((untere_grenze & 0x4000) == 0x4000  &&
                (obere_grenze & 0x4000) == 0 ) {
        code ^= 0x4000;
        untere_grenze   &= 0x3fff;
        obere_grenze   |= 0x4000;
    } else
/*
* Anderenfalls kann nichts herausgeschoben werden und die
* Routine kehrt zurück.
*/
```

```
        return;
    untere_grenze <<= 1;
    obere_grenze <<= 1;
    obere_grenze |= 1;
    code <<= 1;
    code += InputBit( strom );
    }
}

/******************* Ende von ARITH.C ********************/
```

6 Statistische Modellierung

In den drei vorhergehenden Kapiteln wurden verschiedene Codierungstechniken vorgestellt, mit deren Hilfe Daten komprimiert werden können. Die Huffman- oder arithmetische Codierung kann entweder in Verbindung mit adaptiven oder festen Modellen eingesetzt werden, aber es wird immer ein statistisches Modell benötigt, das den Codierer steuert. Als diese Codierungstechniken behandelt wurden, fand immer ein einfaches Modell der Ordnung 0 Verwendung. Damit können schon recht gute Komprimierungsgrade erzielt werden. In diesem Kapitel wird erklärt, wie anspruchsvollere Modellierungstechniken mit den konventionellen Codierungsmethoden kombiniert werden können, um bessere Komprimierungsergebnisse zu erlangen.

Modelle höherer Ordnung

Damit Daten mit der arithmetischen oder der Huffman-Codierung komprimiert werden können, wird ein Modell des Datenstromes benötigt. Das Modell muß zwei Dinge tun, damit Komprimierung stattfinden kann:

1. Es muß die Häufigkeit/Wahrscheinlichkeitsrate der Symbole im Datenstrom genau vorhersagen können.
2. Die vom Modell erzeugten Symbolwahrscheinlichkeitsraten dürfen nicht gleichverteilt sein.

Die exakte Vorhersage der Symbolwahrscheinlichkeitsrate ist sowohl bei der arithmetischen als auch bei der Huffman-Methode unabdingbar. Bei diesen Codierungsmethoden wird die Anzahl der Bit, die für das Codieren eines Zeichens herangezogen wird, in dem Maße verringert, wie die Wahrscheinlichkeitsrate des Zeichens ansteigt. Repräsentiert der Buchstabe E beispielsweise 25% der Eingabedaten, sollten zu seiner Codierung höchstens 2

Bit verwendet werden. Repräsentiert der Buchstabe Z nur 0,1% der Eingabedaten, können zu seiner Codierung 10 Bit herangezogen werden. Erzeugt das Modell ungenaue Wahrscheinlichkeitsraten und werden dann zum Codieren von E vielleicht 10 Bit eingesetzt bzw. für das Z zwei Bit, wäre eine Datenexpansion statt einer Komprimierung die Folge.

Die Vorhersagen des Modells müssen von einer Gleichverteilung abweichen. Je besser das Modell hierbei ist, desto bessere Komprimierungsgrade gibt es. Es kann zum Beispiel ein Modell eingerichtet werden, das allen 256 möglichen Symbolen eine Wahrscheinlichkeit von 1/256 zuweist. Die erzeugte Ausgabedatei wäre dann genauso groß, wie die Eingabedatei, da zum Codieren jedes Symbols genau acht Bit benötigt würden. Nur wenn die Wahrscheinlichkeitsraten von einer Normalverteilung abweichen, kann die Anzahl der Bit reduziert und eine Datenkomprimierung erreicht werden. Die Wahrscheinlichkeitsraten müssen exakt der Realität entsprechen, was ja von der ersten Bedingung verlangt wird.

Es sieht vielleicht so aus, als ob die Wahrscheinlichkeitsrate eines bestimmten Symboles, das in einem Datenstrom vorkommt, festgelegt ist, aber das ist nicht ganz richtig. Die Wahrscheinlichkeitsrate eines Zeichens kann sich abhängig vom Modell ziemlich verändern. Wird beispielsweise ein C-Programm komprimiert, beträgt die Wahrscheinlichkeitsrate des Neue-Zeile-Zeichens vielleicht 1/40. Dieser Wert wird bestimmt, indem der ganze Text durchgegangen und dabei ermittelt wird, wie häufig das Zeichen im Text vorkommt. Anschließend wird das Ergebnis durch die Gesamtzahl der Zeichen geteilt. Wird bei einem Modell auch nur ein einziges vorhergehendes Zeichen mitberücksichtigt, verändern sich die Wahrscheinlichkeitsraten. Handelte es sich in so einem Fall bei dem vorigen Zeichen um ein '}', erhöht sich die Wahrscheinlichkeit, daß das Neue-Zeile-Zeichen auftritt, auf 1/2. Mit dieser verbesserten Modellierungstechnik werden bessere Komprimierungsgrade erzielt, auch wenn beide Modelle exakte Wahrscheinlichkeitsraten generiert haben.

Endliche, kontextbezogene Modellierung

Die in diesem Kapitel behandelte Modellierungstechnik wird als »endliche, kontextbezogene Modellierung« bezeichnet. Sie fußt auf einer einfachen Idee: Die Wahrscheinlichkeitsraten aller eingelesenen Symbole werden anhand des Kontextes, in dem die Symbole stehen, berechnet. Bei allen hier gezeigten Beispielen besteht der Kontext aus nichts anderem als den vorhergehenden Symbolen. Die »Ordnung« des Modelles bezeichnet die Anzahl der vorhergehenden Symbole, die den Kontext bilden.

Das einfachste endliche, kontextbezogene Modell ist ein Modell der Ordnung 0, bei dem die Wahrscheinlichkeitsraten von jedem Symbol unabhängig von eventuell vorherkommenden Symbolen berechnet werden. Zur Realisierung dieses Modelles wird lediglich eine Tabelle benötigt, die die Häufigkeiten aller Symbole, die im Eingabestrom vorkommen können, beinhaltet. Ein Modell der Ordnung 1 muß 256 verschiedene Häufigkeitstabellen verwalten, da für jeden Kontext eine weitere Tabelle benötigt wird. Dementsprechend muß ein Modell der Ordnung 2 in der Lage sein, 65536 verschiedene Kontexttabellen zu verwalten.

Bei den in Kapitel 3, 4 und 5 benutzten Modellen handelte es sich ausschließlich um Modelle der Ordnung 0. Sie benötigen nicht viel Speicherplatz und können einfach manipuliert werden. Wenn wir uns mit Modellen der Ordnung 0 begnügen, bleiben die Datenkomprimierungsgrade relativ bescheiden.

Adaptive Modellierung

Es scheint logisch zu sein, daß mit dem Ansteigen der Ordnungszahl auch der Komprimierungsgrad höher wird. Die Wahrscheinlichkeitsrate des Buchstabens u in diesem Text beträgt möglicherweise nur 5%; falls das aber im Kontext vorhergehende Zeichen ein q ist, steigt die Wahrscheinlichkeit auf 95%. Das Vorhersagen von Zeichen mit hohen Wahrscheinlichkeitsraten verringert die Anzahl der benötigten Bit. Wird ein größerer Zusammenhang betrachtet, lassen sich bessere Vorhersagen machen.

Unglücklicherweise steigt der vom Modell beanspruchte Speicher exponentiell an, wenn die Ordnungszahl des Modelles linear zunimmt. Bei einem Modell der Ordnung 0 beträgt der von den statistischen Daten belegte Platz 256 Byte. Steigt die Ordnungszahl des Modelles auf 2 oder 3, beansprucht auch ein sehr umsichtig aufgebautes Modell Hunderte von Kilobyte.

Bei der konventionellen Datenkomprimierung werden die Daten einmal vollständig durchgegangen, um statistische Anhaltspunkte für das Modell zu sammeln. Erst beim zweiten Durchgang werden die Daten tatsächlich codiert. Die statistischen Daten werden normalerweise zusammen mit den komprimierten Daten abgelegt, damit das Decodierungsprogramm diese lesen kann. Diese Methode kann zu Problemen führen, falls die statistischen Daten des Modells mehr Platz einnehmen, als die Daten, die komprimiert werden sollen.

Die Lösung dieses Problemes besteht in der adaptiven Komprimierung. Bei der adaptiven Datenkomprimierung beginnen sowohl das Komprimierungs- als auch das Dekomprimierungsprogramm mit demselben, immer gleichen Modell. Das Komprimierungsprogramm codiert ein Symbol anhand des vorliegenden Modells und aktualisiert danach das Modell für die nächsten neuen Symbole. Das Dekomprimierungsprogramm decodiert das Symbol dementsprechend und bringt anschließend das Modell auf den neuesten Stand. Solange der zum Aktualisieren des Modells benutzte Algorithmus beim Dekomprimierungs- und Komprimierungsprogramm identisch abläuft, kann auf die Weitergabe einer statistischen Tabelle an das Dekomprimierungsprogramm verzichtet werden.

Die adaptive Datenkomprimierung besitzt einen kleinen Nachteil, aufgrund der Tatsache, daß die Komprimierung mit keinesfalls als optimal zu bezeichnenden statistischen

Daten beginnt. Zieht man jedoch den Aufwand, der zur Übermittlung der statistischen Daten betrieben werden muß, in Betracht, werden mit dem adaptiven Algorithmus immer noch bessere Ergebnisse als mit einem festen, statistischen Modell erzielt.

Die adaptive Komprimierung leidet auch am aufwendigen Aktualisieren des Modells. Wird bei der arithmetischen Codierung der Zählerwert eines bestimmten Symboles aktualisiert, beträgt der Aufwand hierfür genausoviel als beispielsweise die Neuberechnung der Zählerwerte aller anderen Symbole. Das führt zu Anweisungen, die im Durchschnitt für jedes zu codierende oder zu decodierende Symbol 128 arithmetische Operationen ausführen müssen.

Da sowohl viel Speicherplatz als auch CPU-Ausführungszeit benötigt wird, wurden adaptive Modelle höherer Ordnung erst in den letzten zehn Jahren in der Praxis eingesetzt. Es ist eine Ironie des Schicksals, daß mit sinkenden Kosten für Festplatten- und Hardwarespeicher, auch die Kosten zum Komprimieren der darauf abgespeicherten Daten sinken. Verfallen diese Kosten weiterhin in diesem Maße, wird es möglich, noch effektivere Programme als heutzutage zu realisieren.

Ein einfaches Beispiel

Beim Beispielprogramm in Kapitel 4 wurde die Huffman-Codierungsmethode eingesetzt, um die adaptive Codierungstechnik zu demonstrieren. In diesem Kapitel wird beim Beispielprogramm die arithmetische Codierung verwandt. Wird die endliche, kontextbezogene Modellierung betrieben, benötigt man beim Komprimieren der Daten zum Beschreiben jedes Kontextes eine Datenstruktur. Geht man zum Beispiel von einem Modell der Ordnung 0 zu einem Modell der Ordnung 1 über, wird das vorhergehende Symbol als Kontext für die Codierung des aktuellen Symboles herangezogen.

Ein aus 256 Kontextarrays bestehendes Array ist sicherlich die einfachste Möglichkeit, Datenstrukturen für ein Modell der Ordnung 1 zu erzeugen. Wie wir im letzten Kapitel gesehen haben, kann ein einfaches kontextbezogenes Modell für ein arithmetisches Codierungsprogramm mit Hilfe eines aus allen Symbolzählern bestehenden Arrays aufgebaut werden. Besteht das Alphabet aus 256 Symbolen, kann ein Array mit Zeigern auf 256 verschiedene Kontextarrays wie folgt erstellt werden:

```
int *gesamt[ 256];
void initialisiere_modell()
{
    int kontext;
    int i;
    for(kontext = 0; kontext < END_OF_STREAM; kontext++) {
    gesamt[kontext] = (int *)calloc(END_OF_STREAM+2, sizeof( int ));
        if(gesamt[kontext] == NULL) fataler_fehler
        ("Fehler beim Allokieren "+ "des Kontext %d", kontext);
```

```
        for(i=0;i<=(END_OF_STREAM+1);i++) gesamt[kontext][i]=i;
    }
}
```

Diese Anweisungen erzeugen nicht nur 256 Kontextarrays, sondern sie initialisieren außerdem alle Symbolzählerwerte mit 1. Jetzt kann mit der Codierung der eingelesenen Zeichen begonnen werden. Die benötigte Schleife sieht genauso aus, wie die bei den anderen adaptiven Programmen eingesetzte. Es folgt eine arithmetische Komprimierungsschleife der Ordnung 1:

```
for(;;)
{
    c = getc(eingabe);
    if(c==EOF)
        c = END_OF_STREAM;
    konvertiere_int_nach_symbol(c,kontext,&s);
    codiere_symbol(ausgabe, &s);
    if(c== END_OF_STREAM) break;
    aktualisiere_modell(c,kontext);
    kontext=c;
}
```

Das funktioniert denkbar einfach. Es liegt nicht nur eine Kontexttabelle vor, wie beim Programm aus Kapitel 5, sondern es gibt jetzt 256 Kontexttabellen. Jedes Symbol wird anhand der Kontexttabelle des vorherigen Symboles codiert, und nur die Statistiken für den ausgewählten Kontext werden aktualisiert, nachdem das Symbol bearbeitet wurde. Das heißt, die Wahrscheinlichkeit, welches Symbol wann auftritt, kann jetzt viel genauer bestimmt werden.

Der Decodierungsprozeß für dieses Modell der Ordnung 1 ist genauso einfach. Die zugehörigen Anweisungen entsprechen denen aus dem Decodierungsbeispiel aus Kapitel 5.

```
for(;;) {
    bestimme_symbol_spannweite(kontext, &s);
    zaehler = bestimme_aktuellen_zaehler(&s);
    c = konvertiere_symbol_nach_int(zaehler, kontext, &s);
    entferne_symbol_aus_strom(eingabe,&s);
    if(c == END_OF_STREAM) break;
    putc((char)c,ausgabe);
    aktualisiere:modell(c,kontext);
    kontext=c; }
```

Der einzige Unterschied zwischen diesen und konventionellen Anweisungen für ein Modell der Ordnung 0 besteht in einer zusätzlichen Kontextvariablen, die sowohl in der Schleife als auch als Parameter anderer Funktionen Verwendung findet. Die übrigen Routinen, die sich von denen aus Kapitel 5 unterscheiden, werden als nächstes gezeigt. Der C-Quelltext für dieses Modul befindet sich auf der Programmdiskette (ARITH1.C).

```
void aktualisiere_modell( symbol, kontext )
int symbol;
int kontext;
{
    int i;
    for ( i = symbol + 1 ; i <= ( END_OF_STREAM + 1 ) ; i++ )
    gesamt[ kontext ][ i ]++;
    if ( gesamt[ kontext ][ END_OF_STREAM + 1 ] <
                            MAXIMALE_SPANNWEITE )
        return;
    for ( i = 1 ; i <= ( END_OF_STREAM + 1 ) ; i++ ) {
    gesamt[ kontext ][ i ] /= 2;
    if (gesamt[ kontext ][i] <= gesamt[ kontext ][ i - 1 ])
     gesamt[kontext][ i ] = gesamt[ kontext ][ i - 1 ] + 1;
    }
}

void konvertiere_int_nach_symbol( c, kontext, s )
int c;
int kontext;
SYMBOL *s;
{
    s->spannweite = gesamt[ kontext ][ END_OF_STREAM + 1 ];
    s->unterer_zaehler = gesamt[ kontext ][ c ];
    s->oberer_zaehler = gesamt[ kontext ][ c + 1 ];
}

void bestimme_symbol_spannweite( kontext, s )
int kontext;
SYMBOL *s;
{
    s->spannweite = gesamt[ kontext][ END_OF_STREAM + 1 ];
}
int konvertiere_symbol_nach_int( zaehler, kontext, s)
int zaehler;
int kontext;
SYMBOL *s;

{
    int c;
    for (c = 0; zaehler >= gesamt[ kontext ][ c + 1 ] ; c++);
```

```
    s->oberer_zaehler = gesamt[ kontext ][ c + 1 ];
    s->unterer_zaehler = gesamt[ kontext ][ c ];
    return( c );
}
```

Den Escape-Code einsetzen

Das obige einfache Modell der Ordnung 1 zeigt bei der Komprimierung in der Tat eine beachtliche Leistung, aber es sind einige Dinge zu berücksichtigen. Die Komprimierungsfähigkeit nimmt aufgrund des Modells nur langsam zu. Der Grund hierfür ist, daß bei jedem Kontext anfänglich alle 257 Symbole den Zählerwert 1 besitzen. Das heißt, jedes Symbol wird anfänglich mit acht Bit codiert. Werden der Tabelle neue Symbole hinzugefügt, werden sie langsam aber sicher mit weniger Bit codiert. Dieser Prozeß läuft , wie man sich denken kann , nicht sehr schnell ab.

So wird zum Beispiel in der Kontexttabelle für den Buchstaben q eine große Anzahl der Symbole u vermerkt werden. Das erste u hat eine Wahrscheinlichkeitsrate von 1/257 und wird dementsprechend mit acht Bit codiert. Die Wahrscheinlichkeitsrate des zweiten us beträgt 2/258, und es werden zu seiner Codierung immerhin noch sieben Bit benötigt. Es müssen sechzehn u's aufeinanderfolgen, bis die Entropie dieses Symboles auf vier Bit absinkt.

Der Grund für diese langsame Verringerung der Codierungsbit ist offensichtlich. Die Wahrscheinlichkeitsrate des Symboles u wird von den anderen 256 Symbolen in der Tabelle negativ beeinflußt. Auch wenn sie nie in der Meldung vorkommen, benötigen sie einen Zähler der ungleich 0 ist. Würde ihr Zähler auf 0 reduziert, wäre es nicht möglich, die Symbole zu codieren, falls sie in der Meldung auftauchen.

Es gibt auch für dieses Problem eine kurze und schmerzlose Lösung. Damit nicht jedes Symbol automatisch in jeder Tabelle vorkommt, muß mit einer annähernd leeren Tabelle begonnen werden. Die Symbole werden anschließend nur dann der Tabelle hinzugefügt, wenn sie in der Nachricht vorkommen. In der Tabelle für das q wären dann die Zähler der meisten anderen Symbole 0, wodurch das u, wenn es das erste Mal auftaucht, eine niedere Anzahl Bit zugewiesen bekommt.

Aber bei dieser Sache gibt es einen Haken. Wie wird ein Symbol, das in einer Meldung vorkommt, codiert, wenn es gar nicht in der Kontexttabelle vorliegt? Am einfachsten geht das mit Hilfe eines Escape-Codes. Beim Escape-Code handelt es sich um ein spezielles Symbol (ähnlich wie das Ende-des-Stromes-Symbol), das anzeigt, wann es an der Zeit ist, den aktuellen Kontext zu verlassen.

Liefert ein Kontext ein Escape-Symbol, gelangt man immer zu einem Kontext niederer Ordnung zurück. Bei unserem nächsten Beispielprogramm gelangt man mit dem Escape-Code in den Escape-Kontext, einen Kontext, der nie aktualisiert wird. Er umfaßt 258 Symbole, deren Zählerwerte alle 1 sind. Dadurch wird garantiert, daß jedes in der Meldung vorkommende Symbol durch Ausgabe eines Escape-Codes des aktuellen Kontextes und durch Codieren des Symboles mit Hilfe des Escape-Kontextes codiert werden kann.

Was für einen Einfluß hat das auf das Beispiel mit dem Buchstaben u? Wie Sie sehen werden, macht es einen enormen Unterschied. Für das erste u, für das im vorigen Beispiel zur Codierung acht Bit benötigt wurden, werden hier ebenfalls acht Bit benötigt. Zur Codierung des Escape-Codes werden keine Bit benötigt, und das u besitzt im Escape-Kontext die Wahrscheinlichkeitsrate 1/257. Danach wird das u der Tabelle hinzugefügt und mit einem Zählerwert von 1 versehen. Beim nächsten Auftauchen eines u wird nur noch ein Bit zum Codieren benötigt, da die Wahrscheinlichkeitsrate 1/2 beträgt. Kommen weitere 16 us im Text vor, benötigt das vorige Modell noch vier Bit zur Codierung das Escape-Modell dagegen nur 0,06 Bit!

Der Escape-Code sorgt dafür, daß die Modelle nicht mit Zeichen überfrachtet werden müssen, die niemals vorkommen. Dadurch kann das Modell sich schnell auf verändernde Wahrscheinlichkeitsraten einstellen, was zu einer raschen Verminderung der Bit führt, die zur Codierung von Symbolen mit hohen Wahrscheinlichkeitsraten benötigt werden.

Für den Codierungsprozeß dieser speziellen Implementierung eines Modells höherer Ordnung müssen am vorigen Programm lediglich einige Veränderungen vorgenommen werden. Die Routine konvertiere_int_nach_symbol() überprüft jetzt, ob ein Symbol in einem bestimmten Kontext vorliegt oder nicht. Ist das nicht der Fall, wird stattdessen der Escape-Code codiert und die Funktion übergibt, wie im folgenden gezeigt wird, an die übergeordnete Schleife das entsprechende Ergebnis:

```
kontext = 0;
initialisiere_modell();
initialisiere_arith_codierer();

for ( ; ; ) {
c = getc( eingabe );
    if ( c == EOF )
        c = END_OF_STREAM;
escaped = konvertiere_int_nach_symbol(c, kontext, &s);
codiere_symbol( ausgabe, &s );
    if ( escaped ) {
    konvertiere_int_nach_symbol( c, ESCAPE, &s );
    codiere_symbol( ausgabe, &s );
    }

    if ( c == END_OF_STREAM )
    break;
aktualisiere_modell( c, kontext );
kontext = c;
}
```

Das Komprimierungsprogramm versucht zuerst in der gezeigten Komprimierungschleife, das Originalsymbol zu codieren. Übergibt die Routine konvertiere_int_nach_symbol() den Wert wahr, erscheint das Symbol im aktuellen Kontext nicht, und das Symbol wird mit Hilfe des Escape-Kontextes erneut codiert. Anschließend wird lediglich das aktuelle Kontextmodell mit dem gerade bearbeiteten Symbol aktualisiert und nicht das Escape-Modell.

Die Dekomprimierungsschleife dieses Programmes folgt einem ähnlichen Muster. Die im folgenden gezeigten Anweisungen durchlaufen eine Schleife ein- oder zweimal, abhängig davon, ob ein Escape-Code vorgefunden wird oder nicht. Der Quelltext dieses Kontextwechsel-Programmes der Ordnung 1 befindet sich auf der zum Buch gehörenden Programmdiskette (ARITH1E.C).

```
kontext = 0;
initialisiere_modell();
initialisiere_arith_decodierer( eingabe );
for ( ; ; ) {
letzter_kontext = kontext;
    do {
    get_symbol_scale( kontext, &s );
    zaehler = bestimme_aktuellen_zaehler( s );
    c = konvertiere_symbol_nach_int( zaehler, kontext, &s );
    entferne_symbol_aus_strom( eingabe, &s );
    kontext = c;
    } while ( c == ESCAPE );
    if ( c == END_OF_STREAM )
        break;
putc( (char) c, ausgabe );
aktualisiere_modell( c, letzter_kontext );
kontext = c;
}
```

Verbesserungen

Einige Probleme, die im Zusammenhang mit der Codierungsmethode aus ARITH1.C auftauchen, haben ihren Ursprung in den umständlichen Operationen, die aufgrund des Modells eingesetzt werden müssen. Jedes Mal, wenn der Zähler für das Symbol c inkrementiert wird, muß jeder Zähler aus gesamt[kontext][ ] von c bis 256 inkrementiert werden. Das heißt, beim Codieren oder Decodieren eines Zeichens müssen durchschnittlich 128 Inkrementierungsoperationen durchgeführt werden. Bei einem einfachen Demonstrationsprogramm wie dem hier gezeigten ist das zwar nicht das Hauptproblem, aber ein tatsächliches Programm sollte modifiziert werden, damit es effektiver arbeiten kann.

Eine Möglichkeit, die Anzahl der Inkrementierungsoperationen zu verringern, besteht darin, die Zählerwerte der am häufigsten benutzten Symbole an den Schluß des Arrays zu bringen. So muß sich das Modell zwar alle Symbolpositionen im Array gesamt[kontext] merken, aber die Anzahl der Inkrementierungsoperationen wird um Größenordnungen verringert. Diese Programmverbesserung kann mit wenig Aufwand vorgenommen werden. Ein sehr gutes Programmbeispiel, bei dem diese Programmtechnik benutzt wird, wurde von H. Witten, Neal Radford und John Cleary in »Arithmetische Codierung für die Datenkomprimierung, « *Communications des ACM* (Juni 1987) veröffentlicht. Dieser Artikel stellt zum Thema arithmetische Codierung eine sehr gute Informationsquelle dar. Er beinhaltet unter anderem den Text illustrierenden C-Quelltext.

Modellierung höchster Ordnung

Beim vorigen Beispielprogramm wurden zur Datenkomprimierung statistische Daten der Ordnung 1 herangezogen. Arbeitet man mit höheren Ordnungen, müßten logischerweise bessere Komprimierungsergebnisse zu erzielen sein. An dieser Stelle tritt die Relevanz des Escape-Codes klar zutage. Arbeitet man mit einem Modell der Ordnung 3, müssen potentiell 16000000 Kontexttabellen in Betracht gezogen werden. Es müßte eine unvorstellbar große Textmenge eingelesen werden, bevor diese 16000000 Tabellen über genug statistische Daten verfügen, damit die Datenkomprimierung überhaupt einen Effekt zeigt. Außerdem würden viele dieser 16000000 Tabellen niemals benutzt; das heißt, sie belegen unnötigen Speicherplatz. Bei der Komprimierung von deutschem Text ist es beispielsweise absolut unnötig für die Tabelle QQW Platz zu reservieren. Sie wird niemals eingesetzt.

Die Lösung besteht wieder einmal darin, die Wahrscheinlichkeitsraten aller Symbole eines Kontext anfänglich mit 0 zu versehen. Tritt dann in der Folge ein unbekanntes Symbol auf, kann zu einem anderen Kontext übergegangen werden. Die Frage ist nur, zu welchem Kontext soll übergegangen werden, nachdem ein Escape-Code ausgesendet wurde? Beim letzten Beispiel wurde auf einen Standardkontext, der als Escape-Kontext bezeichnet wurde, zurückgegriffen. Dieser Escape-Kontext wurde nicht aktualisiert, das bedeutet; immer wenn er verwendet wird, findet überhaupt keine Komprimierung statt.

Bei Modellen höherer Ordnung gibt es bessere Möglichkeiten, als lediglich automatisch zum Standardkontext überzugehen. Kann ein Symbol nicht mit einem vorliegenden Kontext codiert werden, wird zum Kontext der nächstkleineren Ordnung übergegangen. Handelte es sich beim vorliegenden Kontext beispielsweise um REC und muß zum erstenmal ein H codiert werden, wird ein Escape-Code erzeugt. Anschließend kehrt man zu einem Modell der Ordnung 2 zurück und versucht, das Zeichen H mit dem Kontext EC zu codieren. Das wird bis zum Kontext der Ordnung 0 fortgesetzt. Muß dann immer noch der Escape-Code ausgegeben werden, wird auf einen speziellen Kontext der Ordnung (-1) zurückgegriffen, der niemals aktualisiert und bei der Initialisierung so eingerichtet wird, daß die Zählerwerte aller Symbole 1 sind – dadurch wird die Codierung aller Symbole sichergestellt.

Wendet man diese Escape-Code-Technik an, bedeutet das für das Treiberprogramm nur eine geringe Veränderung. Das Programm (siehe den Quelltext in ARITH-N.C) befindet sich nun in einer Schleife, die wie folgt versucht, Zeichen zu codieren:

```
do {
    escaped = konvertiere_int_nach_symbol( c, &s );
    codiere_symbol( ausgabe, &s );
} while ( escaped );
```

Die Modellierungsanweisungen kümmern sich um die aktuelle Ordnung und dekrementieren diese, falls ein Escape-Code ausgegeben wird. Die Aufgabe herauszufinden, welche Kontexttabelle zur aktuellen Ordnung gehört, ist im Vergleich dazu viel schwieriger.

Das Modell aktualisieren

ARITH1E.C leistet bei der Datenkomprimierung gute Dienste. Aber es können an dessen statistischer Methode noch einige Optimierungen vorgenommen werden, ohne die grundlegende Struktur des Algorithmus zu verfälschen. Im Rest dieses Kapitels werden diese Verbesserungen behandelt. Außerdem wird ein Beispielkomprimierungsmodul, ARITH-N.C, vorgestellt, das die meisten davon enthält.

Arbeitet man mit einem Modellierungsalgorithmus, der mit höheren Ordnungen arbeitet, müssen nicht nur die Kontexttabellen der höchsten Ordnung vorliegen, sondern es müssen auch die Kontexttabellen aller Ordnungen bis zur höchsten vorhanden sein. Verwendet man zum Beispiel die Modellierung der Ordnung 2, gibt es eine Tabelle der Ordnung 0, 256 Tabellen der Ordnung 1 und 65536 Tabellen der Ordnung 2. Wird ein neues Zeichen codiert oder decodiert, aktualisieren die Modellierungsanweisungen die entsprechende Tabelle jeder Ordnung. Bei dem Beispiel, bei dem das H auf REC folgte, werden die Modellierungsanweiungen der H-Zählerwerte in der REC-Tabelle der Ordnung 3, der EC-Tabelle der Ordnung 2, der C-Tabelle der Ordnung 1 und der Tabelle der Ordnung 0 aktualisieren. Die zum Aktualisieren aller dieser Tabellen benötigten Anweisungen sehen wie folgt aus:

```
for(ordnung=0;ordnung<=max_ordnung;ordnung++)
    aktualisiere_modell(ordnung, symbol);
```

Eine minimale Modifikation dieses Algorithmus bewirkt ein schnelleres Aktualisieren und bessere Komprimierungsgrade. Damit nicht alle Modelle der unterschiedlichen Ordnungen des aktuellen Kontextes aktualisiert werden müssen, genügt es, nur diese Modelle zu aktualisieren, die wirklich zum Codieren des Symboles herangezogen wurden. Das wird als

»Aktualisierungsausschluß« bezeichnet, da alle nicht benötigten Modelle niederer Ordnungen vom Aktualisierungsprozeß ausgeschlossen werden. Das ergibt eine zwar kleine, aber doch merkliche Verbesserung des Komprimierungsgrads. Dieser Effekt tritt ein, da Symbole, die häufig in den Modellen höherer Ordnung vorkommen, nicht so oft in den Modellen niederer Ordnung auftauchen. Der modifizierte Quelltext sieht wie folgt aus:

```
for(ordnung=codierte_ordnung;ordnung<=max_ordnung;ordnung++)
    aktualisiere_modell(ordnung, symbol);
```

Die Wahrscheinlichkeitsrate des Escape-Symbols

Beginnt das Programm mit der Codierung eines Textstromes, werden zuerst ziemlich viele Escape-Codes erzeugt. Die Anzahl der zur Codierung des Escape-Symbols benötigten Bit hat, wie man sich denken kann, einen großen Effekt auf den Komprimierungsgrad, besonders bei kleinen Dateien. Bei unseren ersten Versuchen mit Escape-Codes zu arbeiten, setzten wir den Escape-Zähler auf 1 und beließen es unabhängig vom Zustand der übrigen Kontexttabelle dabei. Bell, Cleary und Witten bezeichnen das als »Methode A«. Bei der Methode B wird der Zählerwert des Escape-Symbols auf die Anzahl der Symbole gesetzt, die momentan in der Kontexttabelle definiert sind. Wurden bis dahin beispielsweise elf Zeichen eingelesen, wird der Escape-Symbolzähler auf elf gesetzt, unabhängig davon, welche Werte die anderen Zähler besitzen.

Beide Methoden funktionieren recht gut. Der Quelltext des vorigen Programmes kann leicht so abgewandelt werden, daß eine der beiden Methoden angewandt werden kann. Der Hauptvorteil der beiden Methoden besteht sicher darin, daß beide so gut wie keine zusätzliche Rechenleistung erfordern. Fügt man bei der Methode A das Escape-Symbol der Tabelle auf richtige Art hinzu, kann die Tabelle mit demselben Aufwand aktualisiert werden, als läge das Symbol nicht in der Tabelle vor.

Beim nächsten Beispielprogramm ARITH-N.C wird ein etwas komplizierterer Escapezähler-Berechnungsalgorithmus verwandt. Dabei werden drei verschiedenen Faktoren berücksichtigt, wenn es darum geht, die Escape-Wahrscheinlichkeitsrate festzulegen.
Erstens steigt die Anzahl der in der Kontexttabelle definierten Symbole an, sinkt natürlich die Escape-Wahrscheinlichkeitsrate. Das Maximum wird erreicht, wenn in der Tabelle alle 256 Symbole definiert sind. Die Escape-Wahrscheinlichkeitsrate beträgt dann 0.
Zweitens, ein gewisses Maß an »Zufälligkeit« in der Tabelle wird berücksichtigt. Diese Zufallsrate wird durch Division des größten Zählerwertes in der Tabelle durch den durchschnittlichen Zählerwert errechnet. Je höher die Rate, desto geringer ist die Zufälligkeit in der Tabelle. Angenommen, es wären in der REC-Tabelle nur drei Symbole definiert: H mit einem Zählerwert von 50, h mit einem Wert von 10 und e mit einem Wert von
Drittens, die Zufallsrate, also das Verhältnis des U-Zählers 50 zum Durchschnitt 21, ist recht hoch. Das U kann also mit einer relativ großen Wahrscheinlichkeit vorhergesagt werden. Die Escape-Wahrscheinlichkeitsrate ist dann entsprechend gering. Bei einer

Tabelle, wo der höchste Zählerstand 10 und der durchschnittliche 8 beträgt, ist alles ein bißchen mehr dem Zufall überlassen und die Escape-Wahrscheinlichkeitsrate natürlich größer.

Beim dritten Faktor wird grob gezählt, wieviele Symbole in einer bestimmten Tabelle vorliegen. Steigt die Anzahl der Symbole, wird die Aussagekraft der Tabelle größer und die Escape-Wahrscheinlichkeitsrate sinkt.

Auf der nächsten Seite sehen Sie, welche Formel ich anwende, um den Escape-Zählerwert zu berechnen.

```
zaehler = (256-Anzahl der bisherigen Symbole)*Anzahl der
           bisherigen Symbole
Falls zaehler kleiner als 1
    zaehler = 1
```

Bei der fehlenden Variablen dieser Gleichung handelt es sich um die absolute Symbolanzahl. Sie ist implizit in der Berechnung enthalten, da die Escape-Wahrscheinlichkeitsrate sich berechnet aus: Escape-Zählerwert dividiert durch die absolute Anzahl. Die absolute Anzahl macht also aus dem Escape-Zählerwerte automatisch eine Wahrscheinlichkeitsrate.

»Zählkarten« verwenden

Arbeitet man mit Modellierungen höherer Ordnung, kann durch eine zusätzliche Optimierung der Komprimierungsgrad erhöht werden. Wird ein Symbol zum ersten Mal komprimiert, kann man entweder den Code für das Symbol oder einen Escape-Code erzeugen. Wird der Escape-Code erzeugt, trat das Symbol vorher noch nie in diesem Kontext auf, der Zählerwert beträgt also 0. Man erhält jedoch durch die Erzeugung des Escape-Codes einige Informationen über das Symbol. Man kann eine Liste der Symbole erstellen, die nicht mit dem Symbol übereinstimmen, das codiert werden soll. Bei diesen Symbolen kann man während der Berechnungen der Wahrscheinlichkeiten der Modelle niederer Ordnung den Zählerwert vorübergehend auf 0 setzen. Die Zählerwerte werden wieder mit ihren ursprünglichen Werte versehen, nachdem der Codierungsvorgang des gewünschten Zeichens beendet wurde. Dieser Prozeß wird als »Zählkarten verwenden« bezeichnet.

Ein Beispiel dazu sehen Sie unten. Ist der aktuelle Kontext beispielsweise HAC und beim nächsten Symbol handelt es sich um ein K, wird K mit den gezeigten Tabellen codiert. Ohne den oben angesprochenen Mechanismus würde der HAC-Kontext einen Escape-Code mit einer Wahrscheinlichkeit von 1/16 erzeugen. Der AC-Kontext gibt einen Escape-Code mit einer Wahrscheinlichkeit von 1/8 aus. Der C-Kontext generiert einen Escape-Code mit einer Wahrscheinlichkeit von 1/40 und der »«-Kontext gibt schließlich das K mit einer Wahrscheinlichkeit von 1/73 aus.

»«	»C«	»AC«	»HAC«
ESC 1	ESC 1	ESC 1	ESC 1
'K' 1	'H' 20	'C' 5	'E' 3
'E' 40	'T' 11	'H' 2	'L' 1
'I' 22	'L' 5	'C' 1	
'A' 9	'A' 3		

Setzt man den Zählerkarten-Mechanismus ein, um die Zählerwerte der vorher eingelesenen Zeichen auszuschließen, kann bei den Wahrscheinlichkeitsraten eine wesentliche Verbesserung erzielt werden. Das Codieren des Escape-Codes beim Kontext HAC wird nicht beeinflußt, da keine vorherigen Zeichen vorhanden sind. Beim AC-Escape-Code wird das C aber aus den Berechnungen entfernt, was eine Wahrscheinlichkeitsrate von 1/3 ergibt. Beim C-Escape-Code werden die H- und die A-Zählerwerte ausgeschlossen, was die Wahrscheinlichkeitsrate von 1/40 auf 1/17 steigert. Und beim »«-Kontext schließlich werden der E- und der A-Zählerwert ausgeschlossen, wodurch die Wahrscheinlichkeitsrate von 1/73 auf 1/24 steigt. Die Anzahl der zur Codierung des Symbols benötigten Bit sinkt durch diese Vorgehensweise von 14,9 auf 12,9 – das lohnt sich.

Das Anlegen von Zählerkarten führt immer zu besseren Komprimierungsgraden und hat keinerlei negative Auswirkungen. Das Hauptproblem bei dieser Vorgehensweise besteht darin, daß die Wahrscheinlichkeitswertetabellen aller Kontexte niederer Ordnungen jedesmal neu berechnet werden müssen, wenn auf die Tabelle zugegriffen wird. Dadurch benötigt die CPU zur Codierung von Text viel mehr Zeit. Die Vorteile dieses Mechanismus können Sie dem Programm ARITH-N.C entnehmen.

Datenstrukturen

Bei allen obigen Verbesserungen der statistischen Modellierung wird vorausgesetzt, daß die Modelle höherer Ordnung alle auf dem Zielcomputer realisiert werden können. Die Probleme mit höheren Ordnungen liegen im Speicherbereich. Die gesamt-Tabelle des Modells der Ordnung 0 aus Kapitel 5 beanspruchte gerade 516 Byte Speicher. Hätte man dieselben Datenstrukturen zusammen mit einem Modell der Ordnung 1 eingesetzt, würde im Speicher 133 Kbyte belegt, das kann ja noch halbwegs akzeptabel sein. Aber bei Modellen der Ordnung 2 steigen die RAM-Speicheranforderungen auf 34 Megabyte! Da man auch mit größeren Ordnungen als 2 arbeiten möchte, müssen die Datenstrukturen, in denen sich die Zählerwerte befinden, umgestaltet werden.

Speicherplatzeinsparungen können nur erzielt werden, wenn die Kontexttabellen neu organisiert werden. In Kapitel 5 sah die eingesetzte Tabelle so einfach wie nur möglich aus, wobei ein Symbol als direkter Index für ein Zählerwertepaar diente. Bei Modellen der Ordnung 1 könnte man die entsprechenden Kontexttabellen durch Verweise in ein

Kontexttabellen-Array finden, von wo aus wieder das fragliche Symbol als Index dienen kann. Die erforderliche Prozedur könnte wie folgt aussehen:

```
unterer_zaehler = gesamt[letztes_zeichen][akt_zeichen];
oberer_zaehler = gesamt[letztes_zeichen][akt_zeichen+1];
spannweite = gesamt[letztes_zeichen][256];
```

Das ist zwar bequem, jedoch sehr unwirtschaftlich. Hierbei wird für den gesamten Kontext Speicher allokiert, sogar für nicht benötigte Tabellen. Außerdem wird für alle Symbole in der Tabelle Speicherplatz bereitgestellt, unabhängig davon, ob sie im Text vorkommen oder nicht. Beide Faktoren sind für eine ungeheuere Speicherplatzverschwendung bei Modellen höherer Ordnung verantwortlich.

Die Lösung des ersten Problemes besteht darin, die Kontexttabellen als Baum anzulegen. Die Kontexttabelle der Ordnung 0 wird an einer bekannten Stelle plaziert und dient dazu, Zeiger auf Kontexttabellen der Ordnung 1 aufzunehmen. Die Kontexttabellen der Ordnung 1 beinhalten wiederum ihre eigenen Statistiken und Zeiger auf Kontexttabellen der Ordnung 2. Das wird solange fortgesetzt, bis die »Blätter« des Kontextbaumes erreicht werden, die die Tabellen der Ordnung n beinhalten, jedoch keine weiteren Zeiger auf höhere Ordnungen. Bei einer Baumstruktur können Zeiger auf nicht benötigte Kontexttabellen auf Null gesetzt werden, bis die Kontexttabelle benötigt wird. Ist das der Fall, wird eine Tabelle erzeugt und im Baum eingetragen.

Das zweite Problem besteht darin, daß jedesmal eine Tabelle mit 256 Zählerwerten eingerichtet werden muß, wenn ein neuer Kontext erzeugt wird. In Wirklichkeit umfassen die Kontexte der höheren Ordnungen meist nur einige wenige Symbole. Es kann also jede Menge Speicherplatz eingespart werden, indem man nur Platz für Symbole allokiert, die in einem bestimmten Kontext vorkommen.

Nach Implementation dieser Veränderungen liegen die folgenden Datenstrukturen vor:

```
typedef struct {
    unsigned char symbol;
    unsigned char zaehlerwert;
} STATISTIKEN;

typedef struct {
    struct kontext *naechster;
} VERWEISE;

typedef struct kontext {
    int max_index;
    VERWEISE *verweise;
    STATISTIKEN *statistiken;
    struct kontext *niederer_kontext;
} KONTEXT;
```

Ordnung 0

Kontext: »«
Niedrigster: Null

Symbol	*Zähler*	*Verweis*
A	3	»A«
B	3	»B«
C	1	»C«
D	1	»D«
E	1	»E«

Ordnung 1

Kontext: »A«
Niedrigster: »«

Symbol	*Zähler*	*Verweis*
B	3	»AB«

Kontext: »B«
Niedrigster: »«

Symbol	*Zähler*	*Verweis*
C	1	»BC«
D	1	»BD«
E	1	»BE«

Kontext: »C«
Niedrigster: »«

Symbol	*Zähler*	*Verweis*
A	1	»CA«

Kontext: »D«
Niedrigster: »«

Symbol	*Zähler*	*Verweis*
A	1	»DA«

Kontext: »E«
Niedrigster: »«

Symbol	*Zähler*	*Verweis*

Ordnung 2

Kontext: »AB«
Niedrigster: »B«

Symbol	*Zähler*	*Verweis*
C	1	»ABC«
D	1	»ABD«
E	1	»ABE«

Kontext: »BC«
Niedrigster: »C«

Symbol	*Zähler*	*Verweis*
A	1	»BCA«

Kontext: »CA«
Niedrigster: »A«

Symbol	*Zähler*	*Verweis*
A	1	»CAB«

Kontext: »BD«
Niedrigster: »D«

Symbol	*Zähler*	*Verweis*
A	1	»BDA«

Kontext: »BE«
Niedrigster: »E«

Symbol	*Zähler*	*Verweis*

Ordnung 3

Kontext: »ABC«
Niedrigster: »BC«

Symbol	*Zähler*	*Verweis*
A	1	NULL

Kontext: »BCA«
Niedrigster: »CA«

Symbol	*Zähler*	*Verweis*
B	1	NULL

Kontext: »CAB«
Niedrigster: »AB«

Symbol	*Zähler*	*Verweis*
D	1	NULL

Kontext: »ABD«
Niedrigster: »BD«

Symbol	*Zähler*	*Verweis*
A	1	NULL

Kontext: »BDA«
Niedrigster: »DA«

Symbol	*Zähler*	*Verweis*
B	1	NULL

Kontext: »DAB«
Niedrigster: »AB«

Symbol	*Zähler*	*Verweis*
E	1	NULL

Kontext: »ABE«
Niedrigster: »BE«

Symbol	*Zähler*	*Verweis*

Abbildung 6-1: *Ein Kontexttabellenbaum für »ABCABDABE«*

Die neue Kontextstruktur besteht aus vier Hauptelementen. Beim ersten handelt es sich um den Zähler max_index, der angibt, wieviele Symbole im Moment für diese spezielle Kontexttabelle definiert sind. Wird eine Tabelle neu angelegt, sind keine Symbole definiert, und max_index hat den Wert -1. Bei einer vollständig definierten Tabelle beträgt max_index 255. max_index gibt an, wieviele Einträge die Arrays umfassen, auf die von den Elementen statistiken und verweise verwiesen wird. Beim Element statistiken handelt es sich um ein Array aus Strukturen, wobei jede Struktur ein Element für einen Symbolwert und einen Zählerwert für dieses Symbol enthält. Handelt es sich bei der Kontexttabelle nicht um eine Tabelle der höchsten Ordnung, liegt zusätzlich das Array verweise vor. Jedes Symbol, das im Array statistiken einen Eintrag besitzt, verfügt auch über einen Zeiger auf eine Tabelle der nächsthöheren Ordnung im Array verweise.

Ein Beispiel für einen Kontexttabellenbaum finden Sie in Abbildung 6-1. Die gezeigte Tabelle wurde nach dem Einlesen des Textes »ABCABDABE« und einer Begrenzung auf die Ordnung 3 erstellt. Neun Symbole reichten aus, eine recht komplizierte Datenstruktur zu erzeugen, aber sie ist immer noch sehr viel kleiner als eine Struktur aus verschachtelten Arrays.

Ein Element dieser Struktur, das bisher noch nicht erklärt wurde, ist der Zeiger niederer_kontext. Dieser Zeiger wird beim Arbeiten mit Modellen höherer Ordnung benötigt. Versuchen die Modellroutinen, eine Kontexttabelle der Ordnung 3 zu lokalisieren, muß zuerst in der Symbolliste der Ordnung 0 und dann in der Symbolliste der Ordnung 1 usw. nach den entsprechenden Symbolen gesucht werden. Sind die Symbollisten der niederen Ordnungen relativ voll, kann das recht lange dauern. Aber es kommt noch schlimmer. Jedesmal, wenn ein Escape-Code erzeugt werden muß, muß das Ganze wiederholt werden. Diese Suchvorgänge beanspruchen unter Umständen enorm viel CPU-Zeit.

Die Lösung besteht darin, in jeder Tabelle einen Zeiger anzulegen, der auf die Kontexttabelle der nächstniederen Ordnung zeigt. In der Kontexttabelle ABC sollte sich also ein Zeiger zurück auf BC befinden, worin wiederum ein Zeiger auf C vorliegen sollte, von wo aus ein Zeiger auf die Tabelle »«, die Nulltabelle, zeigen sollte. Dann muß in den Modellroutinen lediglich ein Zeiger auf den Kontext der aktuell höchsten Ordnung vorliegen. Werden diese Voraussetzungen erfüllt, ist die Suche nach einer Tabelle der Ordnung 1 nur eine Sache von (n-1) Zeigeroperationen.

Angenommen, beim nächsten eingelesenen Textsymbol handelt es sich um ein X, beim aktuellen Kontext um ABC, und die Tabelle aus Abbildung 6 1 liegt zu Grunde. Ohne den niederer_kontext-Zeiger müßte in den Tabellen der Ordnung 3, 2, 1 und 0 nach X gesucht werden. Dazu werden 15 Vergleichsoperationen benötigt, und drei Tabellen müssen durchsucht werden. Arbeitet man mit rückwärts gerichteten Zeigern, müssen keine Vergleichsoperationen durchgeführt, sondern es muß nur in drei Tabellen nachgeschaut werden.

Damit der Kontextbaum aus Abbildung 6-1 für die Zeichenfolge ABEX aktualisiert werden kann, muß lediglich jeweils einmal in jeder Ordnung und in jeder Tabelle nachgeschaut werden. Die dazu notwendigen Anweisungen befinden sich in ARITH-N.C in der Routine fuege_zeichen_modell_zu(). Jedesmal, wenn eine neue Tabelle eingerichtet wird, muß ihr Rückwärtszeiger richtig gesetzt werden; dazu muß man beim Programmieren der Aktualisieren-Prozeduren einige Sorgfalt walten lassen.

Letzte Handgriffe: Tabelle 1 und 2

Zum Schluß müssen im Kontextbaum aus ARITH-N.C zwei spezielle Tabellen untergebracht werden. Die Tabelle der Ordnung -1 wurde schon behandelt. Es handelt sich dabei um eine Tabelle mit festen Wahrscheinlichkeitsraten für jedes Symbol. Befindet sich ein Symbol in keinem der Modelle höherer Ordnung, wird es im Modell der Ordnung -1 gesucht. Das ist der letztmögliche Zufluchtsort. Aus dieser Tabelle kann nämlich garantiert für jedes Symbol des Alphabetes ein Code erzeugt werden. Sie wird niemals aktualisiert, das heißt, für jedes Symbol liegt eine unveränderliche Wahrscheinlichkeitsrate vor.

In ARITH-N.C existiert noch eine spezielle Tabelle der Ordnung -2. Diese Tabelle wird zur Übergabe von Kontrollinformationen zwischen dem Codierungs- und Decodierungsprogramm benutzt. Das Codierungsprogramm kann an das Decodierungsprogramm den Wert -1 übergeben, um das Ende der Datei anzuzeigen. Da normale Symbole immer als vorzeichenlose Werte aus dem Bereich zwischen 0 und 255 definiert werden, erkennt das Programm negative Zahlen als Verweis auf die Tabelle der Ordnung -2. Das Programm weiß außerdem, aufgrund der Tatsache, daß -1 eine negative Zahl ist, daß das Symbol, sobald die aktualisiere_modell-Anweisungen zum Aktualisieren aufgerufen werden, ignoriert werden muß.

Das Modell leeren

Durch die Verwendung eines Modells der Ordnung -2 kann ein zweiter Kontrollcode vom Codierungs- an das Decodierungsprogramm übergeben werden – der Leeren-Code. Dieser Code weist das Decodierungsprogramm an, alle Statistiken aus dem Modell zu entfernen (bzw. abzuschwächen). Das Komprimierungsprogramm macht das, sobald die Effektivität des Modells zu sinken beginnt. Die Rate kann beliebig gewählt werden und wurde bei dieser Implementation auf 10% gesetzt. Fällt der Komprimierungsgrad darunter, werden alle Zählerwerte des Modells durch zwei geteilt. Dadurch erlangen neuere Statistiken größeres Gewicht, was zu einer Verbesserung des Komprimierungsgrades führen sollte.

In der Praxis sollte das Modell geleert werden, sobald der Eingabestrom seinen Charakter drastisch verändert. Komprimiert das Programm beispielsweise eine Programmdatei, haben die während der Komprimierung des Maschinencodes angesammelten Statistiken keine Aussagekraft, wenn die Programmdaten komprimiert werden. Leider ist es nicht ganz einfach einen Algorithmus zu definieren, der eine »Wesensänderung« des Eingabestromes erkennt.

Die Implementation

Auch trotz der hier eingesetzten byzantinischen Datenstrukturen beanspruchen die mit ARITH-N.C aufgebauten Komprimierungs- und Dekomprimierungsprogramme enorm viel Speicher. Arbeitet man mit DOS-Computern, deren Speicher auf 640K begrenzt ist, müssen diese Programme auf die Ordnung 1 limitiert werden, bei Text geht vielleicht, wegen der größeren Redundanz, noch die Ordnung 2.

Damit Komprimierungsgrade höherer Ordnung zusammen mit binären Dateien untersucht werden können, gibt es im Hinblick auf diese Programme mehrere Möglichkeiten. Es kann ein DOS-Extender, wie Rational Systems /16M verwendet werden. Die Programme können aber auch auf Computern erstellt werden, die entweder über einen größeren Adreßspeicher oder über virtuellen Speicher wie bei VMS- oder UNIX-Systemen verfügen. Das hier vorliegende Programm wurde so geschrieben, daß alle soeben genannten Möglichkeiten realisiert werden können.

Tests haben ergeben, daß mit einem zusätzlichen Megabyte an erweitertem Speicher und einem DOS-Extender nahezu jede ASCII-Datei mit einem PC und einer Komprimierungsmethode der Ordnung 3 komprimiert werden kann. Einige binäre Dateien beanspruchen mehr Speicherplatz. UNIX-Systeme haben keine Probleme bei der Komprimierung der Ordnung 3 und besitzen die beste Ausführungsgeschwindigkeit.

Schlußfolgerungen

Tests der Komprimierungsgrade zeigen, daß mit der statistischen Modellierung mindestens genauso gute Ergebnisse wie mit den tabellengesteuerten Methoden erzielt werden können. Aber diese Programme sind beim heutigen Stand der Dinge noch etwas unpraktisch, da soviel Speicherplatz erforderlich ist. ARITH-N ist außerdem recht langsam. Daten werden ungefähr im Bereich von einem Kbyte pro Sekunde komprimiert. Soll mit Modellen höherer Ordnung gearbeitet werden, wird ungeheuer viel Speicher benötigt. Sobald Speicherchips und Prozessoren billiger und leistungsfähiger werden, werden Methoden wie die hier gezeigten jedoch praktischer werden. Heutzutage können sie zwar eingesetzt werden, aber entweder ist der Speicherbedarf enorm groß oder die Transmissionsrate recht gering.

Die adaptive Modellierung der Ordnung 0 unter Verwendung der arithmetischen Codierung kann heutzutage in Situationen eingesetzt werden, bei denen sehr wenig Speicher benötigt wird. Die Komprimierungsgrade sind zwar nicht so gut wie bei anspruchsvolleren Modellen, aber der Speicherbedarf bleibt recht gering.

Verbesserung

Die Arbeitsweise der vorgestellten Algorithmen kann noch wesentlich verbessert werden, als die hier angesprochenen Implementationen zeigen. Der erste Ansatzpunkt für Verbesserungen liegt in der Speicherverwaltung. Beim jetzigen Stand der Dinge werden die Programme abgebrochen, sobald der Speicher ausgeht. Es wäre besser, wenn die Programme über einen vorher festgelegten Speicherbereich für ihre Statistiken verfügen würden. Nachdem die statistischen Daten den Speicher belegt haben, sollte das Programm mit dem Aktualisieren der Tabellen aufhören und sich mit dem begnügen, was es hat. Dazu müßten interne Speicherverwaltungsroutinen anstelle der C-Laufzeit-Bibliotheksroutinen verwendet werden.

Eine weitere Verbesserung könnte an der Baumstruktur der Kontexttabellen vorgenommen werden. Lokalisiert man diese Kontexttabellen mit einer Hash-Funktion, geht das schneller und benötigt weniger Speicher. Auch die Kontexttabellen selbst sind verbesserungswürdig. Sind in einer Tabelle mehr als 50% aller potentiellen Symbole definiert, könnte eine alternative Datenstruktur. bei der die Zählerwerte linear abgelegt werden, zum Einsatz kommen. Dadurch könnte schneller mit den Indizes zugegriffen werden, und weniger Speicher würde belegt.

Es wäre auch eine Anstrengung wert, zu versuchen, die Ordnung der benutzten Modelle adaptiv zu modifizieren. Beim Komprimieren mit Statistiken der Ordnung 3, erzeugen früh eingelesene Textteile beim Auffüllen der Tabellen eine Menge Escape-Codes. Es sollte möglich sein, den Codierungsvorgang mit Statistiken der Ordnung 0 zu beginnen und dann auf Statistiken der Ordnung 3 überzugehen. Während die Tabellen aufgefüllt werden, könnte die zur Codierung herangezogene Ordnung solange inkrementiert werden, bis das Maximum erreicht wird.

ARITH-N Listing

```
/******************* Start von ARITH-N.C ********************
*
* Dieses ist das Modul, das die arithmetische Codierung der
* Ordnung n aus dem letzten Teil von Kapitel 6 benutzt.
* Kompilieren Sie es mit BITEA.C, ERRHAND.C und entweder
* MAIN-K.C oder MAIN-E.C
* Dieses Programm sollte das Large-Modell benutzen. Noch
* besser wäre ein DOS-Extender.
*/
```

```
#include <stdio.h>
#include <stdlib.h>
#include <string.h>
#include "errhand.h"
#include "bitea.h"

/*
* Mit der SYMBOL-Struktur wird ein Symbol für die arithme-
* tische Codierung definiert. Ein Symbol ist hierbei als
* Bereich zwischen 0 und 1 definiert. Da wir mit Integern
* arbeiten, wird anstatt des Bereichs 0 bis 1 der Bereich 0
* bis spannweite genommen. Die Werte unterer_zaehler und
* oberer_zaehler legen fest, in welchen Bereich das Symbol
* fällt.
*/

typedef struct {
    unsigned short int untere_zaehler;
    unsigned short int oberer_zaehler;
    unsigned short int spannweite;
} SYMBOL;
#define MAX_SPANNWEITE   16383
/*
/* Maximal erlaubte Häufigkeit */
*/
#define ESCAPE          256    /* Das Escape-Symbol */
#define FERTIG            (-1) /* Das Ende-der-Datei-Symbol */
#define LEEREN            (-2) /* Das Modell-Leeren-Symbol */

/*
* Funktionsprototypen.
*/

#ifdef __STDC__

void initialisiere_optionen( int argc, char **argv );
int pruefe_komprimierung( FILE *eingabe, BIT_FILE *ausgabe );
void initialisiere_modell( void );
void aktualisiere_modell( int symbol );
int konvertiere_int_nach_symbol( int symbol, SYMBOL *s );
void bestimme_symbol_spannweite( SYMBOL *s );
int konvertiere_symbol_nach_int( int zaehler, SYMBOL *s );
void fuege_zeichen_modell_zu( int c );
void leeren_modell( void );
```

```
void initialisiere_arith_decodierer( BIT_FILE *stream );
void entferne_symbol_aus_strom(BIT_FILE *stream, SYMBOL *s);
void initialisiere_arith_codierer( void );
void codiere_symbol( BIT_FILE *stream, SYMBOL *s );
void leeren_arith_codierer( BIT_FILE *stream );
short int bestimme_aktuellen_zaehler( SYMBOL *s );

#else

void initialisiere_optionen();
int pruefe_komprimierung();
void initialisiere_modell();
void aktualisiere_modell();
int konvertiere_int_nach_symbol();
void bestimme_symbol_spannweite();
int konvertiere_symbol_nach_int();
void fuege_zeichen_modell_zu();
void leeren_modell();
void initialisiere_arith_decodierer();
void entferne_symbol_aus_strom();
void initialisiere_arith_codierer();
void codiere_symbol();
void leeren_arith_codierer();
short int bestimme_aktuellen_zaehler();

#endif


char *KomprimierungsName = "Adaptives Modell der Ordnung n "+
                          "mit arithmet. Codierung";
char *Anwendung          = "eingabedatei ausgabedatei "+
                          "[ -o Ordnung ]\n\n";
int max_ordnung           = 3;

/*
* Diese main-Funktion ähnelt der aus ARITH1E.C. Zuerst wird
* der Codierer und das Modell initialisiert und dann werden
* in einer Schleife die Symbole gelesen und codiert. Ein
* Unterschied besteht darin, daß alle 256 Symbole ein Kom-
* primierungsgradtest durchgeführt wird. Sollte der Grad
* unter 10% fallen, wird das Modell-Leeren-Symbol codiert.
* Hierbei wird das Modell des Codierers geleert, und der
* Decodierer tut ein gleiches, wenn er dieses Symbol an-
* trifft. Der zweite Unterschied besteht darin, daß für ein
```

```
* Symbol u.U. mehrmals versucht werden muß, es zu  codieren.
* Das liegt daran, daß, wenn ein Symbol mit der aktuellen
* Ordnung nicht codiert werden kann, ein Escape-Code
* ausgegeben wird. In diesem Fall wird das Ganze eine Ordnung
* niedriger nochmals versucht, bis das Symbol codiert werden
* kann. Das bedeutet, daß unter Umständen bis zur Ordnung -1
* gegangen werden muß. Die Ordnung -2 ist für die Symbole
* FERTIG und LEEREN zuständig.
*/

void KomprimiereDatei( eingabe, ausgabe, argc, argv )
FILE *eingabe;
BIT_FILE *ausgabe;
int argc;
char *argv[];
{
    SYMBOL s;
    int c;
    int escaped;
    int leeren = 0;
    long int text_zaehler = 0;
    initialisiere_optionen( argc, argv );
    initialisiere_modell();
    initialisiere_arith_codierer();
    for ( ; ; ) {
    if ( ( ++text_zaehler & 0x0ff ) == 0 )
        leeren = pruefe_komprimierung( eingabe, ausgabe );
    if ( !leeren )
        c = getc( eingabe );
    else
        c = LEEREN;
    if ( c == EOF )
        c = FERTIG;
    do {
        escaped = konvertiere_int_nach_symbol( c, &s );
        codiere_symbol( ausgabe, &s );
    } while ( escaped );
    if ( c == FERTIG )
        break;
    if ( c == LEEREN ) {
        leeren_modell();
        leeren = 0;
    }
    aktualisiere_modell( c );
```

```
    fuege_zeichen_modell_zu( c );
    }
    leeren_arith_codierer( ausgabe );
}

/*
* Diese Expansions-Funktion ähnelt ebenfalls der aus
* ARITH1E.C. Zuerst wird der Codierer und das Modell
* initialisiert. Die Dekomprimierungsschleife weist einige
* Unterschiede auf. Zuerst muß auf das ESCAPE-Zeichen
* reagiert werden können. Weiterhin muß das LEEREN-Zeichen
* richtig interpretiert werden. Ist die Decodierungsschleife
* mit ihrer Arbeit fertig, werden Aufräumarbeiten
* durchgeführt und das Programm wird verlassen.
*/
void ExpandiereDatei( eingabe, ausgabe, argc, argv )
BIT_FILE *eingabe;
FILE *ausgabe;
int argc;
char *argv[];
{
    SYMBOL s;
    int c;
    int zaehler;
    initialisiere_optionen( argc, argv );
    initialisiere_modell();
    initialisiere_arith_decodierer( eingabe );
    for ( ; ; ) {
    do {
        bestimme_symbol_spannweite( &s );
        zaehler = bestimme_aktuellen_zaehler( &s );
        c = konvertiere_symbol_nach_int( zaehler, &s );
        entferne_symbol_aus_strom( eingabe, &s );
    } while ( c == ESCAPE );
    if ( c == FERTIG )
        break;
    if ( c != LEEREN )
        putc( (char) c, ausgabe );
    else
        leeren_modell();
    aktualisiere_modell( c );
    fuege_zeichen_modell_zu( c );
    }
}
```

```
/*
* Diese Routine überprüft, ob Kommandozeilenargumente vor-
* handen sind. Zur Zeit kann nur ein Argument - die Ordnung -
* übergeben werden.
*/
void initialisiere_optionen( argc, argv )
int argc;
char *argv[];
{
    while ( argc-- > 0 ) {
    if ( strcmp( *argv, "-o" ) == 0 ) {
        argc--;
        max_ordnung = atoi( *++argv );
    } else
        printf( "Unbekanntes Argument: %s\n", *argv );
    argc--;
    argv++;
    }
}
/*
* Diese Routine wird alle 256 Zeichen aufgerufen. Ihre Auf-
* gabe ist es, zu überprüfen, ob der Komprimierungsgrad unter
* 10% fällt. Wenn die Größe der Ausgabe 90% der Eingabe
* beträgt, deutet das daraufhin, daß keine effektive Kompri-
* mierung mehr stattfindet. In diesem Fall sollten die
* Statistiken verworfen werden, damit aktuellere Daten mehr
* an Gewicht gewinnen. Dieser heuristische Ansatz scheint zu
* funktionieren.
*/

int pruefe_komprimierung( eingabe, ausgabe ) FILE *eingabe;
BIT_FILE *ausgabe;

{
    static long lokaler_eingabe_marker = 0L;
    static long lokaler_ausgabe_marker = 0L;

    long totale_eingabe_bytes;
    long totale_ausgabe_bytes;

    int lokaler_grad;

    totale_eingabe_bytes = ftell(eingabe) - lokaler_eingabe_marker;
    totale_ausgabe_bytes = ftell( ausgabe->file );
```

```
    totale_ausgabe_bytes -= lokaler_ausgabe_marker;
    if ( totale_ausgabe_bytes == 0 ) totale_ausgabe_bytes = 1;
    lokaler_grad = (int)( ( totale_ausgabe_bytes * 100 ) /
                            totale_eingabe_bytes );

    lokaler_eingabe_marker = ftell( eingabe );
    lokaler_ausgabe_marker = ftell( ausgabe->file );

    return( lokaler_grad > 90 );
}

/*
* Die nächsten Routinen sind für die Modellierung zuständig.
* Hierbei werden alle Kontexte von 0 bis max_ordnung, das
* einen Standardwert von 3 besitzt, verwaltet. Zusätzlich
* gibt es einen speziellen Kontext, der ein festes Modell
* darstellt und gestattet, daß zuvor noch nicht aufgetauchte
* Zeichen codiert werden können. Der Kontext -2 ist für die
* Symbole FERTIG und LEEREN zuständig.
*
* Jeder Kontext wird in einer speziellen KONTEXT-Struktur
* abgespeichert. Kontexte werden erst angelegt, wenn sie
* benötigt werden. Sie werden niemals zerstört.
*/
/*
* Eine Kontexttabelle besteht aus allen Zählerwerten der
* bereits aufgetretenen Symbole. Der Kontext "Zot"
* beispielsweise kann nur zwei Zeichen umfassen, das "e" mit
* einem Zählerwert von 10 und das "t" mit einem Werte von 20.
* Diese beiden Werte werden in der Kontexttabelle unter
* Verwendung der Struktur STATISTIKEN abgelegt, indem ein
* Array aus dieser Struktur angelegt wird. Werden neue
* Zeichen hinzugefügt, wächst das Array. Es kann auch
* schrumpfen, falls die Statistiken geleert werden.
*/
typedef struct {
    unsigned char symbol;
    unsigned char zaehlerwert;
} STATISTIKEN;

/*
* Jeder Kontext besitzt Verweise zu Kontexten höherer
* Ordnung. Diese Verweise erlauben die Navigation durch die
* Kontexttabellen. Um beispielsweise den Kontext "ABC" zu
```

```
* finden, muß bei der Tabelle der Ordnung 0 begonnen und dort
* der Zeiger auf die "A"-Kontexttabelle gesucht werden. Bei
* dieser Tabelle muß dasselbe mit der "B"-Tabelle gemacht
* werden. Dieser Vorgang wird wiederholt, bis die gewünschte
* Tabelle gefunden wurde. Zu diesem Zweck korrespondieren die
* Indizes der STATISTIKEN- und VERWEISE-Arrays. Der Grund,
* warum diese beiden Datenstrukturen getrennt angelegt
* wurden, liegt darin, daß die Kontexttabellen der höchsten
* Ordnung keine weiteren Verweise benötigen und dadurch
* Speicherplatz eingespart werden kann.
*/
typedef struct {
    struct kontext *naechster;
} VERWEISE;

/*
* Die KONTEXT-Struktur beherbergt alle bekannte Informationen
* über einen Kontext. Die Zeiger verweise und statistiken
* wurden bereits oben behandelt. Das Element max_index
* enthält den maximalen Index, der in Verbindung mit den
* obigen Arrays verwendet werden kann. Wenn die Tabelle neu
* angelegt wird, wird max_index auf -1 gesetzt, und die Zeiger
* werden mit NULL versehen. Nachdem das erste Element den
* Statistiken hinzugefügt wurde, wird max_index
* inkrementiert.
*
* Der Zeiger niederer_kontext ist eine Navigationshilfe. Er
* zeigt auf den Kontext mit der nächstniederen Ordnung. Ist
* der aktuelle Kontext beispielsweise "ABC", enthält der
* Zeiger niederer_kontext einen Verweis auf den Kontext
* "BC". Dieser Zeiger wurde eingeführt, da diese Art der
* Tabellensuche öfter vorkommt und viel Arbeitsaufwand
* erfordern würde. Der Zeiger muß nur einmal eingerichtet
* werden und spart so viel Arbeit.
*/
typedef struct kontext {
    int max_index;
    VERWEISE *verweise;
    STATISTIKEN *statistiken;
    struct kontext *niederer_kontext;
} KONTEXT;

/*
* *kontexte[] ist ein Array der aktuellen Kontexte. Sucht man
```

```
* den Kontext der Ordnung 0, muß nur bei kontexte[0]
* nachgeschaut werden. Dieses Array der Kontextzeiger wird
* bei jeder Aktualisierung des Modells neu eingerichtet.
*/
KONTEXT **kontexte;

/*
* Die Variable aktuelle_ordnung enthält die aktuelle Ordnung
* des Modells. Sie startet bei max_ordnung und wird bei jedem
* ESCAPE-Symbol dekrementiert. Der Wert sinkt bis -1 bei
* normalen Symbolen und bis -2 bei FERTIG und LEEREN.
*/
int aktuelle_ordnung;

/*
* Diese Tabelle enthält die aufsummierten Zählerwerte des
* aktuellen Kontextes. Da dieses Programm mit dem
* Ausschlußverfahren arbeitet, müssen die Summen jedesmal neu
* berechnet werden, wenn ein Kontext benutzt wird. Das Array
* zaehlerkarte merkt sich die Symbole, die in Modellen
* höherer Ordnung vorgekommen sind, damit sie bei Berechnung
* in Modellen niederer Ordnung ausgeschlossen werden können.
*/

short int gesamt[ 258 ];
char zaehlerkarte[ 256 ];
/*
* Lokale Prozedurdeklarationen
*/
#ifdef __STDC__
void aktualisiere_tabelle( KONTEXT *tabelle, int symbol );
void tabelle_reskalieren( KONTEXT *tabelle );
void summiere_tabelle( KONTEXT *tabelle );
KONTEXT *naechsten_kontext_einstellen( KONTEXT *tabelle,
                                        int c, int ordnung);
KONTEXT *tabelle_naechster_ordnung_allokieren ( KONTEXT *tabelle,
                    int symbol, KONTEXT *niederer_kontext );
void rekursiv_leeren( KONTEXT *tabelle );
#else
void aktualisiere_tabelle();
void tabelle_reskalieren();
void summiere_tabelle();
KONTEXT *naechsten_kontext_einstellen();
KONTEXT *tabelle_naechster_ordnung_allokieren();
```

```
void rekursiv_leeren();
#endif

/*
* Diese Routine richtet alles ordnungsgemäß ein, damit mit
* dem Modell gearbeitet werden kann. Als erster Schritt wird
* das *kontexte[]- Array angelegt, das später benutzt wird,
* um die aktuellen Kontext-tabellen zu finden. Da die
* kontexte-Indizes bei -2 beginnen, muß etwas getrickst
* werden. Anschließend muß die Routine die -1-Kontext- und
* -2-Kontexttabellen von Hand einrichten, da diese Tabelle
* sich etwas von den anderen Tabellen unterscheiden. Der
* aktuelle Kontext wird auf \0, \0, \0 ... gesetzt und die
* zugehörigen Tabellen werden angelegt. Die aktuelle Ordnung
* wird auf max_ordnung gesetzt und das Array zaehlerkarte
* wird gelöscht. Jetzt kann mit der Arbeit begonnen werden.
*/

void initialisiere_modell()
{

    int i;
    KONTEXT *null_tabelle;
    KONTEXT *kontroll_tabelle;

    aktuelle_ordnung = max_ordnung;
    kontexte = (KONTEXT **) calloc(sizeof( KONTEXT * ), 10);
   if ( kontexte == NULL )
    fataler_fehler( "Fehler #1: Allokation der "+"Kontexttabelle!"
);
    kontexte += 2;
    null_tabelle = (KONTEXT *) calloc(sizeof( KONTEXT ), 1);
    if ( null_tabelle == NULL )
    fataler_fehler( "Fehler #2: Allokation der "+"Nulltabelle!" );
    null_tabelle->max_index = -1;
    kontexte[ -1 ] = null_tabelle;
    for ( i = 0 ; i <= max_ordnung ; i++ )
    kontexte[ i ] = tabelle_naechster_ordnung_allokieren
                    ( kontexte[ i-1 ],0,kontexte[ i-1 ] );
    free( (char *) null_tabelle->statistiken );
    null_tabelle->statistiken =
     (STATISTIKEN *) calloc( sizeof( STATISTIKEN ), 256 );
    if ( null_tabelle->statistiken == NULL )
    fataler_fehler( "Fehler #3: Allokation der "+"Nulltabelle!" );
```

```
    null_tabelle->max_index = 255;
    for ( i=0 ; i < 256 ; i++ ) {
    null_tabelle->statistiken[ i ].symbol=(unsigned char)i;
    null_tabelle->statistiken[ i ].zaehlerwert = 1;
    }

    kontroll_tabelle = (KONTEXT *) calloc(sizeof(KONTEXT),1);
    if ( kontroll_tabelle == NULL )
    fataler_fehler( "Fehler #4: Allokation der "+"Nulltabelle!" );
    kontroll_tabelle->statistiken =
     (STATISTIKEN *) calloc( sizeof( STATISTIKEN ), 2 );
    if ( kontroll_tabelle->statistiken == NULL )
    fataler_fehler( "Fehler #5: Allokation der "+"Nulltabelle!" );
    kontexte[ -2 ] = kontroll_tabelle;
    kontroll_tabelle->max_index = 1;
    kontroll_tabelle->statistiken[ 0 ].symbol = -LEEREN;
    kontroll_tabelle->statistiken[ 0 ].zaehlerwert = 1;
    kontroll_tabelle->statistiken[ 1 ].symbol = -FERTIG;
    kontroll_tabelle->statistiken[ 1 ].zaehlerwert = 1;

    for ( i = 0 ; i < 256 ; i++ )
    zaehlerkarte[ i ] = 0;
}

/*
* Mit dieser Routine werden neue Tabellen angelegt, wenn ein
* neuer Kontext erzeugt wird. Ihr wird ein Zeiger auf den
* aktuellen Kontext, das Symbol, dem die Tabelle hinzugefügt
* wird, und der Zeiger niederer_kontext übergeben. Ist
* beispielsweise der aktuelle Kontext "ABC" und wurde das
* Symbol "D" gelesen, muß fuege_zeichen_modell_zu den neuen
* Kontext "BCD" erzeugen. Die unten aufgeführte Routine wird
* mit einem Zeiger auf "BC", dem Zeichen "D" und einem Zeiger
* auf "CD" aufgerufen. Die Routine legt dann eine neue
* Tabelle für "BCD" an, fügt sie der Verweistabelle von "BC"
* zu und versieht "BCD" mit einem Rückzeiger auf "CD".
* Beachten Sie, daß die Bestimmung von niederer_kontext eine
* schwierige Aufgabe ist und hier nicht gemacht wird. Diese
* Routine kümmert sich hauptsächlich um die Statistik- und
* Verweisfelder des aktuellen Kontext.
*/

KONTEXT *tabelle_naechster_ordnung_allokieren( tabelle,
          symbol, niederer_kontext ) KONTEXT *tabelle;
```

```
int symbol;
KONTEXT *niederer_kontext;
{
    KONTEXT *neue_tabelle;
    int i;
    unsigned int neue_groesse;

    for ( i = 0 ; i <= tabelle->max_index ; i++ )
    if ( tabelle->statistiken[ i ].symbol ==
                    (unsigned char) symbol ) break;
    if ( i > tabelle->max_index ) {
    tabelle->max_index++;
    neue_groesse = sizeof( VERWEISE );
    neue_groesse *= tabelle->max_index + 1;
    if ( tabelle->verweise == NULL )
      tabelle->verweise = (VERWEISE *) calloc( neue_groesse, 1 );
    else
        tabelle->verweise = (VERWEISE *)
         realloc( (char *) tabelle->verweise,
                                  neue_groesse );
    neue_groesse = sizeof( STATISTIKEN );
    neue_groesse *= tabelle->max_index + 1;
    if ( tabelle->statistiken == NULL )
        tabelle->statistiken = (STATISTIKEN *)
                       calloc( neue_groesse, 1 );
    else
        tabelle->statistiken = (STATISTIKEN *)
        realloc( (char *) tabelle->statistiken, neue_groesse );
    if ( tabelle->verweise == NULL )
      fataler_fehler( "Fehler #6: Allokation neuer "+"Tabelle" );
    if ( tabelle->statistiken == NULL )
      fataler_fehler( "Fehler #7: Allokation neuer "+"Tabelle" );
    tabelle->statistiken[ i ].symbol = (unsigned char) symbol;
    tabelle->statistiken[ i ].zaehlerwert = 0;
    }

    neue_tabelle = (KONTEXT *) calloc(sizeof( KONTEXT ), 1);
    if ( neue_tabelle == NULL )
    fataler_fehler("Fehler #8: Allokation neuer Tabelle");
    neue_tabelle->max_index = -1;
    tabelle->verweise[ i ].naechster = neue_tabelle;
    neue_tabelle->niederer_kontext = niederer_kontext;
    return( neue_tabelle );
}
```

```
/*
* Diese Routine wird aufgerufen, um die Zählerwerte des
* aktuellen Modells zu erhöhen. Sie wird aufgerufen, nachdem
* ein Zeichen codiert oder decodiert wurde. Alles, was sie
* macht, ist, die Routine aktualisiere_tabelle aufzurufen,
* die dann die Zählerwerte für jeden aktuellen Kontext
* inkrementiert. Diese Version von aktualisiere_modell
* verwendet das Ausschlußverfahren; das heißt, wenn Modelle
* niederer Ordnung nicht zur Codierung oder Decodierung des
* Zeichens benutzt wurden, ihre Zählerwerte auch nicht
* aktualisiert werden. Dies scheint den Komprimierungsgrad
* etwas zu verbessern. Soll das Ausschlußverfahren
* deaktiviert werden, muß die Schleife von 0 bis max_ordnung
* anstatt von aktuelle_ordnung bis max_ordnung durchlaufen
* werden.
*/

void aktualisiere_modell( symbol ) int symbol;
{
    int i;
    int lokale_ordnung;

    if ( aktuelle_ordnung < 0 ) lokale_ordnung = 0;
    else
    lokale_ordnung = aktuelle_ordnung;
    if ( symbol >= 0 ) {
    while ( lokale_ordnung <= max_ordnung ) {
        if ( symbol >= 0 )
    aktualisiere_tabelle(kontexte[lokale_ordnung], symbol);
        lokale_ordnung++;
    }
    }
    aktuelle_ordnung = max_ordnung;
    for ( i = 0 ; i < 256 ; i++ )
    zaehlerkarte[ i ] = 0;
}
/*
* Diese Routine wird aufgerufen, um den Zählerwert eines
* bestimmten Symbols in einer vorgegebenen Tabelle zu
* erhöhen. Bei der Tabelle handelt es sich um eine der
* aktuellen Kontexte und beim Symbol um das zuletzt codierte
* oder decodierte. Im Prinzip wäre das eine einfache
* Aufgabe, würden einige Komplikationen die Sache nicht er-
* schweren. Als erstes kann es vorkommen, daß das Symbol in
```

```
* der aktuellen Tabelle nicht vorkommt. In diesem Fall wird
* die Statistik-Tabelle vergrößert und das Symbol ihr
* hinzugefügt. Zum zweiten liegen die Symbole in der Tabelle
* sortiert nach ihrem Zählerwert vor. Wird ein Symbol inkre-
* mentiert, muß die Tabelle u.U. umsortiert werden. Als letz-
* tes muß, da die Zählerwerte nur aus Bytes bestehen, darauf
* geachtet werden, daß sie den Wert 255 nicht übersteigen.
* Ist das der Fall, müssen alle Zählerwerte reskaliert
* werden.
*/
void aktualisiere_tabelle( tabelle, symbol ) KONTEXT *tabelle;
int symbol;
{
    int i;
    int index;
    unsigned char temp;
    KONTEXT *temp_zeiger;
    unsigned int neue_groesse;
/*
* Zuerst muß das aktuelle Symbol in der entsprechenden Tabelle
* aufgefunden werden. Das erste Symbol in der Tabelle tritt am
* häufigsten auf, so daß dort mit der Suche begonnen wird.
*/
    index = 0;
    while ( index <= tabelle->max_index &&
    tabelle->statistiken[index].symbol !=(unsigned char) symbol )
    index++;
    if ( index > tabelle->max_index ) {
    tabelle->max_index++;
    neue_groesse = sizeof( VERWEISE );
    neue_groesse *= tabelle->max_index + 1;
    if ( aktuelle_ordnung < max_ordnung ) {
        if ( tabelle->max_index == 0 )
        tabelle->verweise = (VERWEISE *)
                          calloc( neue_groesse, 1 );
        else
        tabelle->verweise = (VERWEISE *)
           realloc( (char *) tabelle->verweise,
                      neue_groesse );
        if ( tabelle->verweise == NULL )
        fataler_fehler( "Fehler #9: Reallokation der "+
                          "Tabelle!" );
        tabelle->verweise[ index ].naechster = NULL;
    }
```

```
    neue_groesse = sizeof( STATISTIKEN );
    neue_groesse *= tabelle->max_index + 1;
    if (tabelle->max_index==0)
        tabelle->statistiken = (STATISTIKEN *)
                                    calloc( neue_groesse, 1 );
    else
        tabelle->statistiken = (STATISTIKEN *)
        realloc( (char *) tabelle->statistiken,
                   neue_groesse );
    if ( tabelle->statistiken == NULL )
     fataler_fehler( "Fehler #10: Reallokation der "+"Tabelle!");
    tabelle->statistiken[ index ].symbol =
                                     (unsigned char) symbol;
    tabelle->statistiken[ index ].zaehlerwert = 0;
    }
/*
* Jetzt wird das Symbol zum Anfang der Liste gebracht.
*/
    i = index;
    while ( i > 0 &&
        tabelle->statistiken[ index ].zaehlerwert ==
                  tabelle->statistiken[ i-1 ].zaehlerwert )
    i--;
    if ( i != index ) {
    temp = tabelle->statistiken[ index ].symbol;
    tabelle->statistiken[ index ].symbol =
                               tabelle>statistiken[ i ].symbol;
    tabelle->statistiken[ i ].symbol = temp;
    if ( tabelle->verweise != NULL ) {
        temp_zeiger = tabelle->verweise[ index ].naechster;
        tabelle->verweise[ index ].naechster =
                                tabelle>verweise[ i ].naechster;
        tabelle->verweise[ i ].naechster = temp_zeiger;
    }
    index = i;
    }

/*
* Jetzt kann der Zählerwert erhöht werden.
*/
    tabelle->statistiken[ index ].zaehlerwert++;
    if ( tabelle->statistiken[ index ].zaehlerwert == 255 )
    tabelle_reskalieren( tabelle );
}
```

```
/*
 * Diese Routine wird aufgerufen, falls ein Symbol codiert
 * werden soll. Es ist die Aufgabe dieser Routine, das Symbol
 * in der Kontexttabelle, die mit der aktuellen Tabelle ver-
 * bunden ist, zu lokalisieren und die Werte unterer_zaehler,
 * oberer_zaehler und spannweite zurückzuliefern. Nachdem die
 * Tabelle gefunden wurde, müssen die Zählerwerte aufsummiert
 * werden. Da dies aufwendig ist, wird es an anderer Stelle
 * gemacht. Wurde das Symbol in der Tabelle gefunden, werden
 * die Zählerwerte bestimmt. Wurde das Symbol nicht gefunden,
 * wird die Wahrscheinlichkeitsrate des ESCAPE-Symbols be-
 * stimmt und die aktuelle Ordnung reduziert. Beachten Sie
 * auch den Trick, der für Symbole der Ordnung -2 unternommen
 * wird. Diese Symbole sind negativ, damit sie in keiner
 * normalen Tabelle gefunden werden.
 */

int konvertiere_int_nach_symbol( c, s )
int c;
SYMBOL *s;
{
    int i;
    KONTEXT *tabelle;

    tabelle = kontexte[ aktuelle_ordnung ];
    summiere_tabelle( tabelle );
    s->spannweite = gesamt[ 0 ];
    if ( aktuelle_ordnung == -2 )
    c = -c;
    for ( i = 0 ; i <= tabelle->max_index ; i++ ) {
    if ( c == (int) tabelle->statistiken[ i ].symbol ) {
        if ( tabelle->statistiken[ i ].zaehlerwert == 0 )
        break;
        s->untere_zaehler = gesamt[ i+2 ];
        s->oberer_zaehler = gesamt[ i+1 ];
        return( 0 );
    }
    }

    s->untere_zaehler = gesamt[ 1 ];
    s->oberer_zaehler = gesamt[ 0 ];
    aktuelle_ordnung--;
    return( 1 );
}
```

```
/*
* Diese Routine wird aufgerufen, wenn eine arithmetische Zahl
* decodiert wird. Damit das aktuelle Symbol decodiert werden
* kann, muß die Spannweite des Modells bestimmt werden. Dazu
* muß die aktuelle Tabelle bestimmt werden und sie aufsum-
* miert werden. Nachdem dies geschehen ist, befindet sich die
* Symbolspannweite im Element 0.
*/

void bestimme_symbol_spannweite( s )
SYMBOL *s;

{
    KONTEXT *tabelle;

    tabelle = kontexte[ aktuelle_ordnung ];
    summiere_tabelle( tabelle );
    s->spannweite = gesamt[ 0 ];
}

/*
* Diese Routine wird beim Decodieren aufgerufen. Ihr wird ein
* Zählerwert, der vom arithmetischen Decodierer geliefert
* wurde, übergeben, und sie hat die Aufgabe, das passende
* Symbol herauszufinden. Die summierten Zählerwerte befinden
* sich bereits aufgrund des zuvor erfolgten Aufrufs von
* bestimme_symbol_spannweite in der Tabelle gesamt[], so daß
* die Routine nur diese Tabelle durchgehen muß. Wurde eine
* Übereinstimmung gefunden, wird das Symbol dem aufrufenden
* Programm übergeben. Zwei Komplikationen sind möglich. Zum
* einen kann es sich bei dem Zeichen um das ESCAPE-Zeichen
* handeln, in welchem Fall die aktuelle Ordnung erniedrigt
* werden muß. Die andere Komplikation tritt ein, wenn die
* Ordnung -2 beträgt. Hierbei muß das Symbol negativ über-
* geben werden, damit klar ist, daß es sich um kein normales
* Symbol handelt.
*/

int konvertiere_symbol_nach_int( zaehler, s )
int zaehler;

SYMBOL *s;
{
    int c;
```

```
    KONTEXT *tabelle;

    tabelle = kontexte[ aktuelle_ordnung ];
    for ( c = 0; zaehler < gesamt[ c ] ; c++ )
    ;
    s->oberer_zaehler = gesamt[ c - 1 ];
    s->untere_zaehler = gesamt[ c ];
    if ( c == 1 ) {
    aktuelle_ordnung--;
    return( ESCAPE );
    }
    if ( aktuelle_ordnung < -1 )
    return( (int) -tabelle->statistiken[ c-2 ].symbol );
    else
    return( tabelle->statistiken[ c-2 ].symbol );
}
/*
* Nachdem das Modell mit einem neuen Zeichen aktualisiert
* wurde, wird diese Routine aufgerufen, um den neuen Kontext
* einzustellen. War der vorige Kontext beispielsweise "ABC"
* und das zuletzt bearbeitete Symbol "D", versucht die
* Routine folgende Zeiger einzurichten: kontexte[1]=="D",
* kontexte[2]=="CD" und kontexte[3]=="BCD". Ein Problem tritt
* auf, falls eine Tabelle noch nicht existiert. Dieser Fall
* wird von der Routine naechsten_kontext_einstellen bear-
* beitet. Ihr wird ein Zeiger auf den Kontext "ABC" und das
* Symbol "D" übergeben und ihre Aufgabe ist es, einen Zeiger
* auf "BCD" zu liefern. Liegt "BCD" vor, können mit dem
* Zeiger niederer_kontext die Zeiger auf "CD" und "C" ermit-
* telt werden. Die Hauptarbeit erledigt also
* naechsten_kontext_einstellen().
*/
void fuege_zeichen_modell_zu( c )
int c;
{
    int i;
    if ( max_ordnung < 0 || c < 0 )
       return;
    kontexte[ max_ordnung ] =
       naechsten_kontext_einstellen( kontexte[ max_ordnung ], c,
max_ordnung );
    for ( i = max_ordnung-1 ; i > 0 ; i-- )
    kontexte[ i ] = kontexte[ i+1 ]->niederer_kontext;
}
```

```
/*
* Diese Routine wird aufgerufen, wenn ein neues Zeichen einem
* Modell hinzugefügt wird. Bezogen auf das vorige Beispiel,
* bei dem der aktuelle Kontext "ABC" und das neue Symbol "D"
* war, wird diese Routine mit einem Zeiger auf die Kontext-
* tabelle "ABC", dem Symbol "D" und der Ordnung max_ordnung
* aufgerufen. Diese Routine hat dann die Aufgabe, die Kon-
* texttabelle "BCD" zu finden. Eine leichte Aufgabe, falls
* die Tabelle existiert. Alles, was getan werden muß, ist dem
* Rückzeiger nach "BC" zu folgen und in der Verweistabelle
* den Verweis für das Symbol "D" zu suchen. Dieser Wert zeigt
* auf "BCD" und kann dem aufrufenden Programm übergeben
* werden. Ein Problem taucht auf, falls "BC" keinen Verweis
* auf "BCD" besitzt, der Kontext "BCD" bislang also noch
* nicht aufgetreten ist. Dann muß eine neue Tabelle erzeugt
* und "BC" hinzugefügt werden. Dies wird mit einem Aufruf von
* tabelle_naechster_ordnung_allokieren erledigt. Das einzige
* Problem hierbei ist, daß diese Routine wissen möchte, wo
* sich der nächst niedere Kontext der neuen Tabelle befindet.
* Mit anderen Worten, soll "BCD" angelegt werden, muß man
* wissen, wo sich "CD" befindet. Dazu wird
* naechsten_kontext_einstellen rekursiv mit dem Kontext "C"
* und dem Symbol "D" aufgerufen. Hierbei wird ein Zeiger auf
* den Kontext "CD" zurückgeliefert, der für die Erzeugung der
* "BCD"-Tabelle verwandt werden kann. Die Rekursion endet
* garantiert, wenn die Ordnung -1 erreicht wurde, da die
* Nulltabelle für jedes Symbol einen Verweis auf die Tabelle
* der Ordnung 0 besitzt. Dies ist der komplizierteste Teil
* des Modellierungsprogrammes, aber er ist aus Gründen der
* Leistungsfähigkeit notwendig.
*/
KONTEXT *naechsten_kontext_einstellen( tabelle, c, ordnung )
                                              KONTEXT *tabelle;
int c;
int ordnung;
{
    int i;
    KONTEXT *neuer_niederer;

/*
* Zuerst wird versucht, den neuen Kontext durch Bestimmen des
* nächstniederen Kontextes und anschließendem Durchsuchen
* dessen Verweistabelle zu bestimmen. Sollte das möglich
* sein, ist man schon fertig. Beachten Sie die Besonderheit
```

```
* in Verbindung mit einem Kontext der Ordnung 0. Es ist
* bekannt, daß der Zeiger niederer_kontext bei einem Kontext
* der Ordnung 0 auf die Nulltabelle (die Ordnung -1) ver-
* weist. Und man weiß, daß die -1-Tabelle nur einen einzigen
* Verweiszeiger enthält, der zurück zur Tabelle der Ordnung 0
* zeigt.
*/

    tabelle = tabelle->niederer_kontext;
    if ( ordnung == 0 )
    return( tabelle->verweise[ 0 ].naechster );
    for ( i = 0 ; i <= tabelle->max_index ; i++ )
    if ( tabelle->statistiken[ i ].symbol ==
                                (unsigned char) c )
        if ( tabelle->verweise[ i ].naechster != NULL )
        return( tabelle->verweise[ i ].naechster );
        else
        break;

/*
* Gelangt man hier hin, bedeutet das, daß der neue Kontext
* nicht existiert. Es ist notwendig, einen neuen Kontext zu
* erzeugen, auf ihn zu verweisen und seinen Rückwärtsverweis
* einzurichten. Die Tabelle zu erzeugen und sie dieser
* Tabelle hinzuzufügen, ist einfach, aber den Rückwärtszeiger
* einzurichten, ist es nicht. Hierfür wird eine Rekursion
* eingesetzt.
*/

    neuer_niederer = naechsten_kontext_einstellen
                              ( tabelle, c, ordnung-1 );
/*
* Nachdem der Rückwärtszeiger bekannt ist, kann die Tabelle
* allokiert werden.
*/
    tabelle = tabelle_naechster_ordnung_allokieren
                          ( tabelle, c, neuer_niederer );
    return( tabelle );
}

/*
* Die Neuskalierung der Tabelle kann aus drei Gründen not-
* wendig werden. Zum einem, falls der maximale Zählerwert der
* Tabelle 16383 übersteigt. Das heißt, die arithmetische
```

```
* Codierung kommt nicht weiter mit 16-Bit- Registern aus. Zum
* anderen kann ein Symbolzählerwert 255 erreicht haben, was
* von einem Byte nicht mehr aufgenommen werden kann. Als
* letztes kann es sein, daß das Modell nicht mehr richtig
* komprimiert und es erwünscht ist, das Modell herunter-
* zuskalieren, damit neue Statistiken mehr an Gewicht gewin-
* nen. Diese Routine dividiert dazu einfach alle Zählerwerte
* durch 2. Sollte dabei ein Wert 0 werden, kann dieser
* Zählerwert entfernt werden, aber nur dann, falls es sich um
* einen Blattkontext handelt. Andernfalls könnten dadurch
* Verweise zu Tabellen höherer Ordnung abgeschnitten werden.
*/

void tabelle_reskalieren( tabelle )
KONTEXT *tabelle;

{
    int i;

    if ( tabelle->max_index == -1 )
    return;
    for ( i = 0 ; i <= tabelle->max_index ; i++ )
    tabelle->statistiken[ i ].zaehlerwert /= 2;
    if ( tabelle->statistiken[ tabelle->
                         max_index ].zaehlerwert == 0 &&
     tabelle->verweise == NULL ) {
    while ( tabelle->statistiken[ tabelle->max_index ]
                                    .zaehlerwert == 0 &&
        tabelle->max_index >= 0 )
        tabelle->max_index--;
    if ( tabelle->max_index == -1 ) {
        free( (char *) tabelle->statistiken );
        tabelle->statistiken = NULL;
    } else {

        tabelle->statistiken = (STATISTIKEN *)
        realloc( (char *) tabelle->statistiken,
         sizeof( STATISTIKEN ) * ( tabelle-> max_index + 1 ) );
        if ( tabelle->statistiken == NULL )
        fataler_fehler( "Fehler #11: Reallokation der "+
                              "Statistiken!" );
    }
    }
}
```

```
/*
 * Diese Routine hat die Aufgabe, für einen vorgegebenen
 * Kontext eine Tabelle mit den aufsummierten Zählerwerten zu
 * erstellen. Die Werte für den oberen Zähler und den unteren
 * Zähler des Symbols c werden in gesamt[c+2] und gesamt[c+1]
 * abgelegt. Die Stellen 0 und 1 sind für das ESCAPE-Symbol
 * reserviert, dessen Zählerwerte dynamisch abhängig vom
 * aktuellen Kontext berechnet werden. Beachten Sie, daß diese
 * Routine alle Symbole ignoriert, die sich auf der Zähler-
 * karte befinden und daß sie alle neuen Symbole der Zähler-
 * karte hinzufügt. Damit ist es möglich, Zählerwerte für
 * Symbole, die bereits in Kontexten höherer Ordnung vorkamen,
 * auszuschliessen und die Komprimierung etwas zu verbessern.
 */

void summiere_tabelle( tabelle )

KONTEXT *tabelle;

{
    int i;
    unsigned char max;

    for ( ; ; ) {
    max = 0;
    i = tabelle->max_index + 2;
    gesamt[ i ] = 0;
    for ( ; i > 1 ; i-- ) {
        gesamt[ i-1 ] = gesamt[ i ];
        if ( tabelle->statistiken[ i-2 ].zaehlerwert )
        if ( ( aktuelle_ordnung == -2 ) ||
             zaehlerkarte[ tabelle->statistiken[ i-2 ]
                                     .symbol ] == 0 )

             gesamt[ i-1 ] += tabelle->statistiken[i-2].
                                         zaehlerwert;

        if (tabelle->statistiken[ i-2 ].zaehlerwert > max)
        max = tabelle->statistiken[ i-2 ].zaehlerwert;
    }

/*
* Hier findet die Berechnung für das ESCAPE-Symbol statt.
*/
```

```
    if ( max == 0 )
        gesamt[ 0 ] = 1;
    else {
        gesamt[ 0 ] = (short int) (256-tabelle>max_index);
        gesamt[ 0 ] *= tabelle->max_index;
        gesamt[ 0 ] /= 256;
        gesamt[ 0 ] /= max;
        gesamt[ 0 ]++;
        gesamt[ 0 ] += gesamt[ 1 ];
    }
    if ( gesamt[ 0 ] < MAX_SPANNWEITE )
        break;
    tabelle_reskalieren( tabelle );
    }

    for ( i = 0 ; i < tabelle->max_index ; i++ )
    if (tabelle->statistiken[i].zaehlerwert != 0)
        zaehlerkarte[tabelle->statistiken[ i ].symbol] = 1;
}

/*
* Diese Routine wird aufgerufen, wenn das gesamte Modell
* geleert wird. Dies wird unternommen, damit der Komprimie-
* rungsgrad zunimmt, wenn dazu neuere Statistiken mehr an
* Gewicht gewinnen sollen. Diese Routine startet bei einer
* vorgegebenen Tabelle, ruft sich dann selbst auf, um alle
* mit der aktuellen Tabelle verbundenen Tabelle zuskalieren.
* Erst dann wird die aktuelle Tabelle reskaliert.
*/

void rekursiv_leeren( tabelle )
KONTEXT *tabelle;
{
    int i;

    if ( tabelle->verweise != NULL )
    for ( i = 0 ; i <= tabelle->max_index ; i++ )
        if ( tabelle->verweise[ i ].naechster != NULL )
        rekursiv_leeren(tabelle->verweise[i].naechster);
    tabelle_reskalieren( tabelle );
}
/*
* Diese Routine wird aufgerufen, um das gesamte Modell zu
* leeren. Sie ruft dazu die Routine rekursiv_leeren mit der
```

```
* Tabelle der Ordnung 0 auf.
*/
void leeren_modell()
{

    putc( 'L', stdout );
    rekursiv_leeren( kontexte[ 0 ] );
}

/*
* Alles ab hier wird für den Arithmetik-Codierer benötigt.
*/

/*
* Diese vier Variablen definieren den aktuellen Zustand des
* Codierers/Decodierers. Es wird angenommen, daß sie 16 Bit
* groß sind. Deklariert man sie als short int sind sie das
* bei den meisten 80X86-, 680X0- und VAX-Computern.
*/

static unsigned short int code;

/*
/* Der aktuelle Eingabecode */
*/
static unsigned short int untere_grenze;

*/
/* Start des aktuellen Codebereichs */
/*
static unsigned short int obere_grenze;

*/
/* Ende des aktuellen Codebereichs  */
/*
long unterlauf_bits; /*  Anzahl der Unterlaufbit  */

/*
* Diese Routine muß aufgerufen werden, um den Codierungs-
* prozeß zu initialisieren. Die Variable obere_grenze wird
* mit lauter 1-Bit versehen und es wird angenommen, daß auf
* diese 1-Bit unendlich viele 1-Bit folgen, die bei Bedarf
* hereingeschoben werden.
*/
```

```
void initialisiere_arith_codierer()
{
    untere_grenze = 0;
    obere_grenze = 0xffff;
    unterlauf_bits = 0;
}

/*
* Am Ende des Codierungsprozesses befinden sich noch Bit in
* den Variablen obere_grenze und untere_grenze. Diese und
* eventuelle Unterlaufbit werden hier ausgegeben.
*/
void leeren_arith_codierer( stream )
BIT_FILE *stream;
{
    OutputBit( stream, untere_grenze & 0x4000 );
    unterlauf_bits++;
    while ( unterlauf_bits-- > 0 )
    OutputBit( stream, ~untere_grenze & 0x4000 );
    OutputBits( stream, 0L, 16 );
}

/*
* Diese Routine wird aufgerufen, um ein Symbol zu codieren.
* Das Symbol wird in Form einer SYMBOL-Struktur, die
* Bereichsgrenzen und eine Spannweite enthält, übergeben. Der
* Codierungsprozeß umfaßt zwei Schritte: Zuerst werden die
* Variablen untere_grenze und obere_grenze entsprechend dem
* Symbolbereich weiter eingeschränkt. Anschließend werden
* soviele Bit wie möglich ausgegeben.
*/
void codiere_symbol( stream, s )
BIT_FILE *stream;
SYMBOL *s;
{
    long range;

/*
* Diese drei Zeilen reskalieren obere_grenze und
* untere_grenze.
*/
    range = (long) ( obere_grenze-untere_grenze ) + 1;
    obere_grenze = untere_grenze + (unsigned short int)
        ((range * s->oberer_zaehler) / s->spannweite-1);
```

```
    untere_grenze = untere_grenze + (unsigned short int)
        ((range * s->untere_zaehler ) / s->spannweite);
/*
 * Diese Schleife gibt neue Bit aus, bis obere_grenze und
 * untere_grenze wieder weit genug voneinander entfernt sind.
 */
    for ( ; ; ) {
/*
 * Wenn dieser Test erfolgreich verläuft, stimmen die höher
 * wertigsten Bit überein und können ausgegeben werden.
 */
    if ( ( obere_grenze & 0x8000 ) ==
                                ( untere_grenze & 0x8000 ) ) {
        OutputBit( stream, obere_grenze & 0x8000 );
        while ( unterlauf_bits > 0 ) {
        OutputBit( stream, ~obere_grenze & 0x8000 );
        unterlauf_bits--;
        }
    }
/*
 * Wenn dieser Test zutrifft, besteht die Gefahr eines Unter-
 * laufs.
 */
    else if ( ( untere_grenze & 0x4000 ) && !
                                  ( obere_grenze & 0x4000 )) {
        unterlauf_bits += 1;
        untere_grenze &= 0x3fff;
        obere_grenze |= 0x4000;
    } else
        return ;
    untere_grenze <<= 1;
    obere_grenze <<= 1;
    obere_grenze |= 1;
    }
}

/*
 * Diese Routine wird beim Decodieren aufgerufen, um herauszu-
 * finden, welches Symbol als nächstes decodiert wird. Sie
 * erwartet die Modellspannweite in s->spannweite und berech-
 * net einen Fließkommazählerwert.
 *
 *  code = zaehler / s->spannweite
 */
```

```
short int bestimme_aktuellen_zaehler( s )
SYMBOL *s;
{
    long range;
    short int zaehler;

    range = (long) ( obere_grenze - untere_grenze ) + 1;
    zaehler = (short int)
        ((((long) ( code - untere_grenze ) + 1 ) *
                                    s>spannweite-1 ) / range );
    return( zaehler );
}

/*
* Diese Routine wird aufgerufen, um den arithmetischen Deko-
* der zu initialisieren. Dies umfaßt das Versehen der Variab-
* len obere_grenze und untere_grenze mit ihren üblichen
* Werten und das Einlesen der ersten 16 Bit.
*/

void initialisiere_arith_decodierer( stream )
BIT_FILE *stream;

{
    int i;

    code = 0;
    for ( i = 0 ; i < 16 ; i++ ) {
            code <<= 1;
            code += InputBit( stream );
    }
    untere_grenze = 0;
    obere_grenze = 0xffff;
}

/*
* Herauszufinden, wie das aktuelle Symbol lautet, entfernt
* es noch nicht aus dem Eingabestrom. Diese Aufgabe übernimmt
* die folgende Routine.
*/

void entferne_symbol_aus_strom( stream, s )
BIT_FILE *stream;
SYMBOL *s;
```

```
{
    long range;
/*
* Zuerst wird der Bereich expandiert, damit das Symbol ent-
* fernt werden kann.
*/
    range = (long)( obere_grenze - untere_grenze ) + 1;
    obere_grenze = untere_grenze + (unsigned short int)
        ((range * s->oberer_zaehler) / s->spannweite-1);
    untere_grenze = untere_grenze + (unsigned short int)
        ((range * s->untere_zaehler) / s->spannweite);
/*
* Dann werden falls möglich Bit herausgeschoben.
*/
    for ( ; ; ) {
/*
* Falls die höherwertigsten Bit übereinstimmen, werden sie
* herausgeschoben.
*/
    if ( ( obere_grenze & 0x8000 ) ==
                              ( untere_grenze & 0x8000 ) ) {}
/*
* Falls ein Unterlauf auftritt, werden die zweithöherwertig-
* sten Bit entfernt.
*/
    else if ((untere_grenze & 0x4000) == 0x4000  &&
                             (obere_grenze & 0x4000) == 0 ) {
            code ^= 0x4000;
        untere_grenze   &= 0x3fff;
        obere_grenze   |= 0x4000;
        } else
/*
* Anderenfalls kann nichts herausgeschoben werden und die
* Routine kehrt zurück.
*/
        return;
    untere_grenze <<= 1;
    obere_grenze <<= 1;
    obere_grenze |= 1;
        code <<= 1;
        code += InputBit( stream );
    }
}
/****************** Ende von ARITH-N.C ******************/
```

7 Tabellengesteuerte Komprimierung

Die bis jetzt behandelten Komprimierungsmethoden benutzten zur Codierung einzelner Symbole ein statistisches Modell. Die Komprimierung wird durch Codieren der Symbole als Bitstrings erreicht, die weniger Bit als die Originalsymbole beanspruchen. Der Komprimierungsgrad steigt oder sinkt abhängig davon, wie gut ein Programm beim Einrichten eines Modells ist. Das Modell muß nicht nur in der Lage sein, exakt vorauszusagen, mit welcher Wahrscheinlichkeit Symbole auftreten, es müssen vielmehr auch die Wahrscheinlichkeiten vorhergesagt werden, die vom Mittelwert abweichen. Je größer die Abweichung, desto besser der Komprimierungsgrad.

Der tabellengesteuerte Komprimierungsalgorithmus wendet zur Datenkomprimierung eine völlig andere Methode an. Dieser Algorithmus codiert einzelne Symbole nicht als Bitstrings variabler Länge, sondern Symbolketten variabler Länge werden als Token codiert. Diese Tokens stellen dann einen Verweis in ein Phrasenverzeichnis dar. Sind die Tokens kleiner als die Phrasen, die sie ersetzen, kommt es zur Komprimierung.

In vielerlei Hinsicht ist die tabellengesteuerte Komprimierung für viele leichter zu verstehen. Es wird mit einer Strategie gearbeitet, die Programmierern bekannt ist , nämlich mit Indizes in Datenbanken zu verweisen, um große Datenmengen anzusprechen. Im täglichen Leben nimmt man Telefonnummern und Postleitzahlen, um längere Texte zu repräsentieren, und verwendet dabei in groben Zügen nichts anderes als eine tabellengesteuerte Codierung.

Ein Beispiel

Ein gutes Beispiel zur Funktionsweise der tabellengesteuerten Datenkomprimierung kann mit Hilfe eines gewöhnlichen Wörterbuches demonstriert werden. Für dieses Beispiel verwende ich *»Der kleine Duden, Deutsches Wörterbuch, BI Mannheim, 1982 2. Auflage«* Verwendet man dieses Wörterbuch als Grundlage zum Codieren von Meldungen, können recht eindrucksvolle Komprimierungsgrade erreicht werden. Wendet man mein eigens dafür kreiertes Schema an, sehen die ersten fünf Worte von diesem Abschnitt wie folgt aus:

118/2/26 174/2/1 69/2/35 441/2/35 152/1/14

Dieses tabellengesteuerte Codierungsschema basiert auf einer simplen Nachschlagetabelle. Die erste Zahl gibt die Seite des Wörterbuchs an, die zweite die Spalte und die dritte die Nummer des Wortes auf der Seite. Das Wörterbuch umfaßt 445 Seiten mit weniger als 256 Einträgen auf jeder Seite. 118/2/26 codiert also das sechsundzwanzigste Wort in der zweiten Spalte auf Seite 118: »ein«. 174/2/1 codiert das erste Wort in der zweiten Spalte auf der 174sten Seiten: »gut(es)«.

Damit Sie sehen, wieviel Platz mit diesem Schema eingespart wird, müssen Sie sich anschauen, wieviele Bit zum Codieren eines Wortes benötigt werden. Da sich ein Wort auf einer beliebigen der 445 Seiten befinden kann, werden zur Codierung der Seitennummer 9 Bit benötigt. Auf jeder Seite gibt es zwei Spalten; hierfür wird ein Bit benötigt.

Auf jeder Seite befinden sich weniger als 256 Einträge. Zur Codierung der Eintragsnummer braucht man also nur 8 Bit. Das heißt, mit insgesamt 18 Bit kann jedes Wort im Wörterbuch codiert werden. Das sind 2,25 Byte pro Wort.

Die ASCII-Repräsentation unserer aus fünf Worten bestehenden Meldung belegt 33 Byte. Die codierte Meldung beansprucht 2,25 x 8 oder 18 Byte. Das heißt, der Text wurde mit Hilfe der tabellengesteuerten Codierung um 54% komprimiert.

In der Theorie kann dieses Ergebnis mit einer anderen Codierungsmethode sicher noch verbessert werden. Das Wörterbuch umfaßt ca 30 000 Worte. Die Formel für den Informationsgehalt von Shannon besagt, daß jedes Wort aus dem Buch mit etwas weniger als 18 Bit codiert werden kann. Aber das Seitennummer/Spalten/Eintragsnummer-Schema erleichtert das Auffinden des codierten Wortes. Das ist bei der tabellengesteuerten Komprimierung ein sehr wichtiges Thema.

Statistische Methode versus adaptive Methode

Allgemein gesprochen werden bei der tabellengesteuerten Komprimierung Phrasen durch Tokens ersetzt. Ist die Anzahl der Bit im Token kleiner als die Anzahl der Bit in der Phrase, kommt es zur Komprimierung. Diese Definition der tabellengesteuerten Komprimierung bietet noch genügend Raum für Veränderungen. Denken Sie beispielsweise nur einmal an die Methoden zur Erstellung und Verwaltung der Nachschlagetabelle.

In einigen Fällen ist es vorteilhaft, Text anhand einer vorher festgelegten Nachschlagetabelle zu codieren. Handelt es sich bei dem zu codierenden Text beispielsweise um eine Datenbank, in der alle Motorfahrzeuge des Staates Texas registriert sind, könnte man eine Tabelle erstellen, die nur wenige Tausend Einträge umfaßt, die sich auf Worte wie »General Motors«, »Smith«, »Main« und »1977« konzentrieren. Nach der Fertigstellung dieser Tabelle könnte man sie frei zugänglich aufbewahren, damit sie sowohl vom Codierungs- als auch vom Decodierungsprogramm im Bedarfsfall genutzt werden kann.

Eine solche Tabelle wird als statische Tabelle bezeichnet. Sie wird vor der Komprimierung aufgebaut und ändert sich während der Datenkomprimierung nicht. Das hat Vor- und Nachteile. Einer der größten Vorteile besteht sicher darin, daß eine statische Tabelle so eingerichtet werden kann, daß sie den Bedürfnissen der zu komprimierenden Daten entspricht. Bei der Datenbank zur Registrierung der Motorfahrzeuge zum Beispiel würde die Huffman-Codierung für Strings wie »Ford« vergleichsweise weniger Bit und für Strings wie »Yugo« mehr Bit verwenden.

Bei adaptiven Komprimierungsschemata können die Tabellen nicht im voraus angepaßt werden, was als ihr Hauptnachteil angesehen werden kann. Bei statischen Tabellenschemata gibt es aber bei der Übergabe der Tabelle vom Codierungs- zum Decodierungsprogramm Probleme. In den Kapiteln 3 und 5 haben Sie gesehen, daß durch die Zusammenfassung von statistischen und komprimierten Daten der Komprimierungsgrad verschlechtert wird – besonders bei nicht so umfangreichen Dateien.

Aber das muß nicht immer von Nachteil sein. In vielen Fällen bleibt eine statische Tabelle für lange Zeit immer gleich, sowie frei verfügbar und steht somit sowohl dem Komprimierungs- als auch dem Dekomprimierungsprogramm zur Verfügung. Die Tabelle für die Datenbank zur Registrierung der Motorfahrzeuge zum Beispiel brauchte nur einmal berechnet zu werden. Im Falle von sehr großen Datenmengen wird der Komprimierungsgrad nicht sehr viel schlechter, falls die Tabelle zusammen mit dem komprimierten Text übergeben wird.

Adaptive Methoden

Heutzutage sind die meisten tabellengesteuerten Komprimierungsschemata, die mit statischen Tabellen arbeiten, implementationsabhängig und nicht für alle Zwecke geeignet. Die meisten weitverbreiteten Tabellenalgorithmen sind adaptiv. Bei adaptiven Schemata gibt es zu Beginn der Komprimierung keine vordefinierte Tabelle sondern entweder gar keine oder eine Basistabelle. Im Laufe der Komprimierung werden von den Algorithmen neue Phrasen hinzugefügt, die später durch Tokens codiert werden.

Das hinter den adaptiven Tabellenkomprimierungsprogrammen steckende Prinzip ist recht einfach zu verstehen. Schauen Sie sich folgenden Algorithmus an, der Text komprimiert:

```
for (;;) { wort = lese_wort( eingabedatei );
    tabellen_index = suche( wort, tabelle);
    if(tabellen_index < 0) { ausgabe(wort,ausgabedatei);
        fuege_der_tabelle_hinzu(wort,tabelle); }
    else
        ausgabe(tabellen_index,ausgabedatei); }
```

Könnte der hier benutzte Tabellenindex als Integerwert realisiert werden, würden recht gute Komprimierungsgrade mit einem verhältnismäßig einfachen Algorithmus erzielt. Bei diesen Anweisungen handelt es sich um eine Spezialvariante, die besonders für geschriebene Dokumente geeignet ist, das dahinter steckende Prinzip gleicht aber dem der komplizierteren Algorithmen. Die Basiskomponenten eines adaptiven Tabellenkomprimierungsalgorithmus lassen sich wie folgt beschreiben:

1. Den Eingabetextstrom in Fragmente teilen, die in der Tabelle nachgeschlagen werden sollen.
2. Die gelesenen Fragmente in der Tabelle nachschlagen. Teilweise Übereinstimmungen können erwünscht sein oder nicht.
3. Neue Phrasen der Tabelle hinzufügen.
4. Die Tabellenindizes und den Text so codieren, daß beide voneinander unterschieden werden können.

Das entsprechende Dekomprimierungsprogramm stellt etwas andere Anforderungen. Der Eingabestrom muß nicht in Fragmente unterteilt und die Fragmente nicht in einer Tabelle nachgeschlagen werden. Es gelten stattdessen die folgenden Anforderungen:

1. Der Eingabestrom wird entweder in Tabelleneinträge oder Text umgesetzt.
2. Neue Phrasen werden in der Tabelle abgelegt.
3. Tabellenindizes werden in Phrasen umgewandelt.
4. Die Phrasen werden als Text ausgegeben. Tabellengesteuerte Programme wurden im Verlauf der letzten 10 Jahre recht populär, da sie diesen Anforderungen mit relativ wenig Aufwand gerecht werden.

Ein Beispiel

Komprimiert man Daten, während sie auf Magnetbändern abgespeichert werden, hat das einige nette Nebeneffekte zur Folge. 1. Es wird nicht soviel Magnetband benötigt. Magnetband ist zwar nicht sehr teuer, aber einige Applikationen gehen recht verschwenderisch damit um. 2. Die Übertragungsrate vom und zum Band wird gesteigert. Verbesserungen der Übertragungsgeschwindigkeit durch Hardwareoptimierungen sind im allgemeinen recht teuer. Wird mit Hilfe von Software optimiert, passiert das sozusagen »kostenlos«. 3. In einigen Fällen wird die benötigte CPU-Zeit verringert. Da nur noch halb soviele – da komprimierte – Daten mit der CPU auf das Magnetband geschrieben werden müssen, kann sehr viel Zeit eingespart werden, so daß sich in vielen Fällen die Komprimierung lohnt.

Die Vorteile, Daten zu komprimieren, bevor sie auf das Magnetband übertragen werden, sind klar, trotzdem wurde diese Methode bis in die späten 80er nur recht sporadisch eingesetzt. 1989 implementierte Star Electronics jedoch einen tabellengesteuerten Komprimierungsalgorithmus auf einen Chip. Dieser Algorithmus wurde schnell zum Industriestandard und wird heute weltweit von den meisten Laufwerksherstellern benutzt.

Diese Komprimierungsmethode wird in Anlehnung an den Standard, der sie definiert, als QIC-122 bezeichnet. (QIC ist die Abkürzung für Quarter Inch Cartridge [dtsch.: Viertelzollkassette] Industrieverband, ein Verband der Laufwerkshersteller.) Star Electronics ist dabei, den Anwendungsbereich des Algorithmus zu erweitern, so daß er auch auf Festplatten Verwendung finden kann.

QIC-122 ist ein gutes Beispiel dafür, wie ein tabellengesteuerter Komprimierungsalgorithmus, der mit einem gleitenden Fenster arbeitet, funktioniert. Er basiert auf dem LZ77-Konzept der gleitenden Fenster. Während vom Codierungsprogramm Symbole eingelesen werden, werden sie am Ende eines 2 Kbyte umfassenden Fensters untergebracht, das die Phrasentabellen bildet. Bei der Codierung eines Symbols überprüft das Codierungsprogramm zunächst, ob es Teil einer Phrase ist, die schon in der Tabelle vorliegt. Ist das der Fall, wird ein Token erzeugt, das Position und Länge der Phrase definiert. Ist es nicht der Fall, wird das Symbol uncodiert weitergeleitet.

Die Ausgabe eines QIC-122-Codierungsprogrammes besteht aus einem Datenstrom, der sich wiederum frei gemischt aus Tokens und Symbolen zusammensetzt. Vor jedem Zeichen oder jedem Symbol steht ein Bitflag, das angibt, ob es sich bei den darauffolgenden Daten um einen Tabellenverweis oder ein reines Symbol handelt. Die Definitionen dieser beiden Sequenzen lauten wie folgt: 1. Reiner Text: <1><acht-bit-Symbol> 2. Tabellenverweis: <0><Fenster-Offset><Phrasenlänge>.

Das QIC-122-Codierungsprogramm kompliziert die Dinge durch die zusätzliche Codierung des Fenster-Offset- und des Phrasenlängen-Codes. Fenster-Offsets, die kleiner als 128 Byte sind, werden mit sieben Bit codiert. Offsets zwischen 128 und 2047 Byte werden mit elf Bit codiert. Bei der Phrasenlänge wird ein Bit-Codierungsschema mit variabler Länge angewandt, das kurze Phrasen bevorzugt. Wir wollen hier großzügig über diese »Implementationsdetails« hinweggehen und den C-Quelltext betrachten, mit dem dieser Algorithmus realisiert werden kann:

```
while(!keine_symbole_mehr) {
    laenge = suche_groesste_uebereinstimmung(&offset);
    if(laenge > 1) {    output_bit(0);
        output_bits(offset);
        output_bits(laenge);
        verschiebe_eingabe_puffer(laenge);
    } else {
        output_bit(1);
        output_byte(puffer[0]);
        verschiebe_eingabe_puffer(1);
    }
}
```

Es folgt ein Beispiel dazu, wie das gleitende Fenster aussieht, wenn es zum Codieren von C-Quelltext – in diesem Fall der Phrase »output_byte« – herangezogen wird. Der vorher codierte Text, der mit der Phrase »output_bit(1);\r« endet, befindet sich am Ende des Fensters. Die Routine suche_groesste_uebereinstimmung übergibt den Wert 8, da die ersten acht Zeichen von »output_byte« mit den ersten acht Zeichen von »output_bit« übereinstimmen. Das Codierungsprogramm gibt daraufhin ein 0-Bit aus, da ein Tabellenverweis folgt. Anschließend wird 15 ausgegeben, um anzuzeigen, daß der Anfang der Phrase 15 Zeichen weiter hinten im Fenster liegt ('r\' ist ein einzelnes Symbol). Schließlich wird 8 ausgegeben, da in der Phrase acht übereinstimmende Symbole vorliegen.

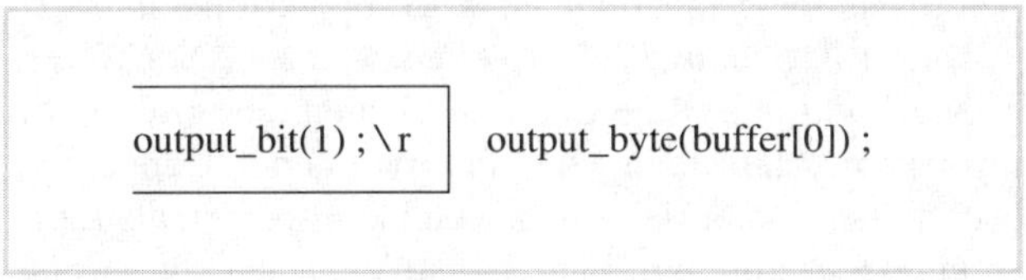

Abbildung 7-1:
Ein gleitendes Fenster bei der Codierung von C-Quelltext

Arbeitet man mit der QIC-122 Codierungsmethode, werden zur Codierung exakt sechzehn Bit benötigt. Das heißt, 8 Byte Daten werden mit nur 2 Byte codiert. Das ist ein respektabler Komprimierungsgrad und zeigt ganz typisch, wie QIC-122 unter optimalem Bedingungen funktioniert.

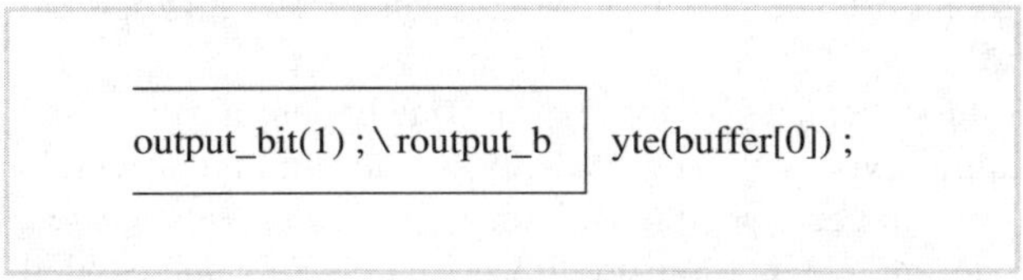

Abbildung 7-2:
Die Codierung von 8 Byte mit nur 2 Byte

Nachdem der Tabellenverweis ausgegeben wurde, rückt der Eingabestrom acht Zeichen weiter; das letzte Symbol, das codiert wurde, wird so zum letzten Symbol im Fenster. Die nächsten drei Symbole passen zu gar nichts, was im Fenster vorliegt. Sie werden also individuell codiert.

Dieses Beispiel zu QIC-122 zeigt, wie ein tabellengesteuertes Komprimierungsschema arbeitet. In Kapitel 8 erfahren Sie mehr über LZ77 und seine Abkömmlinge.

Israelische Wurzeln

Sobald man nur weit genug unter die Oberfläche eines beliebigen tabellengesteuerten Komprimierungsprogrammes schaut, wird man auf die Arbeit von Jacob Ziv und Abraham Lempel stoßen. Diese beiden israelischen Forscher entwickelten diesen Zweig der Informationstheorie in den späten 70er Jahren.

Die Datenkomprimierungsforschung bis zum Jahre 1977 beschäftigte sich mit der Entropie, Zeichen- und Wort-Häufigkeiten und vielen anderen Facetten der statistischen Modellierung. Es wurden nicht sehr viele Ausflüge in andere interessante Bereiche unternommen, wie zum Beispiel endliche Zustandsmaschinen und linguistische Modelle, sondern das Hauptaugenmerk der Forschung richtete sich auf die neuen und verbesserten Methoden zur Steuerung von Huffman-Codierungsprogrammen.

Das alles änderte sich 1977 durch die Veröffentlichung des Artikels von Jacob Ziv und Abraham Lempel »A Universal Algorithm for Sequential Data Compression« in *IEEE Transcations on Information Theory*. Dieser Artikel und sein 1978 erschienener Nachfolger »Compression of Individual Sequences via Variable-Rate Coding«, setzten eine wahre Flut von tabellengesteuerten Forschungsprojekten, Algorithmen und Programmen in Gange.

Die in diesen beiden Artikeln vorgestellten Komprimierungstechniken werden als LZ77 und LZ78 bezeichnet (Die Vertauschung der Autoreninitialien ist ein Versehen, aber es hat sich jetzt so eingebürgert.) Bei LZ77 handelt es sich um eine »gleitende Fenster«-Technik, wobei die Tabelle aus einer Reihe von Phrasen mit festgelegter Länge besteht, die irgendwo in einem »Fenster« des zuvor bearbeiteten Textes vorkamen. Die Fenstergröße liegt im allgemeinen zwischen 2 und 16 Kbyte. Die Phrasengröße erstreckt sich von 16 bis 64 Byte. Bei der LZ78-Methode wird die Tabelle völlig anders aufgebaut. Symbol für Symbol und ein neues Symbol werden zu einer bereits existierenden Phrase hinzugefügt, sobald eine Übereinstimmung auftritt.

Sie können sich vorstellen, daß diese beiden Komprimierungsmethoden eng verwandt sind, besonders, da die meisten immer von der »Lempel-Ziv-Komprimierungstechnik« sprechen, als würde es sich um eine Sache handeln. Es sind aber zwei verschiedene Techniken. Sie haben unterschiedliche Implementationsprobleme, zu denen es unterschiedliche Lösungen gibt, und sie unterscheiden sich in ihren Stärken und Schwächen. Da diese Methoden so einen großen Einfluß auf dem Gebiet der Datenkomprimierung haben, werden in den nächsten beiden Kapiteln eine LZ77 und eine LZ78 Implementation detailliert behandelt.

Geschichte

Die Veröffentlichung der beiden Artikel 1977 und 1978 hatte direkten Einfluß auf das Gebiet der Informationstheorie. Die Auswirkungen spürten Programmierer aber erst einige Zeit später. Damit der Stein ins Rollen gebracht wurde, bedurfte es noch eines weiteren Artikels im Jahre 1984.

In der Juni-Ausgabe von *IEEE Computer* erschien ein Artikel von Terry Welch mit dem Titel »A Technique for High-Performance Data Compression«. Welch beschrieb darin Forschungen, die beim Sperry-Forschungscenter (jetzt Teil von Unisys) betrieben wurden. Sein Artikel war die praktische Beschreibung seiner Implementation des LZ78-Algorithmus, den er LZW nannte. Der LZW-Komprimierungsalgorithmus wurde im Hinblick auf seinen Einsatz in Band- und Festplattenkontrollern beschrieben. Es war aber klar, daß derselbe Algorithmus auch in ein für allgemeine Zwecke geeignetes Komprimierungsprogramm eingebaut werden konnte.

Unmittelbar nach Erscheinen des Artikels begann die Arbeit am Unix-Komprimierungsprogramm Compress. Compress ist ein C-Programm, das auf dem VAX-System von DEC entwickelt wurde. Portierungen zu anderen Computern, einschließlich IBM PC, folgten kurz darauf. Die für jedermann zugängliche Version von Compress erschien fast genau ein Jahr nach der Publikation des IEEE-Artikels.

Compress wurde aus mehreren Gründen zu einem sehr einflußreichen Programm. Das Programm war gut geschrieben. Es arbeitete effizient und war recht ordentlich dokumentiert. Compress wurde kurz nach seinem Erscheinen auf vielen UNIX-Systemen eingesetzt. Die zusammen mit UNIX-Systemen vertriebenen Dokumentationen werden heutzutage routinemäßig in komprimierter Form ausgeliefert. Die Texte werden erst dekomprimiert, nachdem das man-Programm das erste Mal auf sie zugreift. Der Quelltext lag seit Anfang an als Public-Domain-Programm vor, was für weite Verbreitung sorgte. Und was vielleicht am wichtigsten ist, die Autoren sorgten dafür, daß der Quelltext portabel war, damit er ohne Modifikationen auf möglichst vielen Systemen eingesetzt werden kann.

Während Compress in der UNIX-Gemeinde zum Standard wurde, schlug sich die PC-Welt immer noch mit einem recht uneffektiven Huffman-Programm der Ordnung 0, das unter dem Namen SQ bekannt ist, herum. Aber 1985 verbesserten sich die PC-Bedingungen. Mehr und mehr Leute setzten zur Kommunikation moderne Modems ein, und Festplatten waren noch relativ teuer. Die Zeiten waren reif für eine Verbesserung in Sachen Komprimierung, genau an dieser Stelle trat die tabellengesteuerte Codierung in Aktion.

ARC: Der Vater der MS-DOS-Tabellenkomprimierung

1985 veröffentlichte die System Enhancement Associates ein für allgemeine Zwecke einsetzbares Komprimierungs- und Katalogisierungsprogramm mit dem Namen ARC. ARC nahm den MS-DOS-Bereich im Sturm und wurde innerhalb von Monaten für PC-Anwender zum de facto Standard. Mehrere Faktoren spielten dabei eine Rolle. 1. ARC verwendete zur Komprimierung von Dateien einen nahen Verwandten von Compress. Damals entsprach das dem Stand der Technik, und es gab keine Konkurrenz. 2. Bei ARC lag eine Katalogisierungs- oder Archivierungsfunktion als integraler Programmbestandteil vor. UNIX-Anwender waren daran gewöhnt, mit dem Programm »tar« Dateigruppen zum einem Archiv zusammenzufassen; für PC-Anwender gab es aber bei ihrem Betriebssystem keine entsprechende Funktion. Diese Fähigkeit, die bei der Übertragung von Dateigruppen mittels Modem oder Diskette lebenswichtig ist, stellte ARC zur Verfügung, 3. ARC wurde als Shareware vertrieben, was zu einer raschen Verbreitung beitrug.

Compress regierte also die UNIX-Welt und ARC den MS-DOS-Bereich. Es sah so aus, als wäre LZ78 auf Jahre hinaus die vorherrschende Komprimierungsmethode. Imitationen wie PKARC von PK-Ware stärkten nur noch die Position von LZ78, da LZ78 sowohl schneller war als auch bessere Komprimierungsgrade ergab. Aber komischerweise wurde in den letzten Jahren auf diesem Gebiet ein Schritt rückwärts gemacht.

ARC gab seine Vorrangstellung im PC-Bereich an Konkurrenten besonders PKZIP von PKWare aber auch LHarc von Haruyasu Yoshizaki und ARJ von Robert Jung ab. Diese Programme bauen auf dem LZ77-Algorithmus auf, der mit einer Tabelle arbeitet, die aus einem gleitenden Fenster, das sich durch den Text bewegt, besteht. LZ77 war nicht leicht zu implementieren, bis Mitte 1980 einige Verbesserungen vorgenommen wurden. Jetzt nimmt LZ77 eine gleichrangige Position neben LZ78 ein.

Tabellengesteuerte Komprimierung: Der Stand der Dinge heute

Die tabellengesteuerte Komprimierung wurde in den letzten zehn Jahren in dem Maße beliebter, wie Hardware- und Softwareverbesserungen ihren Einsatz erleichterten. Applikationen der tabellengesteuerten Komprimierung können in zwei Bereiche unterteilt werden: Programme für allgemeine Zwecke und hardwarespezifische Anwendungen.

Wie bereits gesagt, besitzt die tabellengesteuerte Codierungsmethode die Vormachtstellung bei der PC-Komprimierung. Im MS-DOS-Bereich komprimieren und archivieren Programme, wie PKZIP, ARC, ARJ und LHarc mit tabellengesteuerten Algorithmen Dateien. Die meisten dieser Programme verfügen über mindestens eine oder zwei Portierungen zu anderen Plattformen. Darunter ist UNIX die beliebteste.

Die tabellengesteuerte Komprimierung findet auch bei einigen speziellen PC-Programmen Verwendung. Die meisten Backup-Programme benötigen zum Beispiel irgendeine Form der Komprimierung, damit sie schneller und effektiver arbeiten können. PC Backup von Central Point Software arbeitet mit einem tabellengesteuerten Algorithmus von Star Electronics, der Firma, die für den QIC-122-Komprimierungsstandard verantwortlich ist.

Der CompuServe Informations-Service entwickelte zum Komprimieren von grafischen Bitrasterbildern ein tabellengesteuertes Komprimierungsschema. Das GIF-Format komprimiert mit einer LWZ-Variante wiederholt vorkommende Sequenzen von Bildschirmbildern. Beim Arbeiten mit diesen Bildern ist eine Komprimierung unabdingbar. Computerbilder beanspruchen sehr viel Speicher. Je höher die Auflösung, desto mehr nehmen die abzuspeichernden Bilddaten zu. CompuServe-Anwender verwenden zum Übertragen dieser Bilder Modems. Da die Modems mit maximal 2400 Baud arbeiten, ist das Komprimieren von Bildern überaus notwendig.

Durch das Komprimieren von Dateien vor der Übermittlung werden Telekommunikationskosten gespart. Aber dazu müssen auf beiden Seiten kompatible Komprimierungsprogramme arbeiten. Eine effektivere Methode besteht darin, die Datenkomprimierung direkt im Modem zu betreiben. Diese Idee kommt ursprünglich von der Microcom Corp. Dort wurden Daten mit Hilfe der Huffman-Codierung komprimiert, bevor sie mit dem Modem übertragen wurden. Der Komprimierungsalgorithmus von Microcom MNP-5 verwendet ein dynamisches Huffman-Schema, ein für allgemeine Zwecke verwendbares Komprimierungsschema, das auf die meisten Datenströme angewandt werden kann.

Aber die internationale Telekommunikationsindustrie genehmigte vor kurzem einen neuen, von den Modemherstellern benutzten Komprimierungsalgorithmus, der dadurch schnell Verbreitung fand: V.42*bis*, ein tabellengesteuertes Komprimierungsschema, das bessere Komprimierungsgrade als MNP-5 besitzt. Durch die Akzeptanz dieses internationalen Standards können die Modembauer jetzt die Datenkomprimierungsfunktion in ihre Modems einbauen und Daten können ohne Schwierigkeiten auf Modems anderer Hersteller übertragen werden.

Wie schon erwähnt, arbeiten Bandlaufwerkshersteller auch zunehmend mit einem Komprimierungsalgorithmus, der dem Industriestandard entspricht: QIC-122. QIC-122 wird mit Hilfe eines dafür geeigneten Mikrokontrollers oder dem Komprimierungs-Chip von Star Electronics überwiegend auf dem Laufwerk selbst oder im Laufwerkskontroller realisiert. Hewlett-Packard stellte einen alternativen Komprimierungsstandard vor, der DCLZ heißt. DCLZ arbeitet mit einem LZ78-ähnlichen Algorithmus, der erwiesenermaßen bessere Komprimierungsergebnisse als Programme auf der Basis von QIC-122 ergibt.

Eine neue Herausforderung für die tabellengesteuerte Komprimierung sind die Festplatten. Heutzutage werden universelle Programme häufig zum Komprimieren von Daten, die auf einer Festplatte abgespeichert werden, eingesetzt. Kein bekanntes Festplattenlaufwerk und kein Kontroller komprimiert Daten jedoch so, daß sie für den Host-Rechner transparent sind. Mehrere MS-DOS-Softwarefirmen arbeiten auf der Gerätetreiberebene, um die Komprimierung für das Applikationsprogramm transparent zu machen. Aber einige Eigenheiten des Betriebssystems erschweren es jedoch immer noch, die Komprimierung zu implementieren.

Eine der größten Schwierigkeiten beim direkten Komprimieren von Daten auf einer Festplatte besteht darin, daß die meisten heute verwendeten Tabellenkomprimierungsschemata adaptiv sind. Zum direkten Einsatz auf einem Laufwerk oder einem Kontroller würde ein universeller Algorithmus benötigt, was die Einrichtung von statischen Tabellen fast unmöglich macht. Die meisten adaptiven Algorithmen funktionieren mehr recht als schlecht, solange sie nicht über genug statistische Informationen verfügen, wozu möglicherweise mehrere Kbyte Eingabedaten gelesen werden müßten.

Unglücklicherweise arbeiten Festplattenlaufwerke mit wahlfreiem Zugriff. Das heißt, ein Programm kann mit dem Einlesen von Daten an einer beliebigen Stelle der Datei beginnen. Wurde die Datei mit Hilfe einer adaptiven Komprimierungsmethode komprimiert, muß unter Umständen bis zum Anfang der Datei zurückgegangen und der Lesevorgang dort begonnen werden, damit die Datei ordnungsgemäß dekomprimiert werden kann. Das ist bei einer 16 KByte Textdatei vielleicht kein Problem, aber denken Sie einmal an die resultierende Ausführungsgeschwindigkeit in Verbindung mit einer 16 MByte umfassenden Datenbank!

Heutzutage umgehen die Hersteller von soft- und hardwarebasierenden Komprimierungsgerätetreibern diese Probleme durch eine Komprimierung auf der Sektorebene. Da der Gerätetreiber immer einen oder mehrere Sektoren nacheinander einliest, beginnt der adaptive Algorithmus jedesmal an der Sektorengrenze. Kontrolliert der Gerätetreiber auch die Größe des Sektors, kann diese auf einen Wert gesetzt werden, der etwas größer als der normalerweise benutzte Wert ist. Dadurch ist der adaptive Algorithmus in der Lage, seinen Komprimierungsgrad zu verbessern.

Bei Algorithmen wie QIC-122 kommt es durch die Erweiterung der Sektorengröße über einen bestimmten Punkt hinaus zu keinerlei Verbesserungen, da die Tabelle sich lediglich aus den vorhergehenden 2 KByte Daten zusammensetzt. Leistungsfähigere Komprimierungsalgorithmen, die auch ältere Informationen ausnutzen, werden immer die Tendenz haben, die Sektorengröße zu erweitern.

Achtung Gefahr : Patente !

Da die meisten Arbeiten über tabellengesteuerte Komprimierungen während der letzten zehn oder fünfzehn Jahre erfolgten, kann es zu einigen unerwünschten Begleiterscheinungen kommen. Bis in die frühen 80er Jahre war es nicht möglich, Software patentieren zu lassen. Aber in den letzten zehn Jahren wurden immer mehr Patente dann vergeben, wenn ein klar erkennbarer Algorithmus vorlag.

Eines der ersten Datenkomprimierungspatente wurde an die Sperry Corp. (jetzt Unisys) für die Verbesserung von LZ78, die von Terry Welch im Sperry Forschungszentrum entwickelt wurde, vergeben. Dieses Patent wurde während der Entwicklung des V.42*bis*-Datenkommunikationsstandards zum Streitpunkt. Da V.42*bis* auf dem LWZ-Algorithmus aufbaut, beanspruchte Unisys das Recht, für alle Implementationen, die V.42*bis* benutzen, Lizenzgebühren zu erheben. Daraufhin machte man sich im CCITT Sorgen darum, was passiert, wenn man einen Standard auf einer patentierten Technik aufbaut. Unisys zerstreute diese Bedenken. Sie schützten ihre Patentrechte, indem sie anboten, einem beliebigen Modemhersteller die Lizenz an diesem Algorithmus für die einmalige Zahlung von 25000$ zu überlassen.

Die Forschung an tabellengesteuerten Komprimierungsmethoden schritt weiter voran, und es wurden immer mehr Patente vergeben. Patentschriften werden nicht veröffentlicht, so weiß man nie, wann und ob bestimmte Techniken zur Verfügung stehen. Heutzutage ist es am besten, einen Patentsuchdienst zu beauftragen und die Entwickler aller Techniken, die eingesetzt werden sollen, um Erlaubnis zu fragen.

Zum Glück erklären sich die meisten Hersteller zu relativ moderaten Bedingungen bereit, Lizenzen zu vergeben. Gefahr besteht nur, wenn der Patenteigner denselben Markt beansprucht wie ein potentieller Lizenznehmer. Unisys beispielsweise überließ die Lizenz des LWZ-Algorithmus nur zu gern den Modemherstellern, aber sie hätten es bestimmt nicht gerne getan, wenn es um Minicomputer gegangen wäre.

Abschließende Bemerkung

Tabellengesteuerte Komprimierungstechniken sind heute die populärsten Komprimierungsformen im Bereich der verlustlosen Komprimierung. Fast ohne Ausnahme reichen die Ursprünge dieser Techniken zurück zu den Originalalgorithmen von Ziv und Lempel aus den Jahren 1977 und 1978. Etliche an diesen Algorithmen vorgenommene Verbesserungen führten zu besseren Komprimierungsgraden bei geringen Kosten.

8 Komprimierung mit gleitenden Fenstern

Der Ursprung der modernen tabellengesteuerten Komprimierung kann auf den 1977 erschienenen Artikel von Ziv und Lempel »A Universal Algorithm for Sequential Data Compression«, der in *IEEE Transactions on Information Theory* erschienen ist, zurückgeführt werden. Rückblickend kann gesagt werden, daß dieser Algorithmus (im weiteren Verlauf als LZ77 bezeichnet) nicht sehr bemerkenswert ist. Er ist so einfach, daß er vor dreißig oder vierzig Jahren hätte geschrieben werden können, und es besteht kein Zweifel, daß er schon vor 1977 in einem Test-Programm hätte implementiert werden können.

Aber wie Sie schon aus dem vorigen Kapitel wissen, konzentrierten sich die meisten Anstrengungen im Datenkomprimierungsbereich auf die Verbesserung von Huffman-Codierungsprogrammen und auf etwas exotischere Studien über andere statistische Themen. Der LZ77-Artikel war in dieser Hinsicht also wirklich bahnbrechend.

Der Algorithmus

Bei der LZ77-Komprimierungsmethode wird zuvor gelesener Text als Tabelle genutzt. Phrasen aus dem Eingabetext werden durch Zeiger in die Tabelle ersetzt, wodurch die Komprimierung erreicht wird. Wie groß der Komprimierungsgrad ist, hängt ab von der Länge der Phrasen in der Tabelle, der Fenstergröße im vorher gelesenen Text ist und von der Entropie des Ursprungtextes im Hinblick auf das LZ77-Modell.

Die Hauptdatenstruktur in LZ77 ist ein Textfenster, das aus zwei Teilen besteht. Den ersten Teil bildet ein großer Block des zuletzt codierten Textes. Der zweite Teil– er ist normalerweise kleiner– ist ein nach vorn gerichteter Puffer. In diesem Puffer befinden sich die aus dem Eingabestrom eingelesenen jedoch noch nicht codierten Zeichen.

Das Textfenster umfaßt normalerweise mehrere tausend Zeichen. Der nach vorn gerichtete Puffer ist viel kleiner, er beinhaltet ca. zwischen zehn und hundert Zeichen. Der Algorithmus versucht nun, zum Inhalt des nach vorn gerichteten Puffers einen passenden

String in der Tabelle zu finden. Es folgt in Abbildung 8-1 ein vereinfachtes Beispiel für ein Textfenster.

for (i=0 ; <MAX-1 ; i++) \r for (j=i+1 ; j	<MAX ; j++) \r ;
Körper des Textfensters	Nach vorn gerichteter Puffer

Abbildung 8-1: *Ein Textfenster mit Inhalt*

In Abbildung 8-1 sehen Sie ein kleines Stück C-Quelltext, das komprimiert werden soll. Das Textfenster kann 64 Zeichen aufnehmen, von denen sich 16 im nach vorn gerichteten Puffer befinden. Der LZ77-Algorithmus gibt in seiner ursprünglichen Konzeption Sequenzen von Tokens aus. Jedes Token besteht aus drei verschiedenen Datenelementen, die im aktuellen nach vorn gerichteten Puffer eine Phrase variabler Länge definieren. Bei den drei Elementen handelt es sich um: 1. Einen Offset auf eine Phrase im Textfenster. 2. die Phrasenlänge und 3. um das erste Symbol im nach vorn gerichteten Puffer, das auf die Phrase folgt.

Im obigen Beispiel beinhaltet der Puffer die Phrase »<MAX;j++)\r«. Durchsucht man den Textpuffer, kann festgestellt werden, daß sich »<MAX« an Position 14 des Textfensters befindet. Diese Phrase stimmt mit den ersten vier im Puffer vorliegenden Zeichen überein. Das erste abweichende Zeichen ist das Leerzeichen. Deshalb wird das Token 14,4, » « erzeugt.

Ein Komprimierungsprogramm, das den LZ77-Algorithmus benutzt, gibt zuerst das Token aus und schiebt daraufhin das Textfenster fünf Zeichen weiter. Das entspricht genau der Länge der soeben codierten Phrase. Anschließend werden fünf neue Symbole in den nach vorn gerichteten Puffer gelesen, und der gesamte Vorgang wiederholt sich.

(i=0 ;i<MAX-1 ; i++) \r for(j=i+1 ; j<MAX	; j++) \r r[i
Körper des Textfensters	Nach vorn gerichteter Puffer

Abbildung 8-2: *Das Fenster nach der Erzeugung von 14, 4 , » «*

Das nächste vom Komprimierungsalgorithmus ausgegebene Token codiert die Phrase »;j+« als »40,2,+«. Die Syntax des Tokens läßt Phrasen zu, zu denen es keinerlei Übereinstimmung im Fenster gibt. Findet man im oben gezeigten Puffer keine passende Phrase, kann immer nur ein Zeichen mit einer Phrase der Länge 0 codiert werden: 0,0,»;«. Diese Methode ist zwar nicht effektiv, aber der Algorithmus kann jede Meldung codieren.

Der zur Implementierung dieses Komprimierungsalgorithmus notwendige Quelltext sollte recht einfach sein. Er muß lediglich im Fenster nach der längsten Übereinstimmung suchen, sie codieren und dann das Textfenster weiterschieben. Eine unbeholfen programmierte Applikation dieses Algorithmus sieht wie folgt aus:

```
int fenster_vgl(char *f, int i, int j, int laenge)
{
    int zaehler = 0;

    while(laenge--) {
        if (f[i++] == f[j++])
            zaehler++;
        else
            return(zaehler);
    }
    return(zaehler);
}
.
.
.
treffer_position = 0;
treffer_laenge = 0;
for(i=0;i<(FENSTER_GROESSE-VORAUS_GROESSE);i++) {
    laenge = fenster_vgl(fenster, i, VORAUS_ANFANG,
                                        VORAUS_GROESSE);
    if(laenge > treffer_laenge) {
        treffer_position = i;
        treffer_laenge = laenge;
    }
}
codiere(treffer_position, treffer_laenge,
                    fenster[VORAUS_ANFANG+treffer_laenge]);
memmove(fenster, fenster+treffer_laenge+1,
                            FENSTER_GROESSEtreffer_laenge);
for(i=0;i<treffer_laenge+1;i++)
    fenster[FENSTER_GROESSEtreffer_laenge+i]=getc(eingabe);
.
.
.
```

Der Dekomprimierungsalgorithmus für LZ77 ist noch simpler, da keine Vergleichsoperationen durchgeführt werden müssen. Ein Token wird eingelesen, die entsprechende Phrase und das darauffolgende Zeichen werden ausgegeben, das Textfenster wird weitergeschoben und der ganze Vorgang wird wiederholt. Das Textfenster muß zwar ebenfalls kontrolliert werden, aber es gibt keine Stringvergleichsoperationen. In einem Dekomprimierungsprogramm, das mit dem Resultat des vorigen Programmes arbeitet, existiert dann vielleicht die folgende Schleife:

```
decodiere(&treffer_position,&treffer_laenge,&zeichen);
fwrite(fenster+treffer_position,1,treffer_laenge,ausgabe);
putc(zeichen,ausgabe);
for(i=0;i<treffer_laenge;i++)
    fenster[VORAUS_ANFANG+i]=fenster[treffer_position+i];
fenster[VORAUS_ANFANG+i]=zeichen;
memmove(fenster,fenster+treffer:laenge+1,
                             FENSTER_GROESSEtreffer_laenge);
```

Ein interessanter Nebeneffekt dieser Dekomprimierungsmethode besteht darin, daß mit Phrasen bis jetzt noch nicht codierten existierende codiert werden können. In einer Datei, in der sich 100 aufeinanderfolgende 'A'-Zeichen befinden, würde beispielsweise das erste A mit (0,0,»A«) codiert. Das Fenster sähe daraufhin wie in Abbildung 8-3 aus:

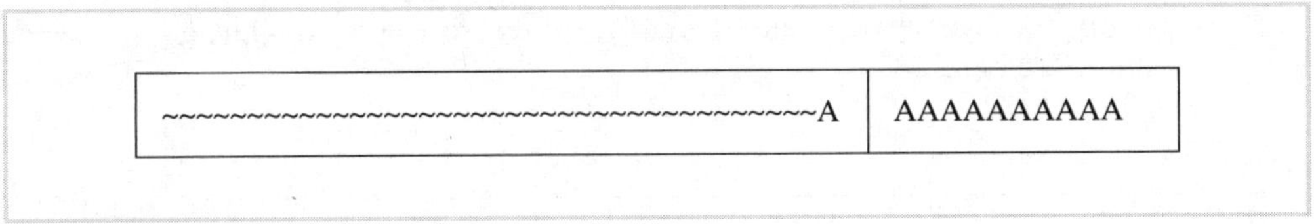

Abbildung 8-3: *Die Codierung von einhundert As*

Anschließend können die nächsten neun A-Zeichen prinzipiell mit (38, 9, 'A') codiert werden. Das scheint aber auf den ersten Blick nicht möglich zu sein. Schließlich können wir zwar die im Augenblick im nach vorn gerichteten Puffer vorliegenden acht Zeichen sehen und das Decodierungsprogramm kann dies später aber eigentlich nicht. Sobald das Decodierungsprogramm das Token (38,9,»A«) erreicht, sieht der Puffer nämlich wie in Abbildung 8-4 aus.

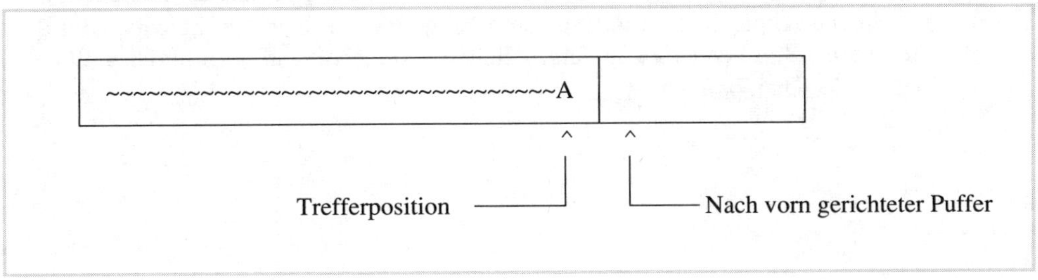

Abbildung 8-4: *Der Puffer des Decodierers, wenn er (38,9,»A«) erhält*

Untersucht man den Dekomprimierungsalgorithmus, kommt man darauf, wie die Dekomprimierungsroutine diese eigentliche Unmöglichkeit meistert. Die Routine befindet sich in einer Schleife und kopiert von der Trefferposition in den nach vorn ausgerichteten Puffer. Nachdem das erste Zeichen kopiert wurde, sieht der Puffer wie in Abbildung 8-5 aus.

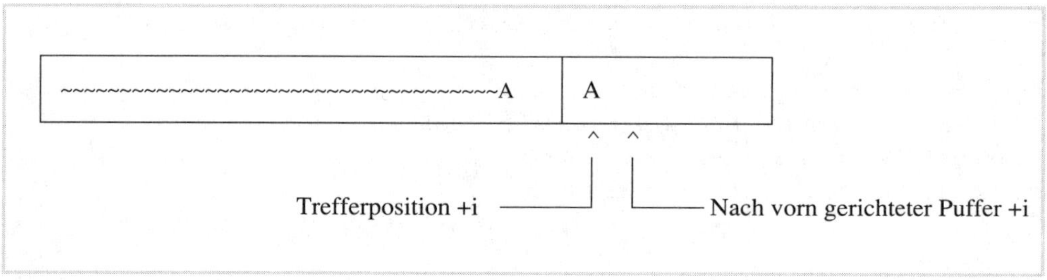

Abbildung 8-5: *Nachdem das erste Zeichen kopiert wurde*

Beim nächsten Schleifendurchlauf steht ein zweites A-Zeichen zum Kopieren zur Verfügung, auch wenn es sich am Anfang des Decodierungsprozesses nicht im Fenster befand. Nach Beendigung des Kopiervorganges, kann der Puffer, so wie in Abbildung 8-6 gezeigt wird, verschoben werden.

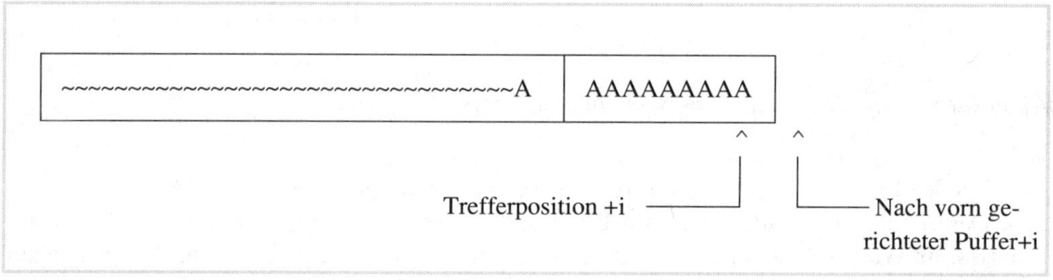

Abbildung 8-6: *Der Puffer, wenn er verschoben werden kann*

Dadurch wird eine leistungsfähige Eigenschaft der LZ77-Komprimierungsmethode illustriert: Die schnelle Anpassung an das aus dem Eingabestrom gelesene Zeichen. Bei diesem Beispiel wurde eine Sequenz von zehn Zeichen codiert, obwohl sich in der »Tabelle« nur ein einzelnes Zeichen befand.

Probleme mit LZ77

Die hier gezeigte LZ77-Implementation ist etwas hahnebüchen. Es liegt auch eine etwas liberale Interpretation des Algorithmus vor. Die Autoren verschwendeten bei der Präsentation ihrer Methode nicht viel Zeit auf Implementationsdetails.

Es gibt einen offensichtlichen Haken bei der LZ77-Methode. Bei der Codierung muß jede Position im Textfenster mit Hilfe einer Stringvergleichsoperation mit dem Pufferinhalt verglichen werden. Wird versucht, den Komprimierungsgrad durch Vergrößerung des Fensters und somit Vergrößerung der Tabelle zu verbessern, wird das Ganze nur noch schlimmer. Normalerweise leidet der Dekomprimierungsteil des Algorithmus darunter nicht. Da lediglich Phrasen kopiert werden, kann ein wesentlich höhere Dekomprimierungsrate erzielt werden. Und was noch besser ist: Das LZ77-Dekomprimierungsprogramm wird nicht durch die Vergrößerung des Fensters oder des Puffers beeinflußt.

Ein zweites Problem mit der Ausführungsgeschwindigkeit hängt mit der Steuerung des gleitenden Fensters zusammen. Bis jetzt wurde vom Fenster immer so gesprochen, als würde es während des Codierens wirklich an einem Ende des Puffers beginnend bis zum Pufferende über den Text geschoben.

Das ist vom Konzept her vielleicht sinnvoll, aber sicherlich nicht der beste Weg ein LZ77-Programm zu schreiben. Es wäre nämlich viel vorteilhafter, gäbe es einen wandernden Zeiger auf einen feststehenden Puffer. Die Phrasen müßten nicht mehr zum Fensteranfang gebracht werden, sondern der Text könnte seine Position beibehalten, da der Zeiger sich während der Textcodierung im Puffer bewegen würde.

Der Einsatz von wandernden Zeigern bringt einige neue Probleme mit sich. Es ist nicht möglich, mit einer Stringvergleichsfunktion wie strncmp() nach den längsten übereinstimmenden Phrasen zu suchen, da sich eine Phrase am physikalischen Ende des Fensters befinden kann, wobei das erste Zeichen an der Position fenster[FENSTER_GROESSE - 1] und das zweite an der Position fenster[0] zu finden ist. Beim Durchführen von Stringvergleichsoperationen wird deshalb anstelle eines normalen Index ein Modulo-Index benötigt, um Zeichen im Fenster ansprechen zu können. Die neu programmierte Version von strncmp(), die unter Berücksichtigung dieser Gesichtspunkte reibungslos funktioniert, sieht wie folgt aus:

```
int fenster_vgl(char *f, int i, int j, int laenge) {
    int zaehler = 0;

    while(laenge--) {
        if (f[i] == f[j])
            zaehler++;
        else
            return(zaehler);
        i = ++i % FENSTER_GROESSE;
        j = ++J % FENSTER_GROESSE; }
    return(zaehler); }
```

Diese Routine ist etwas komplizierter, aber ihre Realisierung lohnt sich, da memmove() nicht mehr aufgerufen werden muß. Muß der Puffer nicht mehr verschoben werden, kann man viele CPU-Zyklen sparen. Zusätzlich kann die Routine noch effektiver arbeiten, falls es sich bei FENSTER_GROESSE um eine ganzzahlige Potenz von 2 handelt. Der Modulo-Operator kann dann durch einen logischen ersetzt werden, wodurch noch mehr Zeit gespart wird.

Ein Codierungsproblem

Außer den CPU-Problemen taucht im Zusammenhang mit dem LZ77-Algorithmus noch ein großes Effektivitätsproblem auf. Beim Codieren von Phrasen können mit LZ77 rasch gute Ergebnisse erreicht werden. Auch wenn die den Eingabetext ersetzenden Phrasen kurz sind, erreicht man im allgemeinen recht gute Komprimierungsgrade.

Das Problem taucht auf, sobald in der Tabelle keine passenden Phrasen gefunden werden. Ist das der Fall, muß das Komprimierungsprogramm trotzdem mit den üblichen drei Komponenten Zeichen für Zeichen codieren. Damit man ein Gespür für den dahinter steckenden Aufwand bekommt, müssen Sie sich vorstellen, was passiert, wenn ein Zeichen bei einem 4096 Byte großen Fenster und einem sechzehn Byte großen nach vorn gerichteten Puffer codiert wird. Zur Codierung der Fensterposition werden zwölf Bit und weitere vier Bit zur Codierung der Phrasenlänge benötigt. Bei diesem System bräuchte man zur Codierung des (0,0,c)-Tokens vierundzwanzig Bit; dieser ganze Aufwand wäre für die Codierung eines 8-Bit-Symboles notwendig. Das ist ein hoher Preis, und man sollte ihn verringern.

LZSS-Komprimierung

Bei der LZSS-Komprimierungsmethode wurde versucht, einige der Ausführungsgewindigkeits- und Effektivitätsprobleme des ursprünglichen LZ77-Algorithmus zu vermeiden. Dazu wurden zwei Veränderungen an seiner Arbeitsweise vorgenommen. Die erste setzt bei der Fensterverwaltung an. Bei LZ77 liegen die Phrasen des Textfensters als fortlaufender Textblock ohne weitere Organisation vor. LZSS legt den Text zwar auch in zusammenhängenden Fenstern ab; zusätzlich aber wird eine Datenstruktur erzeugt, mit deren Hilfe die Organisation der Phrasen verbessert wird.

Sobald eine Phrase aus dem nach von vorn gerichteten Puffer wandert und in den bereits codierten Teil des Textfensters gelangt, wird sie bei LZSS in einer Baumstruktur untergebracht. Bei der in diesem Kapitel benutzten Implementation handelt es sich bei dem Baum um einen binären Suchbaum. Werden die Phrasen in einer solchen Baumstruktur untergebracht, ist die Zeit zum Auffinden der längsten übereinstimmenden Phrase im Baum nicht mehr proportional zum Produkt aus Fenstergröße und Phrasenlänge. Die Zeit ist dann proportional zum Logarithmus der Basis 2 der Fenstergröße multipliziert mit der Phrasenlänge.

Diese mit Hilfe der Baumstruktur erreichten Einsparungen tragen nicht nur zur Effektivitätssteigerung des Komprimierungsalgorithmus bei, sondern fordern geradezu dazu auf, mit größeren Fenstern zu experimentieren. Die Verdopplung der Fenstergröße bewirkt lediglich eine geringe Erhöhung der Komprimierungszeit, vorher dagegen wurde sie verdoppelt.

Die zweite Veränderung betrifft die eigentliche Tokenausgabe des Algorithmus. Sie wissen ja, daß LZ77-Ausgabetokens aus einem Offset, einer Trefferlänge und dem auf die Phrase folgenden Zeichen bestehen. Das heißt, LZ77 war gezwungen, grundsätzlich Zeiger auszugeben und zwar unabhängig von der Art des Eingabetextes.

Bei LZSS dagegen können Zeiger und Zeichen nach Belieben vermischt werden. Am Anfang kann es zum Beispiel sein, daß der Komprimierungsalgorithmus unter den ersten ca. zwölf Eingabesymbolen keine passenden Phrasen für die Bildung von Tokens findet. Beim LZ77-System muß das Codierungsprogramm dann für jedes Symbol einen Dummy mit einer Trefferposition und -länge von 0 erzeugen.

Bei LZSS wird jedem Ausgabetoken ein Bit vorangestellt, das anzeigt, ob es sich um ein Offset/Längenpaar oder ein einzelnes Symbol handelt. Werden mehrere aufeinanderfolgende Zeichen ausgegeben, reduziert diese Methode den Overhead, der pro Zeichen mehrere Byte betragen kann, auf ein Bit pro Zeichen.

Ist die Natur der Daten erst einmal bekannt, findet das Komprimierungsprogramm beim Lesen von neuen Daten in dem nach vorn gerichteten Puffer stets passende Zeiger. Bei LZ77 mussen auch in dieser Hinsicht einige Nachteile in Kauf genommen werden, da jedes Offset/Längenpaar von einem einzelnen Zeichen begleitet werden muß. Das ist zwar kein so großes Problem, wie das vorige, aber der Komprimierungsgrad wird doch merklich verringert.

Datenstrukturen

Zwei wichtige Datenstrukturen werden in dem in diesem Kapitel gezeigten LZSS-Programmbeispiel eingesetzt. Dabei handelt es sich zum einen um das Textfenster. Es beinhaltet den vorher codierten Text und den nach vorn gerichteten Puffer. Das Textfenster ist ein einfaches Zeichenarray, das so deklariert und eingesetzt wird, wie es normalerweise in einem C-Programm erwartet wird:

```
unsigned char fenster[ FENSTER_GROESSE ];
```

Wie vorher schon gesagt wurde, wäre es sehr ineffektiv, ein Fenster zu verwenden, bei dem der Text tatsächlich durch das Fenster »geschoben« wird. Stattdessen bewegt sich der nach vorn gerichtete Puffer durch das Fenster. Wurde eine Phrase also erst einmal im Fenster untergebracht, bleibt sie so lange dort, bis sie überschrieben wird, nachdem FENSTER_GROESSE Zeichen codiert wurden.

Arbeitet man mit dem Textfenster wie oben beschrieben, müssen alle Stringoperationen, Kopiervorgänge, etc. die im Zusammenhang mit dem Fenster stehen, mit einer Arithmetik zum Modulo FENSTER_GROESSE ausgeführt werden. Die Berechnung von (i+1) mod FENSTER_GROESSE kann am effektivsten durchgeführt werden, falls FENSTER_GROESSE eine ganzzahlige Potenz von 2 ist und diese Implementation von LZSS dies auch entsprechend erwartet. Ist FENSTER_GROESSE eine ganzzahlige Potenz von 2, können auch die Fensterindizes effektiv codiert werden. Diese Methode wird deshalb auch fast immer bei der Datenkomprimierung mit gleitenden Fenstern angewandt.

Die zweite Datenstruktur in diesem Programm ist der zum Abspeichern der Phrasen im Text benutzte binäre Baum. Dieser Baum wird von der folgenden Struktur definiert:

```
struct { int eltern_teil;
    int kleineres_kind;
    int groesseres_kind;
} baum[ FENSTER_GROESSE + 1 ];
```

Für jede Phrase des Fensters definiert ein entsprechendes Strukturelement die dazugehörige Baumposition. Jede Phrase hat einen Elternteil und bis zu zwei Kinder. Da es sich hier um einen binären Baum handelt, ist ein Kindknoten dem »kleineren« und ein Kindknoten dem »größeren« Kind zugeordnet. Jede Phrase, die zu einem kleineres_kind-Knoten gehört, muß kleiner als die vom aktuellen Knoten definierte Phrase und jede Phrase, die zum groesseres_kind-Knoten gehört, muß größer sein. Bei diesem Programm ist eine Phrase in dem Sinne »größer« oder »kleiner«, der auch für die Standard-Bibliotheksfunktion strcmp() gilt.

Der in diesem Programm benutzte Baum verfügt über einige ungewöhnliche Eigenheiten, die einer Erklärung bedürfen. Obwohl sich nur FENSTER_GROESSE Phrasen im Fenster befinden, wurde der Baum so definiert, daß darin FENSTER_GROESSE + 1 Elemente Platz haben. Bei der hier vorliegenden Implementation ist baum[FENSTER_GROESSE] ein spezieller Knoten, der den Baumeintrittspunkt markiert. Dieses Element verfügt nicht über eine eigene Phrase wie all die anderen Baumknoten. Es hat auch keine kleineren und größeren Kinder wie die anderen Knoten. Stattdessen verfügt es nur über den Index groesseres_kind, und dieser Index zeigt auf den Wurzelknoten des Baumes.

Wird so auf den Wurzelknoten gezeigt, wird Zeit gespart und das Programm vereinfacht. Geht man während eines Einfüge- oder Löschvorganges durch den Baum nach oben , muß deshalb nicht überprüft werden, ob ein Elternknoten zum Wurzelknoten oder einem anderen Knoten zeigt. Stattdessen kann vorausgesetzt werden, daß der Elternknoten eines Knotens immer ein gültiges Baumelement ist. Wird beispielsweise der Knoten i aus dem Baum entfernt, ergibt das eine Anweisungssequenz, die wie folgt aussieht:

```
baum[baum[i].eltern_teil].kind = baum[i].kind.
```

Da der Zeiger auf den Wurzelknoten sich im selben Baum befindet, muß nicht extra geprüft werden, ob i der Wurzelknoten ist. Auch falls i der Wurzelknoten ist, zeigt baum[i].eltern_teil immer noch auf einen gültigen Baumknoten.

Das zweite ungewöhnliche Merkmal ist der Einsatz eines Knotens für spezielle Zwecke. Wie die anderen Programme in diesem Buch, verwendet LZSS einen bestimmten Code, um das Ende der komprimierten Daten anzuzeigen. In diesem Fall ist ein Fensterindex von Null das Ende-des-Stromes-Kennzeichen.

Da der Index 0 eine spezielle Bedeutung hat, kann er nie als gültige Phrase verwendet werden. Die Routine, mit deren Hilfe eine neue Phrase im Baum untergebracht wird, kehrt deshalb sofort zurück, ohne auch nur zu versuchen, die Phrase beim Index 0 einzufügen. Da die Phrase 0 nicht benutzt wird, können weitere Anweisungen eingespart werden, indem man den Knoten 0 als speziellen UNBENUTZT-Index einsetzt. Das ist besonders beim Programmieren von Anweisungen, die der Baumbearbeitung dienen, nützlich. Wird der Knoten i aus dem Baum entfernt, besteht eine typische Operation beispielsweise darin, den Kindern von i einen neuen Elternknoten zuzuweisen. Die Anweisungen, mit denen das bewerkstelligt wird, sehen wie folgt aus:

```
if(baum[i].kleineres_kind != UNBENUTZT)
    baum[baum[i].kleineres_kind].eltern_teil =baum[i].eltern_teil;
if(baum[i].groesseres_kind != UNBENUTZT)
    baum[baum[i].groesseres_kind].eltern_teil =baum[i].eltern_teil;
```

Zeigt der Index UNBENUTZT auf einen legitimen Knoten, kann der Gültigkeitstest weggelassen werden, und die resultierenden Anweisungen sehen wie folgt aus:

```
baum[baum[i].kleineres_kind].eltern_teil =
                                          baum[i].eltern_teil;
baum[baum[i].groesseres_kind].eltern_teil =
                                          baum[i].eltern_teil;
```

Ist eines der Kinder bei diesem Beispiel UNBENUTZT, passiert nichts verbotenes, da nur der Elternknoten von baum[0] modifiziert wird. Da baum[0] für keine Baumoperationen benötigt wird, ist das belanglos, während der Baum-Aktualisierungsvorgänge kann somit eine Menge CPU-Zeit eingespart werden.

Ein Balanceakt

Durch das Einsparen von Phrasen in einem binären Baum wird das Auffinden der besten Übereinstimmung erleichtert. Ein binärer Baum kann entarten, wenn die vorliegenden Daten auf eine bestimmte Art und Weise angeordnet sind. Im schlechtesten Falle verwandelt sich der Baum in eine verknüpfte Liste. Nehmen wir eine Datei, in der die

Zeichenkette »ABCDEFGHIJKLMNOP« vorliegt. Da die Phrasen dieser Zeichenkette geordnet im Baum untergebracht werden müssen, ergibt sich die in Abbildung 8-7 gezeigte Struktur.

```
WURZEL
|
"ABCDEFG"
|         |
UNUSUED             "BCDEFGH"
          |         |
          UNUSED "CDEFGHI"
                    |         |
                    UNUSED "DEFGHIJ"
                              |         |
                              UNUSED "EFGHIJK"
                                        |        |
                                        UNUSED"FGHIJKL"
                                                 |          |
                                                 UNUSED "GHIJKLM"
                                                            |          |
                                                            UNUSED "HIJKLMN"
```

Abbildung 8-7: *Die Struktur, die sich aus »ABCDEFGHIJKLMNOP« ergibt*

Diese Struktur sieht vielleicht ganz nett aus, aber sie ist nicht sehr für die Lokalisierung von Strings geeignet. Bekannterweise enthalten die Daten von Computerdateien des öfteren Muster, die aus ansteigenden und abfallenden Phrasen bestehen. Wie kann man dieses Problem vermeiden?

Für die Erhaltung der Baumbalance kann viel getan werden. Viele bekannten Algorithmen wurden ausdrücklich dafür entwickelt, um Bäume im Gleichgewicht zu halten.

Im Falle der Komprimierung mit gleitenden Fenstern ist es allerdings relativ sicher möglich, das Problem zu ignorieren. Sehr unausgewogene Bäume können während der Datenkomprimierung, zwar entstehen, aber es liegt in der Natur der gleitenden Fenster, daß sich unausgewogene Situationen rasch in ausgewogene Zustände umwandeln. Da alte Phrasen so schnell aus dem Baum entfernt werden, wie neue hinzugefügt werden, ist von den Auswirkungen einer geordneten Sequenz bald nichts mehr zu spüren.

Deshalb wird die Baum-Balancierung gewöhnlich nicht in Programme mit gleitenden Fenstern eingebaut. Falls doch, handelt es sich um eine spezielle Version eines Komprimierungsprogrammes, das im Hinblick auf die zulässige CPU-Zeit, die zum Komprimieren eines Byte benötigt wird, unter Druck steht.

Gier versus So gut wie möglich

LZ77 und LZSS werden als »gierige« Algorithmen bezeichnet. Sie schauen im Eingabestrom nicht weiter nach vorn, um die beste Kombination aus Zeichen und Indizes herauszufinden. Stellen Sie sich ein tabellengesteuertes Codierungsschema vor, das zum Codieren eines Zeichens neun Bit benötigt und zum Codieren eines Index/Offset-Paares fünfundzwanzig Bit. Bei diesem Schema gibt es eine Grenze, die irgendwo zwischen zwei und drei Zeichen liegt und bei der über die Art der Codierung entschieden wird. Das heißt: Eine Übereinstimmung von zwei Zeichen wird in zwei Einzelsymbole ausgelöst und eine Übereinstimmung von drei Zeichen als Index/Offset-Token codiert.

Überlegen Sie sich nun, wie die Phrase »Er war es nicht« codiert wird, falls sich in der Phrasentabelle folgende Fragmente befinden: »Er w« »ar « »es « »r es «. Ein gieriges Codierungsprogramm codiert die vier Zeichen lange Phrase »Er w« natürlich zuerst, gefolgt von der drei Zeichen langen Phrase »ar « und der drei Zeichen langen Phrase »es «. Die Ausgabe des Codierungsprogrammes sieht bis zu diesem Punkt wie folgt aus:

Offset/Länge von »Er w«	:	25 Bit
Offset/Länge von »ar «	:	25 Bit
Offset/Länge von »es «	:	25 Bit
		-------
		75 Bit

Die Vorgehensweise sieht sinnvoll aus. Es versucht Phrasen, anstelle von Zeichen zu generieren. Ein optimales Codierungsprogramm würde das Fragment jedoch wie folgt verarbeiten:

Offset/Länge von »Er «	:	25 Bit
Zeichen 'w'	:	9 Bit
Zeichen 'a'	:	9 Bit
Offset/Länge von »r es «	:	25 Bit
		-------
		68 Bit

Aus diesen beiden Tabellen wird klar, daß das gierige Codierungsprogramm nicht so gut wie das optimale Codierungsprogramm arbeitet. Aber sogar bei diesem konstruierten Beispiel beträgt der Unterschied zwischen beiden lediglich rund 10%. Arbeitet man mit der tabellengesteuerten Codierungsmethode ist es schwer, Beispiele zu finden, bei denen das optimale Codierungsprogramm die gierigen Programme um mehr als ein paar Prozent übertrifft. Falls in der Tabelle nur kurze Phrasen vorliegen, treten die größten Unterschiede auf, und es kann schon sein, daß beim Codieren von Einzelsymbolen weniger Platz als bei Phrasen eingenommen wird.

Das Problem bei der optimalen Codierung liegt bei der Kosten/Nutzen-Analyse. Wird ein optimales Codierungsprogramm realisiert, wird die Geschwindigkeit jedesmal drastisch reduziert. Optimierende Algorithmen beanspruchen meistens die CPU überdurchschnittlich, und der erzielte Gewinn hält sich deshalb in Grenzen. Im Bereich der Datenkomprimierung werden heuristische Methoden oft mehr geschätzt als ein nachweisbar überlegener Algorithmus. Die meisten Komprimierungsprogrammierer werden deshalb die gierige Methode wählen.

Der Quelltext

Die im folgenden gezeigte C-Implementation von LZSS ist recht einfach. Ein ausgefeilteres Programm würde sicher Vorteile aus den unzähligen möglichen Verbesserungen ziehen. (Mehr dazu am Ende des Kapitels.)

Es liegt an der Natur der LZSS-Komprimierungsmethode, daß das Komprimierungsprogramm immer wesentlich komplizierter als das Dekomprimierungsprogramm ist. Das Dekomprimierungsprogramm muß sich nicht um den Baumaufbau oder das Suchen nach Übereinstimmungen kümmern. Mit diesen beiden Aktivitäten verbringt das Codierungsprogramm den größten Teil seiner Zeit.

Konstanten und Makros

Alle Konstanten und globalen Daten, die in diesem Programm vorkommen, werden im folgenden erklärt. Die Parameter des Textfensters werden zu Beginn festgelegt, indem bestimmt wird, wieviele Bit für die beiden Felder allokiert werden müssen, mit deren Hilfe ein Zeiger oder Index auf das Textfenster beschrieben wird. Bei diesem Beispiel wird INDEX_BIT_ANZAHL auf zwölf gesetzt. Das heißt: Zur Darstellung eines Index auf das Textfenster werden zwölf Bit herangezogen. Das Makro LAENGEN_BIT_ANZAHL wird auf vier Bit gesetzt. Das heißt, zur Codierung einer passenden Phrasenlänge wird ein vier Bit großes Feld eingesetzt.

Nachdem die Größe der beiden Bitfelder bestimmt wurde, können anderen Makros Werte zugewiesen werden, die von diesen Werten abgeleitet sind. FENSTER_GROESSE wird direkt durch die Größe von INDEX_BIT_ANZAHL bestimmt. In diesem Fall besteht das Textfenster aus 4096 Byte oder 1 << 12. Da für den Parameter der Phrasenlänge vier Bit zur Verfügung gestellt wurden, können Phrasen bis zu einer Länge von sechzehn Byte oder 1 << 4 codiert werden. Das ist als ROHE_VORAUS_GROESSE definiert.

Mit dem nächsten Makro KOSTEN_NUTZEN kann herausgefunden werden, ob es besser ist, eine Phrase als Index/Längen-Paar oder Einzelzeichen zu codieren. Bei diesem

Programm wird der KOSTEN_NUTZEN-Punkt bestimmt, indem INDEX_BIT_ANZAHL und LAENGEN_BIT_ANZAHL addiert werden und dazu 1 hinzugezählt wird. Das ergibt siebzehn. Das heißt: Zur Codierung eines Index/Längen-Paares werden siebzehn Bit benötigt. Deshalb wird der KOSTEN_NUTZEN-Punkt auf ein Zeichen gesetzt. Alle passenden Phrasen, die aus einem Zeichen oder weniger bestehen, werden als Einzelzeichen und nicht als Phrasen codiert.

```
#define INDEX_BIT_ANZAHL       12
#define LAENGEN_BIT_ANZAHL     4
#define FENSTER_GROESSE        ( 1 << INDEX_BIT_ANZAHL )
#define ROHE_VORAUS_GROESSE    ( 1 << LAENGEN_BIT_ANZAHL )
#define KOSTEN_NUTZEN          ( ( 1 + INDEX_BIT_ANZAHL +
                                   LAENGEN_BIT_ANZAHL ) / 9 )
#define VORAUS_GROESSE         ( ROHE_VORAUS_GROESSE +
                                              KOSTEN_NUTZEN )
#define BAUM_WURZEL            FENSTER_GROESSE
#define END_OF_STREAM          0
#define UNBENUTZT              0
#define MOD_FENSTER( a )    ( ( a ) & ( FENSTER_GROESSE - 1 ) )
```

Die VORAUS_GROESSE wird um den Wert des KOSTEN_NUTZEN-Punktes erhöht. Da keine Phrasen mit der Länge 0 oder 1 codiert werden, kann VORAUS_GROESSE beim vorliegenden Beispiel vergrößert werden. Soll eine Phrasenlänge codiert werden, geben wir nicht die tatsächliche Länge sondern die Länge KOSTEN_NUTZEN – 1 aus. Das heißt, die Längenwerte von 0 bis 15 entsprechen Phrasen der Längen 2 bis 17.

Das Makro BAUM_WURZEL definiert den Knoten, der auf die Wurzel des binären Baumes zeigt. Da BAUM_WURZEL den Wert FENSTER_GROESSE besitzt, handelt es sich bei diesem Knoten um einen speziellen Knoten, der sich außerhalb des binären Baumes befindet. Jedesmal, wenn das Programm im binären Baum etwas sucht, wird im Kindknoten von BAUM_WURZEL nachgeschaut, um die Wurzel des Baumes zu finden.

Mit END_OF_STREAM wird der spezielle Index definiert, mit dem das Ende der Datei im Ausgabestrom angezeigt wird. Bei der vorliegenden Implementation ist END_OF_STREAM Null, weil der Knotenindex UNBENUTZT ebenfalls Null ist. Durch Setzen des Knotenindex UNBENUTZT auf Null wird eine etwas bessere Programmausführungsgeschwindigkeit erreicht. Arbeitet man mit statischer Initialisierung oder baut den Baum mit calloc() auf, erhält man automatisch einen Baum, bei dem alle Knotenzeiger auf UNBENUTZT gesetzt sind – das heißt, es muß keine spezielle Initialisierung durchgeführt werden.

Das letzte im Programm benutzte Makro ist MOD_FENSTER. Da Eingabestrings über das Ende des Fensters hinaus wieder zum Anfang sich erstrecken können, müssen alle arithmetischen Operationen, die mit Fensterindizes ausgeführt werden, Modulooperationen mit der Fenstergröße sein. Mit dem Makro MOD_FENSTER geht das recht einfach.

Globale Variablen

Die Datenstrukturen, in denen sich sowohl das Textfenster als auch der binäre Baum befinden, sind in diesem Programm als globale Variablen definiert. Sie könnten ganz einfach dynamisch allokiert und an das Codierungs- und Decodierungsprogramm als Argumente übergeben werden. Bei dieser Implementation werden jedoch zur Verkürzung des Prozesses globale Variablen eingesetzt.

Die Variable fenster[FENSTER_GROESSE] beinhaltet die letzten 4096 aus dem Eingabestrom eingelesenen Zeichen. Die letzten siebzehn davon wurden zwar schon eingelesen, jedoch bis jetzt noch nicht codiert. Sie bilden den nach vorn gerichteten Puffer.

Fenster = "Die Grausamkeit der Wahrheit"

string 1 : "Die Grausamkeit d"
string 2 : "ie Grausamkeit de"
string 3 : "e Grausamkeit der"
string 4 : " Grausamkeit der "
string 5 : "Grausamkeit der W"
string 6 : "rausamkeit der Wa"
string 7 : "ausamkeit der Wah"
string 8 : "usamkeit der Wahr"

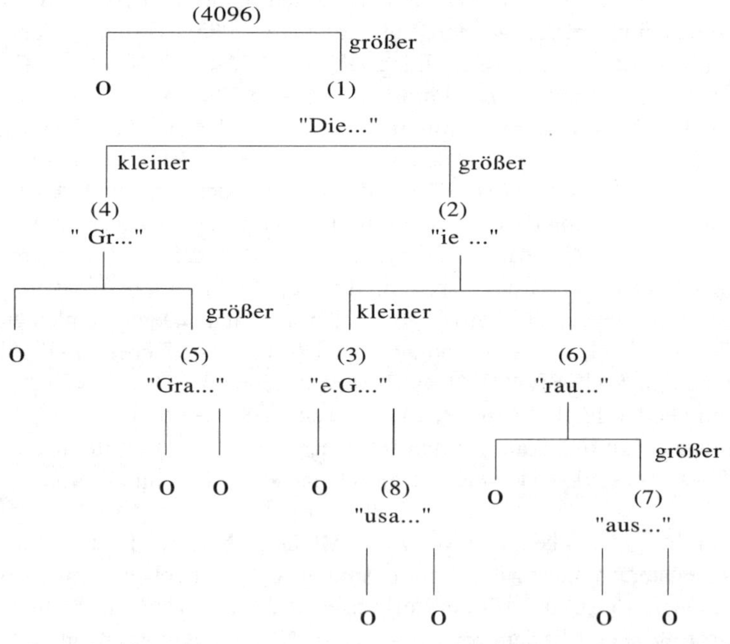

Abbildung 8-8: *Der binäre Baum, nachdem 25 Zeichen eingelesen wurden*

Damit besser verglichen werden kann, werden diese 4096 Zeichen als 4096 Strings aufgefaßt, wobei jedes Zeichen der Anfang eines 17 Byte umfassenden Strings ist. Die in diesem Programm verwendeten Anweisungen beziehen sich grundsätzlich mit Hilfe eines Index, der auf das erste Zeichen im Textfenster zeigt, auf einen String. Vergleicht ein Programmteil den String 'r' mit irgendetwas, wird der siebzehn Byte lange String, der bei der Position 'r' im Textfenster beginnt, dazu herangezogen.

```
unsigned char fenster[ FENSTER_GROESSE ];

struct
{
    int eltern_teil;
    int kleineres_kind;
    int groesseres_kind;
}
baum[ FENSTER_GROESSE + 1 ];
```

Der binäre Baum in diesem Programm wurde mit einer namenlosen Struktur definiert. Jeder Baumknoten verfügt nur über drei Elemente: einen Elternindex, einen kleineres_kind-Index und einen groesseres_kind-Index. Bei jedem dieser drei Indizes handelt es sich um eine einzelne Zahl, die sich auf einen String an dieser Textfensterposition bezieht. Wie dieser Baum aussehen könnte, nachdem fünfundzwanzig Zeichen eingelesen wurden, können Sie aus dem folgenden Beispiel ersehen. Sie wissen ja, daß die Position 0 im Textfenster anderen Zwecken dient. Strings, die dort beginnen, werden nicht im Baum untergebracht.

Ein Gutes an diesem Baum ist, daß man im voraus weiß, aus wievielen Knoten er insgesamt bestehen wird. Man kann also den benötigten Platz im voraus allokieren und muß dies nicht während des Baumaufbaus tun. Dadurch werden die zum Allokieren und Freigeben von Knoten benötigten Anweisungen eingespart. Außerdem weiß man, daß der Knoten für den String sich genau dort in der Baumstruktur bei der Position 'i' befindet.

Die Komprimierungsroutine

Wie bei allen vorhergehenden Programmen in diesem Buch wird die Komprimierungsroutine mit Zeigern auf eine offene Eingabedatei und auf eine spezielle BIT_FILE-Struktur, die zur Aufnahme der komprimierten Daten dient, aufgerufen. Die Struktur BIT_FILE ermöglicht den Einsatz der bit-orientierten Ein-/Ausgaberoutinen in BITEA.H. Die Komprimierungsroutine besteht aus drei verschiedenen Teilen: einem Initialisationsbereich, der Hauptkomprimierungsschleife und einem abschließenden Teil.

```
void KomprimiereDatei( eingabe, ausgabe, argc, argv )
FILE *eingabe;
BIT_FILE *ausgabe;
int argc;
char *argv[];
{
    int i;
    int c;
    int voraus_puffer_bytes;
    int aktuelle_position;
    int anzahl_ersetzen;
    int treffer_laenge;
    int treffer_position;

    aktuelle_position = 1;
    for ( i = 0 ; i < VORAUS_GROESSE ; i++ ) {
    if ( ( c = getc( eingabe ) ) == EOF )
            break;
    fenster[ aktuelle_position + i ] = (unsigned char) c;
    }
    voraus_puffer_bytes = i;
    InitBaum( aktuelle_position );
    treffer_laenge = 0;
    treffer_position = 0;
    while ( voraus_puffer_bytes > 0 ) {
    if ( treffer_laenge > voraus_puffer_bytes )
        treffer_laenge = voraus_puffer_bytes;
    if ( treffer_laenge <= KOSTEN_NUTZEN ) {
        anzahl_ersetzen = 1;
        OutputBit( ausgabe, 1 );
        OutputBits( ausgabe,
        (unsigned long) fenster[aktuelle_position], 8 );
        } else {
        OutputBit( ausgabe, 0 );
        OutputBits( ausgabe,
    (unsigned long) treffer_position, INDEX_BIT_ANZAHL );
        OutputBits( ausgabe,
    (unsigned long) (treffer_laenge - (KOSTEN_NUTZEN + 1)),
            LAENGEN_BIT_ANZAHL );
        anzahl_ersetzen = treffer_laenge;
        }
        for ( i = 0 ; i < anzahl_ersetzen ; i++ ) {
        EntferneString( MOD_FENSTER( aktuelle_position +
                                            VORAUS_GROESSE ) );
```

```
        if ( ( c = getc( eingabe ) ) == EOF )
        voraus_puffer_bytes--;
            else
        fenster[ MOD_FENSTER( aktuelle_position +
                                          VORAUS_GROESSE ) ]
                    = (unsigned char) c;
    aktuelle_position = MOD_FENSTER(aktuelle_position + 1);
            if ( voraus_puffer_bytes )
    treffer_laenge = FuegeStringZu( aktuelle_position,
                                        &treffer_position );
        }
    };

    OutputBit( ausgabe, 0 );
    OutputBits( ausgabe, (unsigned long) END_OF_STREAM,
                                  INDEX_BIT_ANZAHL );
    while ( argc-- > 0 )
    printf( "Unbekanntes Argument: %s\n«, *argv++ );
}
```

Initialisierung

Die Hauptkomprimierungsschleife muß sich, bevor sie mit ihrer Arbeit beginnen kann, in einem definierten Zustand befinden. Dazu müssen zwei Dinge getan werden:

1. Der nach vorn gerichtete Puffer muß mit Daten versehen werden.
2. Der Baum muß initialisiert werden.

Die Anweisungen, die den nach vorn gerichteten Puffer mit Daten versehen, folgen als nächstes. Es werden bis zu siebzehn Byte in den Puffer geladen. Nach Beendigung des Ladevorganges werden zwei lokale Variablen eingerichtet, damit die Hauptschleife mit ihrer Arbeit beginnen kann.

1. »aktuelle_position« wird auf 1 gesetzt. Das heißt, der Puffer beginnt bei Position 1.
2. »voraus_puffer_bytes« wird auf die Anzahl der zu codierenden Bytes im Puffer gesetzt.

```
    aktuelle_position = 1;
    for ( i = 0 ; i < VORAUS_GROESSE ; i++ ) {
    if ( ( c = getc( eingabe ) ) == EOF )
            break;
    fenster[ aktuelle_position + i ] = (unsigned char) c;     }
    voraus_puffer_bytes = i;
```

Die Variable voraus_puffer_bytes ist während der Ausführung der Hauptschleife meist auf siebzehn gesetzt. Normalerweise befinden sich im Puffer siebzehn Zeichen, die codiert werden müssen. Sobald das Programm sich dem Dateiende nähert, nimmt die Anzahl der im Puffer vorliegenden Zeichen ab.

Beim nächsten Schritt wird InitBaum() aufgerufen. InitBaum() richtet einen Wurzelknoten für den Baum ein. Der erste Knoten, der im Baum untergebracht wird, nimmt die Position 1 ein. InitBaum() führt einen normalen Einfügevorgang aus, wobei der Kindzeiger des Wurzelzeigerknotens eingerichtet wird und die Kinder und Eltern von Position 1 auf ihre entsprechenden Werte gesetzt werden.

```
void InitBaum( r )
int r;
{
    baum[ BAUM_WURZEL ].groesseres_kind = r;
    baum[ r ].eltern_teil = BAUM_WURZEL;
    baum[ r ].groesseres_kind = UNBENUTZT;
    baum[ r ].kleineres_kind = UNBENUTZT;
}
```

Beim letzten Schritt der Initialisierung von KomprimiereDatei wird treffer_laenge auf 1 gesetzt. Dadurch wird die Codierungsschleife veranlaßt, das erste Zeichen des Puffers als Einzelzeichen und nicht als Phrase auszugeben. Zu diesem Zeitpunkt wäre es nicht möglich, eine Übereinstimmung für den String bei der Position 1 zu finden, da nur dieser String im Baum vorliegt.

Die Hauptschleife

Die Hauptschleife wird solange ausgeführt, bis im Puffer keine Zeichen mehr zum Codieren vorliegen. Sie führt die folgenden drei Schritte aus:

1. Die aktuelle Phrase im Puffer wird codiert.
2. Neue Zeichen werden in den Puffer eingelesen und alte aus dem Baum entfernt.
3. Die von den neuen Zeichen definierten Strings werden in den binären Baum eingefügt und die neuen Zeichen im Voraus-Puffer untergebracht.

```
while ( voraus_puffer_bytes > 0 )
{
if ( treffer_laenge > voraus_puffer_bytes )
    treffer_laenge = voraus_puffer_bytes;
if ( treffer_laenge <= KOSTEN_NUTZEN ) {
    anzahl_ersetzen = 1;
    OutputBit( ausgabe, 1 );
```

```
        OutputBits( ausgabe,
        (unsigned long) fenster[aktuelle_position], 8 );
        } else {
        OutputBit( ausgabe, 0 );
        OutputBits( ausgabe,
    (unsigned long) treffer_position, INDEX_BIT_ANZAHL );
        OutputBits( ausgabe,
    (unsigned long) (treffer_laenge - (KOSTEN_NUTZEN + 1)),
            LAENGEN_BIT_ANZAHL );
        anzahl_ersetzen = treffer_laenge;
        }
        for ( i = 0 ; i < anzahl_ersetzen ; i++ ) {
        EntferneString( MOD_FENSTER( aktuelle_position +
                                        VORAUS_GROESSE ) );
        if ( ( c = getc( eingabe ) ) == EOF ) voraus_puffer_bytes--;
            else
    fenster[MOD_FENSTER aktuelle_position+VORAUS_GROESSE)]
                        = (unsigned char) c;
    aktuelle_position = MOD_FENSTER(aktuelle_position + 1);
            if ( voraus_puffer_bytes )
    treffer_laenge = FuegeStringZu( aktuelle_position,
                                    &treffer_position );
        }
    };
```

Die Hauptschleife setzt voraus, daß die Trefferlänge und -position in den Variablen treffer_laenge und treffer_position abgelegt sind. Normalerweise wird dies von der Operation FuegeStringZu() am Ende der Schleife gemacht. Beim ersten Schleifendurchlauf aber wird treffer_laenge von den Initialisierungsanweisungen auf Null gesetzt.

Da treffer_laenge bekannt ist, müssen die Anweisungen nur herausfinden, ob die aktuelle Phrase im Puffer als Index/Längen-Paar codiert oder ob ein Einzelzeichen ausgegeben werden soll. Dazu muß nur ein einfacher Vergleich mit KOSTEN_NUTZEN durchgeführt werden. Ist die Länge der Phrase größer als KOSTEN_NUTZEN, macht es Sinn, sie als Token zu codieren. Anderenfalls wird sie als Einzelzeichen codiert.

Der Codierungsprozeß ist unkompliziert. Einzelne Zeichen werden als einzelnes Bit gefolgt von den acht Bit des Zeichens, Index/Positions-Token als Null-Bit gefolgt von der zwölf-Bit-Position der vier-Bit-Länge ausgegeben. Die Länge wird als Zahl zwischen Null und fünfzehn codiert. Das entspricht einer Länge zwischen zwei und siebzehn.

Nach dem Codieren muß der Voraus-Puffer mit neuen Zeichen gefüllt werden, wodurch die alten ausgegebenen Zeichen ersetzt werden. Wurde eine Phrase codiert, wird die Variable anzahl_ersetzen auf die Länge der Phrase gesetzt, anderenfalls wird anzahl_ersetzen auf eins gesetzt, um anzuzeigen, daß nur ein einzelnes Zeichen ersetzt werden muß.

Die Ersetzenschleife wird im folgenden gezeigt. Neue Zeichen werden, wenn sie in den Puffer gelesen werden, über den ältesten Phrasen im Textfenster plaziert. Entsprechend löscht die Routine EntferneString() ältere Phrasen, bevor ein neues Zeichen eingelesen wird:

```
for ( i = 0 ; i < anzahl_ersetzen ; i++ ) {
EntferneString( MOD_FENSTER( aktuelle_position +
                                    VORAUS_GROESSE ) );
if ( ( c = getc( eingabe ) ) == EOF )
voraus_puffer_bytes--;
    else
fenster[ MOD_FENSTER( aktuelle_position +
                                     VORAUS_GROESSE ) ]
                = (unsigned char) c;
aktuelle_position = MOD_FENSTER(aktuelle_position + 1);
    if ( voraus_puffer_bytes )
treffer_laenge = FuegeStringZu( aktuelle_position,
                                   &treffer_position );
}
```

Nachdem das neue Zeichen eingelesen wurde, wird aktuelle_position aktualisiert, und die Routine FuegeStringZu() legt im Baum eine neue Phrase an. FuegeStringZu() übergibt auch die Position und die Länge der Phrase, die am besten mit dem eingefügten String übereinstimmt. Anschließend wird mit den von FuegeStringZu() gesetzten Variablen am Anfang der Schleife die aktuelle Phrase im Puffer codiert.

Die Aussprunganweisungen

Die Aussprunganweisungen für diese Komprimierungsroutine sind sehr einfach. Bevor die Routine endet, muß lediglich der spezielle END_OF_STREAM-Code codiert werden, damit das Decodierungsprogramm später weiß, daß keine weiteren Daten mehr aus dem komprimierten Strom geholt werden können. Damit ist ihre Aufgabe erfüllt.

FuegeStringZu()

Der größte Teil der Arbeit wird in FuegeStringZu() erledigt. Diese Routine hat zwei Aufgaben. 1. Sie fügt einen neuen String in den binären Baum ein. 2. Sie sucht im Baum nach dem String, der am besten mit dem eingefügten String übereinstimmt.

Auf der Suche nach dem richtigen Einfügepunkt des neuen Strings werden zum Durcharbeiten des binären Baumes Standardtechniken angewandt. FuegeStringZu() überprüft zuerst, ob es sich beim neuen String um den END_OF_STREAM-Knoten handelt. Ist das der Fall, wird er nicht im Baum eingefügt. Stattdessen wird sofort mit einer treffer_laenge von Null zurückgekehrt. Dadurch wird der Codierer veranlaßt, ein einzelnes Zeichen auszugeben, und versucht nicht, beim Index 0 eine Phrase zu codieren.

Nachdem ungültige Knoten ausgeschlossen wurden, werden die Variablen test_knoten und treffer_laenge mit ihren anfänglichen Werten versehen. Während die Hauptschleife durchlaufen wird, zeigt test_knoten auf den aktuellen Knoten, der mit neuer_knoten verglichen wird. Die Variable treffer_laenge enthält die längste Übereinstimmung, die beim Durcharbeiten des Baumes gefunden wurde.

```
int FuegeStringZu( neuer_knoten, treffer_position )
int neuer_knoten;
int *treffer_position;
{
    int i;
    int test_knoten;
    int delta;
    int treffer_laenge;
    int *kind;

    if ( neuer_knoten == END_OF_STREAM )
        return( 0 );
    test_knoten = baum[ BAUM_WURZEL ].groesseres_kind;
    treffer_laenge = 0;
    for ( ; ; ) {
    for ( i = 0 ; i < VORAUS_GROESSE ; i++ ) {
     delta = fenster[ MOD_FENSTER( neuer_knoten + i ) ] -
           fenster[ MOD_FENSTER( test_knoten + i ) ];
           if ( delta != 0 )
               break;
        }
    if ( i >= treffer_laenge ) {
        treffer_laenge = i;
        *treffer_position = test_knoten;
        if ( treffer_laenge >= VORAUS_GROESSE ) {
        ErsetzeKnoten( test_knoten, neuer_knoten );
```

```
        return( treffer_laenge );
            }
        }
        if ( delta >= 0 )
        kind = &baum[ test_knoten ].groesseres_kind;
        else
        kind = &baum[ test_knoten ].kleineres_kind;
    if ( *kind == UNBENUTZT ) {
        *kind = neuer_knoten;
        baum[ neuer_knoten ].eltern_teil = test_knoten;
        baum[ neuer_knoten ].groesseres_kind = UNBENUTZT;
        baum[ neuer_knoten ].kleineres_kind = UNBENUTZT;
        return( treffer_laenge );
        }
        test_knoten = *kind;
    }
}
```

Zu diesem Zeitpunkt findet der Einsprung in die Hauptvergleichsschleife statt. Im ersten Teil wird test_knoten mit neuer_knoten verglichen. Zwei Informationen stehen nach dem Austritt aus der Schleife zur Verfügung. Die erste ist der Wert von delta. Die Variable delta ist kleiner als eins, falls der String bei neuer_knoten kleiner als test_knoten ist, gleich Null, falls sie gleich sind und gleich Eins, wenn neuer_knoten größer ist. Die zweite Information ist in der Schleifenvariablen i zu finden. Man erfährt dort, wieviele Zeichen der beiden Strings identisch sind, was der Trefferlänge eines bestimmten Strings entspricht.

```
    for ( i = 0 ; i < VORAUS_GROESSE ; i++ ) {
      delta = fenster[ MOD_FENSTER( neuer_knoten + i ) ] -
    fenster[ MOD_FENSTER( test_knoten + i ) ]; if ( delta != 0 )
              break;
     }
```

Nach dem Vergleich überprüft die Hauptschleife, ob es sich bei der Übereinstimmung für diese Phrase um den längsten bisher vorliegenden Eintrag handelt. Ist das so, wird die Variable treffer_laenge aktualisiert und die test_knoten-Position abgespeichert.

```
    if ( i >= treffer_laenge ) {
        treffer_laenge = i;
        *treffer_position = test_knoten;
        if ( treffer_laenge >= VORAUS_GROESSE ) {
        ErsetzeKnoten( test_knoten, neuer_knoten );
        return( treffer_laenge );
            }
        }
```

Die im Puffer vorliegende Phrase stimmt häufig exakt mit der von test_knoten überein. Ist das der Fall, passieren zwei Dinge. Da die längste Übereinstimmung gefunden wurde, wird die Routine FuegeStringZu() verlassen. Bevor dies tatsächlich der Fall ist, wird test_knoten gelöscht und durch neuer_knoten ersetzt. neuer_knoten könnte eigentlich ganz einfach dem binären Baum hinzugefügt werden, aber dazu besteht kein Anlaß. Die Phrase test_knoten enthält doppelte Daten, die bei der Suche unnötige Zeit beanspruchen, falls sie im Baum belassen wird. Stattdessen ersetzt eine spezielle Routine test_knoten durch neuer_knoten. Das ergibt einen ausgelichteten Baum, der einfacher durchsucht werden kann. Da test_knoten vor neuer_knoten gelöscht wird, wird die Komprimierung durch diese Vorgehensweise überhaupt nicht beeinflußt.

Im letzten Teil der Vergleichsschleife wird der Weg durch den Baum bestimmt. An der Variablen delta kann abgelesen werden, ob von test_knoten aus der Zweig groesseres_kind oder kleineres_kind verfolgt werden soll. Ist das betreffende Kind UNBENUTZT, geht es an dieser Stelle nicht weiter. Als Folge wird neuer_knoten beim richtigen Kind in den binären Baum eingefügt, und die Routine ist mit ihrer Arbeit fertig. Anderenfalls wird zum neuen test_knoten gegangen und zum Anfang der Schleife zurückgekehrt.

```
        if ( delta >= 0 )
        kind = &baum[ test_knoten ].groesseres_kind;
        else
        kind = &baum[ test_knoten ].kleineres_kind;

    if ( *kind == UNBENUTZT )
    {
        *kind = neuer_knoten;
        baum[ neuer_knoten ].eltern_teil = test_knoten;
        baum[ neuer_knoten ].groesseres_kind = UNBENUTZT;
        baum[ neuer_knoten ].kleineres_kind = UNBENUTZT;
        return( treffer_laenge );
        }
        test_knoten = *kind;
```

EntferneString()

EntferneString() wird jedesmal von der Hauptkomprimierungsschleife aufgerufen, wenn ein neues Zeichen in den Puffer gelesen wird. Mit Hilfe eines normalen Binärbaumlöschalgorithmus werden Phrasen aus dem Textfenster entfernt.

EntferneString() überprüft zuerst, ob der Knoten sich auch wirklich im Baum befindet. Es kann nämlich sein, daß die Routine FuegeStringZu() schon einen String gelöscht hat, bei dem es sich um ein Duplikat gehandelt hat. Ist das der Fall, gibt es nichts mehr zu tun, und die Routine kann zurückkehren.

```
void EntferneString( p )
int p;
{
    int  ersatz;

    if ( baum[ p ].eltern_teil == UNBENUTZT )
        return;
    if ( baum[ p ].groesseres_kind == UNBENUTZT )
    FasseKnotenZusammen( p, baum[ p ].kleineres_kind );
    else if ( baum[ p ].kleineres_kind == UNBENUTZT )
    FasseKnotenZusammen( p, baum[ p ].groesseres_kind );
    else {
    ersatz = SucheNaechstenKnoten( p );
    EntferneString( ersatz );
    ErsetzeKnoten( p, ersatz );
    }
}
```

Befindet sich der String momentan im Baum, gibt es zwei Möglichkeiten, ihn zu löschen. Ist eines der beiden Knotenkinder unbenutzt, kann der Knoten einfach gelöscht werden, indem eine Verbindung zwischen dem Elternteil des aktuellen Knotens und dem benutzten Kind hergestellt wird. Dadurch wird der Knoten quasi aus dem Baum gezogen. Diese Aufgabe übernimmt die Routine FasseKnotenZusammen().

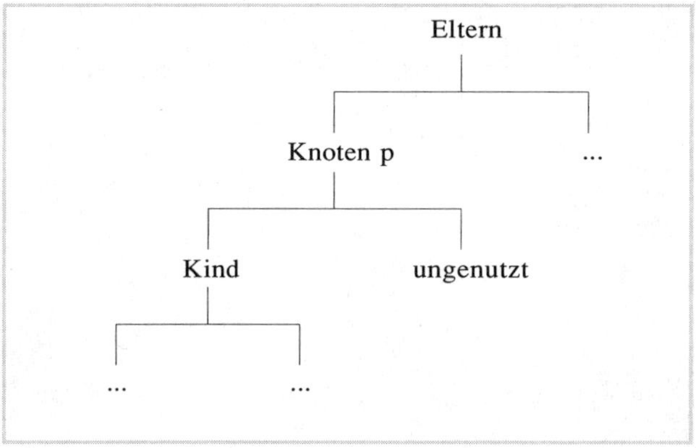

Abbildung 8-9:
Baum, bevor der Knoten p herausgezogen wurde

Die Situation gestaltet sich etwas schwieriger, falls der Knoten, der gelöscht werden soll, sowohl über Kinder beim groesseres_kind- als auch beim kleineres_kind-Knoten verfügt. Ist das so, muß der andere Löschalgorithmus benutzt werden. Werden beide Kinder benutzt, kann der Knoten nur dann gelöscht werden, wenn man den Knoten findet, der sich in der Knotenliste entweder direkt vor oder direkt hinter dem Knoten p befindet. Bei diesem Programm wird der nächstkleinere Knoten gesucht. Das wird von der Routine SucheNaechstenKnoten() erledigt. Dazu wird der erste kleineres_kind-Zweig genommen. Die groesseres_kind-Zweige werden solange durchgearbeitet, bis ein UNBENUTZTes kleineres_kind gefunden wird. Bei diesem nächstkleineren Knoten in der Liste handelt es sich um den Ersetzungsknoten.

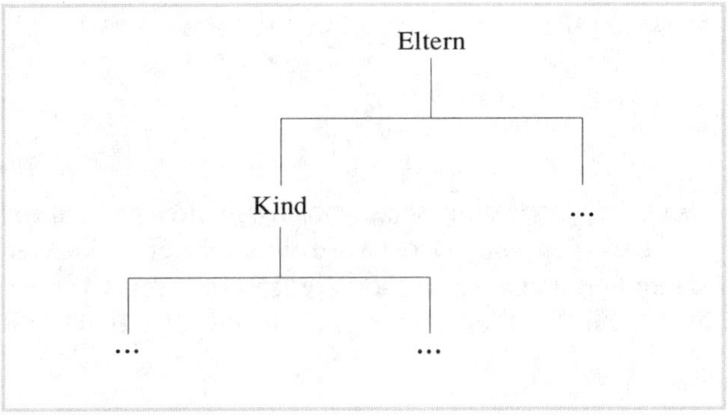

Abbildung 8-10:
Baum, nachdem der Knoten p herausgezogen wurde

Der Ersetzungsknoten wird daraufhin mit einem rekursiven Aufruf von EntferneString() aus dem Baum entfernt. Daß die Rekursion außer Kontrolle gerät, muß nicht befürchtet werden, da der Ersetzungsknoten definitionsgemäß über mindestens ein UNBENUTZTes Kind verfügt. Das heißt, man gelangt bei der Rekursion niemals tiefer als eine Ebene.

Nach der Entfernung des Ersetzungsknotens wird mit seiner Hilfe der ursprüngliche zu löschende Knoten beseitigt. Das wird von der Routine ErsetzeKnoten() erledigt, die den Ersetzungsknoten einfach an derselben Baumposition einfügt, die der Originalknoten inne hatte.

Hilfsroutinen für den binären Baum

Die Hilfsroutinen, die von FuegeStringZu() und EntferneString() benutzt werden, sind FasseKnotenZusammen(), ErsetzeKnoten() und SucheNaechstenKnoten(). FasseKnotenZusammen() entfernt einen Knoten, falls eines der Kinder UNBENUTZT ist. Dies wird bewerkstellig, indem das benutzte Kind mit dem Elternteil verbunden wird, wodurch der Knoten aus dem Baum entfernt wird. Das Element eltern_teil des beseitigten Knotens wird auf UNBENUTZT gesetzt. Damit wird intern angezeigt, ob ein Knoten in Gebrauch ist oder nicht.

```
void FasseKnotenZusammen( alter_knoten, neuer_knoten )
int alter_knoten;
int neuer_knoten;
{
    baum[ neuer_knoten ].eltern_teil = baum[ alter_knoten ]
                                           .eltern_teil;
```

```
    if ( baum[ baum[ alter_knoten ].eltern_teil ].
    groesseres_kind == alter_knoten ) baum[ baum[ alter_knoten ].
    eltern_teil ].groesseres_kind = neuer_knoten;
    else
    baum[ baum[ alter_knoten ].eltern_teil ].kleineres_kind
                                            = neuer_knoten;
    baum[ alter_knoten ].eltern_teil = UNBENUTZT;
}
```

ErsetzeKnoten() wird während des Löschvorganges eingesetzt, sobald ein alter Knoten im Baum durch einen neuen Knoten ersetzt werden soll. Dabei wird vorausgesetzt, daß der neue Knoten zur Zeit nicht mit dem Baum verbunden ist. Ist der Vorgang beendet, wird der alte Knoten entfernt. Dies wird durch Setzen des Elements eltern_teil auf UNBENUTZT angezeigt.

```
void ErsetzeKnoten( alter_knoten, neuer_knoten )
int alter_knoten;
int neuer_knoten;
{
    int eltern_teil;
    eltern_teil = baum[ alter_knoten ].eltern_teil;
    if ( baum[ eltern_teil ].kleineres_kind == alter_knoten )
    baum[ eltern_teil ].kleineres_kind = neuer_knoten;
    else
    baum[ eltern_teil ].groesseres_kind = neuer_knoten;
    baum[ neuer_knoten ] = baum[ alter_knoten ];
    baum[ baum[ neuer_knoten ].kleineres_kind ].eltern_teil =
                                neuer_knoten;
    baum[ baum[ neuer_knoten ].groesseres_kind ].eltern_teil
                              = neuer_knoten;
    baum[ alter_knoten ].eltern_teil = UNBENUTZT;
}
```

SucheNaechstenKnoten() wird aufgerufen, wenn die Routine EntferneString() den nächstkleineren Knoten in der Liste finden muß. Diese Routine nimmt den kleineren Zweig des Startknotens und folgt so lange dem größeren Zweig, bis ein UNBENUTZTes Kind gefunden wird. Der Knoten mit dem UNBENUTZTen groesseres_kind-Zweig ist der nächsthöhere Knoten in der Liste. Diese Routine setzt voraus, daß der Knoten über einen nächstkleineren Knoten verfügt. Das heißt, es muß ein kleineres_kind-Zweig existieren.

```
int SucheNaechstenKnoten( node )
int node;
{   int next;
    next = baum[ node ].kleineres_kind;
```

```
    while ( baum[ next ].groesseres_kind != UNBENUTZT )
    next = baum[ next ].groesseres_kind;
    return( next );    }
```

Die Dekomprimierungsroutine

Der LZSS-Komprimierungsalgorithmus ist sehr asymmetrisch. Sie ist recht kompliziert und hat mit jedem Zeichen und jeder Phrase, die komprimiert wird, viel zu tun. Im Vergleich dazu ist die Dekomprimierungsroutine recht einfach. Sie muß nur wenig tun und wird so schnell wie eine normale Kopierroutine ausgeführt. Dadurch eignet sich LZSS besonders gut für Daten, die nur einmal komprimiert, aber häufig dekomprimiert werden müssen.

```
void ExpandiereDatei( eingabe, ausgabe, argc, argv )
BIT_FILE *eingabe;
FILE *ausgabe;
int argc;
char *argv[];
{
    int i;
    int aktuelle_position;
    int c;
    int treffer_laenge;
    int treffer_position;
    aktuelle_position = 1;
    for ( ; ; ) {     if ( InputBit( eingabe ) ) {
      c = (int) InputBits( eingabe, 8 );
      putc( c, ausgabe );
      fenster[ aktuelle_position ] = (unsigned char) c;
      aktuelle_position = MOD_FENSTER(aktuelle_position+1);
        }

 else {
       treffer_position = (int) InputBits( eingabe,
                                  INDEX_BIT_ANZAHL );
       if ( treffer_position == END_OF_STREAM ) break;
       treffer_laenge = (int) InputBits( eingabe,
                               LAENGEN_BIT_ANZAHL );
       treffer_laenge += KOSTEN_NUTZEN;
```

```
            for ( i = 0 ; i <= treffer_laenge ; i++ ) {
        c = fenster[ MOD_FENSTER(treffer_position + i )];
                putc( c, ausgabe );
        fenster[ aktuelle_position ] = (unsigned char) c;
              aktuelle_position = MOD_FENSTER(aktuelle_position+1);
            }
        }
    }
    while (argc-- > 0)printf("Unbekanntes Argument: %s\n", *argv++);
}
```

Die Dekomprimierungsroutine befindet sich während der gesamten Ausführung hauptsächlich in der Hauptschleife. Beim ersten Arbeitsschritt wird ein einzelnes Bit eingelesen. Ist dieses Bit gleich 0, enthält das nächste Byte ein uncodiertes Zeichen. Das Zeichen wird eingelesen, in die Datei ausgegeben und an der aktuellen Position im Textfenster abgelegt.

War das eingelesene Bit stattdessen eine 1, liest die Dekomprimierungsroutine statt eines Zeichens die Werte treffer_position und treffer_laenge ein. Es wird überprüft, ob treffer_position dem END_OF_STREAM-Wert entspricht. Ist das der Fall, wird die Programmausführung beendet. Anderenfalls wird treffer_laenge eingelesen und auf den Bereich zwischen 2 und 17 umgesetzt.

Sobald die Werte treffer_position und treffer_laenge bekannt sind, wird eine kurze Schleife ausgeführt. In dieser Schleife werden die Zeichen des übereinstimmenden Strings aus dem Textfenster geholt, in der Datei abgelegt und im Fenster an der aktuellen Position untergebracht. Daraufhin wird das Fenster aktualisiert.

Das ist schon die gesamte Dekomprimierungsroutine. Man kann also verstehen, warum die Dekomprimierung so schnell vor sich geht.

Verbesserungen

LZSS verfügt zwar schon über einen recht ordentlichen Komprimierungsalgorithmus, trotzdem kann man einige Verbesserungen vornehmen. So ist der Komprimierungsgrad beispielsweise am Anfang nicht so gut, da keinerlei passenden Daten im Textfenster vorliegen. Es ist relativ einfach, im Fenster schon vorher FENSTER_GROESSE-VORAUS_GROESSE Zeichen abzulegen und daraufhin alle entsprechenden Strings im binären Baum unterzubringen.

Die Schwierigkeit besteht dabei darin, zu entscheiden, welche Zeichen man vorher im Fenster unterbringen soll, da man ja nicht weiß, welche Daten im Eingabestrom vorkommen. Am einfachsten ist es deshalb, 256 Strings einzufügen, die 16 aufeinanderfolge Sequenzen aller Symbole des Alphabets beinhalten. Kommen am Anfang wiederholt dieselben Zeichen vor, ist das eigentlich auch die Art Daten, die man sich wünscht, aber nichtsdestotrotz wird hierdurch eine Verbesserung erzielt.

Mit der Anzahl der Bit der Index- und Längenparameter kann experimentiert werden. Erhöht man die Anzahl dieser Bit, kann ein besserer Komprimierungsgrad erzielt werden. Aber dabei sind zwei negative Aspekte zu beachten. 1. Die Komprimierungsgeschwindigkeit wird beeinträchtig, sobald das Fenster größer wird. Das liegt daran, daß ein größerer binärer Baum verwaltet und bearbeitet werden muß. 2. Die Komprimierung kleinerer Dateien wird in Mitleidenschaft gezogen, da es länger dauert, eine vollständige Tabelle aufzubauen. Ein Teil der anfänglichen Schwerfälligkeit kann reduziert werden, indem man die Komprimierung mit einer kleinerer Codegröße startet und sie mit der Zeit in dem Maße erweitert, wie die Tabelle anwächst.

Die hier gezeigten Programme können durch den Einsatz blockierter Ein-/Ausgabefunktionen wesentlich beschleunigt werden. Die vom Komprimierungsprogramm ausgegebenen Tokens umfassen hier alle ein oder zwei Byte. Es ist möglich, diese Bytes beim Ansammeln von Flagbit zu puffern. Sind acht Flagbit aufgelaufen, können sie als Flagbyte übermittelt werden, gefolgt von zwischen 8 und 16 Byte byteorientierten Daten. Da die acht bis sechzehn Byte mit Hilfe von konventionellen byteorientierten Anweisungen übertragen werden können, laufen die Komprimierungsroutinen merklich schneller ab.

Eine andere Technik mit der sowohl die Komprimierung als auch die Dekomprimierung beschleunigt wird, besteht darin, am Ende des Textfensters einen »Geisterpuffer« einzurichten. Beim vorliegenden Programm würde der Geisterpuffer siebzehn Zeichen beinhalten, die mit den ersten siebzehn im Textfenster vorliegenden Zeichen identisch sind. Liegen Kopien der ersten siebzehn Byte im Geisterpuffer vor, kann die Vergleichsroutine normal mit den Indizes arbeiten, ohne die Modulo-Arithmetik anwenden zu müssen. Da das Komprimierungsprogramm viel Zeit für die Stringvergleichsoperationen benötigt, ergibt das eine große Zeitersparnis.

Ein weiterer kleiner Nachteil von LZSS hängt damit zusammen, wie mit den doppelten Strings umgegangen wird. Doppelte Strings werden zwar aus dem binären Baum entfernt; sie bleiben jedoch im Textfenster, wo sie unnötig Platz beanspruchen. Es ist möglich, diesen Platz wieder frei zu machen, wodurch die Tabelle erweitert werden kann. Der Nebeneffekt dieser Operation besteht jedoch darin, daß das Dekomprimierungsprogramm ebenfalls auf doppelte Strings achten muß, was zu einer Verlangsamung der Ausführungsgeschwindigkeit führt.

Der Quelltext

```
/******************** Start von LZSS.C ********************/

/*
* Hierbei handelt es sich um das LZSS-Modul, das einen LZ77-
* ähnlichen Komprimierungsalgorithmus enthält. Die vorlie-
* gende Implementation verwendet 12-Bit-Indizes und 4-Bit-
* Längenangaben, die auf einen Bereich zwischen 2 und 17 Byte
* abgebildet werden.
*/

#include <stdio.h>
#include <stdlib.h>
#include <string.h>
#include <ctype.h>
#include "bitea.h"
/*
* Eine Vielzahl von Konstanten definiert die Komprimierungs-
* parameter. INDEX_BIT_ANZAHL gibt an, wieviele Bit für den
* Index in das Textfenster eingesetzt werden. Daraus läßt
* sich direkt FENSTER_GROESSE berechnen. LAENGEN_BIT_ANZAHL
* bezeichnet die Anzahl der Bit für den Längenparameter.
* Daraus läßt sich ROHE_VORAUS_GROESSE berechnen. BAUM_WURZEL
* zeigt auf einen speziellen Knoten im Baum, der immer zur
* Baumwurzel zeigt. END_OF_STREAM ist ein spezieller Index,
* der das Ende der Datei markiert. UNBENUTZT ist der Null-
* index für den Baum. MOD_FENSTER() führt die Modulo-Opera-
* tionen für die Fensterindizes aus.
*/

#define INDEX_BIT_ANZAHL      12
#define LAENGEN_BIT_ANZAHL    4
#define FENSTER_GROESSE       ( 1 << INDEX_BIT_ANZAHL )
#define ROHE_VORAUS_GROESSE   ( 1 << LAENGEN_BIT_ANZAHL )
#define KOSTEN_NUTZEN         ( ( 1 + INDEX_BIT_ANZAHL +
                                 LAENGEN_BIT_ANZAHL ) / 9 )
#define VORAUS_GROESSE        ( ROHE_VORAUS_GROESSE +
                                KOSTEN_NUTZEN )
#define BAUM_WURZEL           FENSTER_GROESSE
#define END_OF_STREAM         0
#define UNBENUTZT             0
```

```
#define MOD_FENSTER( a )      (( a ) & (FENSTER_GROESSE - 1))

char *KomprimierungsName = "LZSS-Codierer";
char *Anwendung          = "eingabedatei ausgabedatei\n\n";

/*
* In diesem Programm werden zwei globale Datenstrukturen be-
* nutzt. Das Array fenster[] umfaßt das Textfenster, mit den
* zuvor eingelesenen und bereits codierten Daten sowie den
* Voraus-Puffer. Die Struktur baum[] enthält den sortierten
* binären Baum aller Strings des Textfensters.
*/

unsigned char fenster[ FENSTER_GROESSE ];

struct {
    int eltern_teil;
    int kleineres_kind;
    int groesseres_kind;
} baum[ FENSTER_GROESSE + 1 ];
/*
* Funktionsprototypen für ANSI C- und K&R-Compiler.
*/

#ifdef __STDC__

void InitBaum( int r );
void FasseKnotenZusammen(int alter_knoten, int neuer_knoten);
void ErsetzeKnoten( int alter_knoten, int neuer_knoten );
int SucheNaechstenKnoten( int node );
void EntferneString( int p );
int FuegeStringZu( int neuer_knoten, int *treffer_position );
void KomprimiereDatei( FILE *eingabe, BIT_FILE *ausgabe,
                       int argc, char *argv[] );
void ExpandiereDatei( BIT_FILE *eingabe, FILE *ausgabe,
                      int argc, char *argv[] );

#else

void InitBaum();
void FasseKnotenZusammen();
void ErsetzeKnoten();
int SucheNaechstenKnoten();
void EntferneString();
```

```
int FuegeStringZu();
void KomprimiereDatei();
void ExpandiereDatei();

#endif

/*
* Da der Baum statisch deklariert wurde, wird jeder Knoten
* mit 0 initialisiert. Genau diesen Wert enthält auch das
* Makro UNBENUTZT. Damit der Baum jedoch eingesetzt werden
* kann, muß ihm eine Phrase zugefügt werden. Ansonsten wäre
* kein Wurzelknoten vorhanden. Das wird hier gemacht.
*/
void InitBaum( r )
int r;
{
    baum[ BAUM_WURZEL ].groesseres_kind = r;
    baum[ r ].eltern_teil = BAUM_WURZEL;
    baum[ r ].groesseres_kind = UNBENUTZT;
    baum[ r ].kleineres_kind = UNBENUTZT;
}

/*
* Diese Routine wird benutzt, wenn ein Knoten gelöscht wird.
* Die Verbindung zum darunterliegenden Knoten wird aufgelöst
* und der darunterliegende Knoten mit dem ursprünglichen
* Elternteil verbunden.
*/
void FasseKnotenZusammen( alter_knoten, neuer_knoten )
int alter_knoten;
int neuer_knoten;

{
    baum[ neuer_knoten ].eltern_teil = baum[ alter_knoten ]
                                             .eltern_teil;
    if ( baum[ baum[ alter_knoten ].eltern_teil ].
                         groesseres_kind == alter_knoten )
    baum[ baum[ alter_knoten ].eltern_teil ]
                          .groesseres_kind = neuer_knoten;
    else
    baum[ baum[ alter_knoten ].eltern_teil ].kleineres_kind
                = neuer_knoten;
    baum[ alter_knoten ].eltern_teil = UNBENUTZT;
}
```

```
/*
* Diese Routine wird ebenfalls eingesetzt, wenn ein Knoten
* gelöscht wird. Dieses Mal wird der alte Knoten durch einen
* vorher im Baum nicht vorhandenen ersetzt.
*/
void ErsetzeKnoten( alter_knoten, neuer_knoten )
int alter_knoten;
int neuer_knoten;
{
    int eltern_teil;

    eltern_teil = baum[ alter_knoten ].eltern_teil;
    if ( baum[ eltern_teil ].kleineres_kind == alter_knoten )
    baum[ eltern_teil ].kleineres_kind = neuer_knoten;
    else
    baum[ eltern_teil ].groesseres_kind = neuer_knoten;
    baum[ neuer_knoten ] = baum[ alter_knoten ];
    baum[ baum[ neuer_knoten ].kleineres_kind ].eltern_teil
            = neuer_knoten;
    baum[ baum[ neuer_knoten ].groesseres_kind ].eltern_teil
            = neuer_knoten;
    baum[ alter_knoten ].eltern_teil = UNBENUTZT;
}
/*
* Diese Routine wird benutzt, um den nächstkleineren Knoten
* zu finden. Hierbei wird angenommen, daß der Knoten über ein
* kleineres Kind verfugt. Der nächstkleinere Knoten wird
* dann lokalisiert, indem zuerst dem Knoten kleineres_kind
* und dann allen weiteren Knoten groesseres_kind gefolgt
+ wird, bis das Ende erreicht wird.
*/
int SucheNaechstenKnoten( node )
int node;
{
    int next;

    next = baum[ node ].kleineres_kind;
    while ( baum[ next ].groesseres_kind != UNBENUTZT )
    next = baum[ next ].groesseres_kind;
    return( next );
}

/*
* Diese Routine führt einen klassischen Löschalgorithmus für
```

```
* binäre Bäume aus. Falls der Knoten nur über eine Verbindung
* in eine der beiden Richtungen verfügt, wird er einfach aus
* der Verbindungskette herausgenommen. Sollten beide Verbin-
* dungen vorliegen, muß stattdessen der nächstkleinere
* herausgenommen werden. Dieser bildet dann den Ersatz für
* den aktuellen Knoten.
*/
void EntferneString( p )
int p;
{
    int  ersatz;

    if ( baum[ p ].eltern_teil == UNBENUTZT )
    return;
    if ( baum[ p ].groesseres_kind == UNBENUTZT )
    FasseKnotenZusammen( p, baum[ p ].kleineres_kind );
    else if ( baum[ p ].kleineres_kind == UNBENUTZT )
    FasseKnotenZusammen( p, baum[ p ].groesseres_kind );
    else {
    ersatz = SucheNaechstenKnoten( p );
    EntferneString( ersatz );
    ErsetzeKnoten( p, ersatz );
     }
}
/*
* An dieser Stelle wird die meiste Arbeit beim Codieren ge-
* tan. Diese Routine ist dafür verantwortlich, dem Baum neue
* Knoten hinzuzufügen. Und sie muß die beste Übereinstimmung
* suchen und diese dem aufrufenden Programmteil mitteilen.
* Sollte der neue Knoten über ein Duplikat im Baum verfügen,
* muß dieses aus Effektivitätsgründen entfernt und der neue
* Knoten an dieser Stelle eingefügt werden.
 */

int FuegeStringZu( neuer_knoten, treffer_position )
int neuer_knoten;
int *treffer_position;

{
    int i;
    int test_knoten;
    int delta;
    int treffer_laenge;
    int *kind;
```

```
    if ( neuer_knoten == END_OF_STREAM )
    return( 0 );
    test_knoten = baum[ BAUM_WURZEL ].groesseres_kind;
    treffer_laenge = 0;
    for ( ; ; ) {
    for ( i = 0 ; i < VORAUS_GROESSE ; i++ ) {
      delta = fenster[ MOD_FENSTER( neuer_knoten + i ) ] -
            fenster[ MOD_FENSTER( test_knoten + i ) ];
        if ( delta != 0 )
        break;
    }
    if ( i >= treffer_laenge ) {
        treffer_laenge = i;
        *treffer_position = test_knoten;
        if ( treffer_laenge >= VORAUS_GROESSE ) {
        ErsetzeKnoten( test_knoten, neuer_knoten );
        return( treffer_laenge );
        }
    }
    if ( delta >= 0 )
        kind = &baum[ test_knoten ].groesseres_kind;
    else
        kind = &baum[ test_knoten ].kleineres_kind;
    if ( *kind == UNBENUTZT ) {
        *kind = neuer_knoten;
        baum[ neuer_knoten ].eltern_teil = test_knoten;
        baum[ neuer_knoten ].groesseres_kind = UNBENUTZT;
        baum[ neuer_knoten ].kleineres_kind = UNBENUTZT;
        return( treffer_laenge );
    }
    test_knoten = *kind;
    }
}

/*
* Dies ist die Komprimierungsroutine. Sie muß zuerst den
* Voraus-Puffer füllen und dann in die Komprimierungsschleife
* einspringen. Diese Schleife entscheidet darüber, ob ein
* einzelnes Zeichen oder ein Index/Längen-Token ausgegeben
* wird. Nachdem dies geschehen ist, beginnt der nächste
* Schleifendurchlauf, der neue Zeichen einliest, alte
* Strings, die durch die neuen Zeichen überschrieben wurden,
* löscht und neue dem Baum hinzufügt.
*/
```

```
void KomprimiereDatei( eingabe, ausgabe, argc, argv )
FILE *eingabe;
BIT_FILE *ausgabe;
int argc;
char *argv[];

{
    int i;
    int c;
    int voraus_puffer_bytes;
    int aktuelle_position;
    int anzahl_ersetzen;
    int treffer_laenge;
    int treffer_position;
    aktuelle_position = 1;
    for ( i = 0 ; i < VORAUS_GROESSE ; i++ ) {
    if ( ( c = getc( eingabe ) ) == EOF )
            break;
    fenster[ aktuelle_position + i ] = (unsigned char) c;
    }
    voraus_puffer_bytes = i;
    InitBaum( aktuelle_position );
    treffer_laenge = 0;
    treffer_position = 0;
    while ( voraus_puffer_bytes > 0 ) {
    if ( treffer_laenge > voraus_puffer_bytes )
        treffer_laenge = voraus_puffer_bytes;
    if ( treffer_laenge <= KOSTEN_NUTZEN ) {
        anzahl_ersetzen = 1;
        OutputBit( ausgabe, 1 );
        OutputBits( ausgabe,
        (unsigned long) fenster[aktuelle_position], 8 );
        } else {
        OutputBit( ausgabe, 0 );
        OutputBits( ausgabe,
    (unsigned long) treffer_position, INDEX_BIT_ANZAHL );
        OutputBits( ausgabe,
    (unsigned long) (treffer_laenge - (KOSTEN_NUTZEN + 1)),
            LAENGEN_BIT_ANZAHL );
        anzahl_ersetzen = treffer_laenge;
        }
        for ( i = 0 ; i < anzahl_ersetzen ; i++ ) {
        EntferneString( MOD_FENSTER( aktuelle_position +
                            VORAUS_GROESSE ) );
```

```
        if ( ( c = getc( eingabe ) ) == EOF )
        voraus_puffer_bytes--;
            else
        fenster[ MOD_FENSTER( aktuelle_position +
                                            VORAUS_GROESSE ) ]
                        = (unsigned char) c;
    aktuelle_position = MOD_FENSTER(aktuelle_position + 1);
            if ( voraus_puffer_bytes )
    treffer_laenge = FuegeStringZu( aktuelle_position,
                                             &treffer_position );
        }
    };
    OutputBit( ausgabe, 0 );
    OutputBits( ausgabe, (unsigned long) END_OF_STREAM,
                INDEX_BIT_ANZAHL );
    while ( argc-- > 0 )
    printf( "Unbekanntes Argument: %s\n", *argv++ );
}

/*
* Dies ist die Expansionsroutine des LZSS-Algorithmus. Sie
* muß lediglich die Flagbit lesen und entscheiden, ob ein
* einzelnes Zeichen oder ein Index/Längen-Token folgt, und
* dann entsprechend reagieren.
*/
void ExpandiereDatei( eingabe, ausgabe, argc, argv )
BIT_FILE *eingabe;
FILE *ausgabe;
int argc;
char *argv[];
{
    int i;
    int aktuelle_position;
    int c;
    int treffer_laenge;
    int treffer_position;

    aktuelle_position = 1;
    for ( ; ; ) {
    if ( InputBit( eingabe ) ) {
        c = (int) InputBits( eingabe, 8 );
        putc( c, ausgabe );
        fenster[ aktuelle_position ] = (unsigned char) c;
        aktuelle_position=MOD_FENSTER(aktuelle_position+1);
```

```
        } else {
        treffer_position = (int) InputBits( eingabe,
                                            INDEX_BIT_ANZAHL );
        if ( treffer_position == END_OF_STREAM )
                break;
        treffer_laenge = (int) InputBits( eingabe,
                                       LAENGEN_BIT_ANZAHL );
        treffer_laenge += KOSTEN_NUTZEN;
            for ( i = 0 ; i <= treffer_laenge ; i++ ) {
        c = fenster[MOD_FENSTER( treffer_position + i )];
                putc( c, ausgabe );
        fenster[ aktuelle_position ] = (unsigned char) c;
                aktuelle_position = MOD_FENSTER(
                                        aktuelle_position + 1 );
            }
        }
    }
    while ( argc-- > 0 )
        printf( "Unbekanntes Argument: %s\n", *argv++ );
}

/******************** Ende von LZSS.C ********************/
```

9 LZ78-Komprimierung

Die LZ77-Algorithmen leiden an einem Mangel, der die Entwickler, Jacob Ziv und Abraham Lempel, gestört haben muß. Diese Algorithmen blicken nur mit einem kleinen Fenster auf den vorher eingelesenen Text. Das heißt: Kontinuierlich gehen wertvolle Tabelleneinträge verloren, da sie aus der Tabelle rutschen. Die Phrase »Jacob Ziv« ist zum Beispiel vielleicht im Text von Kapitel 7 schon einmal vorgekommen. Wird dieses Buch mit Hilfe eines LZ77-Algorithmus komprimiert, ist es fast sicher, daß diese Phrase nicht im gleitenden Fenster auftaucht, wenn dieses Kapitel erreicht wird. Das Buch könnte aber besser komprimiert werden, falls »Jacob Ziv« in der Tabelle vorliegen würde, da diese Phrase vier- oder fünfmal an verschiedenen Stellen im Text vorkommt.

Das gleitende Fenster bewirkt, daß der LZ77-Algorithmus einseitig nur auf die jüngsten Einträge des Textes reagiert. Viele, jedoch nicht alle Datenströme, tendieren dazu, so »auszusehen« Das heißt: Sie enthalten mehr Phrasen, die kurz vorher eingelesen wurden, und weniger ganz alte Phrasen. Das Codieren eines Telefonbuches ist ein gutes Beispiel dafür. Nachdem der erste »Jones«-Eintrag codiert wurde, sieht es so aus, als würde »Jones« überall vorkommen. Aber das Wort »Adams«, das schon lange davor codiert wurde, kommt dann überhaupt nicht mehr vor. Beim Durcharbeiten des Telefonbuches wird der Effekt der jüngsten Einträge offensichtlich und LZ77 macht ihn sich zunutze.

Beim Komprimieren des Telefonbuches bemerkt man bei genauerem Hinsehen, daß einige Daten gegenüber der oben behandelten Auswirkung mehr oder weniger immun sind. Der mit jedem Eintrag verbundene Straßenname zum Beispiel läßt diesen Effekt nur erahnen, falls zwei Leute mit demselben Nachnamen in derselben Straße wohnen. Das führt zu weniger Übereinstimmungen im Textfenster und somit zu einem schlechteren Komprimierungsgrad.

Ein zweiter Nachteil der LZ77-Komprimierungsmethode besteht in der eingeschränkten Größe der Phrase, zu der eine Übereinstimmung gesucht werden kann. Die größtmögliche Übereinstimmung entspricht nicht ganz dem Umfang des nach vorn gerichteten Puffers, der im vorigen Kapitel 17 Byte betrug. Viele der siebzehn Byte langen Übereinstimmungen, die beim Komprimieren mit diesem Algorithmus gefunden werden, sind wahrscheinlich in Wirklichkeit viel länger.

Kann LZ77 verbessert werden?

Eine Möglichkeit, diese Probleme aus dem Weg zu räumen, besteht darin, an der Größe des Fensters und des Puffers herumzubasteln. Warum sollte man beispielsweise anstatt eines 4 Kbyte-Fensters und eines siebzehn Byte-Puffers kein 64 Kbyte-Fenster und keinen 1 Kbyte-Puffer verwenden? Könnten so nicht beide Probleme gleichzeitig beseitigt werden?

Diese zunächst die Probleme scheinbar lösende Vorgehensweise hat leider zwei gravierende Nachteile. Wird der Puffer von 4 Kbyte auf 64 Kbyte erweitert, werden zur Codierung einer Indexposition sechzehn Bit anstatt zwölf benötigt. Zur Codierung der Phrasenlänge werden dann statt vier Bit zehn benötigt. Die für die Codierung einer Phrase benötigten Bit steigen von siebzehn auf siebenundzwanzig an.

Diese 50%ige Steigerung der Bitgröße eines Index/Längen-Tokens kann negative Auswirkungen auf den Komprimierungsalgorithmus haben. Einerseits wird der KOSTEN_NUTZEN des Programmes von unter zwei auf drei Zeichen verlegt. Das heißt: Übereinstimmungen von drei oder weniger Zeichen werden nicht mehr als Index/Längen-Token codiert sondern als Einzelzeichen. Das Codieren von Daten als Einzelzeichen ist allerdings äußerst ineffektiv, da ein zusätzliches Bit benötigt wird, um anzuzeigen, daß ein normales Zeichen folgt.

Noch bedauerlicher ist es, daß bei der Veränderung dieser Parameter von der CPU viel mehr Zeit zur Ausführung der Komprimierung benötigt wird. Verändert man bei LZ77 nur die Fenstergröße von 4 Kbyte auf 64K, dauert ein durchschnittlicher Suchvorgang sechzehn Mal länger, da jeder String im Fenster mit dem nach vorn gerichteten Puffer verglichen wird. Bei LZSS gestaltet sich die Situation etwas besser, da die Strings in einem binären Baum untergebracht sind. In diesem Fall steigt der von der Fenstergröße abhängige Ausführungsgeschwindigkeitszuwachs proportional zum Logarithmus der Fenstergröße. Das bedeutet aber immer noch eine Verschlechterung von 30% der Ausführungsgeschwindigkeit.

Aber ganz dick kommt es, sobald der nach vorn gerichtete Puffer vergrößert wird. Da die Stringvergleichsoperationen zwischen den Textfensterphrasen und dem Puffer sequentiell erfolgen, steigt der Ausführungsgeschwindigkeitszuwachs proportional zum Umfang des Puffers. Wird der Puffer von sechzehn auf 1024 Zeichen vergrößert, läuft dieser Teil des Programmes vierundsechzig Mal langsamer ab – das ist wirklich sehr übel.

All diese Effekte machen die Vorteile zunichte, die man durch Veränderung dieser Parameter in einem LZ77-Algorithmus erreicht hätte. Sogar bei einem 64 Kbyte-Fenster wäre man auf einen Algorithmus beschränkt, der sich bei der Komprimierung auf die jüngsten Einträge stützt.

LZ78

Damit diese Probleme umgangen werden können, entwickelten Ziv und Lempel eine andere Form der tabellengestützten Komprimierung. Dieser Algorithmus (er wird als LZ78 bezeichnet) wurde in dem Artikel »Compression of Induvidual Sequences via Variable–Rate Coding« in *IEEE Transcations on Information Theory* (September 1978) veröffentlicht.

Bei der LZ78-Methode gibt es kein Textfenster. LZ77 verwendet eine Phrasentabelle, die durch ein Fenster bestimmter Größe gebildet wird, in dem sich vorher eingelesener Text befindet. Bei LZ78 ist die Tabelle eine potentiell unbegrenzte Liste aller vorher eingelesener *Phrasen.*

LZ78 gleicht in einiger Hinsicht LZ77. LZ77 gibt eine Reihe von Tokens aus. Jedes Token besteht aus drei Komponenten: der Phrasenposition, der Phrasenlänge und einem Zeichen, das auf die Phrase folgt. LZ78 gibt auch eine Reihe von Tokens mit annähernd der gleichen Bedeutung aus. Jedes LZ78-Token besteht aus einem Code, der eine bestimmte Phrase bezeichnet, und einem Zeichen, das auf die Phrase folgt. Anders als bei LZ77 wird die Phrasenlänge nicht mit übergeben, da sie dem Decodierungsprogramm bekannt ist.

Im Gegensatz zu LZ77 verfügt LZ78 nicht über ein vorgefertigtes Textfenster, das als Tabelle benutzt werden kann. Jedesmal, wenn ein Token ausgegeben wird, wird eine neue Phrase erzeugt und diese Phrase in der Tabelle untergebracht. Danach steht die Phrase jederzeit für das Codierungsprogramm zur Verfügung.

LZ78-Details

Arbeitet man mit dem LZ78, beginnt sowohl das Codierungs- als auch das Decodierungsprogramm mit einer fast leeren Tabelle. Definitionsgemäß befindet sich ein einziger codierter String – der Null String – in der Tabelle. Jedesmal, wenn ein Zeichen eingelesen wird, wird es zum aktuellen String hinzugefügt. Solange der aktuelle String mit einer in der Tabelle vorliegenden Phrase übereinstimmt, wird dieser Prozeß fortgesetzt.

Aber irgendwann gibt es zu dem String keine passende Phrase in der Tabelle mehr. Daraufhin gibt LZ78 ein Token und ein Zeichen aus. Es ist jedoch wichtig, zu wissen, daß es für den String eine passende Phrase gab, bis das letzte Zeichen eingelesen wurde. Der aktuelle String setzt sich deshalb aus der letzten Übereinstimmung und einem zusätzlichen neuen Zeichen zusammen. LZ77 gibt genau das aus: den Index der vorhergehenden Übereinstimmung und das Zeichen, das die Übereinstimmung beendete.

An dieser Stelle unternimmt LZ78 einen zusätzlichen Schritt. Die neue Phrase, die aus der letzten Tabellenübereinstimmung und dem neuen Zeichen besteht, wird in der Tabelle untergebracht. Taucht die Phrase das nächste Mal wieder auf, kann damit eine noch längere Phrase codiert und gebildet werden.

Es folgt ein Programmteil, mit dem dieser Algorithmus implementiert werden kann. Einige der Details wurden nicht behandelt, aber ansonsten handelt es sich um eine recht gute Repräsentation des Algorithmus.

```
for(;;) {
    akt_uebereinstimmung ) 1;
    akt_laenge = 0;
    memset(test_string,'\0', MAX_STRING);
    for(;;) {
      test_string[akt_laenge++]=getc(eingabe);
      neue_uebereinstimmung =
        suche_uebereinstimmung(test_string);
        if(neue_uebereinstimmung == -1)
            break;
        akt_uebereinstimmung = neue_uebereinstimmung;
    }
    output_code(akt_uebereinstimmung);
    output_char(test_string[akt_laenge-1]);
    fuege_string_tabelle_hinzu(test_string);
}
```

Definitionsgemäß stimmt der leere String immer mit dem String 0, dem Nullknoten in der Tabelle, überein. Wird ein Zeichen das erste Mal angetroffen, wird es als Phrase 0 plus neues Zeichen codiert. Tritt das Zeichen das nächste Mal auf, wird es als Teil einer Phrase codiert.

Es folgt ein Beispiel für die Ausgabe des Codierers. Beim Eingabetext handelt es sich um eine Wortfolge aus der Tabelle eines Rechtschreibprüfungsprogrammes. Wenn das LZ78-Codierungsprogramm mit der Codierung beginnt, liegen in der Tabelle keine Phrasen vor. Das erste Zeichen, das eingelesen wird, 'D', stellt deshalb einen String dar, zu dem es in der Tabelle keine Übereinstimmung gibt. Daraufhin gibt das Codierungsprogramm das Phrasen/Zeichen-Paar 0 und D aus. Sie wissen ja, daß am Anfang eine 0-Phrase in der Tabelle vorliegt, die als Nullstring definiert ist.
Die ersten beiden vom Codierungsprogramm bearbeiteten Zeichen, D und A, wurden vorher noch nicht eingelesen. Jedes wird als Phrase 0 + Zeichen-Paar codiert. D wird in der Tabelle als Phrase 1 und A als Phrase 2 abgelegt.

Wird das dritte Zeichen »D« eingelesen, findet sich zu einer in der Tabelle vorliegenden Phrase eine Übereinstimmung. Das » «-Zeichen – das nächste eingelesene Zeichen – erzeugt eine neue Phrase, zu der es keine Übereinstimmung in der Tabelle gibt. LZ78 gibt daher den Code 1 für die vorhergehenden Übereinstimmung (den »D«-String) und anschließend das » «-Zeichen aus.

Eingabetext: »DAD DADA DADDY DADO...«

Ausgabephrase	Ausgabezeichen	Codierter String
0	'D'	»D«
0	'A'	»A«
1	' '	»D «
1	'A'	»DA«
4	' '	»DA «
4	'D'	»DAD«
1	'Y'	»DY«
0	' '	» «
6	'O'	»DADO«

Wird der Codierungsprozeß fortgesetzt, werden in der Tabelle schnell immer längere Phrasen abgelegt. Da wir eine alphabetisch angeordnete Liste eingelesen haben, werden diese Phrasen natürlich viel schneller gebildet, als das normalerweise der Fall wäre. Nach nur neunzehn eingelesenen und codierten Zeichen, sieht die Tabelle wie folgt aus:

0	»«
1	»D«
2	»A«
3	»D «
4	»DA«
5	»DA «
6	»DAD«
7	»DY«
8	»«
9	»DADO«

Die LZ78-Implementation

Wie bei LZ77 kann bei LZ78 die Größe der Phrasentabelle nach Belieben eingerichtet werden. Und auch wie bei LZ77 muß man sich bei LZ78 in zweierlei Hinsicht um die daraus resultierenden Effekte kümmern. 1. Man muß auf die Anzahl der Bit, die im Ausgabe-Token verwendet werden, achten. 2. Und was weitaus wichtiger ist. Man muß darauf achten, wieviel Zeit die CPU zur Verwaltung der Tabelle benötigt.

Theoretisch sollte LZ78 in dem Maße besser komprimieren, wie der Umfang der Tabelle zunimmt. Aber das trifft nur zu, falls die Länge des Eingabetextes gegen unendlich tendiert. In der Praxis leidet die Komprimierung kleinerer Dateien, sobald die Codegröße umfangreicher wird.

Schwierigkeiten im Zusammenhang mit LZ78 ergeben sich erst bei der Verwaltung der Tabelle. Werden für den Phrasenindex beispielsweise sechzehn Bit verwendet, können 65536 Phrasen einschließlich des Nullcodes verwaltet werden. Diese Phrasen können sich in ihrer Größe erheblich unterscheiden. Es kann zum Beispiel sein, daß es sich um 65356 verschiedene Versionen einer Phrase handelt, die aus einem einzelnen, wiederholt auftretenden Zeichen besteht.

Diese Phrasen werden normalerweise in einem weit verzweigten Baum untergebracht. Der Baum beginnt beim Wurzelknoten 0, dem Nullstring. Jedes Zeichen, das zum Nullstring hinzugefügt werden kann, wird zu einem neuen Zweig des Baumes. Jede Phrase, die so erzeugt wird, erhält eine neue Knotennummer.

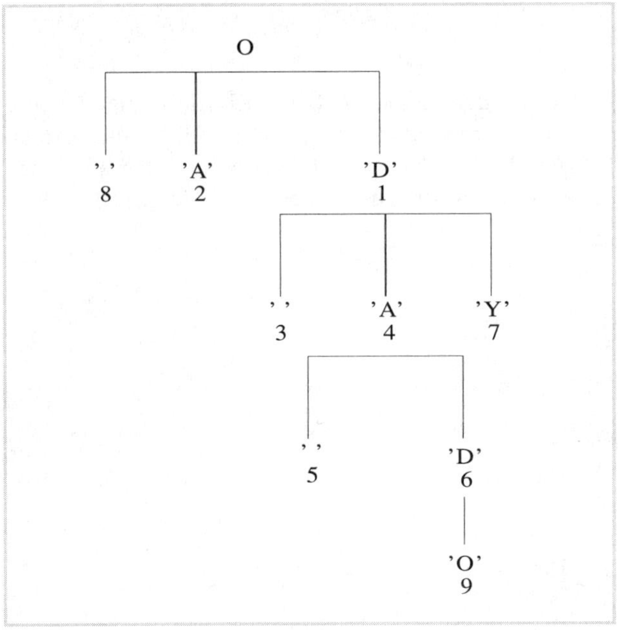

Abbildung 9-1:
Der LZ78-Tabellenbaum

Der hier gezeigte Tabellenbaum entsteht, nachdem die vorige aus neunzehn Zeichen bestehende Phrase codiert wurde. Die Hauptschwierigkeit bei der Verwaltung eines solchen Baumes besteht in der potentiell sehr großen Anzahl von Zweigen, die von jedem Knoten ausgehen können. Werden binäre Dateien mit einem 8-Bit-Alphabet codiert, können bis zu 256 Zweige von jedem Knoten ausgehen. Bei jedem Knoten könnte ein Zeiger- oder Indexarray allokiert werden, das groß genug ist, alle 256 möglichen Abkömmlinge aufzunehmen. Da aber nicht alle Knoten so viele Verzweigungen haben werden, wäre es sehr verschwenderisch, soviel Speicher zu reservieren. Deshalb werden die von den Knoten ausgehenden Zweige mit einer Indexliste verwaltet, die nicht länger ist, als es der Anzahl der tatsächlich vorliegenden Verzweigungen entspricht. So kann der zur Verfügung stehende Speicher besser ausgenutzt werden, obwohl diese Vorgehensweise auch viel langsamer ist. Diese Technik entspricht im wesentlichen der Technik, die in Kapitel 6 zur Bearbeitung von Datenströmen mit Modellen höherer Ordnung eingesetzt wurde.

Bei einem solchen Baum kann ein String recht einfach mit denen in der Tabelle verglichen werden. Man muß dazu lediglich durch den Baum wandern, wobei die Baumknoten Zeichen für Zeichen passiert werden. Endet die Phrase bei einem bestimmten Knoten, liegt eine Übereinstimmung vor. Erreicht man vorher einen Blattknoten, liegt ebenfalls eine Übereinstimmung vor. Nachdem das Symbol codiert wurde, ist das Hinzufügen des neuen Knotens auch kein Hexenwerk mehr. Man muß nur Platz in der Verzweigungsliste schaffen und anschließend einen neuen Abkömmling dem Knoten hinzufügen, der für die letzte Übereinstimmung zuständig war.

Ein Nachteil von LZ78 im Gegensatz zu LZ77 besteht darin, daß auch das Decodierungsprogramm den Baum verwalten muß. Bei LZ77 war ein Tabellenindex lediglich ein Zeiger oder ein Verweis auf die vorhergehende Position im Datenstrom. Bei LZ78 dagegen ist der Index die Nummer eines im Tabellenbaum vorliegenden Knotens. Das Decodierungsprogramm muß deshalb den Baum genau so bilden, wie er vom Codierungsprogramm aufgebaut wurde; sonst kommt es zu einer Katastrophe.

Bisher wurde noch nicht behandelt, was passiert, wenn die Tabelle voll ist. Unabhängig von der Tabellengröße ist dies früher oder später der Fall. Arbeitet man mit sechzehn Bit umfassenden Codes, ist die Tabelle nach der Definition von 65535 Phrasen voll.

Es gibt mehrere Möglichkeiten, mit einer vollen Tabelle umzugehen. Am sichersten ist es, in einer vollen Tabelle keine weiteren Phrasen unterzubringen. Dazu müssen lediglich ein oder zwei Anweisungen zur Routine fuege_phrase_der_tabelle_zu() hinzugefügt werden. Die Tabelle einfach so zu belassen, ist nicht von Vorteil. Werden sehr große Datenströme komprimiert, kann es große Unterschiede in der Natur der eingelesenen Zeichen geben. Wird zum Beispiel das binäre Abbild eines Programmes (wie beispielsweise eine EXE-Datei) komprimiert, gibt es in bezug auf das statistische Datenmodell eine große Veränderung, sobald vom Codebereich der Datei zum Datenbereich übergegangen wird.

Behält man jedoch die vorliegende Phrasentabelle bei, kommt sie sozusagen aus der Mode, und es können keine guten Komprimierungsgrade mehr erzielt werden. Natürlich darf man nicht eine Tabelle aufgeben, mit der gut komprimiert werden kann.

Das UNIX COMPRESS-Programm, das mit einer Variante von LZ78 arbeitet, geht diesen Problemen aus dem Weg, indem der Komprimierungsgrad der Datei ständig überwacht wird. Wird der Komprimierungsgrad zu schlecht, wird die Tabelle gelöscht, und das Programm beginnt mit einer neuen. Anderenfalls würde die alte Tabelle weiterbenutzt, und keine neuen Phrasen könnten mehr in ihr abgelegt werden.

Eine effektive Variante

Wie LZ77 wurde LZ78 das erste Mal in einem wissenschaftlichen Journal veröffentlicht und deshalb sehr technisch und abstrakt beschrieben. Erst 1984 konnte sich eine LZ78-Variante erfolgreich in der Programmierwelt etablieren. Das war als Terry Welch den Artikel »Eine Technik zur effektiven Datenkomprimierung« in *IEEE Computer* veröffentlichte.

Die Arbeiten am UNIX COMPRESS-Programm begannen unmittelbar nach Erscheinen des Artikels. Die von Welch beschriebene Technik und die dazugehörige COMPRESS-Implementation werden als LZW-Komprimierung bezeichnet.

LZSS war LZ77 überlegen, da nicht jedes Token aus einer Phrase und einem Zeichen bestand. LZW ist LZ78 im gleichen Zusammenhang überlegen. Bei LZW muß das Komprimierungsprogramm niemals Einzelzeichen ausgeben sondern nur Phrasen.

Damit dies möglich ist, wird bei LZW die Phrasentabelle vorher mit einer Anzahl aus Einzelsymbolen bestehenden Phrasen versehen, die der Anzahl der im Alphabet vorliegenden Symbole entspricht. Es gibt also kein Symbol, das nicht sofort codiert werden kann, auch wenn es noch nie im Eingabestrom vorkam.

Es folgt der LZW-Komprimierungsalgorithmus in seiner einfachsten Form. Eine kurze Untersuchung des Algorithmus ergibt, daß LZW immer versucht, für Strings Codes auszugeben, die schon bekannt sind. Jedesmal, wenn ein neuer Code ausgegeben wird, wird ein neuer String in der Stringtabelle untergebracht.

```
alter_string[0] = getc(eingabe);
alter_string[1] = '\0';
while(!feof(eingabe)) {
    zeichen = getc(eingabe);
    strcpy(neuer_string, alter_string);
    strncat(neuer_string, &zeichen, 1);
    if(in_tabelle(neuer_string))
        strcpy(alter_string, neuer_string);
    else {
        code = durchsuche_tabelle(alter_string);
        output(code);
        fuege_tabelle_zu(neuer_string);
        alter_string[0] = zeichen;
        alter_string[1] = '\0';
    }
}
code = durchsuche_tabelle(alter_string);
output(code);
```

Zur Demonstration des Algorithmus folgt ein Beispiel, bei dem der Eingabestring sich aus einer Reihe von englischen Worten aus einem Rechtschreiblexikon zusammensetzt, die durch das Leerzeichen voneinander getrennt sind. Beim ersten Schleifendurchlauf wird überprüft, ob sich der String » W« in der Tabelle befindet. Da das nicht der Fall ist, wird der Code für » « ausgegeben und der String » W« wird in der Tabelle untergebracht. Da in der Tabelle schon die Codes 0-255 für die 256 möglichen Zeichen vordefiniert sind, wird der ersten Stringdefinition der Code 256 zugewiesen. Nachdem der Buchstabe »E« eingelesen wurde, wird der zweite String »WE« in der Tabelle abgelegt und der Code für den Buchstaben »W« ausgegeben. Beim zweiten Wort werden die Zeichen » « und »W« eingelesen, die zusammen den in der Tabelle vorliegenden String mit der Nummer 256 bilden. Daraufhin wird der Code 256 ausgegeben und ein drei Zeichen langer String in der Stringtabelle untergebracht. Dieser Prozeß wird solange fortgesetzt, bis der String zu Ende ist und alle Codes ausgegeben wurden.

Eingabestring: » WAS WAR WAHR WALTER«

Zeicheneingabe	**Ausgegebener Code**	**Codewert und String**
» W«	' '	256 = » W«
»A«	'W'	257 = »WA«
»S«	'A'	258 = »AS«
» «	'S'	259 = »S «
»WA«	256	260 = » WA«
»R«	'A'	261 = »AR«
» «	'R'	262 = »R «
»WA«	260	263 = » WAH«
»H«	'H'	264 = »HR«
»R«	262	265 = »R W«
» W«	'W'	266 = »WA«
»A«	'A'	267 = »AL«
»L«	'L'	268 = »LT«
»T«	'T'	269 = »TE«
»E«	'E'	270 = »ER«
»R«	'R'	

Sie sehen oben die Ausgabe, die für unseren Beispielstring erzeugt wurde, und die resultierende Stringtabelle. Die Stringtabelle füllt sich rasch, da jedesmal, wenn ein neuer Code ausgegeben wird, ein neuer String dazukommt. Bei diesem sehr redundanten Eingabestrom wurden fünf Codesubstitutionen zusammen mit sieben Zeichen ausgegeben.

Werden für die Ausgabe 9-Bit-Codes verwendet, wird der neunzehn Zeichen umfassende Eingabestring auf einen 13,5 Byte Ausgabestring reduziert. Dieses Beispiel wurde sorgfältig ausgewählt, um die Codesubstitution zu demonstrieren. Bei praxisnahen Beispielen beginnt die Komprimierung erst, nachdem eine angemessen große Tabelle erstellt wurde. Das ist normalerweise erst der Fall, wenn mindestens hundert Byte eingelesen wurden.

Dekomprimierung

Der Dekomprimierungsalgorithmus übernimmt den vom Komprimierungsalgorithmus ausgegebenen Codestrom und macht daraus wieder eine exakte Kopie des Eingabestromes. Der LZW-Algorithmus ist unter anderem deshalb so effektiv, weil die Tabelle nicht an das Dekomprimierungsprogramm übergeben werden muß. Die Tabelle kann mit Hilfe der Eingabestromdaten wieder genauso aufgebaut werden, wie sie bei der Komprimierung aussah. Das ist möglich, da der Komprimierungsalgorithmus immer die Phrasen- und Zeichenkomponenten eines Codes ausgibt, bevor der neue Code später im Ausgabestrom verwendet wird. Die komprimierten Daten werden also nicht durch eine umfangreiche Tabelle belastet.

```
alter_string[0] = input_bits();
alter_string[1] = '\0';
putc(alter_string[0],ausgabe);
while((neuer_code == input_bits()) != EOF) {
    neuer_string = tabellen_suche(neuer_code);
    fputs(neuer_string, ausgabe);
    fuege_zeichen_string_zu(alter_string, neuer_string[0]);
    fuege_tabelle_zu(alter_string);
    strcpy(alter_string,neuer_string);
}
```

Die obigen Anweisungen stellen eine grobe C-Implementation dar. Wie der Komprimierungsalgorithmus fügt der obige Algorithmus jedesmal einen neuen String der Stringtabelle zu, wenn ein neuer Code eingelesen wird. Zusätzlich wird jeder eingelesene Code in einen String umgewandelt und an den Ausgabestrom weitergeleitet.

Der Algorithmus gibt folgendes aus, falls als Eingabe die Daten von der vorhergehenden Komprimierung vorliegen. Sie werden bemerken, daß die Stringtabelle am Schluß genauso aussieht wie die Tabelle, die während der Komprimierung erzeugt wurde. Der Ausgabestring ist identisch zum Eingabestring des Komprimierungsalgorithmus. Beachten Sie auch, daß die ersten 256 Codes definitionsgemäß Einzelzeichenstrings übersetzen, wie dies auch beim Komprimierungsprogramm geschieht.

Eingabe-Codes: » WAS<256>AR<260>H<262>WALTER«

Eingabe/ neuer Code	**alter Code**	**String-Ausgabe**	**Zeichen**	**Neuer Tabelleneintrag**
» «	» «	» «		
»W«	» «	»W«	»W«	256 = » W«
»A«	»W«	»A«	»A«	257 = »WE«
»S«	»A«	»S«	»S«	258 = »AS«
256	»S«	» W«	» «	259 = »S «
»A«	256	»A«	»A«	260 = » WA«
»R«	»A«	»R«	»R«	261 = »AR«
260	»R«	» WA«	» «	262 = »R «
»H«	260	»H«	»H«	263 = » WAH«
262	»H«	»R «	»R«	264 = »HR«
»W«	262	»W«	»W«	265 = »R W«
»A«	»W«	»A«	»A«	266 = »WA«
»L«	»A«	»L«	»L«	267 = »AL«
»T«	»L«	»T«	»T«	268 = »LT«
»E«	»T«	»E«	»E«	269 = »TE«
»R«	»E«	»R«	»R«	270 = »ER«

Die Falle

Leider ist der gezeigte Dekomprimierungsalgorithmus etwas zu einfach. Eine Besonderheit beim LZW-Komprimierungsalgorithmus macht bei der Dekomprimierung einigen Ärger. Jedesmal, wenn das Komprimierungsprogramm einen neuen String in der Phrasentabelle unterbringt, wird das erledigt, bevor die Phrase vollständig an die Datei übergeben wurde. Benutzt das Komprimierungsprogramm diese Phrase aus irgendeinem Grund als nächsten Code, ergibt sich für das Dekomprimierungsprogramm ein Problem. Er soll nämlich einen String decodieren, der noch gar nicht in der Tabelle vorliegt.

Unglücklicherweise kann das wirklich passieren. Liegt in der Tabelle ein String vor, der aus einem ZEICHEN, STRING Paar besteht, und es taucht im Eingabestrom die Sequenz ZEICHEN, STRING, ZEICHEN, STRING, ZEICHEN auf, gibt der Komprimierungsalgorithmus den Code aus, bevor er vom Dekomprimierungsprogramm definiert wurde.

Ein einfaches Beispiel bringt Licht ins Dunkel. Nehmen wir einmal an, der String IWOMBAT liegt in der Tabelle als Code 300 vor. Später im Eingabestrom kommt IWOMBATIWOMBATI vor. Die Ausgabe des Komprimierungsprogrammes sieht dann wie folgt aus:

Eingabestring: IWOMBAT......IWOMBATIWOMBATIXXX
<Problembereich>

Zeicheneingabe	Neuer Codewert und damit verbundener String	Codeausgabe
...I		
WOMBATA	300 = IWOMBAT	288 (WOMBA)
.	.	.
.	.	.
...I	.	.
WOMBATI	400 = IWOMBATI	300 (IWOMBAT)
WOMBATIX	401 = IWOMBATIX	400 (IWOMBATI)

Sieht der Dekomprimierungsalgorithmus diesen Eingabestrom, wird zuerst der Code 300 decodiert und der String IWOMBATI ausgegeben. Anschließend wird die Definition für den Code 399 in der Tabelle untergebracht, was immer das auch sein mag. Daraufhin wird der nächste Eingabecode 400 gelesen und festgestellt, daß er nicht in der Tabelle vorliegt.

Glücklicherweise ist es das einzige Mal, daß der Dekomprimierungsalgorithmus auf einen nicht definierten Code treffen kann. Deshalb kann man im Algorithmus eine entsprechende Abfrage einbauen, die für solche Ausnahmefälle zuständig ist. Der modifizierte Algorithmus achtet dann auf diesen Spezialfall und bearbeitet ihn entsprechend. Beim vorliegenden Beispiel trifft die Dekomprimierungsroutine auf den Code 400. Da 400 nicht definiert ist, geht das Programm zum vorhergehenden Code/String zurück. Das war »IWOMBAT« oder der Code 300. Daran anschließend wird das erste Zeichen des Strings an das Ende des Strings angehängt, was »IWOMBATI« ergibt. Das ist der richtige Wert für den Code 400. Anschließend läuft alles wie gewohnt weiter.

Die Ausnahmefallbehandlung weiß, daß dieses Problem nur dann auftritt, wenn der Spezialfall ZEICHEN+STRING+ZEICHEN+STRING+ZEICHEN vorliegt. Jedesmal, wenn dann ein unbekannter Code auftritt, kann bestimmt werden, was für einen String er repräsentiert, da bekannt ist, wie der vorhergehende String in der Eingabe aussah.

```
alter_string[0] = input_bits();
alter_string[1] = '\0';
putc(alter_string[0],ausgabe);
while((neuer_code == input_bits()) != EOF) {
    neuer_string = tabellen_suche(neuer_code);
    if(neuer_string == NULL) {
    strcpy(neuer_string,alter_string);
    fuege_zeichen_string_zu(neuer_string, neuer_string[0]);    }
    fputs(neuer_string, ausgabe);
    fuege_zeichen_string_zu(alter_string, neuer_string[0]);
    fuege_tabelle_zu(alter_string);
    strcpy(alter_string,neuer_string);    }
```

LWZ-Implementation

Das dem Komprimierungs-Algorithmus zugrunde liegende Konzept ist so einfach, daß der gesamte Algorithmus in zwölf Zeilen untergebracht werden kann. Die vollständige Implementation dieses Algorithmus gestaltet sich etwas komplizierter; das liegt hauptsächlich an der Tabellenverwaltung. Ein kurzes Beispielprogramm, das mit 12-Bit-Codes arbeitet, finden Sie in LZW12.C. Darin werden einige der hier vorgestellten Techniken angewandt.

Baumverwaltung und -bearbeitung

Wie der LZ78 Algorithmus liegt die LZW-Tabelle als mehrfach verzweigte Baumstruktur vor. Aber bei LZW gleicht die Art und Weise, wie die Daten organisiert sind, einem Baum kaum. Analysiert man die Dinge allerdings etwas genauer, so kann man erkennen, daß sich hinter der Tabellendatenstruktur eine Baumstruktur verbirgt.

```
struct tabelle
{
    int code_wert;
    int eltern_code;
    char zeichen;}
tab[ TABELLEN_GROESSE ];
```

Die im vorigen Listing gezeigte Struktur enthält den gesamten Tabellenbaum. Jedes Element der Datenstruktur repräsentiert einen Knoten. Die Knotendefinition setzt sich aus drei Elementen zusammen: 1. code_wert. Diese Zahl ist der aktuelle Code des Strings, der an diesem Knoten endet. Dieser Wert wird auch vom Komprimierungsprogramm ausgegeben, wenn der String codiert werden soll. 2. eltern_code. Bei einer LZ78-artigen Komprimierung, verfügt jeder in der Tabelle vorliegende String über einen Elternstring, der ein Zeichen kürzer als der String selbst ist. Dieser Integer ist der Code des Elternstrings. 3. zeichen. Das ist das Zeichen für diesen Knoten. Lautet der String, der vom Elternteil eines Knotens codiert wurde, »GRÜNBLAT« und das Zeichen ist »T«, codiert dieser Knoten den String »GRÜNBLATT«.

Ein offensichtliches Problem besteht darin, daß die Tabellenknoten nicht über einen oder mehrere Zeiger auf ihre Kindknoten verfügen. Wie kann man dann aber beim Durcharbeiten des Baumes die Kinder der Knoten finden?

Bei dieser Baumstruktur werden die Tabellenzeiger mit einer Routine bestimmt. Damit das Kind eines bestimmten Knotens gefunden werden kann, muß mit einer Hash-Funktion herausgefunden werden, an welcher Position sich das Kind befindet. Es folgt die bei LZW12.C eingesetzte Hash-Funktion.

```
unsigned int suche_kind_knoten( eltern_code, kind_zeichen )
int eltern_code;
int kind_zeichen;
{
    int index;
    int offset;

    index = ( kind_zeichen << ( BITS - 8 ) ) ^ eltern_code;
    if ( index == 0 )
        offset = 1;
    else
    offset = TABELLEN_GROESSE - index;
    for ( ; ; ) {
    if ( tab[ index ].code_wert == UNBENUTZT )
            return( index );
    if ( tab[ index ].eltern_code == eltern_code &&
         tab[ index ].zeichen == (char) kind_zeichen )
            return( index );
        index -= offset;
        if ( index < 0 )
            index += TABELLEN_GROESSE;
    }
}
```

Diese Hash-Funktion ist im wesentlichen mit der im UNIX COMPRESS Programm verwendeten identisch. Sie verbindet die numerischen Werte von eltern_code mit kind_zeichen, um einen 16-Bit-Offset in der Knotenliste zu bilden. Nachdem sie den Zielknoten gefunden hat, wird auf Kollisionen überprüft, da der Knoten schon von einem anderen Element im Baum belegt sein könnte. Schließlich kann zweierlei geschehen: Entweder findet die Funktion einen Knoten, der bereits zum Elternteil und Kind gehört, oder sie findet einen leeren Knoten, der wie beschrieben werden kann.

Diese Hash-Funktion arbeitet recht gut. Der Mechanismus zur Kollisionsvermeidung hängt davon ab, daß TABELLEN_GROESSE eine Primzahl ist. Die Leistungsfähigkeit hängt davon ab, daß diese Primzahl um mindestens 20% größer ist, als 2 hoch Anzahl der Bit (Makro BITS). Im Programm LZW12.C muß TABELLEN_GROESSE größer als 4096 (2 hoch 12) sein. Die tatsächlich verwendete Zahl ist 5021.

Mit der richtigen Hash-Funktion können wir uns effektiv durch den Baum bewegen. Die Datenstrukturen, die zum Aufbau der Tabellen während der Komprimierung verwendet werden, helfen nicht, uns im Baum aufwärts zu bewegen; während der Komprimierung müssen wir uns aber nicht im Baum aufwärts bewegen sondern nur abwärts.

Während der Dekomprimierung wird die Hash-Funktion nicht weiter verwendet. Stattdessen hat jeder Knoten im Baum seinen Elternteilcode und den Zeichenwert an dem Array-Offset abgespeichert, der durch seinen eigenen Code definiert ist. Dies erlaubt ein schnelles Auffinden der Tabellen-Einträge, wodurch wir uns schnell den Baum hinaufbewegen können. Während der Dekomprimierung müssen wir uns den Baum hinaufbewegen, um den gesamten Inhalt einer Zeichenkette zu bestimmen. Dies wird durch die andere Speichermethode ermöglicht. Da wir uns während der Dekomprimierung nie baumabwärts bewegen, wird die Hash-Funktion nicht länger benötigt.

Eine zusätzliche Eigenschaft des im Programm LZW12.C verwendeten Tabellenbaumes ist erklärungsbedürftig. Die ersten 256 Knoten werden vom Programm als »spezielle Knoten« betrachtet. Jeder von ihnen entspricht der Zeichenkette, die mit seinem Knotenwert übereinstimmt. Mit anderen Worten: Code 65 wird immer dem Zeichen »A« entsprechen, und es wird automatisch angenommen, daß dieser keinen Elternteil hat. Diese Knoten werden alle während der Initialisierungsphase des Programmes vordefiniert.

Komprimierung

Lediglich mit der Hash-Funktion und der Datenstruktur ausgestattet kann das Komprimierungsprogramm leicht geschrieben werden. Das Programm durchläuft eine kurze Initialisierungsphase und verharrt dann in einer Codierungsschleife, in der es Zeichen einliest und Codes ausgibt. Zum Schluß erfolgt ein wenig »Aufräumarbeit«, dann endet das Programm.

```
    naechster_code = ERSTER_CODE;
  for (i=0;i < TABELLEN_GROESSE ; i++ )tab[ i ].code_wert=UNBENUTZT;
    if ( ( string_code = getc( eingabe ) ) == EOF )
        string_code = END_OF_STREAM;
    while ( ( zeichen = getc( eingabe ) ) != EOF ) {
    index = suche_kind_knoten( string_code, zeichen );
  if (tab[index].code_wert != -1)string_code = tab[index].code_wert;
        else {
        if ( naechster_code <= MAX_CODE ) {
        tab[ index ].code_wert = naechster_code++;
        tab[ index ].eltern_code = string_code;
        tab[ index ].zeichen = (char) zeichen;          }
    OutputBits(ausgabe, (unsigned long) string_code, BITS);
        string_code = zeichen;
        }
    }
    OutputBits( ausgabe, (unsigned long) string_code, BITS );
    OutputBits(ausgabe, (unsigned long) END_OF_STREAM, BITS);
    while (argc-- > 0)printf("Unbekanntes Argument: %s\n", *argv++);
}
```

Diese Funktion initialisiert zuerst das Tabelle-Array. Dies geschieht, indem alle Knoten im Baum als unbenutzt markiert werden. Denken Sie daran, daß die ersten 256 Knoten besondere Knoten sind, die automatisch bereits als benutzt betrachtet werden.

Der Variablen naechster_code wird der Wert des ersten freien Knotens zugewiesen. Da dieses Programm den Code 256 als Dateiende-Markierung verwendet, wird der erste berechnete Code den Wert 257 haben. Während neue Zeichenketten eingelesen werden, wächst diese Zahl, bis sie den maximal möglichen Wert von 4095 erreicht.

Schließlich wird das erste Zeichen eingelesen und der Schleifenvariablen string_code zugewiesen. Das erste Zeichen kann willkürlich dem Codewert zugewiesen werden, da es sich hierbei immer um einen speziellen Ein-Zeichen-String handelt.

Nach der Initialisierung beginnt die Abarbeitung der Hauptschleife. Die Arbeitsvariable string_code führt Buch darüber, welcher Code mit den bisher eingelesenen Zeichen korrespondiert. Zu Beginn der Programmausführung handelt es sich dabei lediglich um einen Ein-Zeichen-String. Sobald aber die Tabelle an Umfang zunimmt, kann string_code sehr lange Strings repräsentieren.

Ein Zeichen wird aus der Eingabedatei eingelesen; daraufhin wird suche_kind_knoten() aufgerufen, um zu überprüfen, ob der aktuelle Code string_code über einen Kindknoten verfügt, der diesem Zeichen entspricht. Ist das der Fall, wird der Code des Kindes string_code zugewiesen und zum Schleifenanfang zurückgekehrt.

Gibt es keinen Kindknoten, ist das Ende der Stringübereinstimmung erreicht. Dann kann der aktuelle Code ausgegeben und mit einem neuen Code string_code fortgefahren werden. Schließlich wird der aus der Kombination von string_code und zeichen bestehende String in der Tabelle untergebracht, damit bei seinem nächsten Auftreten eine Übereinstimmung gefunden werden kann.

Die Hauptschleife wird so oft durchlaufen, bis das Ende-der-Datei-Zeichen eingelesen wird. Ist das der Fall, wird der bis dahin aufgebaute Code string_code in der Ausgabedatei abgelegt. Zum Schluß wird der END_OF_STREAM-Code ausgegeben, der dem Dekomprimierungsprogramm mitteilt, daß das Ende des Datenstromes erreicht ist.

Dekomprimierung

Wie schon erwähnt, ist die Verwaltung der Tabelle bei der Dekomprimierung einfacher. Der Baum muß auch nicht von oben nach unten abgearbeitet werden. Stattdessen werden Codes direkt aus dem codierten Strom eingelesen und der Baum von unten nach oben abgearbeitet. Solange die Elternknoten in der Struktur ordnungsgemäß definiert sind, kann nichts passieren.

Das einzige Problem bei der Baumbearbeitung besteht darin, daß die decodierten Zeichen in umgekehrter Reihenfolge aufgesammelt werden. Sie müssen also zunächst auf einem Stack untergebracht, von dort in umgekehrter Reihenfolge heruntergeholt und schließlich in der Ausgabedatei abgelegt werden. Das wird von der im folgenden gezeigten Routine decodiere_string ausgeführt.

Die Routine decodiere_string() folgt den Elternzeigern durch die Tabelle, bis ein Code gefunden wird, der kleiner als 256 ist. Bei diesem Code handelt es sich laut Definition um das erste Zeichen eines Strings. An das aufrufende Programm wird die Anzahl der Zeichen im Decodiererstack übergeben.

```
unsigned int decodiere_string( zaehler, code )
unsigned int zaehler;
unsigned int code;
{
    while ( code > 255 ) {
    decodierer_stack[ zaehler++ ] = tab[ code ].zeichen;
        code = tab[ code ].eltern_code;
    }
    decodierer_stack[ zaehler++ ] = (char) code;
    return( zaehler );
}
```

Mit der Decodierungsroutine an der Hand kann die Dekomprimierungsroutine ganz einfach erstellt werden. Diese Routine verfügt über einige Zeilen mit Initialisierungsanweisungen gefolgt von einer Hauptdecodierungsschleife.

Der Initialisierungsbereich der Dekomprimierungsroutine in LZW12.C richtet die Variable naechster_code ein. Hiermit wird über den Codewert Buch geführt, der als nächster einen String in der Tabelle repräsentiert. Anschließend wird der erste Code eingelesen und in die Ausgabedatei kopiert. Ist das erledigt, kann in die Hauptdecodierungsschleife eingetreten werden.

```
    naechster_code = ERSTER_CODE;
    alter_code = (unsigned int) InputBits( eingabe, BITS );
    if ( alter_code == END_OF_STREAM )
        return;
    zeichen = alter_code;
    putc( alter_code, ausgabe );

    while ( ( neuer_code = (unsigned int) InputBits( eingabe,
              BITS ) )
              != END_OF_STREAM ) {
    if ( neuer_code >= naechster_code ) {
        decodierer_stack[ 0 ] = (char) zeichen;
        zaehler = decodiere_string( 1, alter_code );
        }
        else
```

```
        zaehler = decodiere_string( 0, neuer_code );
    zeichen = decodierer_stack[ zaehler - 1 ];
    while ( zaehler > 0 )
        putc( decodierer_stack[ --zaehler ], ausgabe );
    if ( naechster_code <= MAX_CODE ) {
        tab[ naechster_code ].eltern_code = alter_code;
        tab[ naechster_code ].zeichen = (char) zeichen;
            naechster_code++;
        }
        alter_code = neuer_code;
    }
```

Normalerweise ist Decodieren kein Hexenwerk. Die Schleife liest einen Codewert ein, sucht in der Tabelle nach dem String und gibt ihn aus. Anschließend wird durch Ablegen von alter_code und dem letzten Zeichen des aktuellen Strings in der Stringtabelle ein neuer String erzeugt. Daraufhin wird an den Anfang der Schleife zurückgekehrt und alles beginnt von vorn.

Eine zusätzliche Schwierigkeit ergibt sich, wenn die Zeichenfolge ZEICHEN+STRING+ZEICHEN+STRING+ZEICHEN auftritt. Daraus ergibt sich ein Code, der größer als der größte momentan definierte ist. Glücklicherweise wissen wir, was in diesem Fall zu tun ist. Der neue String entspricht dem letzten String, der von alter_code repräsentiert wird, und einer Kopie des ersten Zeichens an seinem Ende. Das wird durch vorheriges Initialisieren des Decodiererstacks mit einem Zeichen und anschließendem Decodieren des Strings alter_code auf dem Stack mit einem Offset von Eins anstelle von Null erreicht.

Der Quelltext

Es folgt der Quelltext einer kompletten 12-Bit-Version der LZW-Komprimierung und -Dekomprimierung.

```
/******************** Start von LZW12.C ********************
*
* Dies ist das 12-Bit-LWZ-Programm, das im ersten Teil von
* Kapitel 9 behandelt wurde. Es benutzt eine feste Codegröße
* und leert die Tabelle niemals.
*/
#include <stdio.h>
```

```
#include <stdlib.h>
#include <string.h>
#include "errhand.h"
#include "bitea.h"

/*
* Konstanten, die im gesamten Programm Verwendung finden.
* BITS legt fest, wieviele Bits der Code umfaßt.
* TABELLEN_GROESSE legt die Größe der Tabelle fest.
*/
#define BITS                        12
#define MAX_CODE                    ( ( 1 << BITS ) - 1 )
#define TABELLEN_GROESSE            5021
#define END_OF_STREAM               256
#define ERSTER_CODE                 257
#define UNBENUTZT                   -1

/*
 * Lokale Prototypen.
 */

#ifdef __STDC__
unsigned int suche_kind_knoten( int eltern_code,
                                int kind_zeichen );
unsigned int decodiere_string( unsigned int offset, unsigned
                               int code );
#else
unsigned int suche_kind_knoten();
unsigned int decodiere_string();
#endif

char *KomprimierungsName = "LZW 12-Bit-Codierer";
char *Anwendung          = "eingabedatei ausgabedatei\n\n";

/*
* Diese Datenstruktur definiert die Tabelle. Jeder Eintrag in
* der Tabelle stellt einen Codewert dar. Dieser Code wird vom
* Komprimierungsprogramm ausgegeben. Jeder Code besteht aus
* zwei Teilen: dem eltern_code und dem zeichen. Codewerte
* kleiner als 256 sind normale Zeichenwerte.
*/
struct tabelle {
    int code_wert;
    int eltern_code;
```

```
    char zeichen;
} tab[ TABELLEN_GROESSE ];
char decodierer_stack[ TABELLEN_GROESSE ];

/*
* Die Komprimierungsroutine ist kurz und einfach. Sie liest
* neue Symbole ein, überprüft dann, ob das aktuelle Zeichen
* und der aktuelle Code bereits in der Tabelle vorliegen.
* Wenn nicht, werden sie zusammengefaßt und der Tabelle als
* neuer Code hinzugefügt. Wenn sie in der Tabelle vorliegen,
* wird dieser Code zum neuen Code.
*/

void KomprimiereDatei( eingabe, ausgabe, argc, argv )
FILE *eingabe;
BIT_FILE *ausgabe;
int argc;
char *argv[];

{
    int naechster_code;
    int zeichen;
    int string_code;
    unsigned int index;
    unsigned int i;
    naechster_code = ERSTER_CODE;
    for ( i = 0 ; i < TABELLEN_GROESSE ; i++ )
    tab[ i ].code_wert = UNBENUTZT;
    if ( ( string_code = getc( eingabe ) ) == EOF )
    string_code = END_OF_STREAM;
    while ( ( zeichen = getc( eingabe ) ) != EOF ) {
    index = suche_kind_knoten( string_code, zeichen );
    if ( tab[ index ].code_wert != -1 )
        string_code = tab[ index ].code_wert;
    else {
        if ( naechster_code <= MAX_CODE ) {
        tab[ index ].code_wert = naechster_code++;
        tab[ index ].eltern_code = string_code;
        tab[ index ].zeichen = (char) zeichen;
            }
    OutputBits(ausgabe, (unsigned long) string_code, BITS);
        string_code = zeichen;
         }
    }
```

```
    OutputBits( ausgabe, (unsigned long) string_code, BITS );
    OutputBits(ausgabe, (unsigned long) END_OF_STREAM, BITS);
    while ( argc-- > 0 )
    printf( "Unbekanntes Argument: %s\n", *argv++ );
}

/*
* Die Expansionsroutine arbeitet in ähnlicher Weise wie die
* Komprimierungsroutine. Sie muß Codes einlesen und diese in
* Zeichenketten umwandeln. Es muß eine Schwierigkeit gemei-
* stert werden, die auftritt, wenn eine Zeichenfolge der Art
* ZEICHEN+STRING+ZEICHEN+STRING+ZEICHEN vorliegt. Hierbei
* wird von Codierer ein für den Decodierer unbekannter Code
* erzeugt. Dieser Fall wird von einer Ausnahmefallüberprüfung
* abgefangen.
*/
void ExpandiereDatei( eingabe, ausgabe, argc, argv )
BIT_FILE *eingabe;
FILE *ausgabe;
int argc;
char *argv[];

{
    unsigned int naechster_code;
    unsigned int neuer_code;
    unsigned int alter_code;
    int zeichen;
    unsigned int zaehler;
    naechster_code = ERSTER_CODE;
    alter_code = (unsigned int) InputBits( eingabe, BITS );
    if ( alter_code == END_OF_STREAM )
    return;
    zeichen = alter_code;
    putc( alter_code, ausgabe );
    while ( ( neuer_code = (unsigned int) InputBits( eingabe,
              BITS ) )
          != END_OF_STREAM ) {

/*
* Diese Anweisungen überprüfen, ob der Fall ZEICHEN+STRING+
* ZEICHEN... vorliegt, bei dem ein undefinierter Code
* erzeugt wird. Hierzu wird der letzte Code decodiert und
* dem decodierten String ein Zeichen am Ende angefügt.
*/
```

```
    if ( neuer_code >= naechster_code ) {
        decodierer_stack[ 0 ] = (char) zeichen;
        zaehler = decodiere_string( 1, alter_code );
    }
    else
        zaehler = decodiere_string( 0, neuer_code );
    zeichen = decodierer_stack[ zaehler - 1 ];
    while ( zaehler > 0 )
        putc( decodierer_stack[ --zaehler ], ausgabe );
    if ( naechster_code <= MAX_CODE ) {
        tab[ naechster_code ].eltern_code = alter_code;
        tab[ naechster_code ].zeichen = (char) zeichen;
        naechster_code++;
    }
    alter_code = neuer_code;
    }
    while ( argc-- > 0 )
    printf( "Unbekanntes Argument: %s\n", *argv++ );
}
/*
* Diese Hash-Routine sucht die Tabellenposition für eine
* String/Zeichen- Kombination. Der Tabellenindex wird gebil-
* det, indem eine Exklusiv- Oder-Verknüpfung mit dem Präfix
* und Zeichen ausgeführt wird. Die Routine prüft auch, ob
* Kollisionen vorliegen, indem in der Tabelle gewandert wird.
*/
unsigned int suche_kind_knoten( eltern_code, kind_zeichen )
int eltern_code;
int kind_zeichen;
{
    int index;
    int offset;
    index = ( kind_zeichen << ( BITS - 8 ) ) ^ eltern_code;
    if ( index == 0 )
    offset = 1;
    else
    offset = TABELLEN_GROESSE - index;
    for ( ; ; ) {
    if ( tab[ index ].code_wert == UNBENUTZT )
        return( index );
    if ( tab[ index ].eltern_code == eltern_code &&
         tab[ index ].zeichen == (char) kind_zeichen )
        return( index );
    index -= offset;
```

```
    if ( index < 0 )
        index += TABELLEN_GROESSE;
    }
}
/*
* Diese Routine decodiert einen String aus der Tabelle und
* legt ihn in der Datenstruktur decodierer_stack ab. Sie
* übergibt dem aufrufenden Programmteil die Anzahl der Zei-
* chen, die im Stack abgelegt wurden.
*/
unsigned int decodiere_string( zaehler, code )
unsigned int zaehler;
unsigned int code;
{
    while ( code > 255 ) {
    decodierer_stack[ zaehler++ ] = tab[ code ].zeichen;
    code = tab[ code ].eltern_code;
    }
    decodierer_stack[ zaehler++ ] = (char) code;
    return( zaehler );
}

/******************* Ende von LZW12.C *******************/
```

Verbesserungen

Eine zweite Version des LZW-Programmes LZW15V.C folgt an dieser Stelle. Sie weist mehrere Verbesserungen auf, die meisten davon finden sich auch im UNIX COMPRESS-Programm.

LZW kann durch Vergrößerung der Tabelle verbessert werden. Um so mehr und um so größere Phrasen abgespeichert werden können, desto bessere Komprimierungsgrade ergeben sich. In diesem Fall benutzt LZW15V.C eine maximale Codegröße von fünfzehn Bit, was das Arbeiten mit einer 32 Kbyte-Phrasentabelle ermöglicht. Obwohl bei den meisten MS-DOS-Maschinen genug Speicher zur Verfügung stände, um sechzehn Bit Codegrößen zu ermöglichen, müßte das Programm in diesem Fall die meisten Indizes während der Komprimierung von vorzeichenlosen int-Werten in long-Integer umwandeln. Das ergibt bei sechzehn-Bit Maschinen eine recht unangenehme Beeinträchtigung bei der Ausführungsgeschwindigkeit. Deshalb muß dieses Programm mit 15-Bit-Werten auskommen.

Geht man zu größeren Codegrößen über, ergibt das leider eine Verschlechterung der Komprimierung, falls die komprimierte Datei nicht sehr umfangreich ist. Da die Phrasen am Anfang unabhängig davon, ob der Code neun oder fünfzehn Bit lang ist, immer gleich schnell gefunden und in der Tabelle abgelegt werden, erzeugt der 9-Bit-Code natürlich eine kleinere Datei.

Es gibt natürlich auch hier wieder eine recht einfache Lösung für dieses Problem. Anstatt die Codes immer mit fünfzehn Bit auszugeben, verwendet LZW15V.C am Anfang 9-Bit-Codes und geht nicht eher auf zehn-Bit über, bevor sich in der Tabelle nicht mindestens 256 neue Einträge befinden. Das geht so weiter über zehn, elf, zwölf, dreizehn, vierzehn, bis schließlich mit 15-Bit-Codes gearbeitet wird. Dadurch können dieselben Ergebnisse erzielt werden wie mit Komprimierungsprogrammen, die kleinere Codegrößen benutzen.

Damit das Dekomprimierungsprogramm weiß, wann die Bitgröße des Ausgabecodes geändert werden muß, wird ein spezieller Code, ERHOEHEN_CODE, verwendet. Dieser Code weist das Dekomprimierungsprogramm an, die Bitgröße unverzüglich zu vergrößern. Obwohl es möglich ist, das Komprimierungs- und das Dekomprimierungsprogramm zu synchronisieren, ohne daß sie einen speziellen Code benutzen müssen, wurde der ERHOEHEN_CODE eingeführt, um Klarheit in die Sache zu bringen.

Eine letzte Verbesserung bei LZW15V.C stellt der LEEREN_CODE dar. Dieser Code weist das Dekomprimierungsprogramm an, alle Phrasen zu entfernen, die sich augenblicklich in der Tabelle befinden, und von vorn zu beginnen. Werden Dateien komprimiert, die mehrere Hundert KByte groß sind, kann die Tabelle wahrscheinlich irgendwann keine neuen Phrasen mehr aufnehmen. Ab diesem Punkt zeigt beim UNIX COMPRESS-Programm die Überwachung des Komprimierungsgrades an, ob eventuelle Verfallserscheinungen beim Komprimierungsgrad vorliegen.

Dieser Algorithmus könnte in LZW15V.C auch implementiert werden, aber es wurde ein einfacherer Weg gewählt: Sobald die Tabelle voll ist, wird sie gelöscht. In der Praxis ergeben sich dadurch Ergebnisse, die durchaus mit denen des COMPRESS-Algorithmus verglichen werden können.

```
/******************** Start von LZW15V.C *******************
*
* Diese Version vom LZW ist leistungsfähiger, da sie gegen-
* über LZW12.C drei wesentliche Verbesserungen aufweist. Als
* erstes beträgt die maximale Codegröße 15 Bit. Zum zweiten
* wird anfänglich nur mit einer Größe von 9 Bit codiert, die
* im Verlauf zunimmt. Und schließlich wird die Tabelle
* geleert, falls sie voll ist.
*
* Beachten Sie, daß dieses Programm unter MS-DOS im Large-
* Modell oder Compact-Modell kompiliert werden muß.
*
*/
#include <stdio.h>
#include <stdlib.h>
```

```
#include <string.h>
#include "errhand.h"
#include "bitea.h"
/*
* Konstanten, die im gesamten Programm Verwendung finden.
* BITS legt fest, wieviele Bit der Code umfaßt.
* TABELLEN_GROESSE legt die Größe der Tabelle fest.
* TABELLEN_SEITEN bezeichnet die Anzahl der 256 Byte umfas-
* senden Tabellenseiten, die benötigt werden. Der Rest sollte
* sich selbst erklären.
*/
#define BITS                15
#define MAX_CODE            ( ( 1 << BITS ) - 1 )
#define TABELLEN_GROESSE    35023L
#define TABELLEN_SEITEN     ( ( TABELLEN_GROESSE >> 8 ) + 1 )
#define END_OF_STREAM              256
#define ERHOEHEN_CODE              257
#define LEEREN_CODE                258
#define ERSTER_CODE                259
#define UNBENUTZT                  -1

/*
* Lokale Prototypen.
*/
#ifdef __STDC__
unsigned int suche_kind_knoten( int eltern_code,
                                int kind_zeichen );
unsigned int decodiere_string( unsigned int offset, unsigned
                               int code );
void InitSpeicher(void);
void InitTabelle(void);
#else
unsigned int suche_kind_knoten();
unsigned int decodiere_string();
void InitSpeicher();
void InitTabelle();
#endif
char *KomprimierungsName = "LZW 15-Bit-Codierer mit "+
                           "variabler Länge";
char *Anwendung         = "eingabedatei ausgabedatei\n\n";

/*
* Diese Datenstruktur definiert die Tabelle. Jeder Eintrag in
* der Tabelle stellt einen Codewert dar. Dieser Code wird vom
```

```
* Komprimierungsprogramm ausgegeben. Jeder Code besteht aus
* zwei Teilen: dem eltern_code und dem zeichen. Codewerte
* kleiner als 256 sind normale Zeichenwerte.
*
* Beachten Sie, daß es notwendig  war, die Tabelle als ein
* Array aus Tabellenzeiger aufzubauen, damit das Programm
* unter MS-DOS mit seiner Segmentstruktur kompiliert werden
* kann. Zur Vereinfachung erledigt ein Makro den Tabellenzu-
* griff. Da der Indexwechsel an Bytegrenzen erfolgt, ist das
* Ganze relativ effektiv.
*/
struct tabelle {
    int code_wert;
    int eltern_code;
    char zeichen;
} *tab[ TABELLEN_SEITEN ];
#define TAB( i ) tab[ i >> 8 ][ i & 0xff ]

/*
* Weitere globale Datenstrukturen. Der Decodiererstack wird
* benötigt, um die beim Decodieren verkehrt erzeugten Strings
* wieder umzudrehen. naechster_code bezeichnet den Code, der
* als nächstes der Tabelle hinzugefügt wird (sowohl beim Kom-
* primieren als auch beim Dekomprimieren). akt_code_bits
* führt auf, wieviele Bit aktuell benutzt werden.
* naechste_erhoehung bezeichnet den Code, ab dem die Code
* größe wieder zunimmt.
*/
char decodierer_stack[ TABELLEN_GROESSE ];
unsigned int naechster_code;
int akt_code_bits;
unsigned int naechste_erhoehung;

/*
* Diese Routine initialisiert die Tabelle beim Komprimieren
* und beim Dekomprimieren. Sie wird auch zum Leeren der
* Tabelle aufgerufen. Beachten Sie, daß dies eigentlich nicht
* notwendig ist, obwohl beim Dekomprimieren alle Codewerte
* auf UNBENUTZT gesetzt werden.
*/

void InitTabelle()
{
    unsigned int i;
```

```
    for ( i = 0 ; i < TABELLEN_GROESSE ; i++ )
    TAB( i ).code_wert = UNBENUTZT;
    naechster_code = ERSTER_CODE;
    putc( 'F', stdout );
    akt_code_bits = 9;
    naechste_erhoehung = 511;
}

/*
* Diese Routine allokiert die Tabelle. Da die absolute Größe
* der Tabelle jenseits von 64 Kbyte liegt, kann sie nicht am
* Stück angelegt werden. Stattdessen werden TABELLEN_SEITEN
* Zeiger in einem Array abgelegt. Für diese Zeiger wird Spei-
* cherplatz allokiert. Das Makro TAB() setzt dann einen
* Tabellenindex in ein Indexpaar um.
*/

void InitSpeicher()
{
    int i;

    for ( i = 0 ; i < TABELLEN_SEITEN ; i++ ) {
    tab[ i ] = (struct tabelle *)
             calloc( 256, sizeof ( struct tabelle ) );
    if ( tab[ i ] == NULL )
        fataler_fehler( "Fehler beim Allokieren der "+
                                "Tabelle" );
    }
}

/*
* Die Komprimierungsroutine ist kurz und einfach. Sie liest
* neue Symbole ein, und überprüft dann, ob das aktuelle Zei-
* chen und der aktuelle Code bereits in der Tabelle vor-
* liegen. Wenn nicht, werden sie zusammengefaßt und der
* Tabelle als neuer Code hinzugefügt. Wenn sie in der Tabelle
* vorliegen, wird dieser Code zum neuen Code. Beachten Sie,
* daß bei dieser verbesserten LZW-Version überprüft werden
* muß, ob die Codegröße erhöht werden muß.
*/

void KomprimiereDatei( eingabe, ausgabe, argc, argv ) FILE *eingabe;
BIT_FILE *ausgabe;
```

```
int argc;
char *argv[];

{
    int zeichen;
    int string_code;
    unsigned int index;
    InitSpeicher();
    InitTabelle();
    if ( ( string_code = getc( eingabe ) ) == EOF )
    string_code = END_OF_STREAM;
    while ( ( zeichen = getc( eingabe ) ) != EOF ) {
    index = suche_kind_knoten( string_code, zeichen );
    if ( TAB( index ).code_wert != - 1 )
        string_code = TAB( index ).code_wert;

    else {
        TAB( index ).code_wert = naechster_code++;
        TAB( index ).eltern_code = string_code;
        TAB( index ).zeichen = (char) zeichen;
        OutputBits( ausgabe,
        (unsigned long) string_code, akt_code_bits );
        string_code = zeichen;
        if ( naechster_code > MAX_CODE ) {
        OutputBits( ausgabe,
           (unsigned long) LEEREN_CODE, akt_code_bits );
        InitTabelle();
        } else if ( naechster_code > naechste_erhoehung ) {
        OutputBits( ausgabe,
           (unsigned long) ERHOEHEN_CODE, akt_code_bits);
        akt_code_bits++;
        naechste_erhoehung <<= 1;
        naechste_erhoehung |= 1;
                putc( 'B', stdout );
            }
        }
    }
    OutputBits( ausgabe, (unsigned long) string_code,
                akt_code_bits );
    OutputBits( ausgabe, (unsigned long) END_OF_STREAM,
                akt_code_bits);
    while ( argc-- > 0 )
    printf( "Unbekanntes Argument: %s\n", *argv++ );
}
```

```
/*
* Die Expansionsroutine arbeitet ähnlich wie die
* Komprimierungsroutine. Sie muß Codes einlesen und diese in
* Zeichenketten umwandeln. Es muß eine Schwierigkeit gemei-
* stert werden, die auftritt, wenn eine Zeichenfolge der Art
* ZEICHEN+STRING+ZEICHEN+STRING+ZEICHEN vorliegt. Hierbei
* wird von Codierer ein für den Decodierer unbekannter Code
* erzeugt. Dieser Fall wird von einer Ausnahmefallüberprüfung
* abgefangen. Die speziellen Eingabecodes werden entsprechend
* behandelt.
*/
void ExpandiereDatei( eingabe, ausgabe, argc, argv )
BIT_FILE *eingabe;
FILE *ausgabe;
int argc;
char *argv[];
{
    unsigned int neuer_code;
    unsigned int alter_code;
    int zeichen;
    unsigned int zaehler;
    InitSpeicher();
    while ( argc-- > 0 )
    printf( "Unbekanntes Argument: %s\n", *argv++ );
    for ( ; ; ) {
    InitTabelle();
    alter code = (unsigned int) InputBits( eingabe,
                        akt_code_bits );
    if ( alter code == END_OF_STREAM )
        return;
    zeichen = alter_code;
    putc( alter_code, ausgabe );
    for ( ; ; ) {
        neuer_code = (unsigned int) InputBits( eingabe,
                            akt_code_bits );
        if ( neuer_code == END_OF_STREAM )
        return;
        if ( neuer_code == LEEREN_CODE )
        break;
        if ( neuer_code == ERHOEHEN_CODE ) {
        akt_code_bits++;
        putc( 'B', stdout );
        continue;
        }
```

```
        if ( neuer_code >= naechster_code ) {
        decodierer_stack[ 0 ] = (char) zeichen;
        zaehler = decodiere_string( 1, alter_code );
        }
        else
        zaehler = decodiere_string( 0, neuer_code );
        zeichen = decodierer_stack[ zaehler - 1 ];
        while ( zaehler > 0 )
        putc( decodierer_stack[ --zaehler ], ausgabe );
        TAB( naechster_code ).eltern_code = alter_code;
        TAB( naechster_code ).zeichen = (char) zeichen;
        naechster_code++;
        alter_code = neuer_code;
    }
    }
}

/*
* Diese Hash-Routine sucht die Tabellenposition für eine
* String/Zeichen-Kombination. Der Tabellenindex wird gebil-
* det, indem eine Exklusiv- Oder-Verknüpfung mit dem Präfix
* und Zeichen ausgeführt wird. Die Routine prüft auch, ob
* Kollisionen vorliegen, indem in der Tabelle gewandert wird.
*/

unsigned int suche_kind_knoten( eltern_code, kind_zeichen )
int eltern_code;
int kind_zeichen;

{
    unsigned int index;
    int offset;
    index = ( kind_zeichen << ( BITS - 8 ) ) ^ eltern_code;
    if ( index == 0 ) offset = 1;
    else
    offset = TABELLEN_GROESSE - index;
    for ( ; ; ) {
    if ( TAB( index ).code_wert == UNBENUTZT )
        return( (unsigned int) index );
    if ( TAB( index ).eltern_code == eltern_code &&
         TAB( index ).zeichen == (char) kind_zeichen )
        return( index );
    if ( (int) index >= offset )
        index -= offset;
```

```
    else
        index += TABELLEN_GROESSE - offset;
    }
}

/*
* Diese Routine decodiert einen String aus der Tabelle und
* legt ihn in der Datenstruktur decodierer_stack ab. Sie
* übergibt dem aufrufenden Programmteil die Anzahl der
* Zeichen, die im Stack abgelegt wurden.
*/

unsigned int decodiere_string( zaehler, code )
unsigned int zaehler;
unsigned int code;

{
    while ( code > 255 ) {
    decodierer_stack[ zaehler++ ] = TAB( code ).zeichen;
    code = TAB( code ).eltern_code;
    }
    decodierer_stack[ zaehler++ ] = (char) code;
    return( zaehler );
}

/******************** Ende von LZW15V.C ********************/
```

Patente

In einem Punkt muß man beim Einsatz des LZW-Algorithmus Vorsicht walten lassen. Terry Welch beantragte und erhielt ein U.S.-Patent für zumindest einige Teile seines Algorithmus. Dieses Patent befindet sich augenblicklich im Besitz von Unisys, die Wert darauf legen, daß ihre Eigentumsrechte geschützt werden. Die LZW-Komprimierungsmethode wurde als Teil der CCITT v.42*bis*-Spezifikation definiert, und Unisys vergibt unter bestimmten Bedingungen die Lizenz an Modemhersteller. Die Lizenz wird nicht unter denselben Bedingungen an jederman oder an Firmen, die andere Produkte herstellen, vergeben.

LZW ist natürlich ein Ableger des LZ78-Algorithmus. Um aber die Grenzen zu bestimmen, mit denen festgelegt wird, was zum Patent gehört und was nicht, bedarf es eines kundigen Patentanwalts. In den letzten zehn Jahren kam es vor Gericht zu einigen Software-Copyrightauseinandersetzungen. Daraus können Softwareentwickler lernen. Sie umgehen solche Auseinandersetzungen, wenn sie sich an einige Regeln halten. Dasselbe trifft leider nicht für Software-Patente zu. Das U.S.-Patentamt vergibt solche Patente in größerem Umfang erst seit Mitte der 80iger Jahre, und nur wenige Rechtsstreite wurden in dieser Hinsicht vor Gericht ausgefochten. Programmierer und Firmen tun deshalb gut daran, sich von kompetenter Seite Rat zu holen, bevor sie dieses gefährliche Terrain betreten.

10 Sprachkomprimierung

Die Manipulation von Tönen mit Hilfe von Computern, ist ein relativ neuer Zweig der Computertechnik. Möglich war es bereits seit der Einführung von digitalen Computern, aber erst seit ungefähr 5 Jahren ist die dazu benötigte Hardware allgemein erschwinglich. Das Abspielen von digitalisierten Tönen wird wohl in Zukunft ein Bestandteil der gerade im Gange befindlichen »Multimedia-Revolution« werden.

Der Einsatz von Multimedia zwingt die meisten Anwender, sich mit der Datenkomprimierung zu beschäftigen. Besonders Computergrafiken nehmen rasch den gesamten Plattenspeicher in Anspruch. Digitalisierte Töne sind keine solchen Speicherfresser, aber trotzdem reicht der Platz auf durchschnittlichen Festplatten meist nicht lange aus.

Zum Glück für Computeranwender wurden digitalisierte Töne schon seit den 60er Jahren von Telefongesellschaften benutzt. Auf diesem Gebiet wurde deshalb intensiv geforscht, um effektive Methoden zum Komprimieren und Dekomprimieren von Audio-Daten zu finden. Die Telefongesellschaften litten unter den hohen Übertragungskosten und waren deshalb sehr daran interessiert, die Kosten in diesem Bereich zu senken. Computeranwender können heute von diesen Anstrengungen profitieren.

In diesem Kapitel werden zuerst einige der im Zusammenhang mit digitalen Tönen stehenden grundlegenden Konzepte behandelt. Dazu gehören Soft- und Hardware der heutigen Computergeneration. Anschließend werden einige konventionelle verlustlose Komprimierungstechniken erklärt und schließlich untersuchen wir noch ein paar verlustbehaftete Techniken.

Digitale Audio-Konzepte

Damit moderne Computer Töne bearbeiten können, müssen jene zuerst in ein digitales Format umgewandelt werden. Dann können die Töne bearbeitet, übermittelt und wieder in ein analoges Format umgewandelt werden, damit das menschliche Ohr sie hören kann.

Die Digitalisierung von Tönen wurde das erste Mal ernsthaft in den frühen 60er Jahren betrieben. Wie bei der Entwicklung von vielen Computertechniken spielte auch hier AT&T eine führende Rolle. Diese Firma hatte zu dieser Zeit in den USA ein Monopol auf Fernübertragungen. 1962 etablierte AT&T die erste kommerzielle digitale Telefonverbindung, die T1-Fernleitung in Chicago.

Im kurzen Zeitraum von nur 30 Jahren wurde das Fernleitungsnetz in den USA fast vollständig von analoger auf digitale Übermittlung umgestellt. Nahezu die gesamten neuen Vermittlungselemente, die heute von Telefongesellschaften installiert werden, sind digital. Bei älteren Installationen und kleineren Telefonanlagen in Büros sind noch analoge Vermittlungselemente zu finden. Natürlich ist das letzte Bindeglied zwischen Teilnehmer und Telefongesellschaft auch jetzt noch hartnäckig analog.

Digitale Tonübermittlung fand in letzter Zeit auch den Weg in den Bereich der Konsumelektronik. Die digitale Compactdisk hat die analogen LPs schon fast verdrängt. Es bleibt abzuwarten, ob das digitale Tonband dasselbe mit der analogen Kassette machen wird. Aber es sieht so aus, als ob eines Tages die gesamte aufgezeichnete Musik im digitalen Format vertrieben wird.

Grundlagen

Dieses Buch kann keine vollständige Beschreibung der digitalen Tonverarbeitung geben, einige der grundlegenden Konzepte werden aber beschrieben. In Abbildung 10-1 sehen Sie eine typische Wellenform, die auf einem Oszilloskop erscheinen könnte. Die X-Achse repräsentiert die Zeit und die Y-Achse repräsentiert eine bei einem Eingabegerät – meistens bei einem Mikrophon – gemessene Spannung. Das Mikrophon strengt sich redlich an, die Veränderungen des Luftdrucks, die durch die Schallwellen entstehen, zu reproduzieren.

Einige menschliche Ohren sind in der Lage, Töne bis zu einer oberen Frequenz von 20000 Hz und einer unterer Frequenz von fast 0 Hz zu hören. Der dynamische Bereich des menschlichen Gehörs ist so breit, daß eine logarithmische Maßeinheit – Dezibel – angewandt werden muß, um ihm gerecht zu werden. Das sind also die zugrunde liegenden Anforderungen für die Digitalisierung von Tönen.

Eine Wellenform wie in Abbildung 10-1 ist eine typische Audio-Abtastung. Es handelt sich nicht um eine nette Sinuskurve, die über eine regelmäßige Periode verfügt und als einfache mathematische Formel ausgedrückt werden kann. Stattdessen liegt eine Kombination verschiedener Frequenzen mit unterschiedlichen Amplituden und Phasen vor. Das Ganze sieht sehr unregelmäßig aus und läßt sich auf den ersten Blick nur schwer charakterisieren.

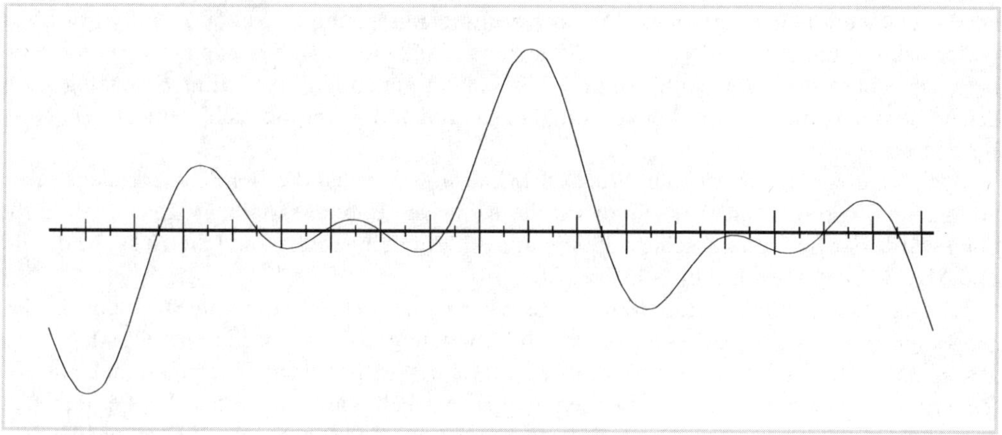

Abbildung 10-1: *Eine typische Audio-Wellenform*

Dieser »Schnappschuß« zeigt ca. 5 Millisekunden (ms) einer Aufzeichnung. Sie sehen, daß die höchsten erkennbaren Bestandteile der Welle eine Periode von ungefähr zwei Millisekunden haben. Das entspricht einer Frequenz von ca. 500Hz, einer charakteristischen Frequenz für Musik und Sprache.

Der erste Schritt bei der digitalen Tonbearbeitung besteht in einer »Abtastung« des Signals. Das heißt, das Eingangssignal wird in regelmäßigen Abständen gemessen, die Meßergebnisse werden in einer Tabelle eingetragen und aufbewahrt. In Abbildung 10-2 sehen Sie dieselbe Wellenform. Sie wurde jedoch mit einer Rate von 8 KHz abgetastet. Die Meßpunkte sind mit einem »x« gekennzeichnet.

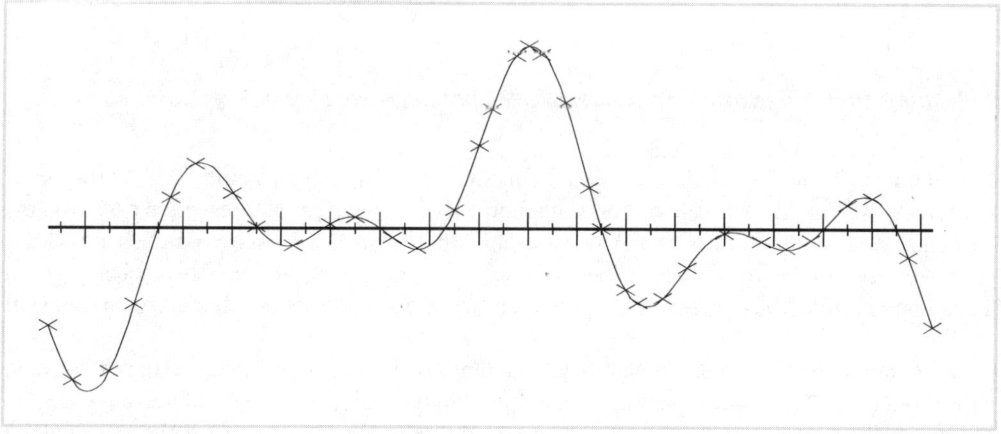

Abbildung 10-2: *Eine typische Audio-Wellenform, die mit 8 KHz abgetastet wurde*

Bei den meisten Computersystemen wird der erste Schritt der Digitalisierung mit einem Analog-Digital-Wandler (ADC) ausgeführt. Der ADC mißt eine vorgegebene Spannung und konvertiert diese in eine entsprechende digitale Maßeinheit um. Ein 8-Bit-Wandler beispielsweise verarbeitet vielleicht eine höchste Eingangsspannung von 500 Millivolt (mV), die er dann in einen 8-Bit-Wert von 255 umsetzt, falls die Eingangsspannung 500 mV betrug, und liefert den Wert Null, wenn die Spannung gleich Null war. Eine Spannung zwischen diesen Werten wird so konvertiert, daß sie in den linearen Bereich, der sich von Null bis 255 erstreckt, fällt.

Da Audiosignale naturgemäß Wechselströme sind, werden die Bereiche normalerweise so angelegt, daß ein Null-Volt-Signal in die Mitte des Bereiches fällt. Beim vorigen Beispiel würde der Bereich zwischen -250mv und +250mv eingerichtet und die Ausgabe des 8-Bit-ADC würden von -128 bis +127 reichen.

Die abgespeicherten Abtastwerte repräsentieren dann eine Reihe von Spannungen, die am Eingang des ADC gemessen wurden. In Abbildung 10-3 sehen Sie eine Überlagerung der gemessenen diskreten Spannungswerte mit dem Wechselstrom-Eingangssignal. Da die Zeitspanne zwischen den Abtastwerten in diesem Fall viel kürzer als die Periode der Wellenform ist, geben die digitalen Abtastwerte das analoge Signal sehr akkurat wieder.

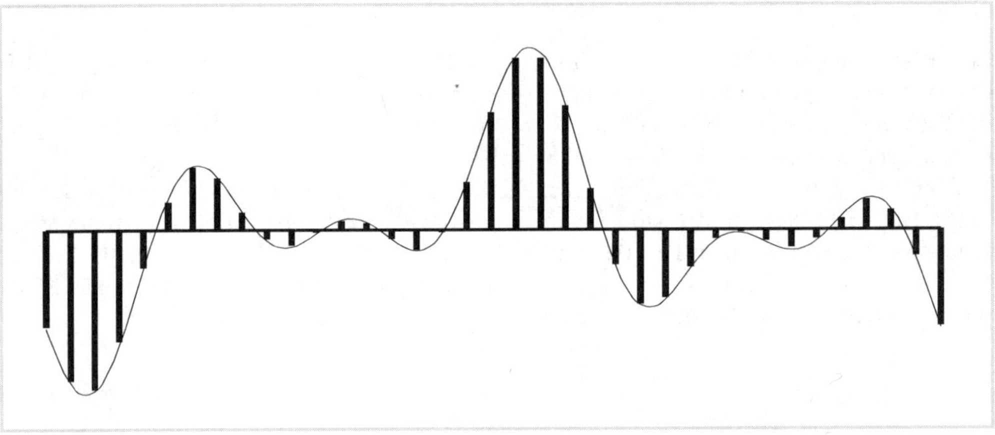

Abbildung 10-3: *Abgetastete Spannungswerte überlagert vom Wechselstromsignal*

Nachdem die Töne digitalisiert wurden, kann sie der Computer mit einer Reihe von Technologien abspeichern. Das reicht von schnellen Medien wie dem Hauptspeicher (RAM) bis zu langsamen Medien wie beispielsweise Magnetbändern. Die Geschwindigkeit des Speichermediums spielt bei digitalen Tönen keine große Rolle, da die zur Abspeicherung von Tönen benötigten Abtastraten im Vergleich zu den meisten digitalen Medien recht langsam sind.

Manchmal möchte man die aufgezeichneten Töne wieder abspielen. Hierzu ist eine andere elektronische Komponente zuständig, die das Gegenteil des ADC bewirkt: der Digital-Analog-Wandler (DAC). Er wandelt digitale Werte in entsprechende analoge Signale um. Dieser Prozeß stellt genau das Spiegelbild der Analog-Digital-Umwandlung dar. Die vom DAC ausgegebenen Spannungen müssen zwar nicht identisch mit den empfangenen sein; sie müssen aber proportional zu diesen sein, damit die Wellenformen übereinstimmen. Außerdem müssen die Abtastwerte mit genau derselben Rate ausgegeben werden, wie sie eingelesen wurden. Jegliche Abweichung würden dazu führen, daß die Ausgangsfrequenzen über oder unter den Eingangsfrequenzen liegen, ein im allgemeinen nicht erwünschter Effekt.

In Abbildung 10-4 sehen Sie das Ausgangssignal des DAC. Es liegen dieselben Abtastwerte wie in Abbildung 10-2 zu Grunde. Auf den ersten Blick scheint es sich, um eine vollkommen andere Wellenform zu handeln. Die ganzen Rundungen sind verschwunden und wurden durch eine treppenförmige, künstlich aussehende Kreation ersetzt.

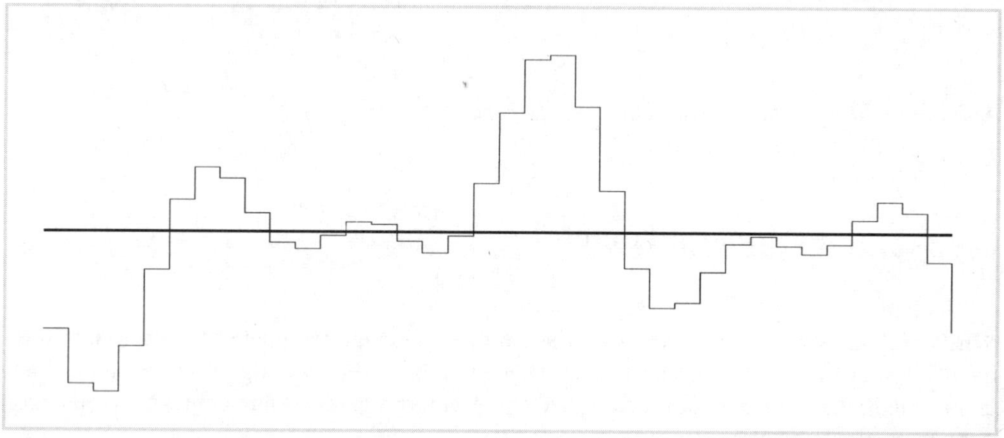

Abbildung 10-4: *DAC-Ausgangssignal*

Zum Glück unterscheidet sich Abbildung 10-4 nicht so sehr von Abbildung 10-3, wie es zunächst erscheint. Mathematisch gesehen repräsentieren die scharfen Sprünge, die auftreten, wenn man von einem Abtastwert zum nächsten geht, Hochfrequenzbestandteile des Ausgangssignals. Diese können (und müssen) vom Signal mit Hilfe eines Low-Pass-Filters, der zwischen der Ausgabe des DAC und der letzten Verstärkerstufe der Audioausgabe liegt, entfernt werden.

Ein Low-Pass-Filter ist eine elektronische Schaltung, die unterhalb eines bestimmten Wertes liegende Frequenzen ungehindert durchläßt und Frequenzen, die darüberliegen, abfängt. Ein ideal zu den hier gezeigten Abtastwerten passender Filter würde alle Frequenzen über 4 KHz abfangen und alle unter 4 KHz durchlassen.

In der Praxis funktionieren Low-Pass-Filter leider nicht so perfekt; sogar mit einem einfach aufgebauten Filter kann man aber aus Abbildung 10-4 eine nahezu exakte Kopie von Abbildung 10-1 produzieren. Ohne Filter würde man zwar noch etwas hören, aber es wäre mit Hochfrequenzrauschen unterlegt, das Teil des Reproduktionsprozesses ist.

In Abbildung 10-5 sehen Sie, was passiert, wenn die Abtastungen in kleineren Abständen erfolgt. Das Signal kann viel genauer reproduziert werden. Im nächsten Abschnitt wird erläutert, wie Veränderungen dieser Parameter das Ausgangssignal beeinflussen.

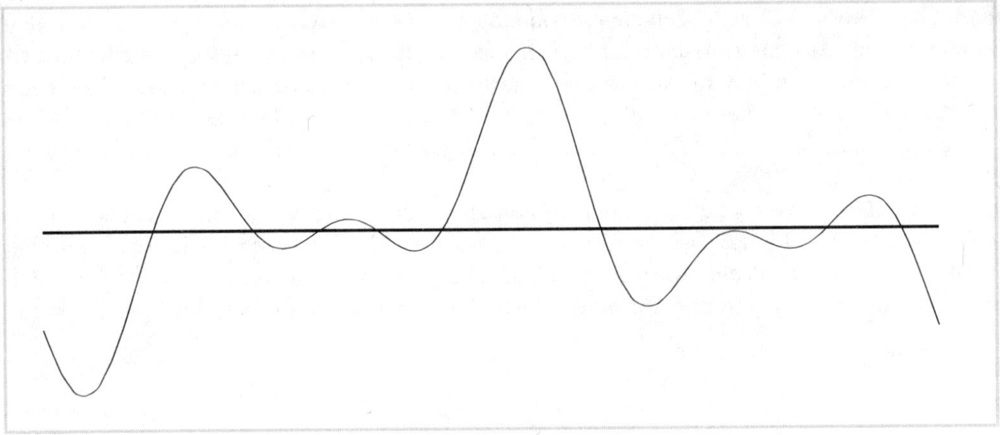

Abbildung 10-5: *Abtastung mit einer viel höheren Rate*

Abtastparameter

Wird ein Audiosignal abgetastet, beeinflussen zwei wichtige Parameter die Reproduktionsqualität: Abtastrate und Abtastauflösung. Beide Faktoren sind wichtig, aber sie haben einen unterschiedlichen Einfluß auf den Grad der Verzerrung, der sich beim Abspielen der Aufnahme ergeben kann.

Die Abtastauflösung bezeichnet, wie genau bei der digitalen Abtastung die Spannung gemessen werden kann. Beträgt der Eingangssignalbereich zum Beispiel -500mV bis +500mV, kann ein 8-Bit-ADC das Eingangssignal bis ca. 4mV auflösen. Ein Eingangssignal von 2mV wird dann entweder auf 4mV auf- oder auf 0mV abgerundet. Das wird als Quantisierungsfehler bezeichnet.

In Abbildung 10-6 sehen Sie, welche Quantisierungsfehler sich bei der Abtastung einer Wellenform ergeben können. Manchmal ist der Abtastpunkt höher als das Audiosignal und manchmal niedriger. Wird das digitalisierte Signal anschließend mit einem DAC wiedergegeben, hält sich das Ausgangssignal genau an die Abtastpunkte, was für eine bestimmte Verzerrung sorgt.

8 Bit sollten eigentlich zur Aufnahme von Audio-Daten ausreichen, aber das ist bei dem großen Dynamik-Bereich, den das menschliche Ohr wahrnehmen kann, leider nicht der Fall. Beim 500mV-Beispiel werden Sie feststellen, daß die Amplituden des Eingangssignals bei einer einzigen Aufnahmesitzung bereits von 1mV bis 500mV reichen. Ein Paukenschlag erreicht die Grenzen des ADC, ein leises Violinensolo dagegen wird sich kaum über 5mV hinausbewegen. Beträgt die kleinstmögliche Auflösung aber nur 5mV, kommt es bei der Aufnahme zu beachtlichen Verzerrungen.

Die Abtastrate spielt bei der Qualitätsbestimmung der digitalen Tonreproduktion eine weitere Rolle. Eine klassische Regel bezüglich der Signalverarbeitung wurde 1933 von

Harry Nyquist aufgestellt. Damit ein Signal der Frequenz f genau wiedergegeben werden kann, muß die Abtastrate größer als 2*f sein. Das wird als Nyquist-Rate bezeichnet.

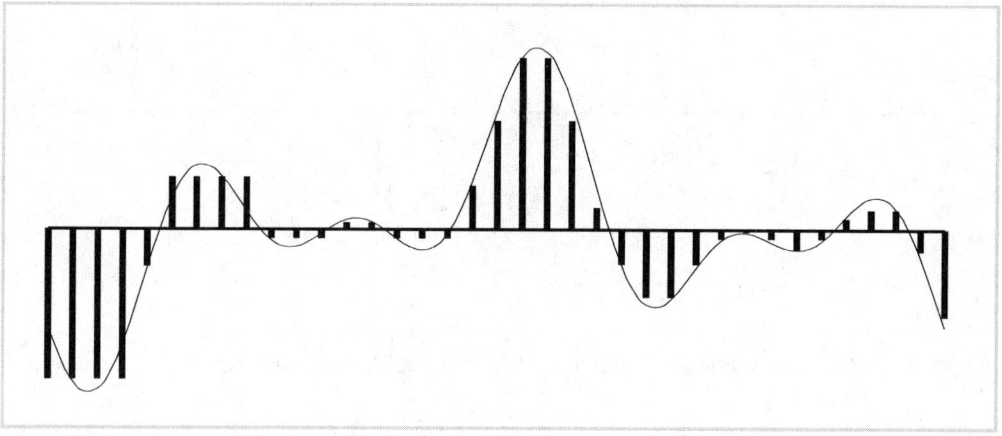

Abbildung 10-6: *Quantisierungsfehler einer Abtastung*

Das Audiosignal in Abbildung 10-7 wurde mit einer wesentlich niedrigeren Abtastrate aufgenommen als bei den vorigen Beispielen. Das hat negative Konsequenzen. An manchen Stellen der Kurve wurde nicht eine einzige Abtastung vorgenommen, obwohl die Kurve mehrere Schwingungen ausführte.

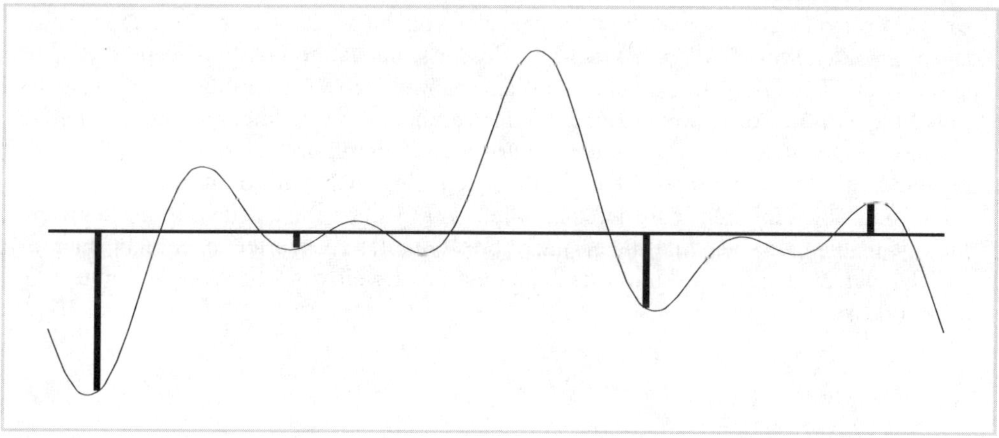

Abbildung 10-7: *Eine niedrigere Abtastrate*

In Abbildung 10-8 sehen Sie, was für eine Kurve sich ergibt, nachdem die Abtastwerte von Abbildung 10-7 wiedergegeben wurden. Das digitalisierte Ausgangssignal unterscheidet sich nach dem Filtern erheblich von der vorherigen Kurve. Die hohen Frequenzanteile der Kurve gingen durch die niedere Abtastrate verloren und nur die niederen kamen durch.

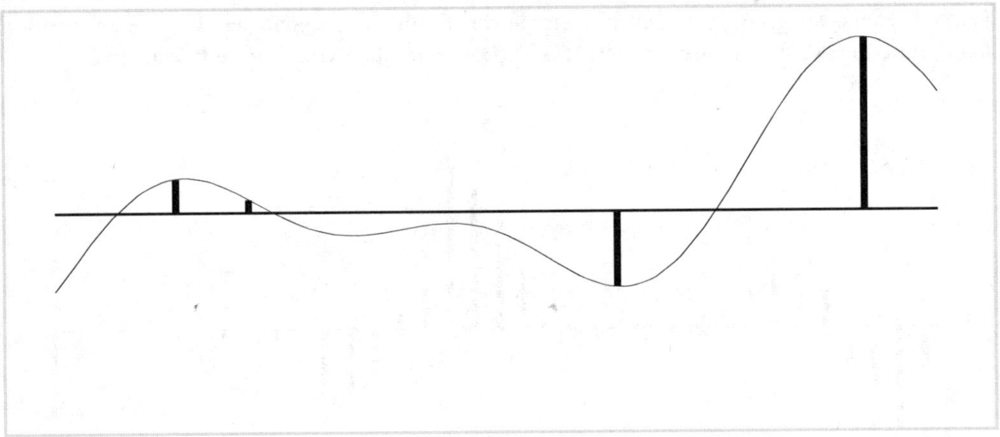

Abbildung 10-8: *Die Wellenform nach der Wiedergabe der Abtastwerte*

Das menschliche Ohr kann Töne bis zu 20 KHz wahrnehmen. Die Abtastung der Audiosignale muß also bei 40 KHZ oder höher liegen, damit eine gute Qualität gewährleistet ist. Die bei der digitalen Reproduktion von Musik auf Compactdisk oder digitalem Audioband benutzte Abtastrate beträgt 44 KHz, und es wird mit 16-Bit-Abtastwerten gearbeitet. Die dadurch erreichte Qualität ist sehr hoch.

Das heißt nicht, daß alle digitalen Aufzeichnungen mit einer Rate von 44 KHz erfolgen müssen. Fast alle digitalen Telefonsysteme auf der Welt nehmen die menschliche Stimme mit einer 8 KHz-Rate auf, was auch zu guten Ergebnissen führt. Das bedeutet aber, daß über das Telefon keine Signale mit Frequenzen von mehr als 4KHz übertragen werden können. Dadurch wird das System nicht nutzlos, was unzählige von Ferngesprächen jeden Tag aufs neue beweisen. Ein durchschnittliches Stimmsignal besteht aus vielen verschiedenen Frequenzen. Auch wenn keine Frequenz über 4 KHz durchkommt, gelangt das meiste Stimmpotential durch das System. Für unsere Ohren hört sich das Signal durch den Frequenzverlust etwas dumpfer an, aber sie können alles noch ganz gut verstehen.

Wie sich Töne anhören, wird letztlich allein vom Gehör entschieden. Es ist schwierig, Töne mit mathematischen Maßstäben nach ihrer Qualität zu beurteilen. Spricht man also über Klangwiedergabe, ist es am besten, sich auf das Urteil von Menschen mit gutem Gehör zu verlassen.

Auf PC-Basis erzeugte Töne

Im Zusammenhang mit der digitalen Signalverarbeitung werden schon seit Jahren einige exotische Wege verfolgt, aber dazu werden meistens sehr teure Spezialgeräte benötigt, die sich der normale Anwender gar nicht leisten kann. Mit älteren PCs können keine wirklich guten Tonreproduktionsergebnisse erzielt werden. Die ersten IBM- und Apple-Computer verfügten zwar standardmäßig über eingebaute Lautsprecher, aber zur Steuerung dieser Lautsprecher stand dem Programmierer nur ein Bit zur Verfügung. Das heißt, der Lautsprecher konnte nur Piep- und Brummtöne von sich geben, keine wirklich digitalisierten Töne.

In den frühen 80er Jahren kamen viele Computerhersteller zu dem Schluß, daß digitale Soundfunktionen ihren Computern nicht schlecht zu Gesicht stehen würden, vor allem da die Kosten dafür nicht sehr hoch ausfallen würden. Apple ist der bekannteste Hersteller, der in den Macintosh einen 8-Bit-DAC einbaute. Dadurch war der Weg frei für den Einsatz digitaler Akustik.

Die meisten PCs sind heutzutage IBM-kompatible ISA-Computer auf der Basis von 80x86 Intel CPU-Chips. Zum Leidwesen vieler Soundenthusiasten hat sich IBM bis heute noch nicht dafür entschieden, Soundfunktionen in ihre PCs einzubauen. Produkte von Drittanbietern sind aber nicht sehr teuer. Die in diesem Buch vorgestellten Soundbeispiele wurden mit Hilfe der SoundBlaster-Karte von Creative Labs erzeugt und bearbeitet. Es sind jedoch mehrere andere Karten auf dem Markt, mit denen digitalisierte Sounds abgespielt werden können. Sie können alle diese Karten einsetzen, vorausgesetzt, Sie verfügen über Hilfsprogramme zum Umwandeln der verschiedenen Dateiformate.

Die nächste Generation der Soundkarten ist gerade im Kommen. Es werden Computer gebaut, die nicht nur in der Lage sind, mit 44 KHz Töne in 16-Bit-CD-Qualität zu digitalisieren und wiederzugeben, sondern sie verfügen auch zusätzlich über eingebaute Signalprozessor-Chips zur Bearbeitung digitalisierter Stimmdaten. Diese Fähigkeiten ermöglichen dem Anwender die Erzeugung von klangtreuen Tönen, die für die sogenannte Multimedia-Revolution verantwortlich sind. Diese hohen Abtastraten und großen Abtastwertebereiche machen die Datenkomprimierung nur noch notwendiger, da Festplatten schneller voll sind als jemals zuvor.

Bei den zu diesem Buch gehörenden Dateien handelt es sich um »rohe« Sounddateien. Darin befinden sich die reinen binären 8-Bit-Aufnahmewerte. Fast die gesamte Sound-Software, die es heutzutage für PCs gibt, erwartet, daß eine Sounddatei aus mehr besteht. Viele Softwarepakete verfügen hingegen über Hilfsprogramme zum Umwandeln roher Sounddateien in andere Formate. Zur SoundBlaster-Karte zum Beispiel gehört ein Programm mit dem Namen VOC-HDR.EXE, das rohe Sounddateien mit einem Header versieht. Die hier vorliegenden Soundbeispiele wurden alle mit 11KHZ aufgenommen. Diese Rate wird im allgemeinen eingesetzt, um bei der Aufzeichnung eine mittlere Klangtreue zu erhalten.

Da nur Sounddaten vorliegen, können sich die vorliegenden Programmbeispiele auf die Komprimierung konzentrieren und brauchen sich nicht um zusätzliche Daten in der Datei zu kümmern. Ein gut ausgestattetes Paket zum Komprimieren von Sounddateien muß in der Lage sein, die vielen verschiedenen Dateiformate, die es gibt, verarbeiten zu können. Die Hauptaufgabe bestünde also darin, sich mit Implementationsdetails zu beschäftigen.

Viele On-line-Service-Firmen wie CompuServe, GEnie und BIX verfügen über aktive Foren, die sich mit der Audiomanipulation beschäftigen. Mit den dort erhältlichen Freeware- und Shareware-Programmen ist es möglich, über den Computerlautsprecher recht passable Sounds zu erzeugen. Andere Programme sind in der Lage, Sounddateien in verschiedene Formate umzuwandeln. Es ist leider nicht möglich, hier einige spezifische Beispiele vorzustellen, aber es sollte recht einfach sein, die betreffende Software zu finden. Außerdem gibt es noch Soundkarten von Drittherstellern, die recht günstig sind.

Verlustlose Soundkomprimierung

Die ursprünglichen Anwendungen, die die Soundkomprimierung benutzen, kamen leider nicht in den Genuß der verlustlosen Datenkomprimierungstechniken. Ein charakteristisches Merkmal aller bisher in diesem Buch behandelten Komprimierungstechniken ist, daß nicht im voraus bekannt ist, inwieweit bestimmte Daten komprimiert werden können. In einigen Fällen kann es sogar vorkommen, daß das Programm den Umfang der Daten vergrößert und diese somit mehr Platz beanspruchen als vorher.

In den 60er Jahren versuchten Telekommunikationsforscher, mehr Gespräche auf digitalen Fernleitungen unterzubringen, insbesondere auf »teuren« Leitungen wie Unterwasserkabeln oder Satellitenkanälen. Anders als Festplatten, die in irgendeiner Weise flexibel sind, verfügen diese Kanäle über feste Bandbreiten. Ein einziges Telefongespräch kann beispielsweise 64 Kbps in einem dieser Kanäle beanspruchen. Werden dann unter Umständen plötzlich 100 Kbps benötigt, da die Komprimierung einen kritischen Punkt erreicht, gibt es große Probleme.

Man versuchte damals, einen 64 Kbps Kanal in zwei 32 Kbps Kanäle zu teilen, um zwei für den Preis von einem zu erhalten. Dazu wurden Komprimierungstechniken benötigt, die Daten durchweg um 50% komprimierten, auch wenn damit einige Verluste in der Auflösung verbunden waren.

Wird heute versucht, auf einem Massenspeicher vorliegende Sounddaten für Multimedia-Applikationen zu komprimieren, ist dies wesentlich leichter. Massenspeicher sind in der Regel recht flexibel, und es spielt deshalb keine Rolle, ob die Dateien in manchen Fällen um 95% und in anderen um -10% komprimiert werden.

Probleme und Lösungen

Wie stark können Sprachdateien mit konventionellen verlustlosen Techniken komprimiert werden? Um diese Frage zu beantworten, wurden sechs kurze Sounddateien erzeugt, deren Länge von ca. einer Sekunde bis ca. sieben Sekunden reicht. Damit getestet werden kann, wie stark diese Dateien komprimiert werden können, wurden sie mit Hilfe von ARJ 2.10 in einem Archiv untergebracht. ARJ 2.10 ist ein Shareware-Komprimierungsprogramm, das im allgemeinen am besten von allen anderen universellen Programmen komprimiert.

Die mit ARJ erzielten Ergebnisse zeigten, daß Sprachdateien in der Tat sehr gut komprimiert werden können. Bei den sechs Beispieldateien ergab sich folgendes:
Diese Komprimierungsgrade sehen recht vielversprechend aus. Alle Dateien wurden komprimiert, einige bis auf weniger als die Hälfte ihres Originalumfanges. Das ist unzweifelhaft recht nützlich und reicht für einige Applikationen aus.

Dateiname	Original	Komprimiert	Grad
SAMPLE-1.RAW	50777	33036	35%
SAMPLE-2.RAW	12033	8796	27%
SAMPLE-3.RAW	73091	59527	19%
SAMPLE-4.RAW	23702	9418	60%
SAMPLE-5.RAW	27411	19037	30%
SAMPLE-6.RAW	15913	12771	20%

ARJ.EXE komprimiert einen Datenstrom auf zweierlei Weise. Zuerst wird mit einer LZSS-artigen Komprimierung gearbeitet. Die Ausgabe dieser Komprimierung besteht aus einem Tokenstrom, der entweder einzelne Zeichen oder Codes für passende Strings enthält. ARJ geht wie LHArc noch einen Schritt weiter und komprimiert diesen Ausgabestrom mit der Huffman-Methode. Da diese Sounddateien nur mit der LZSS- und der Huffman-Methode der Ordnung 0 bereits so gut komprimiert wurden, sagt schon vieles darüber aus, wieviel Redundanz in diesen Sprachdateien vorliegt.

Zur Überprüfung der Ergebnisse wurden die Dateien noch einmal mit dem LZSS-Programm aus Kapitel 8 und dem HUFF-Programm aus Kapitel 3 komprimiert. Die Ergebnisse dieser Experimente sehen Sie in der folgenden Tabelle.

Dateiname	ARJ-Grad	LZSS-Grad	HUFF-Grad
SAMPLE-1.RAW	35%	23%	26%
SAMPLE-2.RAW	27%	5%	30%
SAMPLE-3.RAW	19%	-3%	17%
SAMPLE-4.RAW	60%	25%	27%
SAMPLE-5.RAW	30%	15%	32%
SAMPLE-6.RAW	20%	2%	18%

Es zeigt sich, daß mit der einfachen Huffman-Komprimierung der Ordnung 0 in jedem Fall bessere Ergebnisse erzielt werden als mit der LZSS-Tabellenkomprimierung. Da LZSS normalerweise die viel leistungsfähigere Komprimierungstechnik darstellt, ist das Ergebnis interessant.

LZSS komprimiert um so besser, je mehr gleichartige Zeichenketten in der Datei vorliegen. Die Huffman-Codierung der Ordnung 0 nutzt die Häufigkeitsunterschiede individueller Sequenzen zur Komprimierung. In den vorliegenden Sounddateien gibt es also Häufigkeitsunterschiede zwischen den unterschiedlichen Codes, aus denen die Datei besteht. Es liegen jedoch nicht so viele Strings mehrfach vor, wie man eigentlich annehmen möchte.

Schaut man sich Momentaufnahmen dieser Sounddateien an, kann man sehen, was für einen Charakter die Daten, die komprimiert werden sollen, haben. In Abbildung 10-9 sieht man einen Ausschnitt mit ca. 600 Abtastpunkten aus SAMPLE-3.RAW. In diesem Fall nehmen die Abtastwerte nur ca. 30% des möglichen Bereiches ein, der dafür von der Hardware bereitgestellt wird. Die einzelnen Abtastwerte könnten von +127 bis -128 reichen; bei der vorliegenden Momentaufnahme reichen sie lediglich von +30 bis -30.

Benutzt eine Sounddatei nur einen Teil der zur Verfügung stehenden Bandbreite, ist sie ein guter Kandidat für die Huffman-Komprimierung. Das in Abbildung 10-9 gezeigte Beispiel kann um 30% komprimiert werden, wenn man nur die Abtastwerte von acht auf sechs Bit herunterschraubt. Genau das macht das Huffman-Codierungsprogramm.

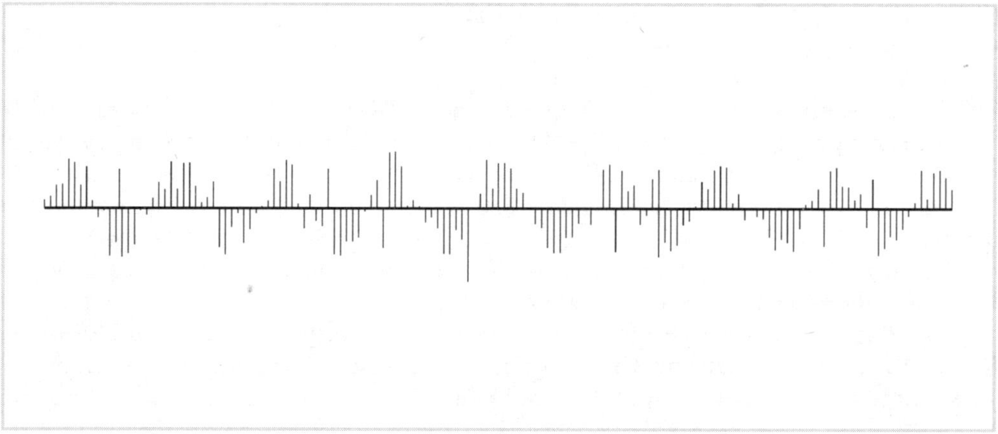

Abbildung 10-9: *Abtastpunkte aus SAMPLE-3.RAW*

Es ist wenig zweckmäßig, in einem Beispiel wie diesem nach wiederholt vorkommenden Sequenzen zu suchen. Die Kurve zeigt zwar ein Muster, aber es ist unregelmäßig, und es werden nicht einmal mehrere Muster mit der Länge 2 erzeugt. Werden lange genug Abtastungen gemacht, treten aufgrund des Zufallsprinzips Strings mehrfach auf. Der erzielte Komprimierungsgrad bleibt jedoch trotzdem viel kleiner als bei einer Daten- oder Programmdatei.

In Abbildung 10-10 sehen Sie ein Soundbeispiel, das nicht so einfach komprimiert werden kann. Anders als bei Abbildung 10-9 wird fast der gesamte dynamische ADC-Bereich genutzt. Ein Huffman-Codierungsprogramm der Ordnung 0 ist also nicht sehr effektiv. Auch die Chancen, auf mehrfach vorkommende Muster, wie sie vom LZSS-Algorithmus benötigt werden, zu stoßen, sind recht gering. Solche Dateien können nur um ein paar Prozent komprimiert werden.

Auch wenn man sich eine »rege« Abtastung wie diese anschaut, ist das menschliche Auge in der Lage, Muster zu erkennen. Die Spitzen und Täler der Kurve treten in etwas unregelmäßigen Intervallen auf, die uns sagen, daß in diesem Signal sinusähnliche Kurven auftreten. Leider sind die bisher vorliegenden Komprimierungsalgorithmen nicht in der Lage, diesen Redundanztyp in einem Eingangssignal zu erkennen. Damit bessere Komprimierungsergebnisse erzielt werden können, müssen wir zu neuen Ufern aufbrechen: der verlustbehafteten Komprimierung.

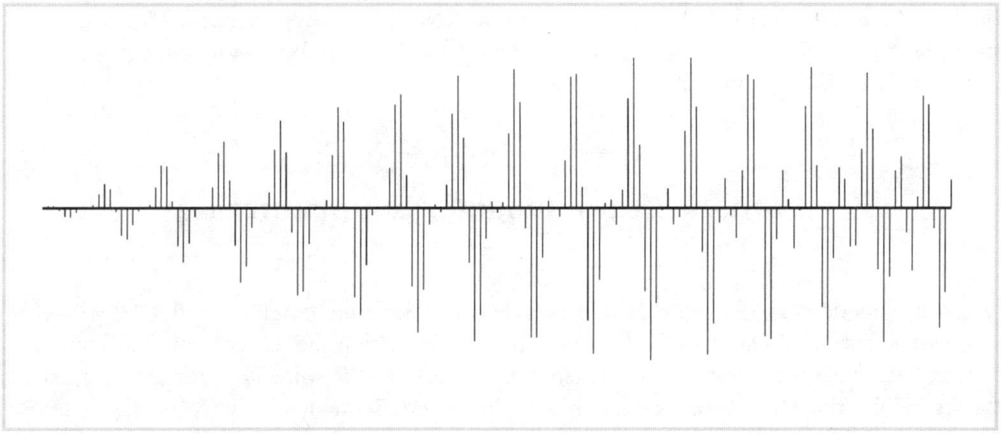

Abbildung 10-10: *Ein Soundbeispiel, das nur schlecht komprimiert werden kann*

Verlustbehaftete Komprimierung

Das Wort »verlustbehaftet« sagt aus, daß bei diesem Komprimierungstyp Genauigkeitsverluste auftreten. Das kann bei der Komprimierung von Daten- oder Textdateien nicht akzeptiert werden. Man könnte natürlich zum Beispiel die jährliche Bilanz des M&T-Buchverlages so komprimieren, daß alle Ergebnisse auf die nächste Million gerundet werden, aber das Finanzamt hätte dann bei der Bearbeitung der Bilanz seine Probleme.

Bei der Digitalisierung von Sound treten eigentlich schon von Anfang an geringe Genauigkeitsverluste auf. Die in diesem Kapitel vorliegenden Soundbeispiele wurde alle bei 11 KHz aufgezeichnet. Das heißt, bei allen Beispielen wurde der gesamte Bereich, der über die Frequenz 5,5 KHz hinausreicht, einfach weggelassen. Wir arbeiten hier auch nur mit 8-Bit-Abtastwerten, die eine signifikante Verzerrung durch die Quantisierungsfehler zur Folge haben.

Alle diese Faktoren wurden bei der Entwicklung von Software und Hardware zur Digitalisierung von Tönen berücksichtigt. Es wird nicht versucht, ein analoges Phänomen exakt wiederzugeben, sondern es werden Kompromisse gemacht, die eine Reproduktion ergeben, die unseren Zwecken genügt.

Was die verlustbehaftete Komprimierung betrifft, nimmt man einen weiteren Genauigkeitsverlust in Kauf. Das Signal, das nach dem Durchlaufen eines Komprimierungs/Dekomprimierungs-Zyklus zu hören ist, stimmt nicht mit dem Original überein. Es ist aber möglich, die Parameter so zu verändern, daß die Qualität in dem Maße zu- oder abnimmt, wie der Komprimierungsgrad besser oder schlechter wird.

Die verlustbehaftete Komprimierung ist nicht das Ende aller Dinge. Sie wird meist in einem Zweiphasen-Prozeß eingesetzt: Zuerst wird verlustbehaftet dann verlustlos komprimiert. Bei der verlustbehafteten Komprimierung werden die Daten egalisiert, dadurch können sie anschließend sehr gut verlustlos komprimiert werden. Man kann also einen unerwarteten Nutzen aus der verlustbehafteten Komprimierung ziehen, der weit über die eigentliche Komprimierung hinaus reicht.

Lautstärkenabhängige Komprimierung

Werden Sounddateien lautstärkenabhängig komprimiert, entspricht das der Lauflängen-Codierung normaler Dateien. In diesem Fall handelt es sich jedoch bei den zusammengefaßten Bereichen um Sounddatei-Sequenzen, die relativ still sind. Es liegt eine verlustbehaftete Komprimierung vor, da die relativ lautlosen Sequenzen durch absolut lautlose Sequenzen ersetzt werden.

In Abbildung 10-11 sehen Sie ein typisches Soundbeispiel, bei dem eine lange lautlose Sequenz auftritt. Die ersten beiden Drittel bestehen aus Stille. Auch wenn wir es hier »Stille« nennen, treten in der Kurve winzige Spitzen auf. Dabei handelt es sich um normales Hintergrundrauschen, das nicht berücksichtigt werden muß.

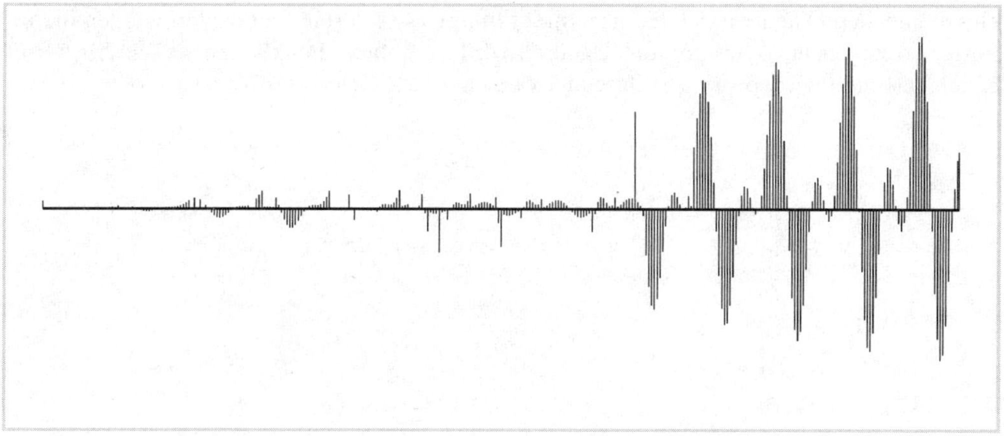

Abbildung 10-11: *Ein typisches Soundbeispiel, mit einer langen stillen Sequenz*

Ein Komprimierungsprogramm benötigt zur Verarbeitung einer solchen Soundsequenz einige Parameter.

1. Es wird ein Schwellenwert dafür benötigt, was als Stille betrachtet werden soll. Bei unseren 8-Bit-Beispielen wäre 80H die »reine« Stille. Es kann beispielsweise festgelegt werden, daß ein beliebiger Abtastwert in einem Bereich von plus oder minus 3 von 80H als Stille gilt.
2. Eine stille Sequenz muß irgendwie codiert werden. Beim folgenden Beispielprogramm wird ein spezieller STILLE_CODE mit einem Wert von FF verwandt, mit dem die Stille codiert wird. Auf den STILLE_CODE folgt ein einzelnes Byte, das anzeigt, wieviele Stillecodes folgen.
3. Es muß einen Parameter geben, der angibt, ab wann eine Stillesequenz als absolut still gelten soll. Eine Stillesequenz wird nicht codiert, falls nur ein »stilles« Byte vorliegt. Es ist auch nicht sehr ökonomisch, mit dem Codieren zu beginnen, nachdem nicht mindestens drei Stille-Byte aufgetreten sind. Es wäre auch nicht schlecht, mit höheren Werten als 3 zu experimentieren, um zu sehen, wie dadurch die Klangtreue beeinflußt wird.
4. Nicht zuletzt wird ein weiterer Parameter benötigt, der angibt, wieviele aufeinanderfolgende Nicht-Stille-Byte im Eingabestrom vorliegen müssen, bevor deklariert wird, daß die Stille vorbei ist. Wird dieser Parameter auf einen Wert größer als eins gesetzt, werden abnormale Spitzen in den Eingabedaten herausgefiltert. Dadurch kann auch das Rauschen bei der Aufzeichnung verringert werden.

Es folgt der zur Realisierung dieser Stillekomprimierung notwendige Quelltext. Er verwendet als Anfangsschwelle den Wert 4 und als Stopschwelle den Wert 2. Es müssen also vier Stille-Codes aufeinanderfolgen, bevor ein Stillebereich codiert wird.

SILENCE.C verbringt definitionsgemäß eine Menge Zeit damit, sich ankommende Daten anzuschauen. Um festzustellen, ob wirklich eine Stillesequenz vorliegt, müssen die nächsten vier Eingabezeichen untersucht werden. Damit dieser Prozeß vereinfacht wird, verfügt das Programm über einen nach vorn gerichteten Puffer mit Eingabedaten. Die hereinkommenden Daten werden niemals direkt mit getc() gelesen. Stattdessen werden die im Puffer vorliegenden Bytes geprüft. Dadurch wird es einfach, Funktionen zu schreiben, mit denen bestimmt wird, ob eine Stillesequenz beginnt oder ob sie vorüber ist.

```
/****************** Start von SILENCE.C *******************
*
* Dieses ist das Modul, das die lautstärkenabhängige Kompri-
* mierung aus Kapitel 10 benutzt. Kompilieren Sie es mit
* BITEA.C, ERRHAND.C und entweder MAIN-K.C oder MAIN-E.C
*/

#include <stdio.h>
#include <stdlib.h>
#include <string.h>
#include <ctype.h>
#include "bitea.h"
#include "errhand.h"
#include "main.h"

/*
* Diese beiden Strings werden von MAIN-K.C und MAIN-E.C zu
* Ausgabezwecken benutzt.
*/
char *KomprimierungsName = "Lautstärkenabhängige "+
                           "Komprimierung";
char *Anwendung = "eingabedatei ausgabedatei\n";

/*
* Diese Makros legen Parameter fest, die für die Komprimie-
* rung der stillen Sequenzen benötigt werden. STILLE_LIMIT
* ist die maximale Größe, die ein Signal besitzen kann, um
* als leise betrachtet zu werden. START_SCHWELLE legt die
* Anzahl der stillen Werte fest, die auftreten müssen, ehe
* eine Sequenz als still gilt. STOP_SCHWELLE bezeichnet die
* Anzahl der nicht stillen Signale, die auftreten müssen, ehe
* ein Stillebereich als beendet angesehen wird. STILLE_CODE
* ist ein spezieller Code, der ausgegeben wird, damit das
* Dekomprimierungsprogramm weiß, wann ein Stillebereich be-
* ginnt. Auf STILLE_CODE folgt immer die Anzahl der Bytes,
* die der Stillebereich umfaßt.
*/

#define STILLE_LIMIT   4
#define START_SCHWELLE 5
```

```
#define STOP_SCHWELLE  2
#define STILLE_CODE    0xff
#define IST_STILL( c ) ( (c) > ( 0x7f - STILLE_LIMIT ) && \
              (c) < ( 0x80 + STILLE_LIMIT ) )

/*
* PUFFER_GROESSE ist die Größe des Voraus-Puffers.
* PUFFER_MASKE ist eine Maske, die für Manipulationen des
* Pufferindex benötigt wird.
*/
#define PUFFER_GROESSE 8
#define PUFFER_MASKE 7

/*
* Lokale Funktionsprototypen.
*/

#ifdef __STDC__

int stille_bereich( int puffer[], int index );
int ende_der_stille( int puffer[], int index );

#else

int stille_bereich();
int ende_der_stille();
#endif

/*
* Die Komprimierungsroutine muß die meiste Arbeit übernehmen.
* Sie muß erkennen, wann ein Stillebereich gestartet wird und
* wann er vorbei ist. Sie verwaltet dazu einen Vorauspuffer.
* Puffer und Index darin werden Routinen übergeben, die über-
+ prüfen, ob ein Stillebereich beginnt oder endet.
*/
void KomprimiereDatei( eingabe, ausgabe, argc, argv )
FILE *eingabe;
BIT_FILE *ausgabe;
int argc;
char *argv[];
{
    int voraus_puffer[ PUFFER_GROESSE ];
    int index;
    int i;
```

```
    int bereichs_laenge;
    for ( i = 0 ; i < PUFFER_GROESSE ; i++ )
    voraus_puffer[ i ] = getc( eingabe );
    index = 0;
    for ( ; ; ) {
    if ( voraus_puffer[ index ] == EOF )
        break;
/*
* Wurde ein Stillebereich entdeckt, wird er in dieser
* Schleife behandelt.
*/
    if ( stille_bereich( voraus_puffer, index ) ) {
        bereichs_laenge = 0;
        do {
        voraus_puffer[ index++ ] = getc( eingabe );
        index &= PUFFER_MASKE;
        if ( ++bereichs_laenge == 255 ) {
            putc( STILLE_CODE, ausgabe->file );
            putc( 255, ausgabe->file );
            bereichs_laenge = 0;
        }
      } while ( !ende_der_stille( voraus_puffer, index ) );

        if ( bereichs_laenge > 0 ) {
        putc( STILLE_CODE, ausgabe->file );
        putc( bereichs_laenge, ausgabe->file );
        }
    }

/*
* Ist es kein stiller Bereich, werden die normalen Codes aus-
* gegeben. Sollte dabei einer sein, der dem STILLE_CODE ent-
* spricht, wird er ganz still und leise verändert.
*/

    if ( voraus_puffer[ index ] == STILLE_CODE )
        voraus_puffer[ index ]--;
    putc( voraus_puffer[ index ], ausgabe->file );
    voraus_puffer[ index++ ] = getc( eingabe );
    index &= PUFFER_MASKE;
    }
    while ( argc-- > 0 )
    printf( "Unbenutztes Argument: %s\n", *argv++ );
}
```

```
/*
* Die Expansionsroutine muß nicht viel tun. Sie muß nur über-
* prüfen, ob der STILLE_CODE vorliegt und dann entsprechend
* handeln (die Ausgabedatei mit 0x80-Codes versehen).
*/

void ExpandiereDatei( eingabe, ausgabe, argc, argv )
BIT_FILE *eingabe;
FILE *ausgabe;
int argc;
char *argv[];
{
    int c;
    int bereichs_laenge;
    while ( ( c = getc( eingabe->file ) ) != EOF ) {
    if ( c == STILLE_CODE ) {
        bereichs_laenge = getc( eingabe->file );
        while ( bereichs_laenge-- > 0 )
        putc( 0x80, ausgabe );
    } else
        putc( c, ausgabe );
    }
    while ( argc-- > 0 )
    printf( "Unbenutztes Argument: %s\n", *argv++ );
}

/*
* Diese Routine überprüft, ob der Voraus-Puffer den Beginn
* eines Stillebereichs enthält, der definitionsgemäß durch
* START_SCHWELLE »stille« Codes eingeleitet wird.
*/

int stille_bereich( puffer, index )
int puffer[];
int index;

{
    int i;

    for ( i = 0 ; i < START_SCHWELLE ; i++ )
  if ( !IST_STILL( puffer[ ( index + i ) & PUFFER_MASKE ] ) )
        return( 0 );
    return( 1 );
}
```

```
/*
* Diese Routine wird aufgerufen, falls wir uns gerade in ei-
* nem Stillebereich befinden. Sie überprüft, ob das Ende des
* Bereichs erreicht wurde, was definitionsgemaß der Fall ist,
* wenn STOP_SCHWELLE nicht »stille« Codes angetroffen werden.
*/

int ende_der_stille( puffer, index )
int puffer[];
int index;
{
    int i;

    for ( i = 0 ; i < STOP_SCHWELLE ; i++ )
   if ( IST_STILL( puffer[ ( index + i ) & PUFFER_MASKE ] ) )
        return( 0 );
    return( 1 );
}

/****************** Ende von SILENCE.C *******************/
```

Wie effektiv die lautstärkenabhängige Komprimierung bei der Komprimierung von Dateien sein kann, können Sie der folgenden Tabelle entnehmen. Wie erwartet, wird der Komprimierungsgrad bei Dateien mit wenig stillen Sequenzen nicht sehr beeinflußt. Dateien, die lange Sequenzen aufweisen, werden hingegen etwas komprimiert.

Die letze Frage, die im Zusammenhang mit dieser Komprimierung behandelt werden muß, betrifft die Auswirkungen auf die Klangtreue der Eingabedateien. Am besten nimmt man dazu die Beispieldateien, komprimiert sie und dekomprimiert sie zu neuen Dateien. Die dekomprimierten Dateien sollten sich nur insofern von den Originalen unterscheiden, daß die Abtastwerte, die sich in der Nähe des Stillewertes 80H aufhalten, alle auf den Wert 80H gesetzt wurden, wodurch aus leisem Rauschen pure Stille wurde.

Dateiname	**Original Umfang**	**Komprimierter Umfang**	**Komprimierungsgrad**
SAMPLE-1.RAW	50777	37769	26%
SAMPLE-2.RAW	12033	11657	3%
SAMPLE-3.RAW	73091	73072	0%
SAMPLE-4.RAW	13852	10962	21%
SAMPLE-5.RAW	27411	22865	17%

In den meisten Fällen ist es nicht möglich, die Sounddateien, die einen Komprimierungs/Dekomprimierungs-Zyklus durchliefen, von den Originalen zu unterscheiden. Spielt man mit den Parametern herum, kann es zum Auslöschen wichtiger Sprachsequenzen kommen. Aber in solchen Fällen sind die Parameter immer falsch gesetzt. Wird die lautstärkenabhängige Komprimierung richtig angewandt, können redundante Daten aus Sounddateien entfernt werden.

Kompandierung (Dynamik-Komprimierung)

Die lautstärkenabhängige Komprimierung stellt eine gute Möglichkeit dar, redundante Informationen aus Sounddateien zu entfernen, aber in manchen Fällen ist sie nicht sehr effektiv. Bei den vorhergehenden Beispielen befanden sich in SAMPLE-3.RAW so wenige leise Sequenzen, daß nur ein paar Byte der 73 Kbyte wegfielen. Dies gleicht in etwa der Lauflängen-Codierung normaler Textdateien: In manchen Fällen erhält man ein gutes Ergebnis, aber es ist kein Verlaß darauf.

In den frühen 60er Jahren suchten Telekommunikationsforscher nach einer Datenkomprimierungsmethode, mit der die Anzahl der Bit einer Sounddatei grundsätzlich reduziert werden kann. Tests der Anwenderzufriedenheit ergaben, daß eine ca. dreizehn Bit große Auflösung des DAC und eine Abtastrate von 8000 Hz gewährleistet sein mußte, um eine akzeptable Sprachverbindung zu erreichen. Es schien wahrscheinlich, daß der größte Teil dieser Auflösung verloren geht.

Bei einem Telefongespräch wird eine Auflösung von dreizehn Bit benötigt, da der Dynamik-Bereich der menschlichen Stimme so groß ist. Damit einem lauten Sprecher Genüge getan wird, muß der Eingangsspannungsbereich des ADC auf ein recht hohes Niveau gesetzt werden. Das Problem besteht darin, daß sich die Eingangsspannung einer leisen Stimme mehrere Größenordnungen darunter befindet. Ist der ADC lediglich in der Lage, 8 Bit aufzulösen, werden nur Eingangssignale wahrgenommen, die mehr als 1% der Größe der höchsten Eingangsspannung betragen. Das ist bewiesenermaßen ınakzeptabel.

Es sieht so aus, als ob die dreizehn Bit Auflösung, die zur Aufnahme der leisesten Stimme benötigt werden, für die Aufnahme der lautesten Stimme zu viel sind. Liegt die Mikrophoneingangsspannung für einen lauten Sprecher bei 100 mV, wird für eine gute Klangwiedergabe nur eine Auflösung von einem Millivolt benötigt. Dic dreizehn Bit des ADC ergeben allerdings eine Auflösung von 200 Mikrovolt, was mehr als notwendig ist.

Die Telekommunikationsindustrie löste dieses Problem durch den Einsatz von nicht linearen, aufeinander angepaßter ADCs und DACs. Die normalerweise in PCs (und bei den meisten anderen elektronischen Geräten) eingesetzte ADC-Komponenten benutzen ein lineares Schema, bei dem jedes Anwachsen eines Abtastwertes einem einheitlichen Anwachsen der Ein-/Ausgangsspannung entspricht. Diese Anordnung wird in Abbildung 10-12 dargestellt.

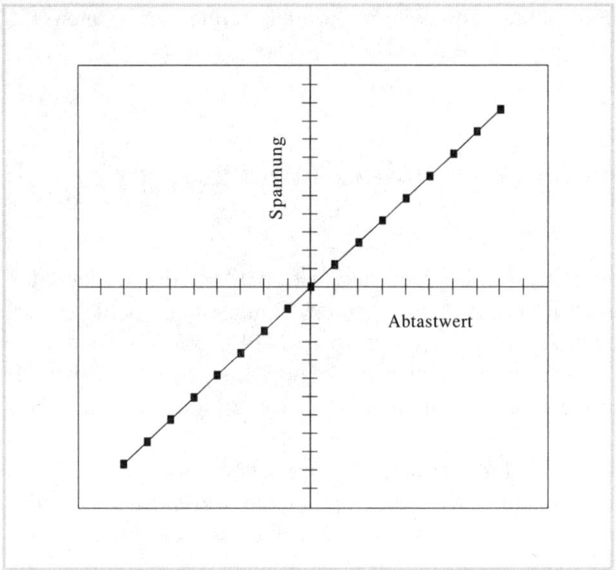

Abbildung 10-12:
Ein lineares Schema, bei dem ein Anwachsen des Abtastwertes einer proportionalen Zunahme der Spannung entspricht

Wendet man beim Übergang vom Wert 0 zum Wert 1 ein derartiges lineares Konversionsschema an, steigt die Ausgangsspannung des DAC von 0 mV auf 1 mV. Der Übergang von 100 zu 101 bewirkt ein Ansteigen der DAC-Ausgangsspannung von 100 mV auf 101 mV.

Die heutige Telekommunikationsausrüstung verwendet ein sogenanntes »kompandierendes Codec« in ihren Systemen – das ist eine Abkürzung für »Komprimierungs/-Expandierungs-Codierer/Decodierer«. Beim Codec handelt es sich um einen Chip, der mehrere Funktionen hat, darunter erfüllt er die Aufgaben des DAC, des ADC und der Ein-/Ausgabefilter. Wir beschäftigen uns hier mit dem DAC und dem ADC.

Der von fast allen modernen Telefonanlagen benutzte Codec arbeitet beim Konvertieren von Abtastwerten in Spannungen und umgekehrt nicht mit einer Linearfunktion, stattdessen findet eine Exponentialfunktion Verwendung. Diese Funktion verändert die Größe der Spannungsschritte zwischen den Abtastwerten, wenn diese größer werden, ständig. Die Auflösung ist bei kleineren Werten viel feiner als an den beiden Bereichsenden. Der Unterschied zwischen einem Wert von Null und einem Wert von 1 kann zum Beispiel 1 mV und der Unterschied zwischen 100 und 101 10 mV betragen.

Die für Telekommunikations-Codecs definierte Exponentialkurve verhilft einem Codec, der nur mit 8-Bit-Abtastwerten arbeitet, zu einem effektiven Bereich von dreizehn Bit. Dasselbe kann erreicht werden, wenn man bei unseren 8-Bit-Sounddateien die 8-Bit-Abtastwerte mit weniger Bit darzustellen versucht.

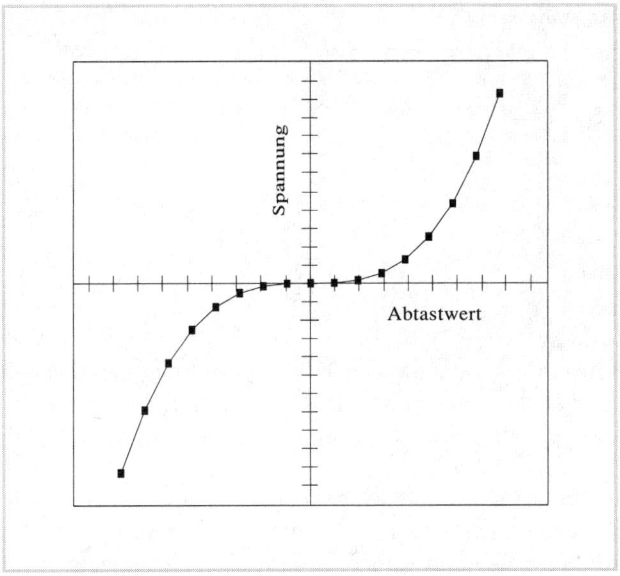

Abbildung 10-13:
Eine Exponentialfunktion, die die Spannungsschrittweite verändert

Unsere 8-Bit-Sounddateien können so aufgefaßt werden, als bestünden sie aus 7-Bit-Abtastwerten, die mit einem Vorzeichenbit versehen sind, das anzeigt, ob die Ausgangsspannung positiv oder negativ ist. Dadurch ergibt sich für die nicht lineare Komprimierungsfunktion ein Wertebereich, der sich von Null bis 128 erstreckt.

Angenommen, es liegen N-Codes vor, mit denen ein Bereich von Null bis 127 ausgedrückt werden soll, dann kann mit der folgenden Gleichung eine Transferfunktion erstellt werden:

```
ergebnis = 127,0 * ( pow( 2,0, code / N ) - 1.0 )
```

Mit anderen Worten, das Resultat wird berechnet, indem 2 hoch Code/N berechnet wird. Der Wert von Code/N erstreckt von Null für Code 0 bis 1 für Code N. Daraus ergibt sich ein Ergebnisbereich, der sich von 0 bis 127 erstreckt und eindeutig kein lineares Aussehen besitzt.

Ein Beispiel dazu ergibt sich, wenn acht Codewerte zum Codieren des Bereiches von Null bis 128 herangezogen werden. Dadurch werden sieben Bit zu drei Bit komprimiert. In der folgenden Tabelle sehen Sie, welcher Ausgabewert von welchem Eingabecode erzeugt wird:

Eingabecode	Ausgabewert
0	0
1	13
2	28
3	44
4	62
5	81
6	103
7	127

Der zwischen 0 und 1 ausgeführte Schritt im Ausgabewert beträgt 13, der zwischen 6 und 7 hingegen 24. Das heißt, die Auflösung ist um so höher, je kleiner der Eingangssignalbereich ist, das ist gut für die leisen Töne. Und bei lauten Tönen ist die Auflösung schlechter, dort wird sie auch nicht benötigt.

Dieser Komprimierungsalgorithmus komprimiert Sounddaten, ohne die Qualität allzusehr zu beeinträchtigen. Er verfügt außerdem über einige nette Funktionen. 1. Komprimierung und Dekomprimierung werden tabellengesteuert durchgeführt, das geht sehr schnell vonstatten. 2. Der Komprimierungsgrad ist im voraus bekannt, da er nicht in Abhängigkeit vom Eingabedatenstrom variiert. 3. Der Algorithmus kann auf einen beliebigen Komprimierungsgrad eingestellt werden, indem die Anzahl der in der komprimierten Datei benutzten Codes variiert wird.

Es folgt der für die Realisation einer einfachen Version dieses Komprimierungsschemas benötigte Quelltext. Die Datei COMPAND.C akzeptiert einen zusätzlichen Parameter, der mitteilt, wieviele Bit pro Code während der Komprimierung herangezogen werden sollen. Experimente haben ergeben, daß die Komprimierung von 8-Bit-Dateien auf vier Bit keine großen Verzerrungen zur Folge haben. Bei drei Bit oder weniger beginnt die Erzeugung von Hochfrequenzkomponenten, die als Dauerrauschen wahrgenommen werden. Es ist aber dem menschlichen Ohr zu verdanken, daß sogar Sounddateien, die auf ein Bit pro Code komprimiert wurden, noch wahrnehmbar sind.

```
/******************* Start of COMPAND.C *******************/
/*
* Dieses ist das Modul, das die Kompandierungs-Komprimierung
* aus Kapitel 10 benutzt. Kompilieren Sie es mit BITEA.C,
* ERRHAND.C und entweder MAIN-K.C oder MAIN-E.C
*/


#include <stdio.h>
#include <stdlib.h>
#include <string.h>
#include <ctype.h>
#include <math.h>
```

```
#include "bitea.h"
#include "errhand.h"
#include "main.h"

/*
* Diese beiden Strings werden von MAIN-K.C und MAIN-E.C zu
* Ausgabezwecken benutzt.
*/

char *KomprimierungsName = "Sound-Kompandierung";
char *Anwendung =
"eingabedatei ausgabedatei [n]\n\n n setzt die Anzahl der "+
                                    "Bit pro Abtastwert\n\n";

#ifdef __STDC__

long bestimme_datei_laenge( FILE *file );

#else

long bestimme_datei_laenge();

#endif

#ifndef SEEK_END
#define SEEK_END 2
#endif
#ifndef SEEK_SET
#define SEEK_SET 0
#endif

/*
* Die Komprimierungsroutine arbeitet sehr schnell, da für
* jedes Byte lediglich in einer Tabelle nachgeschaut werden
* muß. Der erste Teil der Routine erstellt die Tabelle. Da-
* nach besteht die Komprimierung nur aus dem Lesen der Bytes
* und dem anschließenden Herausschreiben des komprimierten
* Wertes.
*
* Im Gegensatz zu den anderen Komprimierungsroutinen in die-
* sem Buch arbeitet diese Routine nicht mit einem speziellen
* END_OF_STREAM- Code. Stattdessen wird die Dateilange und
* die Anzahl der Bit pro Code am Dateianfang vermerkt.
*/
```

```
void KomprimiereDatei( eingabe, ausgabe, argc, argv )
FILE *eingabe;
BIT_FILE *ausgabe;
int argc;
char *argv[];
{
    int komprimier_tab[ 256 ];
    int schritte;
    int bits;
    int wert;
    int i;
    int j;
    int c;

/*
* Der erste Teil der Routine bestimmt die Anzahl der Bit pro
* Code und überträgt sie in die Ausgabedatei. Die Dateilänge
* wird ebenfalls in der Ausgabedatei abgelegt.
*/
    if ( argc-- > 0 )
    bits = atoi( *argv );
    else
    bits = 4;
    printf( "Komprimiere mit %d Bits pro Abtastwert...\n",
            bits );
    schritte = ( 1 << ( bits - 1 ) );
    OutputBits( ausgabe, (unsigned long) bits, 8 );
    OutputBits( ausgabe, (unsigned long) bestimme_datei_laenge(
eingabe ), 32 );
/*
* Die Tabelle mit den komprimierten Werten wird an dieser
* Stelle aufgebaut. Jeder Eingabecode besitzt einen Ausgabe-
* code in der Tabelle. Es werden »schritte« Ausgabecodes be-
* nutzt, die von einer Exponentialfunktion erzeugt werden.
*/
    for ( i = schritte ; i > 0; i-- ) {
    wert = (int)
       ( 128.0 * ( pow( 2.0, (double) i /  schritte ) -
            1.0 ) + 0.5 );
    for ( j = wert ; j > 0 ; j-- ) {
        komprimier_tab[ j + 127 ] = i + schritte - 1;
        komprimier_tab[ 128 - j ] = schritte - i;
    }
    }
```

```
/*
 * Hier findet die Komprimierung statt.
 */
    while ( ( c = getc( eingabe ) ) != EOF )
    OutputBits( ausgabe, (unsigned long) komprimier_tab[ c ],
                bits );
}

/*
 * Die Expansionsroutine bestimmt die Anzahl der Bit pro Code
 * aus der komprimierten Datei, dann erstellt sie die Expan-
 * sionstabelle. Jeder der "schritte" Codes besitzt einen kor-
 * respondieren 8-Bit-Wert, der auf der exponentiellen Codier-
 * ungskurve liegt.
 */
void ExpandiereDatei( eingabe, ausgabe, argc, argv )
BIT_FILE *eingabe;
FILE *ausgabe;
int argc;
char *argv[];
{
    int schritte;
    int bits;
    int wert;
    int letzter_wert;
    int i;
    int c;
    long zaehler;
    int expansions_tab[ 256 ];
/*
 * Zuerst wird die Anzahl der Bit gelesen und dann die Expan-
 * sionstabelle erstellt. Danach besteht die Expansion nur
 * noch aus dem Lesen des Bytes, dem Bestimmen des Wertes in
 * der Tabelle und dem Herausschreiben des Wertes.
 */
    bits = (int) InputBits( eingabe, 8 );
    printf( "Expandiere mit %d Bits pro Abtastwert...\n",
             bits );
    schritte = ( 1 << ( bits - 1 ) );
    letzter_wert = 0;
    for ( i = 1; i <= schritte; i++ ) {
    wert = (int)
        ( 128.0 * ( pow( 2.0, (double) i  /  schritte ) -
             1.0 ) + 0.5 );
```

```
    expansions_tab[ schritte + i - 1 ] = 128 + ( wert +
                                     letzter_wert ) / 2;
    expansions_tab[ schritte - i ] = 127 - ( wert +
                                     letzter_wert ) / 2;
    letzter_wert = wert;  }
/*
* Die Dateigröße befindet sich am Anfang der Datei. Nachdem
* sie gelesen wurde, ist bekannt, wieviele Codes expandiert
* werden müssen. Den Rest der Arbeit erledigt eine Schleife.
*/
    for ( zaehler = InputBits( eingabe, 32 ) ; zaehler > 0 ;
zaehler-- ) {
    c = (int) InputBits( eingabe, bits );
    putc( expansions_tab[ c ], ausgabe );
    }
    while ( argc-- > 0 )
    printf( "Unbenutztes Argument: %s\n", *argv++ );
}
/*
* Mit dieser Routine wird die Dateigröße bestimmt.
*/
long bestimme_datei_laenge( file )
FILE *file;
{
    long marker;
    long eof_ftell;
    marker = ftell( file );
    fseek( file, 0L, SEEK_END );
    eof_ftell = ftell( file );
    fseek( file, marker, SEEK_SET );
    return( eof_ftell - marker );
}

/****************** Ende von COMPAND.C *******************/
```

Wie schon erwähnt wurde, wird die verlustbehaftete Komprimierung häufig vor dem Einsatz einer verlustlosen Methode eingesetzt. Im Falle von COMPAND.C ist das eine sehr effektive Strategie. Nachdem die Dateien bearbeitet wurden, liegen viel weniger unterschiedliche Codes in der Ausgabedatei vor, wodurch Stringübereinstimmungen, die von LZSS-Komprimierungsprogrammen benötigt werden, viel wahrscheinlicher werden. Wird eine Datei mit der Kompandierungs-Methode um 50% komprimiert und daraufhin eine LZSS-Komprimierung durchgeführt, können Sounddateien oft um mehr als 90% komprimiert werden.

Andere Techniken

In diesem Kapitel wurden einige einfachere Techniken behandelt, mit denen Sounddateien komprimiert werden können. Steigt die Leistungsfähigkeit des Prozessors, können viel kompliziertere Algorithmen eingesetzt werden.

Einer der heute am häufigsten eingesetzten Komprimierungsalgorithmen wurde von der CCITT in ihrem Empfehlungsschreiben G.721 zugelassen. Der G.721-Algorithmus codiert mit der adaptiven, differentiellen Puls-Code-Modulation (ADPCM) digitale Signale bei 16 oder 32 Kbps. Dieser Algorithmus wird im allgemeinen von digitalen Signalprozessoren ausgeführt. Mit ihm werden meistens Daten bearbeitet, die schon mit Hilfe von Standardcodes digitalisiert wurden.

Der ADPCM-Algorithmus verbindet zwei Techniken. Mit der ersten, Delta-Puls-Code-Modulation, werden Signale nicht durch Messen ihrer absoluten Werte sondern durch Messen des Unterschiedes zwischen zwei aufeinanderfolgenden Signalen codiert. Die Quantisierungsebene paßt sich selbst an das sich verändernde Eingangssignal an. Die codierte Spannung verändert sich also in Abhängigkeit vom Eingangssignal. Geht das Eingangssignal sehr rasch von einer hohen zu einer niederen Spannung über, ist der codierte Schrittwert hoch. Wird ein ruhiges Eingangssignal codiert, ist der Schrittwert niedrig.

Das wird kompliziert, da der ADPCM-Algorithmus erwartet, daß der Transmitter im voraus sagt, welche Spitzenspannung das Eingangssignal haben wird. Wird diese Vorhersage nicht exakt getroffen, ist es unmöglich, richtige Aussagen über die von jedem Code definierte Schrittgröße zu machen. Die meiste Zeit verbringt der Prozessor also damit, vorauszusagen, welche Spitzen die Kurve hat.

Damit Sounddateien mit noch niedrigeren Bitraten codiert werden können, werden noch anspruchsvollere Techniken, wie Linear Predictive Coding (LPC) [Lineare vorausschauende Codierung], benutzt. Mit LPC kann Sprache in wiedererkennbarem Zustand mit Raten, die nur ca. 2400 Bit pro Sekunde betragen, komprimiert und wiedergegeben werden

LPC versucht die menschliche Sprache, durch Nachmodellierung der Stimmerzeugung zu komprimieren. Anstatt Tausende von Abtastungen pro Sekunde abzuspeichern, versucht LPC nur ein paar Parameter zu bestimmen, die den Prozeß der Tonerzeugung beschreiben. Der Erfolg oder Mißerfolg von LPC hängt davon ab, wieviele Millionen Instruktionen das Komprimierungsprogramm während der Komprimierung pro Sekunde ausführen kann.

LPC und ADPCM repräsentieren den neuen Algorithmustyp, der in Zukunft mehr und mehr auf dem PC-Bereich seinen Einsatz finden wird. Leider sind diese Algorithmen so komplex, daß in diesem Kapitel kein Beispielprogramm dazu untergebracht werden kann.

11 Verlustbehaftete Grafikkomprimierung

PCs kommunizieren in erste Linie mit Hilfe von Informationen, die auf dem Bildschirm erscheinen. Grafiken sind also vor allem für Computerprogrammierer und -designer interessant. Programmierer verwenden sehr viel Zeit und Anstrengung darauf, das Graphical User Interface (GUI - [Grafische Anwenderschnittstelle]) auszubauen. Millionen von Mannstunden und technische Ausrüstungen im Wert von Milliarden Dollar dienen nur dazu, die Datendarstellung von Programmen zu verbesseren.

Das viele Geld, das in Computer gesteckt wurde, deren technische Ausrüstung den GUIs wie Microsoft Windows oder Motif angepaßt wurde, führte dazu, daß es heute eine unüberschaubare Menge von Computern gibt, die in der Lage sind, komplexe Grafiken darzustellen, deren Auflösung an die von konventionellen Medien wie Fernsehen oder Zeitschriften herankommt. Im Gegenzug wurden neue Programme zur Ausschöpfung dieser Fähigkeit entwickelt. Programme, die mit komplexen Grafiken arbeiten, gibt es in nahezu jedem Computeranwendungsbereich: Spiele, Lernprogramme, Desktop Publishing und grafisches Design, um nur einige zu nennen. Alle diese Programme haben eines gemeinsam: Die von ihnen verwendeten Bilder benötigen unverschämt viel Speicher.

Im IBM-Bereich zum Beispiel ist die VGA-Anzeige momentan der kleinste gemeinsame Nenner für qualitativ hochwertige Farbgrafiken. VGA ist in der Lage, 256 Farben, die aus einer Farbpalette ausgewählt werden können, die 262144 Farben umfaßt, auf einmal auszugeben. Deshalb ist es möglich, mit VGA Bilder mit Farbabstufungen, wie zum Beispiel Farbfotos, recht genau wiederzugeben.

Verwendet man Bilder in Fotoqualität, ergibt das Speicherplatzprobleme. Bei der vorher erwähnten VGA-Anzeige besteht ein 256-farbiges Bild auf dem Monitor aus 200 Zeilen zu je 320 Pixeln, von denen jedes ein Byte im Speicher beansprucht. Das heißt: Ein Bild auf dem Bildschirm belegt mindestens 64 Kbyte Speicher! Es gibt sicherlich viele Applikationen, bei denen auf Hunderte Bilder zugegriffen werden muß. In einem On-line-Versandhauskatalog können leicht 1000 Bilder vorliegen, die alle ständig zur Verfügung stehen müssen. Das Problem dabei besteht darin, daß 1000 Bilder 64 Mbyte Speicherplatz benötigen. Diese Zahl ist nicht aus der Luft gegriffen: Seit kurzem werden Spielprogramme auf CD-ROM angeboten, da die Bilder so ungeheuer viel Speicher beanspruchen.

In diesem Kapitel werden verlustbehaftete Komprimierungstechniken behandelt, mit deren Hilfe für Halbton-Grafiken wie digitalisierte Fotografien sehr gute Komprimierungsgrade erzielt werden können.

Der Anfang der Komprimierung

In den letzten zehn Jahren ist ein geradezu explosionsartiger Anstieg bei der Forschung über die Abspeicherung von Grafiken zu verzeichnen. Viele interessante Ergebnisse wurden veröffentlicht. In den späten 70er und den frühen 80er Jahren wurden Grafiken hauptsächlich unter Verwendung verlustloser Komprimierungstechniken komprimiert. Jetzt benutzen gängige PC-Dateiformate, die weiter vorn behandelten Techniken, um Einsparungen im Bereich von 10 bis 90% zu erreichen. Zu den bekannten Formaten, die mit der Datenkomprimierung arbeiten, gehören PCX, GIF und BMP.

Je häufiger mit gespeicherten Grafiken gearbeitet wurde, um so unangemessener erschienen Dateiformate wie PCX. Die Halbierung der Dateigröße ist recht und gut, aber Entwickler und Anwender kamen so schnell an die Grenzen ihrer Speichermöglichkeiten, daß die Anforderungen an Multimedia-Systeme geradezu unanständig hoch wurden. Bewegte Bilder (Videos) konnten unter diesen Umständen überhaupt nicht auf dem PC dargestellt werden. Zuerst mußte eine Methode zur radikalen Reduzierung der Speicheransprüche gefunden werden, die Komprimierungsfähigkeiten also um Größenordnungen verbessert werden.

Statistische und tabellengesteuerte Komprimierungsmethoden

Konventionelle Programme und Daten können recht gut mit Komprimierungsmethoden bearbeitet werden, bei denen Variationen in der Häufigkeit sowohl von einzelnen Symbolen als auch von aus Symbolen oder Phrasen bestehenden Strings statistisch ausgewertet werden. Tabellengesteuerte Systeme sind eigentlich »versteckte« Statistik-Programme. Leider können Halbton-Bilder mit solchen Komprimierungsmethoden nicht gut komprimiert werden.

Das Hauptproblem, unter dem diese Programme leiden, ist, daß die Pixel von Bildern dazu tendieren, sich im gesamten erlaubten Bereich zu bewegen. Werden die Farben eines Bildes nach der Häufigkeit ihres Vorkommens als Histogramm dargestellt, ist das Histogramm für die erfolgreiche Bearbeitung durch eine statistische Komprimierung nicht »stachelig« genug. Histogramme von lebenden Bildern – beispielsweise Fernsehbildern – sind im Gegenteil eher flach. Das heißt: Für jeden Pixelcode besteht annähernd die gleiche Chance vorzukommen wie für jeden anderen auch. Dadurch wird es unmöglich, Entropieunterschiede auszunutzen.

Tabellengesteuerte Komprimierungsprogramme kranken an denselben Problemen. Bilder, die auf der Basis von gescannten Fotografien erstellt wurden, verfügen einfach nicht über die richtigen Charakteristika, um ein mehrfaches Auftreten derselben Phrase zu gewährleisten. Bei Rasterbildern zum Beispiel mag eine vertikale Struktur, wie eine Hauswand, in mehreren aufeinanderfolgenden Bildzeilen denselben String zur Folge haben. Da die Realität leider launenhaft ist, unterscheidet sich jede Zeile ein bißchen von der anderen. Bei einem aus zwanzig Pixeln bestehenden String unterscheiden sich ein oder zwei geringfügig in ihrer Position zwischen den einzelnen Zeilen. Obwohl diese Unterschiede so gering sind, daß sie entweder vom menschlichen Auge gar nicht oder als bedeutungslos wahrgenommen werden, kommt dadurch die ganze tabellengesteuerte Komprimierung durcheinander. Damit diese Komprimierungsmethode funktioniert, müssen die Strings exakt übereinstimmen. Aufgrund der geringen Abweichungen ergeben sich nur kurze übereinstimmende Strings, was nicht gerade zur Effektivität der Komprimierung beiträgt.

Verlustbehaftete Komprimierung

Genauso wie Audio-Daten haben Grafiken einen Vorteil gegenüber konventionellen Computerdateien: Sie können während des Komprimierungs/Dekomprimierungszyklus modifiziert werden, ohne daß die vom Anwender erwartete Qualität darunter leidet. Die Veränderung eines Pixel hier und eines Pixel da bleibt völlig unbemerkt, falls die Modifikationen mit Vorsicht vorgenommen werden. Da Computergrafiken immer ihre Ursprünge im wirklichen Leben haben, repräsentieren sie an sich bereits eine nicht ganz perfekte Kopie ihres Originales, wie eines Fotos oder eines anderen gedruckten Mediums. Es sollte daher machbar sein, ein verlustbehaftetes Komprimierungsprogramm zu erstellen, das ein Bild nicht grundlegend verändert.

Vorausgesetzt, es ist möglich, Grafiken verlustbehaftet zu komprimieren, wie wird das Ganze dann realisiert? Wissenschaftler versuchten dieselben Techniken – wie differentielle und adaptive Codierung – anzuwenden, die bei Sprachdaten funktionierten. Mit diesen Techniken können Grafiken zwar komprimiert werden, aber nicht so gut, wie erhofft. Ein Grund dafür ist, daß es einen großen Unterschied zwischen Audio- und Video-Daten gibt.

Werden Audio-Daten mit konventionellen Methoden abgetastet, tendieren diese dazu, sich zu wiederholen. Töne, einschließlich der Sprache, bestehen aus Sinuskurven, die sich alle paar Sekunden wiederholen. Auch wenn das am DAC eingelesene Signal bei einem Computer aus Dutzenden verschiedener Frequenzen besteht, erzeugen Sinuskurven zusammengenommen immer ein sich wiederholendes Kurvenmuster.

Da sich Audio-Daten immer wiederholen, ergibt sich die Komprimierung beinahe von selbst. Mit Hilfe von Techniken wie der linearen vorausschauenden Codierung (LPC) und der adaptiven differentiellen Pulscodemodulation (ADPCM) werden Audiosignale in einem Bereich von 50 bis 95% komprimiert.

Am Anfang der Forschungen im Grafikkomprimierungsbereich wurde – mit einigem Erfolg – versucht, ähnliche Techniken auf digitalisierte Bilder anzuwenden. Zuerst arbeiteten Wissenschaftler an der Komprimierung von gerasterten Datenströmen, die zum Beispiel bei Fernsehern Verwendung finden.

Werden grafische Daten gerastert, sind sie als Pixelstrom organisiert. Eine Zeile nach der anderen wird auf dem Bildschirm angezeigt und zwar von rechts nach links und von oben nach unten. So wird das Bild Stück für Stück, Zeile für Zeile aufgebaut, bis der gesamte Bildschirm voll ist. Sind Pixel digitalisiert, können sie in einem Bereich von einem Bit bis zu vierundzwanzig Bit vorliegen. Bei den heute verwendeten Desktopgrafiken werden zur Definition eines Pixel meistens acht Bit benötigt.

Differentielle Modulation

Die differentielle Modulation basiert auf der Vorstellung, daß analoge Daten dazu neigen, sich in »fließenden« Mustern anzuordnen, wobei große Sprünge bei der Signalgröße die Ausnahme und nicht die Regel sind. Bei Audio-Daten gilt das so lange, wie die Abtastrate des Signales etwas größer als die maximale Frequenzkomponente ist.

Bei der differentiellen Modulation eines Audio-Signales wird für jede Abtastung der Unterschied zu ihrem Vorgänger codiert. Umfassen die Audio-Abtastwerte zum Beispiel je 8 Bit, kann ein differentielles Codierungssystem den Unterschied zwischen den Abtastungen mit vier Bit codieren. Dadurch werden die Eingabedaten um 50% komprimiert. Die Komprimierung ist verlustbehaftet, da der genaue Unterschied nicht immer codiert werden kann. Das Signal steigt vielleicht schneller an, als bei der Codierung zulässig ist oder kleine Unterschiede können nicht berücksichtigt werden, da die Codierung zu grob ist. Der verlustbehaftete Aspekt wird bei der differentiellen Modulation so gut bewältigt, daß immer ein gutes Signal erzeugt wird

Beim Komprimieren von grafischen Daten bei dieser Methode taucht mehr als ein Problem auf. Einerseits kann nicht erwartet werden, daß sich die Pixel eines Bildes ganz sanft von einer zur anderen Farbabstufung bewegen. Scharfe Abgrenzungen einzelner Bildkomponenten sind die Regel. Ein System, das auf der differentiellen Codierung basiert, muß in der Lage sein, sowohl auf große als auch auf kleine Unterschiede zwischen den einzelnen Abtastwerten einzugehen, was zu einer Effektivitätseinschränkung führt. Bei vielen Bildern gibt es große Bereiche, in denen es zwischen den einzelnen Pixeln keinen oder nur kleine Unterschiede gibt. Diese Bereiche können gut komprimiert werden. In anderen Bereichen kann es abrupte Wechsel geben, die überhaupt nicht komprimiert werden können.

Es sieht so aus, als ob mit der differentiellen Codierung von Grafiken keine besseren Ergebnisse als mit den besten verlustlosen Algorithmen erzielt werden könnten. Ganz sicher wird nicht die Verbesserung des Komprimierungsgrads erreicht, die eigentlich notwendig wäre.

Adaptive Codierung

Die adaptive Codierung (sie wird häufig zusammen mit der differentiellen Codierung eingesetzt) basiert auf der Fähigkeit, vorherzusehen, welche Pixel nachfolgen werden. Als Informationsgrundlage werden die zuvor eingelesenen Pixel herangezogen. Besaßen zum Beispiel die letzten zehn Pixel eines Graustufenbildes alle Werte zwischen fünfundvierzig und fünfzig, kann ein adaptives Komprimierungsverfahren mit hoher Wahrscheinlichkeit voraussagen, daß das nächste Pixel sich im selben Bereich bewegen. Bei einem auf Entropie basierenden Codierungsschema wie der Huffman- oder der arithmetischen Codierung können dann den eingelesenen Codes entsprechende Wahrscheinlichkeitsraten zugewiesen werden. Eine Alternative wäre es, mit einer Kompandierung zu arbeiten, bei der die feinste Körnung einem Bereich zugewiesen wird, der der Vorhersage am nächsten kommt. Wenn es Ihnen möglich ist, mit der Vorhersage-Methode einige fundierte Aussagen über die Wahrscheinlichkeit von Pixeln zu machen, kommt eine gewisse Datenkomprimierung zustande.

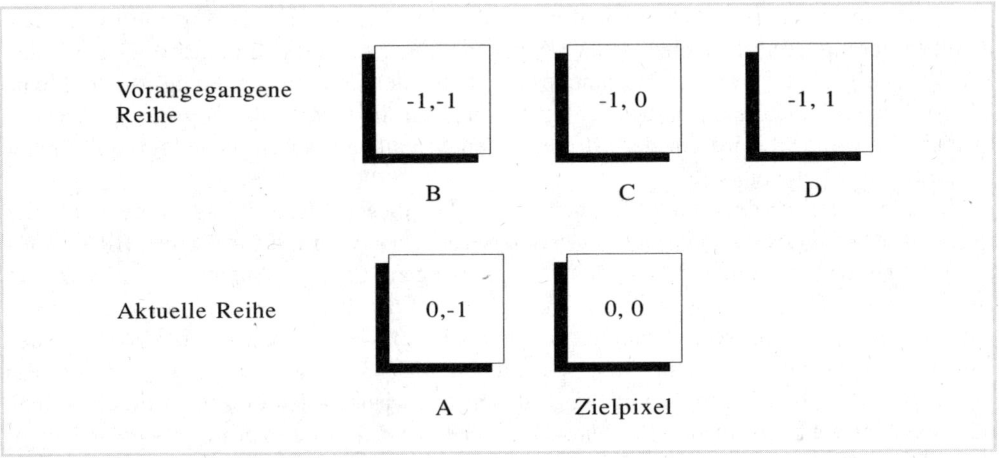

Abbildung 11-1: *Pixel, die für die adaptive Codierung herangezogen werden*

Die meisten adaptiven Schemata verwenden für ihre Wahrscheinlichkeitsberechnungen der neu hereinkommenden Pixel nur ein paar drumherumliegende. In Abbildung 11-1 befindet sich das zu codierende Pixel an der Position 0,0. Die Pixel, die meistens zur Berechnung der Wahrscheinlichkeitsrate herangezogen werden, befinden sich an den Positionen A, B, C und D. Vorhersagen über den Wert eines gewünschten Pixel können mit einer der folgenden Vorhersage-Gleichungen getroffen werden:

Diese Techniken berechnen anhand zuvor eingelesener Daten den wahrscheinlichsten Wert des Ziel-Pixel und richten das Codierungsschema entsprechend ein. Diese Berechnungen führen zwar zu guten Ergebnissen, aber diese entsprechen immer noch nicht dem notwendigen Komprimierungsgrad.

A
B
C
(A + B) / 2
(A + D) / 2
(A + (C + D) / 2) / 2
(A + (C - B))
(A + ((D - B) / 2))

Abbildung 11-2:
Vorhersage-Gleichungen

Ein funktionierender Standard: JPEG

In den späten 70er und den frühen 80er Jahren wurde im Zusammenhang mit der Bildkomprimierung ein neuer Forschungsbereich ins Leben gerufen, der eine Verbesserung der konventionelleren Komprimierungstechniken versprach. Ende der 80er Jahre war es soweit, daß erste kommerzielle Bildverarbeitungsapplikationen auf PC-Systemen eingesetzt werden konnten. Dies geschah meist in der Form von Coprozessorsteckkarten für UNIX und Macintosh-Arbeitsstationen. Diese Karten waren in der Lage, Bilder verlustbehaftet auf mehr als 95% zu komprimieren, ohne dabei die Bildqualität sichtbar zu beeinträchtigen.

Außerdem wurden anderweitig Anstrengungen unternommen, einen internationalen Standard zu entwickeln, der diese neuen Komprimierungsmethoden miteinschließt. Können grafische Formate dank eines Standards leicht übertragen werden, ist das ein Vorteil für alle Beteiligten. Die hinter dieser frühen Standardisierung steckende Hauptabsicht bestand in der Hoffnung, daß sie weitere Innovationen nicht behindern würde. Die beiden beteiligten Gruppen CCITT und ISO arbeiteten aktiv daran, Beiträge zur Bildkomprimierung sowohl aus der Industrie als auch von Hochschulen zu erhalten, und konnten, aus heutiger Sicht gesehen, den potentiellen negativen Konsequenzen ihrer Arbeit offensichtlich aus dem Wege gehen.

Die Standardgruppe, die von diesen beiden Organisationen gegründet wurde, heißt Joint Photographic Expert Group (JPEG) [Verband der Photographie-Experten]. Kurz vor Beendigung des Standardisationsprozesses wurde ein skizzenhafter Vorschlag erarbeitet, der 1991 stufenweise abgestimmt wurde.

Die JPEG-Spezifikation besteht aus mehreren Teilen, einschließlich einer Spezifikation für sowohl verlustlose als auch für verlustbehaftete Codierung. Die verlustlose Komprimierung setzt das weiter vorn behandelte voraussagende/adaptive Modell zusammen mit einer Huffman-Codierung ein, wodurch Bilder ohne jeden Auflösungsverlust komprimiert werden können. Der interessanteste Teil der JPEG-Spezifikation besteht in der Arbeit über die verlustbehaftete Komprimierungstechnik. Im Rest dieses Kapitels werden die

Grundlagen dieser Technik beschrieben. Zur Illustration der einzelnen Komponenten dienen Programmbeispiele.

JPEG-Komprimierung

Der verlustbehaftete JPEG-Komprimierungsalgorithmus operiert mit drei aufeinanderfolgenden Stufen (Siehe dazu Abbildung 11-3).

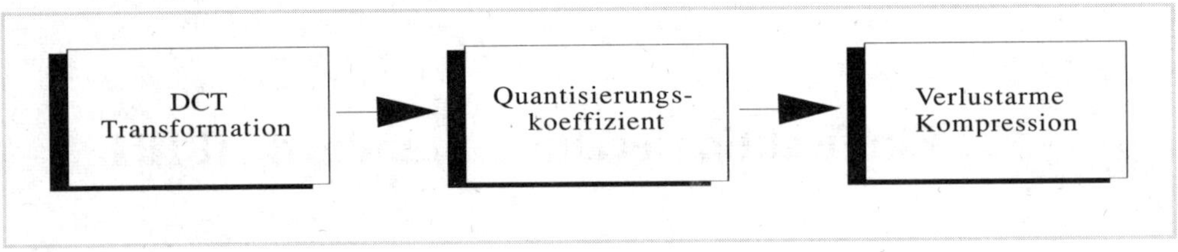

Abbildung 11-3: *Der verlustbehaftete JPEG-Komprimierungsalgorithmus*

Diese drei Schritte bilden zusammen einen leistungsfähigen Komprimierer, der in der Lage ist, Halbton-Bilder ohne oder mit nur wenig Qualitätsverlust auf bis zu 10% ihrer Originalgröße zu komprimieren.

Die diskrete Cosinus-Transformation

Der Schlüssel zum hier behandelten Komprimierungsprozeß findet sich bei einer mathematischen Transformation, die als diskrete Cosinus-Transformation (DCT) bekannt ist. Die DCT gehört zu einer Gruppe mathematischer Operationen, zu denen auch die bekannte schnelle Fourier-Transformation (FFT) und viele andere zählen. Die Grundoperation, die bei diesen Transformationen durchgeführt wird, besteht darin, ein Signal von einer Repräsentation in eine andere umzuwandeln.

Diese Transformation wird regelmäßig beim Analysieren digitaler Audio-Aufnahmen mit der FFT-Methode durchgeführt. Werden von einem hereinkommenden Audiosignal Abtastwerte gesammelt, ergibt das eine Repräsentation eines Signals im Zeitbereich. Das heißt: Es liegen Abtastwerte vor, die aussagen, welche Spannungszustände das Eingangssignal zu welchem Zeitpunkt hatte. Mit der Fourier-Transformation werden die Abtastwerte in Frequenzwerte umgewandelt, die exakt dasselbe Signal beschreiben.

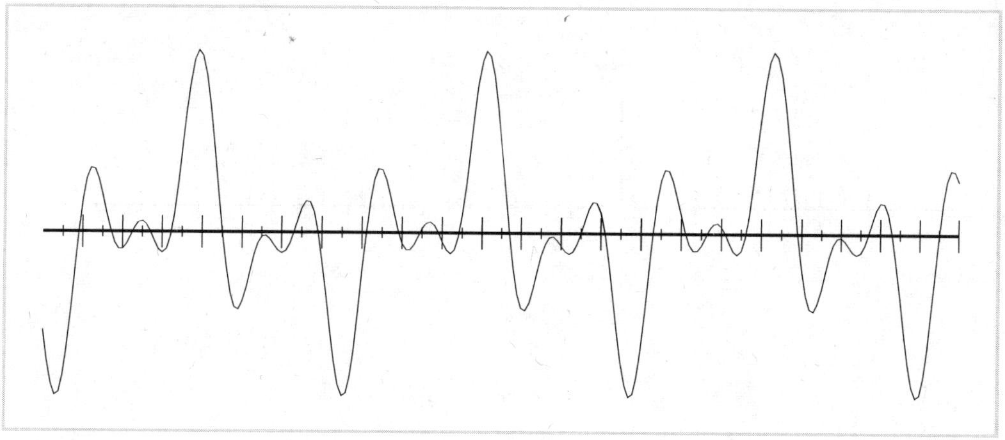

Abbildung 11-4: *Die klassische Darstellung eines analogen Signales über den Zeitbereich*

In Abbildung 11-4 sehen Sie die klassische Darstellung eines analogen Signals über den Zeitbereich. Dieses Signal besteht aus drei verschiedenen Sinuskurven, die zusammengenommen eine einzige, etwas kompliziertere Kurve ergeben. Jeder Abtastpunkt repräsentiert die relative Spannung oder Amplitude des Signals zu einem bestimmten Zeitpunkt.

In Abbildung 11-5 sehen Sie, was mit denselben Datenpunkten passiert, nachdem die Fourier-Transformation angewandt wurde. Bei der Darstellung des Signals über den Zeitraum stellt jeder Punkt der X-Achse einen anderen Zeitpunkt und jeder Punkt der Y-Achse einen bestimmten Zustand des Signals dar. Wurden die Datenpunkte mit der Fourier-Transformation bearbeitet, hat die X-Achse nicht mehr dieselbe Bedeutung. Jetzt repräsentiert jeder Punkt auf der X-Achse eine bestimmte Frequenz und die Y-Achse die Amplitude dieser Frequenz.

Anhand dieser Interpretation des Ergebnisses der Fourier-Transformation macht die Abbildung 11-5 sogleich einen Sinn. Sie besagt, daß das im vorigen Bild gezeigte Signal auch als Summe der drei verschiedenen Frequenzen repräsentiert werden kann, da sich daraus dasselbe Resultat ableiten läßt. Mit diesen Informationen sollte es leicht sein, das Signal so zu erstellen, wie es in Abbildung 11-4 vorliegt.

Ein weiterer wichtiger Punkt im Zusammenhang mit dieser Art von Transformation ist, daß diese Funktion umkehrbar ist. Im Prinzip könnten die Punkte aus Abbildung 11-5 mit einer umgekehrten Fourier-Transformation bearbeitet werden. Das Ergebnis sollten dann die in Abbildung 11-4 vorliegenden Punkte sein. Die beiden Transformationen sind im wesentlichen verlustlos bis auf einige Genauigkeitsverluste, die sich aus Rundungsfehlern ergeben.

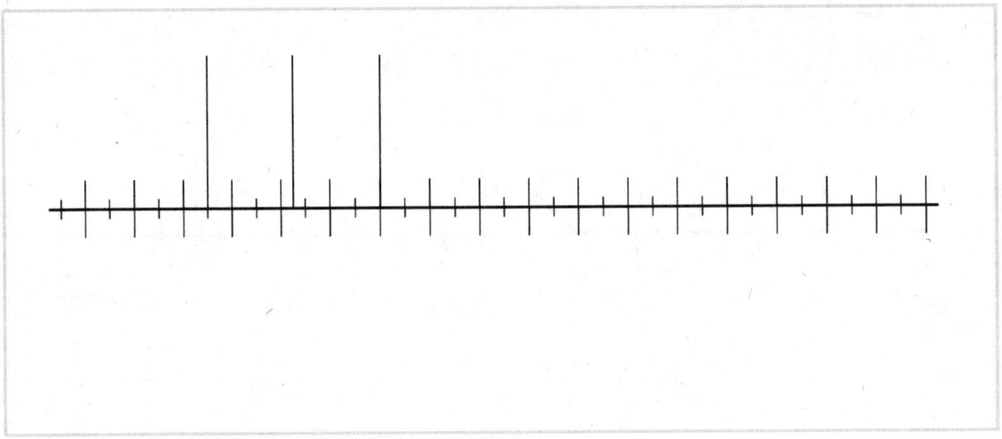

Abbildung 11-5: Datenpunkte nach der Fourier-Transformation

Die diskrete Cosinus-Transformation ist nah mit der Fourier-Transformation verwandt und produziert ein ähnliches Resultat. Bei dieser Methode werden eine Reihe von Punkten aus dem dreidimensionalen Raum in eine identische Repräsentation im Frequenzraum umgewandelt. Bei dieser Aktion ergibt sich jedoch leider eine Komplikation. Die diskrete Cosinus-Transformation arbeitet nämlich nicht mit einem zweidimensionalen Signal, das mit einer X- und einer Y-Achse dargestellt werden kann, sondern mit einem dreidimensionalen Signal, das eine X-, Y-, und Z-Achse benötigt.

Das »Signal« ist hier eine Grafik. Die X- und die Y-Achsen sind die beiden Bildschirmdimensionen. Die Amplitude des »Signals« ist ganz einfach der Wert eines Pixel an einem bestimmten Punkt des Bildschirmes. Bei den in diesem Kapitel benutzten Beispielen ist das ein 8-Bit-Wert, der eine Graustufe darstellt. Man kann sich die Grafik auf dem Bildschirm als komplexes dreidimensionales Signal vorstellen, bei dem der Wert auf der Z-Achse von der Farbe bestimmt wird, die der Bildschirm an dieser Stelle hat. Das ist also die räumliche Repräsentation des Signales.

Mit der diskreten Cosinus-Transformation kann man räumliche Informationen in »Frequenz-« oder »Spektral-« Informationen umwandeln. Die X- und die Y-Achse repräsentieren dabei die Frequenz des Signales in zwei unterschiedlichen Dimensionen. Wie bei der Fourier-Transformation gibt es eine inverse diskrete Cosinus-Transformation- (IDCT-) Funktion, mit der man die Spektralrepräsentation des Signales in die räumliche zurückverwandeln kann.

Besonderheiten der diskreten Cosinus-Transformation

Die Formel für die zweidimensionale diskrete Cosinus-Transformation können Sie Abbildung 11-6 entnehmen. Die Formel für die umgekehrte diskrete Cosinus-Transformation folgt in Abbildung 11-7. Die diskrete Cosinus-Transformation arbeitet mit einer NxN großen quadratischen Matrix, die aus Pixelwerten besteht. Das Ergebnis ist eine quadratische NxN große Matrix aus Frequenzkoeffizienten. Die Formel sieht auf den ersten Blick zwar furchterregend aus; sie kann aber mit einem recht unkomplizierten Programmteil bewältigt werden.

$$\mathrm{DCT}(i,j) = \frac{1}{\sqrt{2N}} C(i)\,C(j) \sum_{x=0}^{N-1} \sum_{y=0}^{N-1} \mathrm{pixel}(x,y) \cos\left[\frac{(2x+1)i\pi}{2N}\right] \cos\left[\frac{(2y+1)j\pi}{2N}\right]$$

$$C(x) = \frac{1}{\sqrt{2}} \text{ wenn x gleich 0, sonst 1 wenn } x > 0$$

Abbildung 11-6: *Die diskrete Cosinus-Transformation*

$$\mathrm{Pixel}(x,y) = \frac{1}{\sqrt{2N}} \sum_{i=0}^{N-1} \sum_{j=0}^{N-1} C(i)\,C(j)\,\mathrm{DCT}(i,j) \cos\left[\frac{(2x+1)i\pi}{2N}\right] \cos\left[\frac{(2y+1)j\pi}{2N}\right]$$

$$C(x) = \frac{1}{\sqrt{2}} \text{ wenn x gleich 0, sonst 1 wenn } x > 0$$

Abbildung 11-7: *Die Umkehrung zur diskreten Cosinus-Transformation*

Betrachtet man diese Funktion, fällt sofort auf, daß viele Ausdrücke dieser Gleichung durch einfache Operationen mit Nachschlagetabellen ersetzt werden können. Die beiden miteinander zu multiplizierenden Cosinusausdrücke müssen nur einmal am Anfang des Programmes berechnet werden, und die Werte können für den späteren Gebrauch abgespeichert werden. Genauso können die Ausdrücke C(x), die sich außerhalb der Summe befinden, durch Nachschlagetabellen ersetzt werden. Ist das erledigt, sehen die zur Berechnung des NxN-Teils des Bildschirms notwendigen Anweisungen etwa wie folgt aus:

```
for(i=0;i<N;i++ )
    for(j=0;j<N;j++) {
        temp = 0.0;
        for(x=0;x<N;x++)
            for(y=0;y<N;y++) {
                temp+= Cosinus[x][i] *
                    Cosinus[y][j] * pixel[x][y];
            }
        temp *= sqrt(2*N)*Koeffizienten[i][j];
        DCT[i][j] = INT_RUNDUNG(temp);
    }
```

Wozu die ganze Mühe?

Dieses Programmteil sieht so aus, als wäre er für einen Mathematiker ganz interessant. Was er mit Grafiken zu tun hat, ist nicht auf den ersten Blick zu erkennen. Nachdem die Pixel in Frequenzkoeffizienten umgewandelt wurden, gibt es noch immer so viele Punkte wie vorher. Es scheint also keine besonders gute Datenkomprimierungsmethode zu sein. Viel eindrucksvoller wäre es, wenn die diskrete Cosinus-Transformation eine NxN-Datenmatrix in eine N/2xN/2-Matrix umwandeln würde.

Abbildung 11-5 enthält einen Hinweis darauf, was das JPEG-Komitee mit der Auswahl dieses Algorithmus beabsichtigt hat. In Abbildung 11-5 ist zu sehen, daß die spektrale Darstellung der Audiokurve alle zur Beschreibung der Kurvenform benötigten Informationen in nur drei Punkten unterbringt. Im Prinzip könnte man also die 512 Punkte, aus denen die Eingabekurve besteht, mit nur drei Frequenzdatenpunkten beschreiben.

Mit der diskreten Cosinus-Transformation kann durch das Transformieren der Daten etwas ähnliches erreicht werden. Bei der NxN-Matrix besitzen alle Elemente in Zeile 0 in einer Richtung des Signals eine Frequenzkomponente von Null. Alle Elemente in Spalte 0 haben in der anderen Richtung eine Frequenzkomponente von ebenfalls 0. In dem Maße, wie sich die Zeilen und Spalten vom Ursprung entfernen, beginnen die Koeffizienten der transformierten DCT-Matrix höhere Frequenzen zu repräsentieren. Die höchste Frequenz befindet sich an der Position N-1 der Matrix.

Das ist wichtig, da die meisten Grafiken auf Computerbildschirmen aus Niederfrequenzinformationen bestehen. Wie sich herausstellt, befinden sich in Zeile und Spalte 0 (den DC-Komponenten) nützlichere Informationen über das Bild als in den Komponenten mit höherer Frequenz. Entfernt man sich weiter von den DC-Komponenten, stellt man fest, daß die Koeffizienten nicht nur zu niedereren Werten neigen, sondern, daß sie für die Beschreibung des Bildes weniger wichtig werden.

Durch einige diskrete Cosinus-Transformation können also Informationsteile im Signal bestimmt werden, die »weggeworfen« werden können, ohne die Bildqualität zu beeinträchtigen. Es ist schwierig, sich vorzustellen, wie das bei einem Bild vor sich gehen soll, das nicht transformiert wurde. Da das Bild immer noch mit Hilfe von Pixeln räumlich definiert ist, wäre es für ein Programm schwierig herauszufinden, welche Pixel für die Gesamterscheinung des Bildes wichtig sind und welche nicht.

Nachdem festgelegt wurde, daß die Transformation mit der diskreten Cosinus-Transformation ausgeführt werden soll, nahm das JPEG-Komitee den schwierigen Teil der Arbeit in Angriff, nämlich die Frage, wie unwichtige Teile des Bildes »weggeworfen« werden können. Näheres dazu später in diesem Kapitel.

Die Implementierung der diskreten Cosinus-Transformation

Eines der ersten Dinge, die bei der Untersuchung des Algorithmus zur diskreten Cosinus-Transformation ins Auge fallen, ist die Tatsache, daß die zur Berechnung jedes Transformations-Elementes benötigte Zeit in hohem Maße von der Matrixgröße abhängt. Da mit einer doppelt verschachtelten Schleife gearbeitet wird, ist die Anzahl der Berechnungen direkt proportional zu N Quadrat: Je größer N wird, desto dramatischer nimmt die Zeit zu, die zur Berechnung jedes Elementes in Anspruch genommen wird.

Eine Konsequenz, die sich daraus ergibt, besteht darin, daß es fast unmöglich ist, die diskrete Cosinus-Transformation auf ein ganzes Bild anzuwenden. Sogar die Berechnung einer DCT-Transformation eines nur 256x256 großen Graustufenbildes dauert extrem lange. Damit das umgangen wird, werden bei der DCT-Implementationen Bilder normalerweise in kleinere, besser zu bearbeitende Blöcke unterteilt. Die JPEG-Gruppe wählte einen 8x8 Block als Richtgröße für DCT-Berechnungen aus.

Durch die Vergrößerung des DCT-Blockes könnten zwar bessere Komprimierungsgrade erzielt werden. Es würde aber nicht lange dauern, bis ein Punkt erreicht wäre, bei dem die Vergrößerung keinen positiven Effekt mehr hat. Forschungen haben ergeben, daß der gegenseitige »Einfluß« zwischen Pixeln sich rasch mit der Entfernung verringert. Das heißt: Pixel, die lediglich fünfzehn oder zwanzig Positionen weiter entfernt sind, haben als Anhaltspunkt für Vorhersagen kaum einen Wert. Ein 64x64 großer DCT-Block wird nicht besser als vier 16x16 Blöcke komprimiert. Außerdem würden die Berechnungen viel länger dauern.

Einige Argumente sprechen für die Verwendung von 16x16 Blöcken als Basis für die DCT-Berechnungen. Das JPEG-Komitee entschloß sich aber, es bei 8x8 Blöcken zu belassen. Die Absicht war, praktische Implementationen zu ermöglichen, die mit der heute verfügbaren Technologie aufgebaut werden können. Diese Art der Komprimierung wird als »Blockcodierung« bezeichnet.

Matrixmultiplikation

Die weiter oben gezeigte Definition der diskreten Cosinus-Transformation ist eine recht schlüssige, doppelt verschachtelte Schleife. Das innere Schleifenelement wird N*N Mal für jedes DCT-Element, das berechnet wird, ausgeführt. Die innere Zeile besteht aus zwei Multiplikations- und einer Additionsoperation.

Eine weitaus effektivere Form der diskreten Cosinus-Transformation kann mit Hilfe von Matrixoperationen realisiert werden. Damit diese Operation ausgeführt werden kann, muß zuerst eine NxN Matrix erstellt werden, die als Cosinus-Transformationsmatrix C bezeichnet wird. Diese Matrix wird mit der Gleichung in Abbildung 11-8 definiert.

$$C_{i,j} = \begin{cases} \dfrac{1}{\sqrt{N}} & \text{wenn } i = 0 \\[2ex] \sqrt{\dfrac{2}{N}} \cos\left[\dfrac{(2x+1)\,i\,\pi}{2N}\right] & \text{wenn } i > 0 \end{cases}$$

Abbildung 11-8: *Die Cosinus-Transformationsmatrix*

Nachdem die Cosinus-Transformationsmatrix aufgebaut wurde, wird sie durch Rotieren um die Hauptdiagonale transformiert. Sie wird im Quelltext als Ct bezeichnet (Transponierte Cosinus-Transformationsmatrix). Diese Matrix wird nur einmal während der Programminitialisierung aufgebaut. Beide Matrizen können mit Hilfe der folgenden recht kurzen Schleifen gleichzeitig eingerichtet werden:

```
for (j= 0 ; j < N ; j++ ) { C[ 0 ][ j ] = 1.0 / sqrt( (double) N);
        Ct[ j ][ 0 ] = C[ 0 ][ j ];
   }
```

```
    for ( i = 1 ; i < N ; i++ ) {
        for ( j = 0 ; j < N ; j++ ) {
            C[ i ][ j ] = sqrt( 2.0 / N ) *
                 cos( pi * ( 2 * j + 1 ) * i / ( 2.0 * N ) );
            Ct[ j ][ i ] = C[ i ][ j ];
        }
    }
```

Nachdem diese beiden Matrizen aufgebaut wurden, kann die alternative Definition der diskreten Cosinus-Transformations-Funktion ausgenutzt werden:

```
DCT = C * Pixel * Ct
```

Bei dieser Gleichung bezieht sich der '*'-Operator auf die Matrixmultiplikation, nicht auf die normale arithmetische Multiplikation. Bei jedem Faktor der Gleichung handelt es sich um eine NxN-Matrix. Im Falle des JPEG-Algorithmus und dem in diesem Kapitel verwendeten Programm sind die Matrizen 8x8 groß.

Werden zwei quadratische Matrizen miteinander multipliziert, beträgt der Rechenaufwand für jedes Element der Ergebnismatrix N Multiplikations- und N Additionsoperationen. Da zur Erstellung der Cosinus-Transformations-Matrix zwei Matrixmultiplikationen braucht werden, benötigt man für die Berechnung von jedem Element der transformierten DCT-Matrix 2N Multiplikationen und Additionen. Das ist gegenüber der verschachtelten Schleifendefinition der vorher benutzten diskreten Cosinus-Transformation eine wesentliche Verbesserung.

```
/*  MatrixMultiplikation( temp, pixel, Ct ); */
    for ( i = 0 ; i < N ; i++ ) {
        for ( j = 0 ; j < N ; j++ ) {
            temp[ i ][ j ] = 0.0;
            for ( k = 0 ; k < N ; k++ )
     temp[ i ][ j ] += ( pixel[ i ][ k ] - 128 ) * Ct[ k ][ j ];
        }
    }
/*  MatrixMultiplikation( DCT, C, temp ); */
    for ( i = 0 ; i < N ; i++ ) {
     for ( j = 0 ; j < N ; j++ ) {
      temp1 = 0.0;
      for (k = 0 ; k < N ; k++)temp1 += C[i][ k ] * temp[ k ][ j ];
        DCT[ i ][ j ] = temp1;
        }
    }
```

Oben sehen Sie den Programmteil, mit dem die diskrete Cosinus-Transformation mittels Matrixarithmetik realisiert wird. Er besteht, wie Sie sehen, aus nichts anderem als zwei dreifach verschachtelten Schleifen. Der erste Satz Schleifen multipliziert die transponierte Cosinus-Transformationsmatrix mit der Pixelmatrix. Daraus ergibt sich eine temporäre Matrix. Die temporäre Matrix wird daraufhin mit der Cosinus-Transformationsmatrix multipliziert. Daraus resultiert die diskrete Cosinus-Transformationsmatrix.

Weitere Verbesserungen

Die hier gezeigten Versionen der diskreten Cosinus-Transformation führen dieselben Operationen aus, wie sie in kommerziellen Implementationen zu finden sind. Es sind jedoch zusätzliche Optimierungen notwendig, um JPEG-Komprimierungsprogramme zu erzeugen, deren Ausführung ungefähr in Echtzeit erfolgt.

Eine Verbesserung, die am Algorithmus vorgenommen werden kann, besteht darin, einen Algorithmus zu entwickeln, der nur mit Integerarithmetik arbeiten. Damit die zur erfolgreichen Ausführung benötigte Genauigkeit erreicht wird, wird in allen Programmversionen, die in diesem Kapitel getestet werden, die genauere Fließkommaarithmetik eingesetzt. Es ist jedoch möglich, diskrete Cosinus-Transformationen zu entwickeln, die mit skalierter Integermathematik arbeiten. Das führt bei den meisten Plattformen zu höheren Ausführungsgeschwindigkeiten.

Da die diskrete Cosinus-Transformation mit der diskreten Fourier-Transformation verwandt ist, sollte es nicht überraschen, daß viele der Techniken, mit denen Fourier-Transformationen beschleunigt werden können, auch auf die diskrete Cosinus-Transformation angewandt werden können. Überall auf der Welt arbeiten Menschen den ganzen Tag daran, digitale Signalverarbeitungstechniken auf die diskrete Cosinus-Transformation zu übertragen. Jeder Prozessorzyklus, der bei der Transformation eingespart wird, kann einen großen Fortschritt mit sich bringen. Es wird also aus guten Gründen so intensiv in diesem Bereich geforscht.

Das Ergebnis der diskreten Cosinus-Transformation

In Abbildung 11-9 sehen Sie einen repräsentativen Ausschnitt eines Graustufenbildes. Das Ausgangsmaterial besteht aus einer 8x8 großen Pixelwertmatrix. Die Werte sind relativ zufällig in einem Bereich von 140 bis 175 verteilt. Diese Integerwerte werden an den diskreten Cosinus-Transformations-Algorithmus übergeben, der damit die darunterliegende Ergebnismatrix erstellt.

Eingangspixelmatrix:

140	144	147	140	140	155	179	175
144	152	140	147	140	148	167	179
152	155	136	167	163	162	152	172
168	145	156	160	152	155	136	160
162	148	156	148	140	136	147	162
147	167	140	155	155	140	136	162
136	156	123	167	162	144	140	147
148	155	136	155	152	147	147	136

Ergebnis-DCT-Matrix:

186	-18	15	-9	23	-9	-14	19
21	-34	26	-9	-11	11	14	7
-10	-24	-2	6	-18	3	-20	-1
-8	-5	14	-15	-8	-3	-3	8
-3	10	8	1	-11	18	18	15
4	-2	-18	8	8	-4	1	-7
9	1	-3	4	-1	-7	-1	-2
0	-8	-2	2	1	4	-6	0

Abbildung 11-9: *Die diskrete Cosinus-Transformation angewandt auf einen Pixelblock aus KIND.GS*

In der Ergebnismatrix sieht man die erwarteten spektralen Komprimierungscharakteristika der diskreten Cosinus-Transformation. Der »DC-Koeffizient« befindet sich an der Position 0,0 in der linken oberen Ecke der Matrix. Dieser Wert repräsentiert den Durchschnitt aller Amplituden der Ausgangsmatrix, da er die DC-Komponente sowohl in der X- als auch in der Y-Achse darstellt. Beachten Sie, daß der DC-Koeffizient schon fast eine Größenordnung umfangreicher ist als alle anderen in der DCT-Matrix vorliegenden Werte ist. Zusätzlich ist bei der DCT-Matrix ein allgemeiner Trend zu beobachten. Je weiter sich die Elemente vom DC-Koeffizienten entfernen, desto kleiner werden sie.

Das heißt: Werden die Ausgangsdaten mit der diskreten Cosinus-Transformation bearbeitet, konzentriert sich der tatsächliche Bildinhalt auf die linken oberen Koeffizienten der Ergebnismatrix. Die Koeffizienten unten rechts beinhalten weniger wichtige Informationen. Im nächsten Abschnitt wird behandelt, was das für die Datenkomprimierung bedeutet.

Quantisierung

In Abbildung 11-3 ist der JPEG-Komprimierungsprozeß als dreistufige Prozedur dargestellt, wobei der erste Schritt in einer diskreten Cosinus-Transformation besteht. Die diskrete Cosinus-Transformation ist eine verlustlose Transformation, bei der eigentlich keine Komprimierung stattfindet. Es wird lediglich der Weg für die »verlustbehaftete« oder quantisierende Stufe des Prozesses bereitet.

Zur Abspeicherung der DCT-Ergebnismatrix wird mehr Platz benötigt als für die originale Pixelmatrix. Der diskreten Cosinus-Transformation wurden 8-Bit-Pixelwerte übergeben. Sie lieferte jedoch Ergebniswerte, die in einem Bereich liegen, der sich von -1024 bis 1023 erstreckt, wofür elf Bit benötigt werden. Etwas Gravierendes muß passieren, damit die DCT-Matrix weniger Platz einnimmt.

Die »drastische« Aktion, mit der die Anzahl der zur Speicherung der DCT-Matrix benötigten Bit verringert wird, heißt »Quantisierung«. Dabei wird die Anzahl der zum Speichern eines Integerwertes benötigten Bit durch Herabsetzen der Genauigkeit reduziert. Nach Komprimieren eines DCT-Bildes kann man die Genauigkeit der Koeffizienten mehr und mehr verringern, je weiter sie sich vom DC-Koeffizienten im Ursprung entfernen. Je weiter man sich von 0,0 entfernt, desto weniger trägt das Element zur Grafik bei, und um so weniger muß man sich um die Genauigkeit seines Wertes kümmern.

Der JPEG-Algorithmus realisiert die Quantisierung mit einer Quantisierungsmatrix. Für jede Elementposition in der DCT-Matrix existiert ein Wert in der Quantisierungsmatrix, der sogenannte Quantum-Wert. Er gibt an, was für eine Schrittgröße dieses Element bei der komprimierten Version des Bildes besitzt. Die Werte liegen dabei in einem Bereich, der sich von 1 bis 255 erstreckt.

Die Elemente, die für das Bild am wichtigsten sind, werden mit einer kleinen Schrittgröße codiert. Größe 1 liefert die größte Genauigkeit. Die Werte werden größer, je weiter man sich vom Ursprung entfernt. Die Quantisierungsformel ist recht einfach:

$$\text{Quantisierter Wert(i,j)} = \frac{\text{DCT(i,J)}}{\text{Quantum(i,J)}} \qquad \text{gerundet zur nächstkleineren ganzen Zahl}$$

Geht man von dieser Formel aus, wird klar, daß mit Quantisierungswerten über fünfundzwanzig oder vielleicht fünfzig, dafür gesorgt wird, daß alle Werte höherer Frequenzkomponenten auf Null abgerundet werden. Nur wenn die Hochfrequenzkoeffizienten ungewöhnlich hohe Werte aufweisen, werden sie mit Werten ungleich Null codiert. Die Dequantisierungsformel kehrt den Prozeß während der Dekomprimierung um:

$$\text{DCT(i,j)} = \text{quantisierter Wert(i,j)} * \text{Quantum(i,j)}$$

Wird mit großen Quantum-Werten gearbeitet, besteht das Risiko, daß sich während der Dequantisierung in das DCT-Ergebnis grobe Fehler einschleichen. Glücklicherweise haben diese Fehler, da sie nur bei Hochfrequenzkomponenten auftauchen, keine großen Auswirkungen auf die Bildqualität.

Die Auswahl einer Quantisierungsmatrix

Zur Definition der Werte in der Quantisierungsmatrix können viele Schemata herangezogen werden. Die verschiedenen Schemata können mit mindestens zwei unterschiedlichen Experimentalanordnungen getestet werden. Bei der einen wird nach der Dekomprimierung der mathematische Fehler, der zwischen Ausgabe- und Eingabebild besteht, bestimmt, um ein akzeptables Fehlerniveau herauszufinden. Mit dem zweiten Experiment wird untersucht, welche Auswirkung die Dekomprimierung auf das menschliche Auge hat. Das entspricht nicht immer exakt den mathematischen Unterschieden der einzelnen Fehlerniveaus.

Da die Quantisierungsmatrix während der Komprimierung definiert werden kann, läßt die JPEG den Einsatz jeder Quantisierungsmatrix zu, auch wenn die ISO eine Standardquantisierungsmatrix entwickelt hat, die von den Implementoren des JPEG-Algorithmus benutzt werden kann. Diese Tabellen wurden nach intensiven Tests von Mitgliedern des JPEG-Komitees erstellt. Sie stellen eine gute Basis für anspruchsvolle Komprimierungen dar.

Da Quantisierungsmatrizen während der Programmausführung aufgebaut werden können, ist es möglich, die gewünschte Bildqualität beim Komprimieren mit dem JPEG-Algorithmus auszuwählen. Nimmt man für die meisten DCT-Koeffizienten große Schrittwerte, erhält man gute Komprimierungsgrade und schlechte Bildqualitäten. Wählt man vorsichtig kleine Schrittgrößen, ist der Komprimierungsgrad nicht so beeindruckend, aber die Bildqualität exzellent. JPEG-Anwender sind sehr flexibel. Sie können die Bildqualität sowohl den Bild- als auch den Speicheranforderungen anpassen.

Die zusammen mit diesem Testprogramm eingesetzten Quantisierungstabellen wurden mit Hilfe eines einfachen Algorithmus erstellt. Damit der Wert der Quantum-Schrittgröße bestimmt werden kann, gibt der Anwender einen »Qualitätsfaktor« vor, der im Bereich zwischen eins und fünfundzwanzig liegen sollte. Werte, die größer als fünfundzwanzig sind, sind auch möglich. Die Bildqualität leidet bei diesem Niveau jedoch schon so stark, daß größere Werte nicht mehr in Betracht kommen.

```
for ( i = 0 ; i < N ; i++ )
     for ( j = 0 ; j < N ; j++ )
Quantum[ i ][ j ] = 1 + ( ( 1 + i + j )  * qualitaet );
```

Mit dem Qualitätsfaktor wird der Unterschied zwischen den Bereichen derselben Quantisierungsstufe festgelegt. Diese Bereiche sind entlang einer diagonalen Linie der Matrix angeordnet. Quantisierungsstufen mit demselben Wert haben also alle ungefähr denselben Abstand zum Ursprung. Es folgt als Beispiel eine Quantisierungsmatrix mit einem Qualitätsfaktor von zwei.

3	5	7	9	11	13	15	17
5	7	9	11	13	15	17	19
7	9	11	13	15	17	19	21
9	11	13	15	17	19	21	23
11	13	15	17	19	21	23	25
13	15	17	19	21	23	25	27
15	17	19	21	23	25	27	29
17	19	21	23	25	27	29	31

Abbildung 11-10: *Quantisierungsmatrix mit einem Qualitätsfaktor von zwei*

DCT Matrix vor der Quantisierung	92	3	-9	-7	3	-1	0	2
	-39	-58	12	17	-2	2	4	2
	-84	62	1	-18	3	4	-5	5
	-52	-36	-10	14	-10	4	-2	0
	-86	-40	49	-7	17	-6	-2	5
	-62	65	-12	-2	3	-8	-2	0
	-17	14	-36	17	-11	3	3	-1
	-54	32	-9	9	22	0	1	3
DCT Matrix nach der Dequantisierung	90	0	-7	0	0	0	0	0
	-35	-56	9	11	0	0	0	0
	-84	54	0	-13	0	0	0	0
	-45	-33	0	0	0	0	0	0
	-77	-39	45	0	0	0	0	0
	-52	60	0	0	0	0	0	0
	-15	0	-19	0	0	0	0	0
	-51	19	0	0	0	0	0	0

Abbildung 11-11: *Die Auswirkungen der Quantisierung*

Als ein Ergebnis dieser Konfiguration muß der DCT-Koeffizient bei 7,7 einen Wert von 16 erreichen, damit er mit einem Wert größer Null codiert wird. Dadurch wird die Schwelle für ein Element festgelegt, die überschritten werden muß, bevor Informationen von Bedeutung an das Bild übergeben werden. Was unter dieser Schwelle liegt,bleibt unbeachtet. An dieser Stelle des Algorithmus kommt es zum »verlustbehafteten« Effekt der Komprimierung. Der erste Schritt, die diskrete Cosinus-Transformation, ist bis auf geringe mathematische Genauigkeitsfehler verlustlos. Der auf die Quantisierung folgende Schritt ist eine verlustlose Codierung. Nur hier besteht die Möglichkeit, Daten loszuwerden.

Codierung

Der letzte Schritt des JPEG-Prozesses besteht in der Codierung der quantisierten Bilder. In der JPEG-Codierungsphase werden drei verschiedene Schritte zur Bildkomprimierung kombiniert. Beim ersten Schritt wird der DC-Koeffizient bei 0,0 von einem absoluten in einen relativen Wert umgewandelt. Da zusammenhängende Bildblöcke eng miteinander korrelieren, erhält man durch die Codierung des DC-Elementes als Unterschied zum vorigen DC-Element eine sehr kleine Zahl. Anschließend werden die Koeffizienten des Bildes in einer »Zickzack-«Sequenz angeordnet. Nun können sie mit Hilfe von zwei unterschiedlichen Mechanismen codiert werden. Der erste besteht in einer Lauflängen-Codierung der Nullwerte. Der zweite wird als »Entropie-Codierung« bezeichnet. Dazu müssen die Koeffizientencodes entweder mit Huffman-Codes oder mit der arithmetischen Codierung umgewandelt werden. Das bleibt dem Implementor überlassen.

Die Zickzack-Sequenz

Ein Grund dafür, daß mit dem JPEG-Algorithmus so gut komprimiert werden kann, ist, daß viele Koeffizienten des DCT-Bildes während der Quantisierung zu Nullwerten werden, und zwar so viele Werte, daß das JPEG-Komitee entschieden hat, Nullwerte anders als andere Koeffizientenwerte zu behandeln.

Die Nullwerte werden nicht mit der Huffman-Methode oder der arithmetischen Codierung codiert sondern mit einem Lauflängen-(RLE-)-Algorithmus. Ein einfacher Code wird verwendet, der die Anzahl der aufeinanderfolgenden Nullwerte im Bild angibt. Da bei vielen Bildern über die Hälfte der Koeffizienten zu Null quantisiert werden, besteht die Möglichkeit, gute Komprimierungsgrade zu erreichen.

Eine Möglichkeit, die Lauflänge zu vergrößern, besteht darin, die Koeffizienten in Zickzack-Sequenzen anzuordnen. Anstatt die Koeffizienten zeilenweise zu komprimieren, wie das Programmierer sonst sicherlich tun würden, bearbeitet der JPEG-Algorithmus den Block entlang diagonaler Pfade. Dabei selektiert er die höchsten Elementwerte zuerst und arbeitet sich bis zum niedersten Wert vor.

Der Pfad der Zickzack-Sequenz ist in Abbildung 11-12 dargestellt. Bei dem in diesem Kapitel benutzten Programm folgen die diagonalen Bereiche der Quantisierungsschritte genau denselben Linien. Diese Zickzack-Sequenz ist also für unser Programm sehr geeignet.

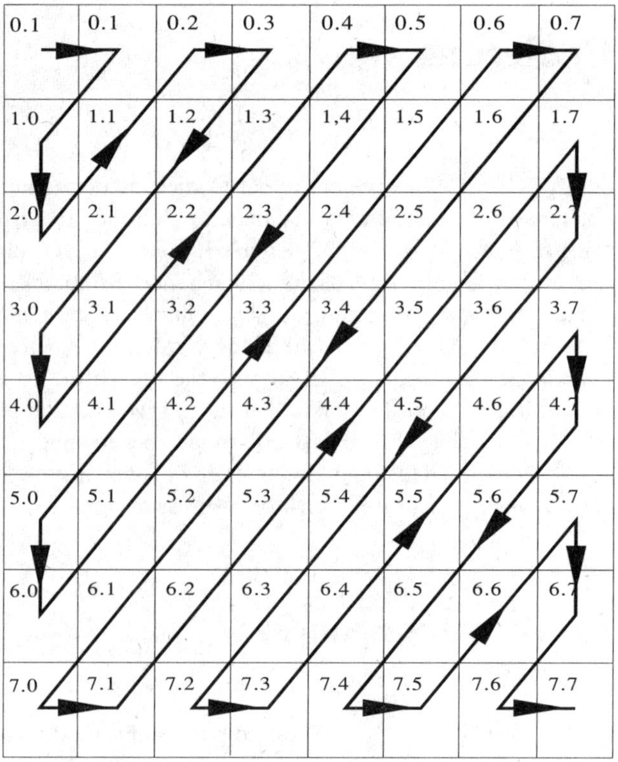

Abbildung 11-12: *Der Pfad der Zickzack-Sequenz*

Die Implementierung der Zickzack-Sequenz in C läßt sich am besten mit einer einfachen Tabelle verwirklichen. Beim Beispielprogramm ist die Sequenz Teil einer Struktur, auf die sequentiell zugegriffen werden kann, um zu bestimmen, welche Zeilen- und welche Spaltenposition an der Reihe ist.

```
struct zickzack {
    int zeile;
    int spalte;
} ZickZack[ N * N ] =
```

```
{
    {0, 0},
    {0, 1}, {1, 0},
    {2, 0}, {1, 1}, {0, 2},
    {0, 3}, {1, 2}, {2, 1}, {3, 0},
    {4, 0}, {3, 1}, {2, 2}, {1, 3}, {0, 4},
    {0, 5}, {1, 4}, {2, 3}, {3, 2}, {4, 1}, {5, 0},
    {6, 0}, {5, 1}, {4, 2}, {3, 3}, {2, 4}, {1, 5}, {0, 6},
    {0, 7}, {1, 6}, {2, 5}, {3, 4}, {4, 3}, {5, 2}, {6, 1}, {7, 0},
    {7, 1}, {6, 2}, {5, 3}, {4, 4}, {3, 5}, {2, 6}, {1, 7},
    {2, 7}, {3, 6}, {4, 5}, {5, 4}, {6, 3}, {7, 2},
    {7, 3}, {6, 4}, {5, 5}, {4, 6}, {3, 7},
    {4, 7}, {5, 6}, {6, 5}, {7, 4},
    {7, 5}, {6, 6}, {5, 7},
    {6, 7}, {7, 6},
    {7, 7}
};
```

Es folgt der C-Quelltext, mit dem jedes der DCT-Resultate an die Komprimierungsfunktion weitergeleitet wird. Statt jedes Resultat direkt nachzuschauen, wird anhand der Zickzack-Struktur bestimmt, welche Zeile und welche Spalte als nächstes codiert werden soll:

```
    for ( i = 0 ; i < ( N * N ) ; i++ )
{
    zeile = ZickZack[ i ].zeile;
    spalte = ZickZack[ i ].spalte;
    resultat = DCT[ zeile ][ spalte ] / Quantum[ zeile ]
                    [ spalte ];
    CodeAusgeben( ausgabe_file, RUNDE( resultat ) );
}
```

Entropie-Codierung

Nach der Konvertierung des DC-Elementes in die Differenz zum Element des vorigen Blockes und dem Umordnen des DCT-Blockes in eine Zickzack-Struktur gibt der JPEG-Algorithmus die Elemente mit einem »Entropie-Codierungsmechanismus« aus. Die Lauflängen-Codierung ist ein integraler Bestandteil des Codierungsmechanismus. Im Grunde besteht die Ausgabe des Entropiecodierers aus einer Sequenz von drei Tokens, die solange wiederholt werden, bis der Block vollständig ist. Die drei Tokens sehen wie folgt aus:

– Lauflänge : Anzahl der aufeinanderfolgenden Nullen, die vor dem aktuellen Element in der DCT-Ergebnismatrix stehen.

– Bitzähler : Anzahl der Bit, mit der die Amplitude dargestellt wird.
– Amplitude : Amplitude des DCT-Koeffizienten.

Die im Testprogramm dieses Kapitels verwendete Codierungssequenz ist eine Kombination aus Lauflängencodierung und Codierung mit Codes variabler Länge. Die Lauflängen- und Bitanzahlwerte werden zu einem Ausgabecode verbunden. Die Bitanzahl bezieht sich auf die Anzahl der Bit, die zum Codieren der Amplitude als Integer mit variabler Länge benötigt wird.

Das Codierungsschema der variablen Länge funktioniert deshalb so gut, weil die DCT-Werte größtenteils aus kleineren Zahlen bestehen, die mit weniger Bit codiert werden können. Die notwendigen Bitanzahlen und die zugehörigen Amplitudenwerte sehen wie folgt aus:

Bitanzahl	Amplitudenwert
1	-1,1
2	-3 bis -2,2 bis 3
3	-7 bis -4,4 bis 7
4	-15 bis -8,8 bis 15
5	-31 bis -16,16 bis 31
6	-63 bis -32,32 bis 64
7	-127 bis -64,64 bis 127
8	-255 bis -128,128 bis 255
9	-511 bis -256,256 bis 511
10	-1023 bis -512,512 bis 1023

Jede Bitanzahl codiert einen symmetrischen Bereich, der aus negativen und positiven Werten besteht. Die Werte, die in der Mitte übersprungen wurden, werden mit einer kleineren Anzahl Bit codiert.

Diese Form der Codierung mit einer variablen Anzahl Bit ist nicht so effektiv wie die Huffman-Codierung, aber sie funktioniert recht gut, besonders wenn die Daten wie erwartet größtenteils aus kleineren Werten bestehen.

Was ist mit Farbe?

Bei den Beispielprogrammen in diesem Kapitel und im größten Teil des Textes wurde über das Komprimieren von Bildern gesprochen, die nur über eine Farbkomponente, normalerweise eine Graustufenskala, verfügen. Das führt zur Frage, was mit farbigen Bildern passiert.

Farbige Bilder bestehen normalerweise aus drei Komponenten, wie rot, grün und blau aus der RGB-Skala. In diesen Fällen behandelt der JPEG-Algorithmus das Bild so, als würde es aus drei separaten Bildern bestehen. Bei einem RGB-Bild würde zuerst die rote, dann die grüne und dann die blaue Komponente komprimiert.

Das Beispielprogramm

Das in diesem Kapitel zur Demonstration der DCT-Komprimierung verwendete Beispielprogramm befindet sich in der C-Quelltextdatei DCT.C. Es muß zusammen mit den Modulen BITEA.C, ERRHAND.C und MAIN-K.C oder MAIN-E.C kompiliert und gelinkt werden. Mit MAIN-K.C wird komprimiert und mit MAIN-E.C dekomprimiert.

In der Kommandozeile des DCT-Komprimierungsprogrammes kann ein zusätzlicher Parameter, der Qualitätsfaktor, aufgeführt werden. Mit seiner Hilfe kann man einen Faktor zwischen Null und fünfundzwanzig auswählen. Null repräsentiert dabei die beste und fünfundzwanzig die schlechteste Qualität. Wie weiter vorn in diesem Kapitel behandelt, wird mit diesem Qualitätsfaktor die Quantisierungstabelle, die die Schrittgröße aller DCT-Elemente enthält, initialisiert. Die Befehlssyntax für das Komprimierungsprogramm sieht wie folgt aus:

```
DCT-K eingabedatei ausgabedatei [qualität]
```

Ist kein Qualitätsfaktor angegeben, wird ein Standardwert von drei verwendet, wobei es sich hier um eine willkürlich gewählte Zahl handelt. Der Qualitätsfaktor wird in der komprimierten Datei untergebracht. Das Dekomprimierungsprogramm benötigt deshalb diesen Parameter nicht in seiner Kommandozeile. Die Dekomprimierungssyntax sieht wie folgt aus:

```
DCT-E eingabedatei ausgabedatei
```

Das DCT-Beispielprogramm in diesem Kapitel ist keine Implementation der JPEG-Komprimierung. Der erste und der zweite Schritt des Algorithmus wird exakt nachgeahmt. Dabei handelt es sich um die DCT-Transformation, gefolgt von den Quantisierungs- und den Zickzack-Codierungsschritten. Der einzige signifikante Unterschied zum JPEG-Algorithmus besteht an dieser Stelle darin, daß der DC-Koeffizient bei 0,0 nicht als Unterschied zum vorigen Koeffizienten codiert wird.

Das hier benutzte Testprogramm unterscheidet sich weiter in der auf die Quantisierung folgenden Codierungsphase von einer JPEG-Implementation. DCT.C benutzt keine Huffman-Codierung sondern eine etwas andere Form der Lauflängen-Codierung und eine Codierung mit Integercodes variabler Länge.

Grafikdateiformat

Grafikdateien liegen in einer Fülle von Formaten vor. Das Decodieren und Verstehen all dieser Formate kann zu einem beträchtlichen Problem werden. Dieses Buch versteht sich nicht als wissenschaftliche Abhandlung über Dateiformate. Die in diesem Kapitel verwendeten Grafikbeispiele sind deshalb in Dateien abgelegt, deren Format, einem »Nicht-Format« am nächsten kommt.

Alle in diesem Kapitel benutzten Grafikdateien sind zeilenförmig abgespeichert, dabei folgen alle Pixel einer Zeile unmittelbar aufeinander. Zuerst kommt der obere Rand des Bildschirmes und darauf alle weiteren Bildschirmzeilen bis zum unteren Bildschirmrand. Bei jeder Datei handelt es sich um ein Graustufenbild mit 320 Spalten auf 200 Zeilen. Die Pixel setzen sich jeweils aus acht Bit zusammen, die in einem Bereich zwischen 0 und 255 liegen. Die Graustufen-Dateien haben die Endung »GS«. Dadurch werden sie als nicht formatierte Graustufen-Dateien gekennzeichnet.

Dieses Format kann besonders leicht auf IBM VGA-Monitoren dargestellt werden. Es dürfte jedoch ganz einfach sein, dieses Format auf ein beliebiges System zu übertragen, das in der Lage ist, 256 Farben darzustellen. Ein kurzes Programm mit dem Name GS.C befindet sich auf der beiliegenden Diskette. Damit können Dateien auf IBM VGA-Monitoren dargestellt werden. Da VGA nur in der Lage ist, vierundsechzig Graustufen darzustellen, geht bei der Anzeige einiges an Bildinformationen verloren. Dies wird jedoch vom menschlichen Auge kaum wahrgenommen.

Zusätzlich zu GS.C, das GS-Dateien auf IBM-kompatiblen VGA-Monitoren darstellt, gibt es ein zweites Anzeigeprogramm mit dem Namen GSDIFF.C. Dabei wird der Unterschied zwischen einer Originaldatei und ihrer Reproduktion nach dem Komprimierungs/Dekomprimierungszyklus getestet. Zuerst werden die Unterschiede zwischen den beiden Dateien sichtbar gemacht. Anschließend wird der RMS-Fehler (Wurzel aus der mittleren quadratischen Abweichung, eine Art Standardabweichung) auf dem Bildschirm angezeigt. Es ist zwar nicht das Gelbe vom Ei, dem Komprimierungszyklus mit Hilfe des RMS-Wertes einen Qualitätsfaktor zuzuweisen, aber man sieht dadurch ganz gut, wie die Komprimierung funktioniert.

Der Quelltext

Es folgt eine zusammengefaßte Version der Komprimierungsroutine (ein komplettes Listing befindet sich am Ende des Kapitels). Die Routine ruft zuerst die Initialisierungsfunktion auf, mit der die Quantisierungstabelle und die Cosinus-Transformationsmatrix eingerichtet werden. Der Qualitätsparameter muß an diese Routine übergeben werden, damit die Quantisierungsmatrix ordnungsgemäß aufgebaut werden kann.

Der nächste Schritt besteht darin, den Qualitätsfaktor in der Ausgabedatei abzulegen. Durch diese Maßnahme wird die Möglichkeit eliminiert, versehentlich mit der falschen

Quantisierungsmatrize zu dekomprimieren. Dadurch wäre das Resultat eine einzige Katastrophe.

```
void KomprimiereDatei( eingabe, ausgabe, argc, argv )
FILE *eingabe;
BIT_FILE *ausgabe;
int argc;
char *argv[];
{
    int zeile;
    int spalte;
    int i;
    unsigned char *eingabe_array[ N ];
    int ausgabe_array[ N ][ N ];
    int qualitaet;
    qualitaet = atoi( argv[ 0 ] );
    printf( "Benutze den Qualitätsfaktor %d\n", qualitaet );
    Initialisiere( qualitaet );
    OutputBits( ausgabe, (unsigned long) qualitaet, 8 );
    for ( zeile = 0 ; zeile < ZEILEN ; zeile += N ) {
    LesePixelStreifen( eingabe, PixelStreifen );
    for ( spalte = 0 ; spalte < SPALTEN ; spalte += N ) {
            for ( i = 0 ; i < N ; i++ )
        eingabe_array[ i ] = PixelStreifen[ i ] + spalte;
        DCTUmwandlung( eingabe_array, ausgabe_array );
        SchreibeDCTDaten( ausgabe, ausgabe_array );
        }
    }
    CodeAusgeben( ausgabe, 1 );
}
```

Schließlich wird in die Komprimierungsschleife eingetreten. Da die Daten zeilenweise abgespeichert sind, muß zuerst ein Streifen, der aus acht Zeilen besteht, eingelesen werden, bevor 8x8 Blöcke gebildet und dann komprimiert werden können. Das wird von einer Routine mit dem Namen LesePixelStreifen erledigt. Diese Routine liest einen ganzen Pixelstreifen ein, der 8 Zeilen lang und 320 Spalten breit ist.

Der nächste Teil der Schleife richtet das Array eingabe_array ein. Dieses Array wird an die DCT-Routine übergeben und besteht aus einem acht Zeiger umfassenden Block. Wird das Array an die DCT-Routine übergeben, kann eingabe_array von ihr als 8x8 Ausgangsmatrix behandelt werden.

Anschließend wird die DCT-Routine aufgerufen. Ihr wird eine 8x8 große Matrix aus vorzeichenlosen Zeichen übergeben, und sie liefert eine 8x8 Matrix aus Integerwerten zurück. Diese Integermatrix wird daraufhin zur Komprimierung und zum Ablegen in der Datei an die Routine SchreibeDCTDaten() weitergeleitet.

Der letzte Schritt des Programmes besteht darin, die Routine CodeAusgeben() ein letztes Mal mit einem Dummywert ungleich Null aufzurufen. Die CodeAusgeben()-Routine führt Buch über aufeinanderfolgende Nullen, die mit Hilfe der Lauflängen-Codierung abgelegt werden. Befinden sich am Dateiende mehrere aufeinanderfolgende Nullen, müssen sie herausgeschrieben werden, bevor das Programm beendet werden kann.

Die Initialisierung

DCT.C verfügt über eine einzige Initialisierungsroutine, die sowohl zur Komprimierung als auch zur Dekomprimierung aufgerufen wird. Zuerst wird mit dem an die Routine übergebenen Qualitätsparameter die Quantisierungsmatrix eingerichtet. Dieser Parameter legt mit der vorher behandelten Formel die Schrittgrößen fest.

Nachdem die Quantisierungsmatrix eingerichtet wurde, besteht der nächste Schritt darin, die Cosinus-Transformationsmatrix und die transponierte Cosinus-Transformationsmatrix aufzubauen. Diese Matrizen werden von der DCT und der inversen DCT benutzt. Sie können demnach in einer gemeinsamen Routine unter Verwendung einer einfachen Umsetzung der Formel aus Abbildung 11-8 eingerichtet werden.

Der letzte Initialisierungsschritt besteht in der Initialisierung der Lauflängen-Zähler, die für die Ein-/Ausgabe benötigt werden. Mit diesen Werten werden die aufeinanderfolgenden Nullen, die ausgegeben oder eingelesen wurden, bearbeitet.

```
void Initialisiere( qualitaet )

int qualitaet;

{
    int i;
    int j;
    double pi = atan( 1.0 ) * 4.0;
    for ( i = 0 ; i < N ; i++ )
        for ( j = 0 ; j < N ; j++ )

    Quantum[ i ][ j ] = 1 + ( ( 1 + i + j )  *
                              qualitaet );
    AusgabeLauflaenge = 0;
    EingabeLauflaenge = 0;
    for ( j = 0 ; j < N ; j++ )
    {
        C[ 0 ][ j ] = 1.0 / sqrt( (double) N );
        Ct[ j ][ 0 ] = C[ 0 ][ j ];
    }
```

```
    for ( i = 1 ; i < N ; i++ ) {
        for ( j = 0 ; j < N ; j++ ) {
            C[ i ][ j ] = sqrt( 2.0 / N ) *
                 cos( pi * ( 2 * j + 1 ) * i / ( 2.0 * N ) );
            Ct[ j ][ i ] = C[ i ][ j ];
        }
    }
}
```

Die DCT-Routine

Auch wenn die DCT recht kompliziert anmutet, kann sie mit einer recht kurzen Routine realisiert werden. Zuerst wird eine Matrixmultiplikation der Eingabepixelmatrix mit der transponierten Cosinus-Transformationsmatrix vorgenommen. Das Ergebnis wird in einer temporären NxN-Matrix abgespeichert. Anschließend wird diese temporäre Matrix mit der Cosinus-Transformationsmatrix multipliziert und das Resultat in der Ergebnismatrix untergebracht, die an das aufrufende Programm zurückgeliefert wird.

Beachten Sie, daß alle Eingabepixelwerte vor der Multiplikation mit der transponierten Cosinus-Transformationsmatrix skaliert wurden. Nach dem Skalieren liegen die Pixelwerte im einem Bereich von -128 bis 127 und nicht mehr wie zuvor in einem Bereich von Null bis 255. Das stimmt mit der Art und Weise überein, wie der JPEG-Algorithmus Eingabedaten behandelt.

```
void DCTUmwandlung( eingabe, ausgabe )
unsigned char *eingabe[ N ];
int ausgabe[ N ][ N ];
{
    double temp[ N ][ N ];
    double temp1;
    int i;
    int j;
    int k;
/*  MatrixMultiplikation( temp, eingabe, Ct ); */
    for ( i = 0 ; i < N ; i++ ) {
        for ( j = 0 ; j < N ; j++ ) {
            temp[ i ][ j ] = 0.0;
            for ( k = 0 ; k < N ; k++ )
      temp[ i ][ j ] += ( (int) eingabe[ i ][ k ] - 128 ) *
                                    Ct[ k ][ j ];
        }
    }
```

```
/*  MatrixMultiplikation( ausgabe, C, temp ); */
    for ( i = 0 ; i < N ; i++ ) {
        for ( j = 0 ; j < N ; j++ ) {
            temp1 = 0.0;
            for ( k = 0 ; k < N ; k++ )
                temp1 += C[ i ][ k ] * temp[ k ][ j ];
        ausgabe[ i ][ j ] = RUNDE( temp1 );
        }
    }
}
```

Außerdem muß beachtet werden, daß es sich hier um unterschiedliche Datentypen handelt. Man muß etwas Sorgfalt walten lassen, damit es während der Konversionen nicht zu Schwierigkeiten kommt. Die Eingabedaten, die aus dem Pixelblock stammen, sind vorzeichenlose Zeichen, die während der Matrixmultiplikation in Integer umgewandelt werden. Das Resultat wird in einer doppeltgenauen, temporären Matrix abgelegt. Die letzte Matrixmultiplikation schließlich ergibt doppeltgenaue Werte, die vor dem Ablegen in der Ergebnismatrix zu Integern gerundet werden. Läuft alles wie geplant, sollten die Integerwerte sich in einem Bereich zwischen -1024 und 1023 befinden und damit bereit zur Quantisierung sein.

SchreibeDCTDaten()

Diese Routine ist für die Anordnung der DCT-Ergebnismatrix in ein Zickzack-Muster und für das anschließende Quantisieren der Daten verantwortlich. Beide Operationen können durch einfaches Nachschauen von Tabellenwerten, die während der Initialisierung oder der Kompilation erstellt wurden, erledigt werden. Daraufhin wird der quantisierte Wert auf den nächsten Integerwert gerundet und an die Routine übergeben, die für die Ausgabe der Codes zuständig ist.

```
void SchreibeDCTDaten( ausgabe_datei, ausgabe_daten )
BIT_FILE *ausgabe_datei;
int ausgabe_daten[ N ][ N ];
{
    int i;
    int zeile;
    int spalte;
    double resultat;
    for ( i = 0 ; i < ( N * N ) ; i++ ) {
    zeile = ZickZack[ i ].zeile;
    spalte = ZickZack[ i ].spalte;
```

```
    resultat = ausgabe_daten[zeile][spalte] /
Quantum[zeile][spalte];
    CodeAusgeben( ausgabe_datei, RUNDE( resultat ) );
    }
}
```

CodeAusgeben()

Diese Routine ist etwas kompliziert, da sie einige unterschiedliche Situationen, die im Zusammenhang mit den Ausgabedaten stehen, meistern muß. Im allgemeinen gibt diese Routine jedesmal, wenn sie aufgerufen wird, zwei Zahlen aus. Die erste Zahl ist die Anzahl der Bit, die für den nachfolgenden Wert herangezogen wurden. Die zweite Zahl ist der aktuelle Amplitudenwerte. Er wird mit einem Code variabler Länge , genau wie beim JPEG-Algorithmus , codiert.

Die Anzahl der Bit, die zuerst ausgegeben wird, kann sich in einem Bereich zwischen Null und zehn bewegen. Damit diese Zahl mit Hilfe einer normalen binären Zahl codiert werden kann, würden für jede Zahl vier Bit benötigt. Damit etwas eingespart werden kann, arbeitet diese Routine mit einem einfachen Präfixcode für die Codierung der Zahl.

```
void CodeAusgeben( ausgabe_datei, code )
BIT_FILE *ausgabe_datei;
int code;
{
    int bereichs_obergrenze;
    int abs_code;
    int bit_anzahl;
    if ( code == 0 ) {
    AusgabeLauflaenge++;
        return;
    }
    if ( AusgabeLauflaenge != 0 ) {while ( AusgabeLauflaenge > 0 ) {
        OutputBits( ausgabe_datei, 0L, 2 );
        if ( AusgabeLauflaenge <= 16 ) { OutputBits( ausgabe_datei,
          (unsigned long) ( AusgabeLauflaenge - 1 ), 4 );
        AusgabeLauflaenge = 0;
            } else { OutputBits( ausgabe_datei, 15L, 4 );
                AusgabeLauflaenge -= 16;
            }
        }
    }
    if ( code < 0 )
```

```
        abs_code = -code;
    else
        abs_code = code;
    bereichs_obergrenze = 1;
    bit_anzahl = 1;

    while ( abs_code > bereichs_obergrenze ) {
    bit_anzahl++;
    bereichs_obergrenze = ( ( bereichs_obergrenze + 1 )
                                  * 2 ) - 1;
    }

    if ( bit_anzahl < 3 )
    OutputBits( ausgabe_datei, (unsigned long)
                                  ( bit_anzahl + 1 ), 3 );
    else
    OutputBits( ausgabe_datei, (unsigned long)
                                  ( bit_anzahl + 5 ), 4 );
    if ( code > 0 )
    OutputBits( ausgabe_datei, (unsigned long) code,
                     bit_anzahl );
    else
    OutputBits( ausgabe_datei, (unsigned long) ( code +
                     bereichs_obergrenze ),
                    bit_anzahl );
}
```

Anzahl der Bit	Binärcode
0	00
1	010
2	011
3	1000
4	1001
5	1010
6	1011
7	1100
8	1101
9	1110
10	1111

***Abbildung 11-13**:*
Die Codierung der Anzahl der Bit

Als würde dieser Präfixcode die Dinge noch nicht genug komplizieren, gibt es im Zusammenhang mit CodeAusgeben() noch eine zweite Schwierigkeit: die Lauflängen-Codierung. Da eine Zahl, deren Anzahl Bit gleich Null ist, keinen Sinn macht, werden mit diesem Wert mehrere aufeinanderfolgende Nullen codiert. Die Anzahl der aufeinanderfolgenden Nullen wird unmittelbar nach der Bitanzahl 0 als 4-Bit-Zahl aufgeführt. Mit der 4-Bit-Zahl werden in diesem Fall 1 bis 16 Nullen codiert und nicht 0 bis 15, wie es eigentlich zu erwarten gewesen wäre. Dies liegt daran, daß es keinen Grund gibt, einen Code für null Nullen zu verschwenden.

Damit aufeinanderfolgende Nullen ordnungsgemäß codiert werden können, führt Code-Ausgeben über die aktuelle Lauflänge Buch. Jedesmal, wenn CodeAusgeben() aufgerufen und ihr ein Nullwert übergeben wird, inkrementiert die Routine eigentlich nur den Lauflängen-Zähler und kehrt zurück.

Die Routine wird dann einen Bereich aus Nullen ausgeben, wenn mindestens eine von zwei Bedingungen erfüllt ist. Die Lauflänge erreicht den Wert sechzehn. Das ist der längste Bereich, der codiert werden kann. In diesem Fall wird der Bereich ausgegeben und der Zähler zurückgesetzt. CodeAusgeben() wird ein Code ungleich Null übergeben, und der Lauflängenzähler ist ebenfalls ungleich Null. Das heißt, daß der Bereich mit Nullen abgeschlossen ist und ausgegegeben werden kann.

Eine letzte Komplikation, die sich im Zusammenhang mit dieser Routine ergeben kann, besteht in der Codierung normaler Zahlen. Wie weiter vorn gezeigt wurde, haben diese ein unübliches Format, wobei jeder Code für eine Reihe von Zahlen zuständig ist, die aus einem Bereich negativer und einem Bereich positiver Zahlen, die durch eine Lücke getrennt sind, stammen.

CodeAusgeben() bestimmt zuerst, wie viele Bit zur Codierung des Wertes benötigt werden. Dazu wird mit Hilfe einer Schleife festgestellt, ob der Wert in einen entsprechenden Bereich fällt. Nach finden des richtigen Bereichs wird die Zahl mit dem jeweiligen Offset für positive und negative Zahlen codiert.

Dateiexpansion

Haben Sie die Funktionsweise des Komprimierungsalgorithmus verstanden, ist die Dateiexpansion ein Kinderspiel. Die Expansionsroutine liest dazu zuerst den Qualitätsfaktor aus der Datei und initialisiert damit die Matrixdaten. Anschließend werden in einer Schleife 8x8-DCT-Blöcke gelesen. Die Routine, die die DCT-Daten liest, konvertiert diese von der Zickzack-Darstellung wieder in die normale zeilenförmige Darstellung, die anschließend dequantisiert wird. Daraufhin wird die inverse DCT-Umwandlung ausgeführt, die einen Block mit Pixeldaten als Ergebnis besitzt. Nachdem ein ganzer Pixelstreifen eingelesen wurde, wird er in der unkomprimierten Ausgabedatei abgelegt.

Die Expansionsroutine leitet das Ergebnis der inversen DCT-Umwandlung mit Hilfe eines Zeigerarrays in das PixelStreifen-Array um. Dieses Array wird vor jedem Aufruf der inversen DCT-Umwandlung eingerichtet, damit die Daten an die richtige Stelle im Pixelstreifen gelangen. Der Pixelstreifen besteht aus einer 8 Zeilen langen und 320 Spalten breiten Matrix.

```
void ExpandiereDatei( eingabe, ausgabe, argc, argv )
BIT_FILE *eingabe;
FILE *ausgabe;
int argc;
char *argv[];
{
    int zeile;
    int spalte;
    int i;
    int eingabe_array[ N ][ N ];
    unsigned char *ausgabe_array[ N ];
    int qualitaet;
    qualitaet = (int) InputBits( eingabe, 8 );
    printf("\rBenutze den Qualitätsfaktor %d\n", qualitaet);
    Initialisiere( qualitaet );
    for ( zeile = 0 ; zeile < ZEILEN ; zeile += N ) {
    for ( spalte = 0 ; spalte < SPALTEN ; spalte += N ) {
            for ( i = 0 ; i < N ; i++ )
        ausgabe_array[ i ] = PixelStreifen[ i ] + spalte;
        LeseDCTDaten( eingabe, eingabe_array );
        InverseDCTUmwandlung(eingabe_array, ausgabe_array);
        }
        SchreibePixelStreifen( ausgabe, PixelStreifen );
    }
}
```

LeseDCTDaten()

Diese Routine liest die DCT-Codes mit der CodeEinlesen-Routine, dequantisiert sie und speichert sie daraufhin an der richtigen Stelle ab. Die eingelesenen Codes liegen in der Zickzack-Reihenfolge vor, so daß sie entsprechend umgeleitet werden müssen, damit sie an die richtige Position im 8x8-Block gelangen. Das wird mit einer einfachen Nachschlagetabelle bewerkstelligt.

```
void LeseDCTDaten( eingabe_datei, eingabe_daten )
BIT_FILE *eingabe_datei;

int eingabe_daten[ N ][ N ];
```

```
{
    int i;
    int zeile;
    int spalte;
    for ( i = 0 ; i < ( N * N ) ; i++ ) {
    zeile = ZickZack[ i ].zeile;
    spalte = ZickZack[ i ].spalte;
    eingabe_daten[ zeile ][ spalte ] = CodeEinlesen
              ( eingabe_datei ) * Quantum[ zeile ][ spalte ];
    }
}
```

DCT-Codes lesen

Das Einlesen von DCT-Codes ist etwas einfacher als das Herausschreiben. Aber es müssen trotzdem einige Dinge berücksichtigt werden. Zuerst werden die ersten beiden Bit des Bitanzahlcodes eingelesen. Beträgt der Wert der beiden Bit Null, wird durch diesen Wert eine Reihe von Nullen codiert. Die Anzahl der Nullen wird mit Hilfe der nächsten vier Bit eingelesen und im globalen Lauflängenzähler abgelegt.

Der globale Lauflängenzähler wird in der Variablen EingabeLauflaenge untergebracht. Er wird bei jedem Aufruf der Routine CodeEinlesen überprüft. Ist der Wert in dieser Variablen ungleich Null, befindet man sich noch in einem Bereich von Nullen. In diesem Fall wird der Lauflängenzähler dekrementiert und eine Null an das aufrufende Programm übergeben.

Falls die ersten beiden Bit ungleich Null waren, wird mit einer normalen Anzahl Bit gearbeitet. Es werden also entweder zwei oder drei weitere Bit zur Vervollständigung des Codes eingelesen. Daraus ergibt sich dann die richtige Anzahl Bit. Anschließend kann die codierte Amplitude der DCT-Variablen durch Lesen dieses Anzahl Bit bestimmt werden.

Ist dieser Wert eingelesen, muß er von der codierten Form in eine normale Zahl umgewandelt werden. Das ist einfach. Schließlich wird die richtige Zahl zur Dequantisierung und zur weiteren Bearbeitung an die aufrufende Routine übergeben.

```
int CodeEinlesen( eingabe_datei )
BIT_FILE *eingabe_datei;
{
    int bit_anzahl;
    int resultat;
    if ( EingabeLauflaenge > 0 ) {
    EingabeLauflaenge--;
        return( 0 );
    }
```

```
    bit_anzahl = (int) InputBits( eingabe_datei, 2 );
    if ( bit_anzahl == 0 ) {
    EingabeLauflaenge = (int) InputBits(eingabe_datei, 4);
        return( 0 );

    }
    if ( bit_anzahl == 1 )
    bit_anzahl = (int) InputBits( eingabe_datei, 1 ) + 1;
    else
    bit_anzahl = (int) InputBits( eingabe_datei, 2 ) +
                                          ( bit_anzahl << 2 ) - 5;
    resultat = (int) InputBits( eingabe_datei, bit_anzahl );
    if ( resultat & ( 1 << ( bit_anzahl - 1 ) ) ) return(resultat);
    return( resultat - ( 1 << bit_anzahl ) + 1 );
}
```

Die inverse DCT-Umwandlung

Die inverse DCT-Umwandlung wird genau umgekehrt wie die DCT-Umwandlung ausgeführt. Zuerst werden die DCT-Werte in der NxN-Matrix mit der Cosinus-Transformationsmatrix multipliziert. Das Ergebnis dieser Transformation wird in einer temporären, doppeltgenauen NxN-Matrix abgelegt. Diese Matrix wird daraufhin mit der transponierten Cosinus-Transformationsmatrix multipliziert. Das Ergebnis dieser Multiplikation wird gerundet und so skaliert, daß die Werte in einen Bereich von Null bis 255 fallen und dann im Ausgabepixelblock abgelegt.

```
void InverseDCTUmwandlung( eingabe, ausgabe )
int eingabe[ N ][ N ];

unsigned char *ausgabe[ N ];
{
    double temp[ N ][ N ];
    double temp1;
    int i;
    int j;
    int k;

/*  MatrixMultiplikation( temp, eingabe, C ); */
    for ( i = 0 ; i < N ; i++ ) {
        for ( j = 0 ; j < N ; j++ ) {
            temp[ i ][ j ] = 0.0;
```

```
            for ( k = 0 ; k < N ; k++ )
        temp[ i ][ j ] += eingabe[ i ][ k ] * C[ k ][ j ];
        }
    }

/*  MatrixMultiplikation( ausgabe, Ct, temp ); */
    for ( i = 0 ; i < N ; i++ ) {
        for ( j = 0 ; j < N ; j++ ) {
            temp1 = 0.0;
            for ( k = 0 ; k < N ; k++ )
                temp1 += Ct[ i ][ k ] * temp[ k ][ j ];
            temp1 += 128.0;
            if ( temp1 < 0 )
        ausgabe[ i ][ j ] = 0;
            else if ( temp1 > 255 )
        ausgabe[ i ][ j ] = 255;
            else
        ausgabe[ i ][ j ] = (unsigned char) RUNDE(temp1);
        }
    }
}
```

Das komplette Listing

Im folgenden finden Sie das Listing DCT.C.

```
/********************* Start von DCT.C *********************/
/*
* Dies ist das DCT-Modul, das eine Grafikkomprimierung mit
* der diskreten Cosinus-Transformation erlaubt. Dieses Modul
* muß mit den üblichen anderen Modulen gelinkt werden.
*
*/

#include <stdio.h>
#include <stdlib.h>
#include <math.h>
#include "bitea.h"
```

```
#include "errhand.h"
/*
* Einige Parameter des Komprimierungsalgorithmus können ver-
* ändert werden. Darunter sind die Zeilen und Spalten des
* Bildes und die Größe des DCT-Blockes N.
*/
#define ZEILEN          200
#define SPALTEN         320
#define N               8
/*
* Dieses Makro wird benutzt, damit Integer korrekt gerundet
* werden.
*/
#define RUNDE( a )      ( ( (a) < 0 ) ? (int) ( (a) - 0.5 ) : \
                          (int) ( (a) + 0.5 ) )
char *KomprimierungsName = "DCT-Komprimierung";
char *Anwendung        = "eingabedatei ausgabedatei [Qualität]\nDer
Qualitätsfaktor bewegt sich im Bereich 0-25";
/*
 * Funktionsprototypen für ANSI- und K&R-C.
 */
#ifdef __STDC__
void Initialisiere( int qualitaet );
void LesePixelStreifen( FILE *eingabe,
                    unsigned char streifen[ N ][ SPALTEN ] );
int CodeEinlesen( BIT_FILE *eingabe );
void LeseDCTDaten( BIT_FILE *eingabe,
                              int eingabe_daten[ N ][ N ] );
void CodeAusgeben( BIT_FILE *ausgabe_datei, int code );
void SchreibeDCTDaten( BIT_FILE *ausgabe_datei,
                              int ausgabe_daten[ N ][ N ] );
void SchreibePixelStreifen( FILE *ausgabe,
                    unsigned char streifen[ N ][ SPALTEN ] );
void DCTUmwandlung( unsigned char *eingabe[ N ],
                                   int ausgabe[ N ][ N ] );
void InverseDCTUmwandlung( int eingabe[ N ][ N ],
                              unsigned char *ausgabe[ N ] );
void KomprimiereDatei( FILE *eingabe, BIT_FILE *ausgabe,
                                   int argc, char *argv[] );
void ExpandiereDatei( BIT_FILE *eingabe, FILE *ausgabe,
                                   int argc, char *argv[] );
#else
void Initialisiere();
void LesePixelStreifen();
```

```
int CodeEinlesen();
void LeseDCTDaten();
void CodeAusgeben();
void SchreibeDCTDaten();
void SchreibePixelStreifen();
void DCTUmwandlung();
void InverseDCTUmwandlung();
void KomprimiereDatei();
void ExpandiereDatei();
#endif

/*
* Globale Daten
*/

unsigned char PixelStreifen[ N ][ SPALTEN ];
double C[ N ][ N ];
double Ct[ N ][ N ];

int EingabeLauflaenge;
int AusgabeLauflaenge;
int Quantum[ N ][ N ];
struct zickzack {
    int zeile;
    int spalte;
} ZickZack[ N * N ] =

{
    {0, 0},
    {0, 1}, {1, 0},
    {2, 0}, {1, 1}, {0, 2},
    {0, 3}, {1, 2}, {2, 1}, {3, 0},
    {4, 0}, {3, 1}, {2, 2}, {1, 3}, {0, 4},
    {0, 5}, {1, 4}, {2, 3}, {3, 2}, {4, 1}, {5, 0},
    {6, 0}, {5, 1}, {4, 2}, {3, 3}, {2, 4}, {1, 5}, {0, 6},
    {0, 7}, {1, 6}, {2, 5}, {3, 4}, {4, 3}, {5, 2}, {6, 1}, {7, 0},
    {7, 1}, {6, 2}, {5, 3}, {4, 4}, {3, 5}, {2, 6}, {1, 7},
    {2, 7}, {3, 6}, {4, 5}, {5, 4}, {6, 3}, {7, 2},
    {7, 3}, {6, 4}, {5, 5}, {4, 6}, {3, 7},
    {4, 7}, {5, 6}, {6, 5}, {7, 4},
    {7, 5}, {6, 6}, {5, 7},
    {6, 7}, {7, 6},
    {7, 7}
};
```

```
/*
* Die Initialisierungsroutine muß die Cosinus-Transformati-
* onsmatrix und die transformierte Version davon einrichten.
* Diese beide Matrizen werden bei der DCT-Umwandlung (sowohl
* der normalen als auch der inversen) benötigt. Zusätzlich
* wird die Quantisierungsmatrix unter Verwendung des Quali-
* tätsfaktors aufgebaut. Die beiden Lauflängenvariablen
* werden ebenfalls auf 0 gesetzt.
*/

void Initialisiere( qualitaet )

int qualitaet;

{
    int i;
    int j;
    double pi = atan( 1.0 ) * 4.0;

    for ( i = 0 ; i < N ; i++ )
    for ( j = 0 ; j < N ; j++ )
    Quantum[ i ][ j ] = 1 + ( ( 1 + i + j )  * qualitaet );
    AusgabeLauflaenge = 0;
    EingabeLauflaenge = 0;
    for ( j = 0 ; j < N ; j++ ) {
    C[ 0 ][ j ] = 1.0 / sqrt( (double) N );
    Ct[ j ][ 0 ] = C[ 0 ][ j ];
    }
    for ( i = 1 ; i < N ; i++ ) {
    for ( j = 0 ; j < N ; j++ ) {
        C[ i ][ j ] = sqrt( 2.0 / N ) *
             cos( pi * ( 2 * j + 1 ) * i / ( 2.0 * N ) );
        Ct[ j ][ i ] = C[ i ][ j ];
    }
    }
}

/*
* Diese Routine wird aufgerufen, wenn eine Graustufendatei
* komprimiert wird. Sie liest einen Streifen von N Zeilen
* (normalerweise 8) über die gesamte Bildbreite ein. Dieser
* Streifen wird dann Block für Block durch die DCT-Umwandlung
* abgearbeitet.
*/
```

```
void LesePixelStreifen( eingabe, streifen )
FILE *eingabe;
unsigned char streifen[ N ][ SPALTEN ];
{
    int zeile;
    int spalte;
    int c;

    for ( zeile = 0 ; zeile < N ; zeile++ )
    for ( spalte = 0 ; spalte < SPALTEN ; spalte++ ) {
       c = getc( eingabe );
       if ( c == EOF )
       fataler_fehler( "Fehler beim Einlesen der "+
                           "Graustufendatei" );
       streifen[ zeile ][ spalte ] = (unsigned char) c;
    }
}

/*
* Diese Routine liest einen DCT-Code aus der komprimierten
* Datei. Der Code besteht aus zwei Komponenten,
* einer Anzahl Bit und einem codierten Wert. Die Anzahl Bit
* wird unter Verwendung eines Präfixcodes codiert:
*
*              Anzahl der Bit      binärer Code
*              ---------------      ------------
*                    0                  00
*                    1                  010
*                    2                  011
*                    3                  1000
*                    4                  1001
*                    5                  1010
*                    6                  1011
*                    7                  1100
*                    8                  1101
*                    9                  1110
*                    10                 1111
*
* Eine Anzahl Bit von Null wird von einer 4-Bit-Zahl ge-
* folgt, die angibt, aus wie vielen Nullen ein Bereich be-
* steht. Ist der Wert von Anzahl Bit zwischen 1 und 10 wird
* dadurch angezeigt, daß ein Wert aus einem bestimmten Ampli-
* tudenbereich folgt:
*
```

```
*         Anzahl Bit              Amplitudenwerte
*         -----------         --------------------------
*             1                        -1, 1
*             2                   -3 bis -2, 2 bis 3
*             3                   -7 bis -4, 4 bis 7
*             4                  -15 bis -8, 8 bis 15
*             5                 -31 bis -16, 16 bis 31
*             6                 -63 bis -32, 32 bis 64
*             7                -127 bis -64, 64 bis 127
*             8               -255 bis -128, 128 bis 255
*             9               -511 bis -256, 256 bis 511
*            10              -1023 bis -512, 512 bis 1023
*
*/

int CodeEinlesen( eingabe_datei )
BIT_FILE *eingabe_datei;

{
    int bit_anzahl;
    int resultat;
    if ( EingabeLauflaenge > 0 ) {
    EingabeLauflaenge--;
    return( 0 );
    }
    bit_anzahl = (int) InputBits( eingabe_datei, 2 );
    if ( bit_anzahl == 0 ) {
    EingabeLauflaenge = (int) InputBits(eingabe_datei, 4);
    return( 0 );
    }
    if ( bit_anzahl == 1 )
    bit_anzahl = (int) InputBits( eingabe_datei, 1 ) + 1;
    else
    bit_anzahl = (int) InputBits( eingabe_datei, 2 ) +
                               ( bit_anzahl << 2 ) - 5;
    resultat = (int) InputBits( eingabe_datei, bit_anzahl );
    if ( resultat & ( 1 << ( bit_anzahl - 1 ) ) )
    return( resultat );
    return( resultat - ( 1 << bit_anzahl ) + 1 );
}

/*
* Diese Routine liest einen Block codierter DCT-Daten aus der
* komprimierten Datei. Sie ordnet die Daten wieder zeilen-
```

```
* weise an und dequantisiert sie mit der Quantisierungs-
* matrix.
*/

void LeseDCTDaten( eingabe_datei, eingabe_daten )
BIT_FILE *eingabe_datei;
int eingabe_daten[ N ][ N ];

{
    int i;
    int zeile;
    int spalte;

    for ( i = 0 ; i < ( N * N ) ; i++ ) {
    zeile = ZickZack[ i ].zeile;
    spalte = ZickZack[ i ].spalte;
    eingabe_daten[ zeile ][ spalte ] =
                          CodeEinlesen( eingabe_datei ) *
                Quantum[ zeile ][ spalte ];
    }
}
/*
* Diese Routine gibt einen DCT-Code aus. Das Format ist bei
* CodeEinlesen weiter oben erklärt.
*/
void CodeAusgeben( ausgabe_datei, code )
BIT_FILE *ausgabe_datei;
int code;
{
    int bereichs_obergrenze;
    int abs_code;
    int bit_anzahl;
    if ( code == 0 ) {
    AusgabeLauflaenge++;
    return;
    }
    if ( AusgabeLauflaenge != 0 ) {
    while ( AusgabeLauflaenge > 0 ) {
        OutputBits( ausgabe_datei, 0L, 2 );
        if ( AusgabeLauflaenge <= 16 ) {
        OutputBits( ausgabe_datei,
          (unsigned long) ( AusgabeLauflaenge - 1 ), 4 );
        AusgabeLauflaenge = 0;
        } else
```

```
{
        OutputBits( ausgabe_datei, 15L, 4 );
                AusgabeLauflaenge -= 16;
            }
        }
    }
    if ( code < 0 )
        abs_code = -code;
    else
        abs_code = code;
    bereichs_obergrenze = 1;
    bit_anzahl = 1;
    while ( abs_code > bereichs_obergrenze ) {
     bit_anzahl++;
     bereichs_obergrenze = ((bereichs_obergrenze + 1)*2) - 1;
    }
    if ( bit_anzahl < 3 )
    OutputBits( ausgabe_datei, (unsigned long)
                                     ( bit_anzahl + 1 ), 3 );
    else
    OutputBits( ausgabe_datei, (unsigned long)
                                     ( bit_anzahl + 5 ), 4 );
    if ( code > 0 )
    OutputBits( ausgabe_datei, (unsigned long) code,
                bit_anzahl );
    else
    OutputBits( ausgabe_datei, (unsigned long) ( code +
                bereichs_obergrenze ),
            bit_anzahl );
}

/*
* Diese Routine nimmt die DCT-Daten und ordnet sie im Zick-Zack-
* Muster an.
* Nach der Quantisierung werden sie dann ausgegeben.
*/

void SchreibeDCTDaten( ausgabe_datei, ausgabe_daten )
BIT_FILE *ausgabe_datei;
int ausgabe_daten[ N ][ N ];
{
    int i;
    int zeile;
    int spalte;
```

```
    double resultat;
    for ( i = 0 ; i < ( N * N ) ; i++ ) {
    zeile = ZickZack[ i ].zeile;
    spalte = ZickZack[ i ].spalte;
    resultat = ausgabe_daten[ zeile ][ spalte ] /
                          Quantum[ zeile ][ spalte ];
    CodeAusgeben( ausgabe_datei, RUNDE( resultat ) );
    }
}

/*
* Diese Routine schreibt einen Pixelstreifen in eine GS-Datei.
*/

void SchreibePixelStreifen( ausgabe, streifen )
FILE *ausgabe;
unsigned char streifen[ N ][ SPALTEN ];

{
    int zeile;
    int spalte;
    for ( zeile = 0 ; zeile < N ; zeile++ )
    for ( spalte = 0 ; spalte < SPALTEN ; spalte++ )
       putc( streifen[ zeile ][ spalte ], ausgabe );
}
/*
* Die DCT-Umwandlung benutzt die folgende Matrizengleichung:
*
* DCT = C * Pixel * Ct
*/

void DCTUmwandlung( eingabe, ausgabe )
unsigned char *eingabe[ N ];
int ausgabe[ N ][ N ];
{
    double temp[ N ][ N ];
    double temp1;
    int i;
    int j;
    int k;
/*  MatrixMultiplikation( temp, eingabe, Ct ); */
    for ( i = 0 ; i < N ; i++ ) {
    for ( j = 0 ; j < N ; j++ ) {
        temp[ i ][ j ] = 0.0;
```

```
        for ( k = 0 ; k < N ; k++ )
       temp[ i ][ j ] += ( (int) eingabe[ i ][ k ] - 128 ) *
                     Ct[ k ][ j ];
    }
    }
/*  MatrixMultiplikation( ausgabe, C, temp ); */
    for ( i = 0 ; i < N ; i++ ) {
    for ( j = 0 ; j < N ; j++ ) {
        temp1 = 0.0;
        for ( k = 0 ; k < N ; k++ )
        temp1 += C[ i ][ k ] * temp[ k ][ j ];
        ausgabe[ i ][ j ] = RUNDE( temp1 );
    }
    }
}
/*
* Die inverse DCT-Umwandlung benutzt die folgende Matrizen-
* gleichung:
*
*                   Pixel = C * DCT * Ct
*/
void InverseDCTUmwandlung( eingabe, ausgabe )
int eingabe[ N ][ N ];
unsigned char *ausgabe[ N ];
{
    double temp[ N ][ N ];
    double temp1;
    int i;
    int j;
    int k;
/*  MatrixMultiplikation( temp, eingabe, C ); */
    for ( i = 0 ; i < N ; i++ ) {
    for ( j = 0 ; j < N ; j++ ) {
        temp[ i ][ j ] = 0.0;
        for ( k = 0 ; k < N ; k++ )
         temp[ i ][ j ] += eingabe[ i ][ k ] * C[ k ][ j ];
    }
    }
/*  MatrixMultiplikation( ausgabe, Ct, temp ); */
    for ( i = 0 ; i < N ; i++ ) {
    for ( j = 0 ; j < N ; j++ ) {
        temp1 = 0.0;
        for ( k = 0 ; k < N ; k++ )
        temp1 += Ct[ i ][ k ] * temp[ k ][ j ];
```

```
            temp1 += 128.0;
            if ( temp1 < 0 )
            ausgabe[ i ][ j ] = 0;
            else if ( temp1 > 255 )
            ausgabe[ i ][ j ] = 255;
            else
            ausgabe[ i ][ j ] = (unsigned char) RUNDE( temp1 );
        }
        }
}
/*
* Dies ist die Komprimierungsroutine. Da die entsprechenden
* Dateien bereits geöffnet sind, kann die Routine sich sofort
* der Komprimierung widmen. Diese Routine erwartet einen
* zusätzlichen Parameter, den Qualitätsfaktor, der sich
* zwischen 0 und 25 bewegen kann.
*/
void KomprimiereDatei( eingabe, ausgabe, argc, argv )
FILE *eingabe;
BIT_FILE *ausgabe;
int argc;
char *argv[];
{
    int zeile;
    int spalte;
    int i;
    unsigned char *eingabe_array[ N ];
    int ausgabe_array[ N ][ N ];
    int qualitaet;
    if ( argc-- > 0 )
    qualitaet = atoi( argv[ 0 ] );
    else
    qualitaet = 3;
    if ( qualitaet < 0 || qualitaet > 50 )
    fataler_fehler( "Ungültiger Qualitätsfaktor von %d\n",
                    qualitaet );
    printf( "Benutze den Qualitätsfaktor %d\n", qualitaet );
    Initialisiere( qualitaet );
    OutputBits( ausgabe, (unsigned long) qualitaet, 8 );
    for ( zeile = 0 ; zeile < ZEILEN ; zeile += N ) {
    LesePixelStreifen( eingabe, PixelStreifen );
    for ( spalte = 0 ; spalte < SPALTEN ; spalte += N ) {
        for ( i = 0 ; i < N ; i++ )
        eingabe_array[ i ] = PixelStreifen[ i ] + spalte;
```

```
        DCTUmwandlung( eingabe_array, ausgabe_array );
        SchreibeDCTDaten( ausgabe, ausgabe_array );
    }
    }
    CodeAusgeben( ausgabe, 1 );
    while ( argc-- > 0 )
    printf( "Unbenutztes Argument: %s\n", *argv++ );
}
/*
* Die Expansionsroutine liest die komprimierten Daten aus der
* DCT-Datei und legt sie in einer dekomprimierten Graustufen-
* datei ab.
*/
void ExpandiereDatei( eingabe, ausgabe, argc, argv )
BIT_FILE *eingabe;
FILE *ausgabe;
int argc;
char *argv[];
{
    int zeile;
    int spalte;
    int i;
    int eingabe_array[ N ][ N ];
    unsigned char *ausgabe_array[ N ];
    int qualitaet;
    qualitaet = (int) InputBits( eingabe, 8 );
    printf("\rBenutze den Qualitätsfaktor %d\n", qualitaet);
    Initialisiere( qualitaet );
    for ( zeile = 0 ; zeile < ZEILEN ; zeile += N ) {
    for ( spalte = 0 ; spalte < SPALTEN ; spalte += N ) {
        for ( i = 0 ; i < N ; i++ )
        ausgabe_array[ i ] = PixelStreifen[ i ] + spalte;
        LeseDCTDaten( eingabe, eingabe_array );
        InverseDCTUmwandlung(eingabe_array, ausgabe_array);
        }
        SchreibePixelStreifen( ausgabe, PixelStreifen );
    }
    while ( argc-- > 0 )
        printf( "Unbenutztes Argument: %s\n", *argv++ );
}

/******************** Ende von DCT.C *********************/
```

Hilfsprogramme

Bei den beiden in diesem Kapitel verwendeten Hilfsprogrammen handelt es sich um GS.C zum Darstellen der formatlosen Graustufendateien und um GSDIFF.C zum Darstellen der Unterschiede zwischen zwei Dateien und zum Anzeigen des RMS-Fehlers.

```
/********************** Start von GS.C *********************
*
* Dieses Programm mit dem Namen GS ist in der Lage, Graustu-
* fendateien auf einem VGA-Monitor darzustellen. Es geht
* davon aus, daß die Graustufen sich von 0 bis 255 er-
* strecken, und skaliert diese auf einen Bereich von 0 bis
* 63, damit eine VGA-Karte sie anzeigen kann.
*
* Dieses Programm kann mit einer Liste von Dateien aufgerufen
* werden, die dann alle nacheinander angezeigt werden. Damit
* können Unterschiede zwischen den Bildern besser wahrge-
* nommen werden.
*
* Diese Programm schreibt direkt in den Bildschirmspeicher,
* was bei den meisten VGA-Karten funktioniert. Sollte dies
* nicht gehen, müssen Sie die Konstante BENUTZE_BIOS defi-
* nieren, damit BIOS-Funktionen für diesen Zweck eingesetzt
* werden. Damit wird das Programm zwar langsamer, dafür gibt
* es weniger Schwierigkeiten.
*
* Beachten Sie, daß der Einsatz von far-Zeiger es notwendig
* macht, daß die ANSI-Option deaktiviert werden muß.
*/

#include <stdio.h>
#include <stdlib.h>

#include <dos.h>
#include <conio.h>

main( int argc, char *argv[] )

{
    union REGS rin;
    union REGS rout;
    int i;
```

```
    FILE *file;
    char far *video;
    if ( argc < 2 ) {
    printf( "Anwendung:  gs datei(en)\n\n" );
    exit( 1 );
    }
    rin.h.ah = 0;
    rin.h.al = 0x13;
    int86( 0x10, &rin, &rout );
    rin.h.ah = 0x10;
    rin.h.al = 0x10;
    for ( i = 0 ; i < 64 ; i++ ) {
    rin.h.dh = (unsigned char) i;
    rin.h.ch = (unsigned char) i;
    rin.h.cl = (unsigned char) i;
    rin.x.bx = i;
    int86( 0x10, &rin, &rout );
    }
    rin.h.ah = 0x10;
    rin.h.al = 0x1b;
    rin.x.cx = 256;
    rin.x.bx = 0;
    int86( 0x10, &rin, &rout );

    argv++;
    while ( --argc > 0 ) {
    file = fopen( *argv++, "rb" );
    if ( file == NULL ) {
        putc( 7, stdout );
        break;
    }
    video = (char far *) 0xA0000000L;
    rin.h.ah = 0x0c;
    rin.h.bh = 0;
    for ( rin.x.dx = 0 ; rin.x.dx < 200 ; rin.x.dx++ ) {
       for ( rin.x.cx = 0 ; rin.x.cx < 320 ; rin.x.cx++ ) {
#ifdef BENUTZE_BIOS
           rin.h.al = (unsigned char) ( getc( file ) >> 2 );
            int86( 0x10, &rin, &rout );
#else
            *video++ = (char) ( getc( file ) >> 2 );
#endif
       }
    }
```

```
    fclose( file );
        getch();
    }
    rin.h.ah = 0;
    rin.h.al = 3;
    int86( 0x10, &rin, &rout );
    return 0;
}
/********************** Ende von GS.C **********************/

/******************** Start von GSDIFF.C *******************
*
* Diese Programm mit dem Namen GSDIFF ist in der Lage, Unter-
* schiede von zwei Graustufendateien auf einem VGA-Monitor
* darzustellen. Es geht davon aus, daß die Graustufen sich
* von 0 bis 255 erstrecken und skaliert diese auf einen
* Bereich von 0 bis 63, damit eine VGA-Karte sie anzeigen.
*
* Diese Programm schreibt direkt in den Bildschirmspeicher,
* was bei den meisten VGA-Karten funktioniert. Sollte dies
* nicht gehen, müssen Sie die Konstante BENUTZE_BIOS definie-
* ren, damit BIOS-Funktionen für diesen Zweck eingesetzt wer-
* den. Damit wird das Programm zwar langsamer, dafür gibt es
* weniger Schwierigkeiten.
*
* Während dieses Programm die Bildschirmanzeige aufbaut,
* bildet es eine Gesamtsumme aller Fehlerdifferenzen. Nach
* Beendigung gibt es den Fehler als RMS-Wert aus. Wird die
* Option -B verwendet, wird die Bildschirmanzeige unterdrückt
* und nur der Fehler ausgegeben.
*
* Beachten Sie, daß der Einsatz von far-Zeiger es notwendig
* macht, daß die ANSI-Option deaktiviert werden muß.
*/
#include <stdio.h>
#include <stdlib.h>
#include <string.h>
#include <dos.h>
#include <conio.h>
#include <math.h>
main( int argc, char *argv[] ) {
    union REGS rin;
    union REGS rout;
    int i;
```

```
FILE *file1;
FILE *file2;
int diff;
int c1;
int c2;
char far *video;
double error;
int batch;
if ( argc < 3 ) {
printf( "Anwendung: gsdiff datei1 datei2 [-B]\n\n" );
exit( 1 );    }
file1 = fopen( argv[ 1 ], "rb" );
file2 = fopen( argv[ 2 ], "rb" );
if ( file1 == NULL || file2 == NULL ) {
printf( "Kann Datei nicht öffnen!\n" );
exit( 1 );    }
batch = 0;
if ( argc > 3 )
if ( strcmp( argv[ 3 ], "-b" ) == 0 ||
     strcmp( argv[ 3 ], "-B" ) == 0 ) batch = 1;
if ( !batch ) { rin.h.ah = 0;
rin.h.al = 0x13;
int86( 0x10, &rin, &rout );
rin.h.ah = 0x10;
rin.h.al = 0x10;
for ( i = 0 ; i < 64 ; i++ ) {
    rin.h.dh = (unsigned char) i;
    rin.h.ch = (unsigned char) i;
    rin.h.cl = (unsigned char) i;
    rin.x.bx = i;
    int86( 0x10, &rin, &rout );  }
rin.h.ah = 0x10;
rin.h.al = 0x1b;
rin.x.cx = 256;
rin.x.bx = 0;
int86( 0x10, &rin, &rout );    }
error = 0.0;
video = (char far *) 0xA0000000L;
rin.h.ah = 0x0c;
rin.h.bh = 0;
for ( rin.x.dx = 0 ; rin.x.dx < 200 ; rin.x.dx++ ) {
for ( rin.x.cx = 0 ; rin.x.cx < 320 ; rin.x.cx++ ) {
    c1 = getc( file1 );
    c2 = getc( file2 );
```

```
        diff = c1 - c2;
        error += diff*diff;
        if ( diff < 0 ) diff *= -1;
       if ( diff > 63 ) diff = 63;
        if ( !batch ) {
#ifdef BENUTZE_BIOS
        rin.h.al = (unsigned char) diff;
        int86( 0x10, &rin, &rout );
#else
        *video++ = (unsigned char) diff;
#endif
        }
    }
    }
    fclose( file1 );
    fclose( file2 );
    if ( !batch ) {  getch();
    rin.h.ah = 0;
    rin.h.al = 3;
    int86( 0x10, &rin, &rout );    }
    error /= 320.0 * 200.0;
    printf( "RMS-Fehler zwischen %s und %s beträgt %lf\n",
        argv[ 1 ], argv[ 2 ], sqrt( error ) );
    return 0;  }

/******************* Ende von GSDIFF.C *******************/
```

Einige Komprimierungsergebnisse

Die zu diesem Buch gehörende Diskette enthält fünf Graustufendateien zum Experimentieren. In Abbildung 11-14 sehen Sie einige der Ergebnisse, die sich aus der Komprimierung dieser Dateien mit dem Programm DCT ergaben.

Bei den meisten Bildern ergibt sich bei Qualitätsfaktoren von fünf oder weniger eine leichte Verschlechterung der Auflösung, aber darunter leidet die Bildqualität nicht wesentlich. Steigt der Qualitätsfaktor über fünf, werden Strukturen des Komprimierungsprozesses in Form einer »Blockbildung« im Bild sichtbar.

File	Qualität	Ausgangs-Größe	Komprimierte Größe	Verhältnis	RMS Fehler
KIND.GS	1	64000	27809	57%	4.3
KIND.GS	2	64000	18367	72%	6.9
KIND.GS	3	64000	14084	78%	8.6
KIND.GS	4	64000	11731	82%	9.9
KIND.GS	5	64000	10232	85%	10.9
KIND.GS	10	64000	7167	89%	13.6
KIND.GS	15	64000	6074	91%	15.2
KIND.GS	25	64000	5094	93%	17.4
CLOWN.GS	1	64000	20835	68%	3.7
CLOWN.GS	2	64000	14243	78%	5.6
CLOWN.GS	3	64000	11323	83%	6.9
CLOWN.GS	4	64000	9674	85%	7.9
CLOWN.GS	5	64000	8636	87%	8.6
CLOWN.GS	10	64000	6355	91%	10.9
CLOWN.GS	15	64000	5513	92%	12.3
CLOWN.GS	25	64000	4811	93%	14.1
LISAW.GS	1	64000	10650	84%	2.3
LISAW.GS	3	64000	6971	90%	3.2
LISAW.GS	5	64000	5941	91%	3.7
LISAW.GS	10	64000	4968	93%	4.7
LISAW.GS	25	64000	4170	94%	6.6
ROSE.GS	1	64000	19425	70%	3.6
ROSE.GS	3	64000	10452	84%	6.7
ROSE.GS	5	64000	8170	88%	8.4
ROSE.GS	10	64000	6277	91%	10.7
ROSE.GS	25	64000	4807	93%	14.3
MOUSE.GS	1	64000	9265	86%	2.1
MOUSE.GS	3	64000	6403	90%	3.0
MOUSE.GS	5	64000	5651	92%	3.5
MOUSE.GS	10	64000	4917	93%	4.5
MOUSE.GS	25	64000	4372	94%	6.3

Abbildung 11-14: *Komprimierungsergebnisse*

In Abbildung 11-15 sehen Sie, wie einige Bilder von KIND.GS nach dem Komprimierungszyklus aussehen. Die ersten fünf Bilder sehen recht gut aus. Es kann fast kein Unterschied zum Original festgestellt werden. Schaut man sich mit Hilfe von GS.EXE ein Bild nach dem anderen an, kann man die Unterschiede erkennen, aber es sind keine gravierenden. Untersucht man das Bild mit dem Qualitätsfaktor 5 ganz genau, sieht man, daß einige Bildbereiche unter der Komprimierung zu leiden beginnen. Die Bilder mit den Qualitätsfaktoren 10, 15 und 20 weisen deutliche Qualitätsmängel auf.

Die mit Hilfe dieser Experimente erzielten Komprimierungsergebnisse sind recht beeindruckend. Bilder können meistens bis zu 85% komprimiert werden, ohne daß viel an Bildqualität verloren geht. Noch bessere Komprimierungsgrade können mit dem JPEG-Algorithmus erzielt werden, da die Vorteile der Huffman-Codierung dann voll zum Tragen kommen.

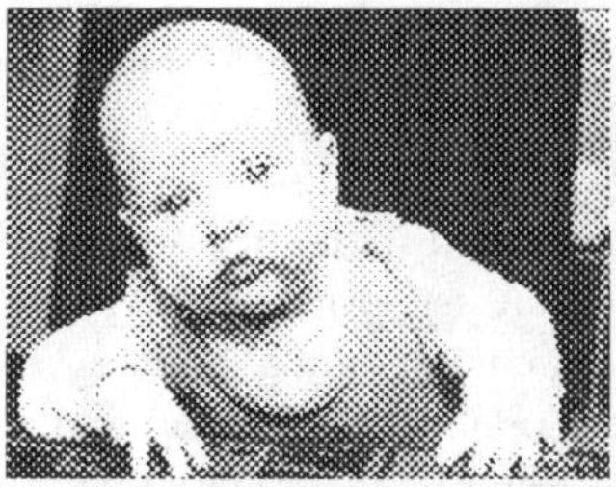
KIND.GS Originalbild

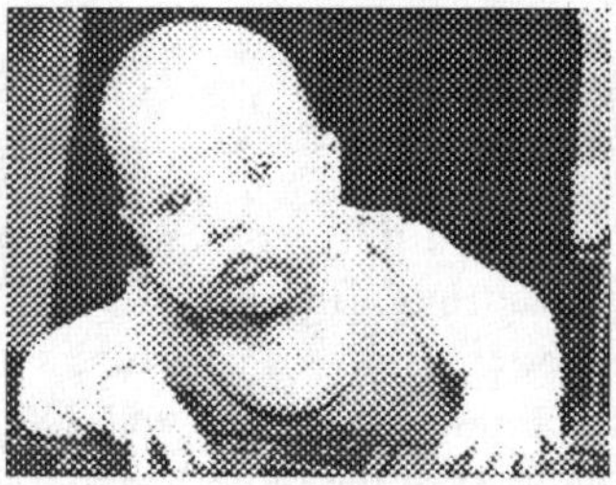
Qualitätsfaktor = 1

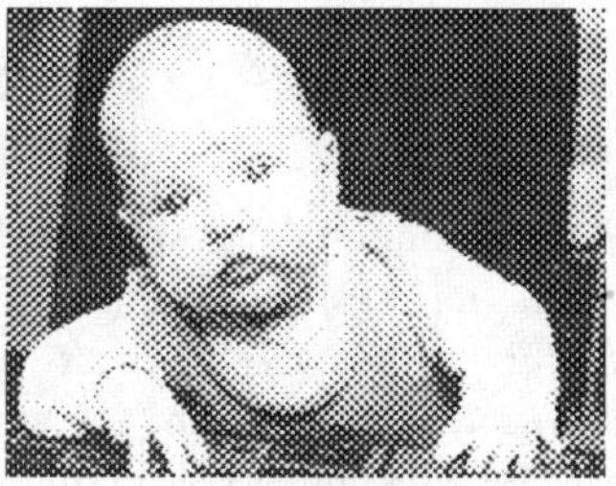
Qualitätsfaktor = 2

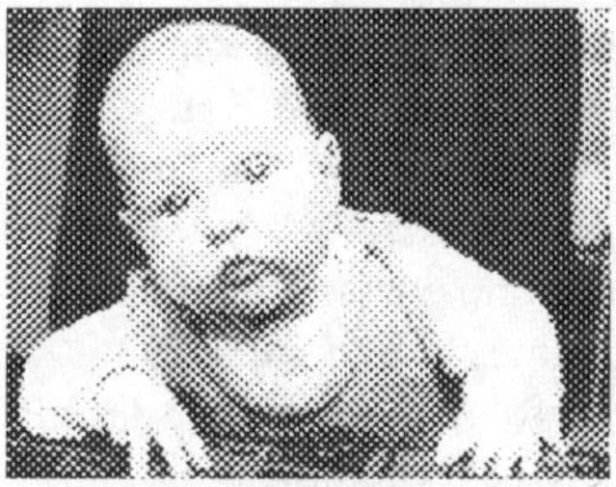
Qualitätsfaktor = 3

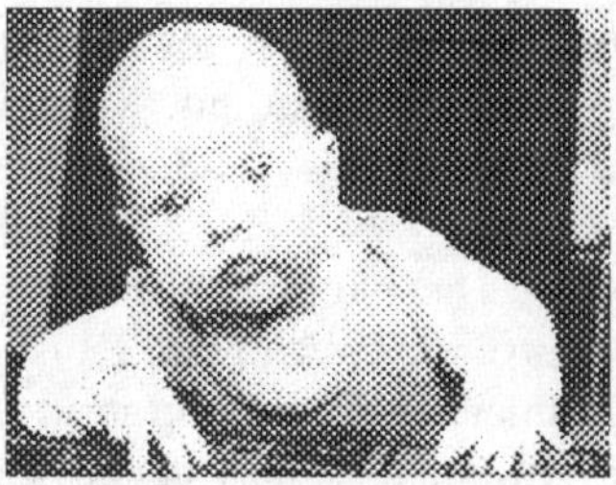
Qualitätsfaktor = 5

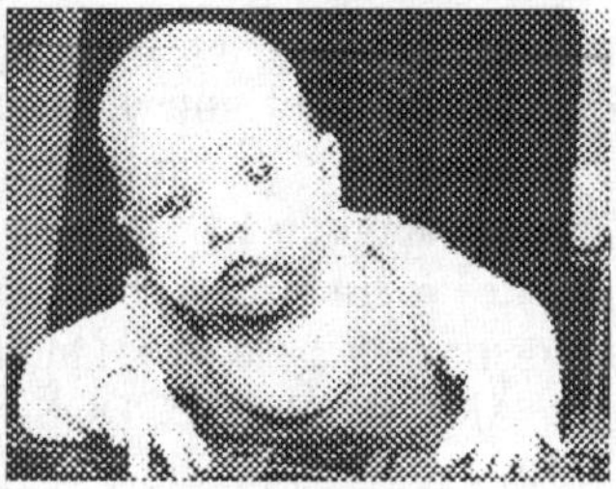
Qualitätsfaktor = 10

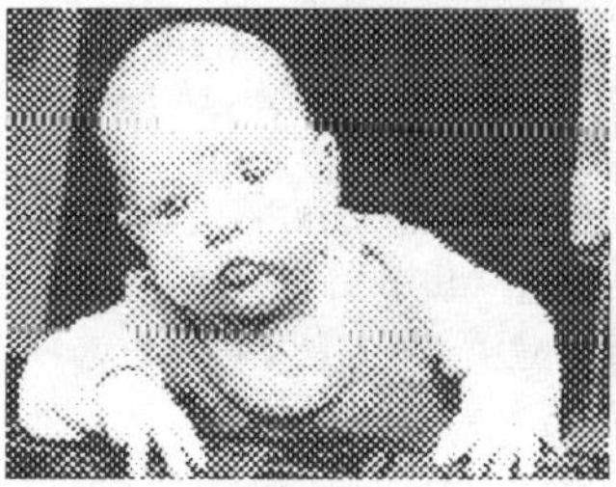
Qualitätsfaktor = 15

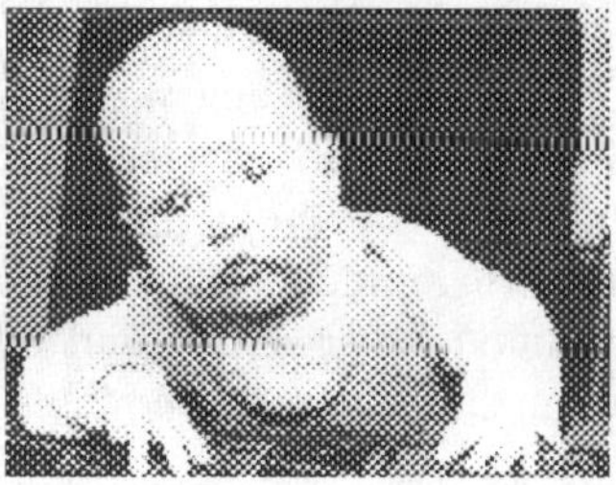
Qualitätsfaktor = 25

Abbildung 11-15: *KIND.GS nach einer Komprimierung*

12 Ein Archivierungspaket

Programmierer und Anwender kommen mit der Datenkomprimierung meist in Form eines Archivierungsprogrammes in Berührung. In der MS-DOS-Welt ist der Gebrauch von Archivierungspaketen weit verbreitet. Einige Programme dringen mit unglaublicher Geschwindigkeit bis zum letzten Computeranwender vor. Neue Versionen von Programmen wie PKZIP und ARJ, die über nicht-kommerzielle Kanäle verbreitet werden, waren bereits nach wenigen Tagen auf der ganzen Welt zu finden.

Da es im Bereich der Datenkomprimierung viel Konkurrenz gibt, weisen die meisten Programme recht gute Leistungscharakteristika auf. Mit ihnen können viele Daten verarbeitet und gute Komprimierungsgrade erzielt werden. Sie erledigen im allgemeinen ihre Arbeit ordentlich.

Für Programmierer weisen diese Datenkomprimierungsprogramme aber einen entscheidenden Mangel auf: Der Quelltext ist nicht verfügbar. Es ist zwar recht und gut, daß PKZIP oder ARC von der MS-DOS-Kommandozeile aus aufgerufen werden können, aber das hilft einem Programmierer, der alle Hilfetexte seines neuen Tabellenkalkulationsprogrammes komprimieren will, nicht viel. Es wäre sehr unpraktisch für ihn, wenn sein Programm jedesmal PKUNZIP aufrufen müßte, wenn auf einen Hilfetext zugegriffen werden muß.

In diesem Kapitel wird ein Ausweg aus einem solchen Dilemma gezeigt. Es wird gezeigt, wie eine einfache, abgemagerte Version eines Archivierungsprogrammes erstellt werden kann. Aus Platzgründen kann dieses Programm nicht mit kommerziellen Produkten verglichen werden, aber ein guter Programmierer kann ausgerüstet mit den in diesem Buch vorgestellten Techniken das Programm so erweitern und verbessern, daß es den Vergleich mit kommerziellen Konkurrenten nicht mehr scheuen muß.

CAR und CARMAN

In diesem Kapitel geht es um zwei Themenbereiche: Komprimierte Archivdateien und das Programm, mit dessen Hilfe diese Dateien verwaltet werden. Komprimierte Archivdateien verfügen normalerweise über die Dateiendung ».CAR«. Diese Dateien werden im folgenden als CAR-Dateien bezeichnet. Der CAR-Dateimanager wird CARMAN genannt.

CARMAN ist ein Stand-alone-Programm, mit dem CAR-Dateien bearbeitet werden können. Es verfügt über einige einfache Befehle und läuft im Kommandozeilenmodus. Die tatsächlichen Stärken von CARMAN liegen in seiner Fähigkeit, daß es durch leistungsfähigere Komprimierungstechniken erweitert oder daß sein Quelltext in andere Programme integriert werden kann.

Der CARMAN-Befehlssatz

Startet man CARMAN ohne Argumente, erscheint ein kurzer Hilfsbildschirm, der die Arbeitsweise von CARMAN erläutert. Siehe Abbildung 12-1.

```
CARMAN 1.0:    Komprimierender ARchive MANager
Anwendung:     carman befehl car-datei [datei ...]
Befehle:
     a:   Fügt Dateien einem CAR-Archiv zu (falls vorhanden, werden sie ersetzt)
     x:   Extrahiert Dateien aus einem CAR-Archiv
     r:   Ersetzt Dateien in einem CAR-Archiv
     d:   Löscht Dateien aus einem CAR-Archiv
     p:   Gibt Dateien auf der Standardausgabe aus
     l:   Listet den Inhalt eines CAR-Archivs auf
     t:   Testet Dateien in einem CAR-Archiv
```

Abbildung 12-1: *Der CARMAN-Hilfsbildschirm*

Bei jeder CARMAN-Operation müssen zwei Dinge beachtet werden. 1. Es muß ein aus einem Buchstaben bestehender Befehl vorliegen. 2. Der Name eine CAR-Datei muß angegeben werden. Es folgt eine kurze Zusammenfassung der Befehle.

Dateien hinzufügen:	Mit diesem Befehl werden in einem Archiv neue Dateien untergebracht, diese können dort schon existieren oder auch nicht. Wild cards in der Kommandozeile werden bei MS-DOS entsprechend ausgewertet. Vollständige Pfadnamen können zur Spezifikation von Dateien benutzt den, CAR entfernt aber die Pfadkomponenten vor dem Abspeichern der Dateien. Existiert die hinzuzufügende Datei im Archiv schon, wird die alte Datei durch die neue ersetzt.
Dateien extrahieren:	Mit diesem Befehl können Dateien aus dem Archiv geholt und im aktuellen Verzeichnis abgelegt werden. Befinden sich in der Kommandozeile keine Dateinamen, werden alle Dateien aus dem Archiv geholt.
Dateien ersetzen:	Mit diesem Befehl werden alle angegebenen Dateien durch eine neue Version aus dem aktuellen Verzeichnis ersetzt. Liegt eine der angegebenen Dateien zwar im Archiv vor, aber nicht im aktuellen Verzeichnis, wird ein Warnhinweis ausgegeben.
Dateien löschen:	Die gewünschten Dateien werden aus der CAR-Datei entfernt.
Dateien ausgeben:	Die gewünschten Dateien werden in die Standardausgabe kopiert. Wurden keine Dateien angegeben, werden alle Dateien dorthin kopiert.
Dateien testen:	Die angegebenen Dateien werden getestet, damit sichergestellt wird, daß sie ordnungsgemäß extrahiert werden können und daß die resultierende CRC-Prüfsumme korrekt ist.
Dateien auflisten:	Die Statistiken der gewünschten Dateien werden in der Standardausgabe aufgeführt. Wurden keine Dateinamen angegeben, werden alle Dateien aufgelistet. Es folgt ein typisches Listing.

Filename	**Original-Größe**	**Komprimierte Größe**	**Verhältnis**	**CRC-32**	**Methode**
buildcrc.c	6995	3891	45%	d04954fe	LZSS
checkcrc	5964	3574	41%	1a364b88	LZSS
carman.c	62214	23187	63%	a9bd559e	LZSS
io.c	2369	1162	51%	37f575ac	LZSS

Abbildung 12-2: *Ausgabe des CARMAN-Dateien auflisten-Kommandos*

Wie Sie aus dem Listing ersehen können, wird bei CARMAN mit der LZSS-Komprimierungsmethode gearbeitet. Das Komprimierungsprogramm ist dabei fast identisch mit dem in Kapitel 8 gezeigten Programm. Dateien, die nicht auf weniger als ihre Originalgröße komprimiert werden können, werden stattdessen unkomprimiert abgespeichert.

Mit LZSS kann zwar nicht der bestmögliche Komprimierungsgrad erzielt werden, aber die Ergebnisse sind doch recht passabel. Außerdem verfügt diese Methode über einen Vorteil: Ihre Dekomprimierungsgeschwindigkeit wird von fast keinem verfügbaren anderen Komprimierungsprogramm erreicht oder gar übertroffen. Applikationen, die häufig dekomprimieren müssen, sollten deshalb immer mit dem LZSS-Algorithmus arbeiten.

Die CAR-Datei

Der Aufbau einer CAR-Datei ist recht einfach: CAR-Dateien bestehen nur aus einer sequentiellen Liste von Dateiheadern, auf die Daten folgen. Diese Sequenz kann unendlich fortgesetzt werden, bis ein spezieller Header mit einem Nulldateinamen angetroffen wird. Abbildung 12-3 illustriert diese Struktur.

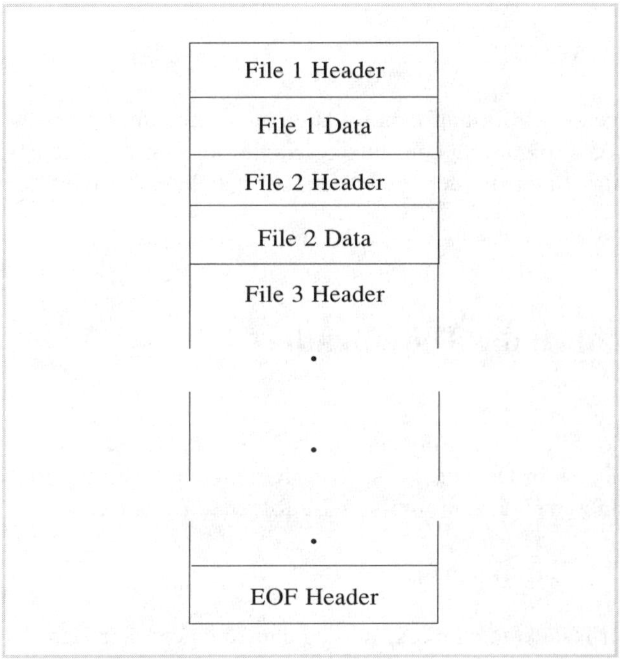

Abbildung 12-3:
Die Struktur einer CAR-Datei

Eine derartige sequentielle Struktur hat sowohl Vor- als auch Nachteile. Aufgrund der sequentiellen Datenstruktur kann im Archiv nichts per direktem Zugriff gesucht oder aktualisiert werden. Es wird stattdessen linear gesucht und kopiert. Leider muß deshalb jedesmal das gesamte Archiv kopiert werden, wenn eine Datei im Archiv modifiziert wird. Diese Nachteile werden durch die leichte Handhabung der Technik aufgewogen. Es ist einfach, Anweisungen zur Manipulation dieser Speichermethode zu erstellen. In der Tat benutzen fast alle bekannten Archivierungsprogramme ein fast identisches Format.

Der Header

Beim CAR-Format enthält der Dateiheader alles, was über die Datei bekannt ist. Es ist deshalb von größter Wichtigkeit, zu entscheiden, was in den Dateiheader gehört und was nicht. CARMAN arbeitet mit einer Reihe gut ausgesuchte Informationen im Dateiheader. Diese Informationen besitzen die folgende C-Struktur:

```
typedef struct header
{
    char datei_name[ MAX_DATEINAME ];
    char komprimierungs_methode;
    unsigned long original_groesse;
    unsigned long komprimierte_groesse;
    unsigned long original_crc;
    unsigned long header_crc;
}
HEADER;
```

Die meisten im Dateiheader vorliegenden Informationen erklären sich selbst, besonders in bezug auf ihren Einsatz in einem C-Programm. Die einzige Stelle, an der die Headerinformationen ein wenig Verwirrung stiften, ist der Prozeß des Abspeicherns in oder des Auslesens aus einer CAR-Datei.

Das Abspeichern des Dateiheaders

Damit CAR-Dateien zwischen unterschiedlichen Systemen und Architekturen portabel sind, muß man beim Ablegen von Daten in Dateien Vorsicht walten lassen. Überträgt man diese Struktur in eine Datei, verwendet man dazu normalerweise folgende Anweisung:

```
fwrite(header, sizeof( HEADER ), 1, ausgabedatei );
```

Dadurch wird ein binäres Abbild der Headerdaten direkt in der Datei abgelegt. Die Headerdaten können so einfach mit einer äquivalenten fread()-Anweisung eingelesen werden.

Legt man Daten auf diese Art und Weise ab, können sich zwei Probleme ergeben. Das erste steht im Zusammenhang mit der internen Anordnung der Strukturelemente. Unterschiedliche C-Compiler ordnen Strukturelemente verschieden an. Liegt zum Beispiel, wie oben gezeigt, ein char-Element als zweites Element vor, kann der MS-DOS-Compiler, da das nächste Element ein long-Integer ist, drei Byte als Füllung einfügen, damit das long-Element an einer 4-Byte-Grenze ausgerichtet wird. Im allgemeinen wird das gemacht, um schnelleren und effektiveren Code zu erzeugen. (Viele CPUs arbeiten besser, falls die

Daten an bestimmten Grenzen ausgerichtet sind.) Ein anderer Compiler auf einem anderen Computer fügt vielleicht keine Füllbytes ein oder nimmt eine 8-Byte-Grenze.

Werden Strukturen unterschiedlich gepackt, kann man sich nicht mehr auf die Portabilität binärer Dateien, die mit fwrite(), wie oben gezeigt, erzeugt wurden, verlassen. Dieses Problem kann jedoch schnell gelöst werden. Anstatt die Struktur als Einheit abzulegen, besteht die Möglichkeit, sie elementweise zu übertragen. So können keine Füllbytes versehentlich in die Ausgabedatei gelangen.

Diese Lösung trägt aber nicht zur Beseitigung des zweiten Portabilitätsproblems bei. Leider ist es nicht gewährleistet, daß unterschiedliche Computer identische Datenelemente in derselben Weise abspeichern. Ein long-Integer mit dem hexadezimalen Wert 0x12345678L zum Beispiel wird bei einem Intel 8086 wie folgt abgelegt:

Adresse	Wert
0000	78
0001	56
0002	34
0003	12

Wird derselbe long-Integer auf einem Computer mit Motorola 68000-Architektur abgespeichert, werden die Bytes genau in der umgekehrten Reihenfolge abgelegt! Diese Unterschiede gehen auf Entscheidungen zurück, die Hardwaredesigner vor langer Zeit trafen, und wir müssen mit den Konsequenzen leben. In diesem Fall ergibt sich als Konsequenz ein Problem beim Austausch binärer Dateien.

Die Lösung dieses Problemes besteht darin, die Kontrolle über das binäre Dateiformat von der untersten Ebene aus auszuüben. Anstatt long- und short-Integer am Stück abzulegen, werden sie anhand eines von uns gewählten Anordnungsschemas byteweise abgespeichert. So können Daten in Dateien abgespeichert und aus den Dateien herausgeholt werden, ohne daß die Portabilität der CAR-Dateien zwischen den einzelnen Systemen gestört wird.

Beim Schreiben und Lesen der Dateiheader werden die long- und short-Integerdaten mit einigen Hilfsroutinen zuerst vom Header in ein Zeichenarray übertragen. Die Daten werden beginnend beim niederwertigsten Byte im Array abgelegt.Die umgekehrte Reihenfolge wäre auch möglich gewesen. Es folgen die zum Packen benötigten Routinen.

```
void PackeVorzeichenloseDaten(anzahl_der_bytes, zahl, puffer)
int anzahl_der_bytes;
unsigned long zahl;
unsigned char *puffer;
{
    while ( anzahl_der_bytes-- > 0 ) {
        *puffer++ = ( unsigned char ) ( zahl & 0xff );
        zahl >>= 8;
    }
}
```

```
unsigned long EntpackeVorzeichenloseDaten( anzahl_der_bytes,
                                           puffer )
int anzahl_der_bytes;
unsigned char *puffer;
{
   unsigned long resultat;
   int verschiebungen;
   resultat = 0;
   verschiebungen = 0;
   while ( anzahl_der_bytes-- > 0 ) {
     resultat |= (unsigned long) *puffer++ << verschiebungen;
       verschiebungen += 8;
   }
   return( resultat );
}
```

Mit diesen Routinen ist das Schreiben und Lesen der Dateiheader ein Kinderspiel. Bei der Dateiein-/ausgabe wird dieser Prozeß mit Hilfe eines ausreichend großen Zeichenarrays ausgeführt. Die aktuellen Headerdaten werden dabei im Array komplett abgelegt, bevor die Dateioperationen stattfinden.

```
void SchreibeDateiHeader()
{
   unsigned char header_daten[ 17 ];
   int i;
   for ( i = 0 ; ; ) {
       putc( Header.datei_name[ i ], AusgabeCarDatei );
       if ( Header.datei_name[ i++ ] == '\0' )
           break;
   }
   Header.header_crc = BerechneBlockCRC32( i, CRC_MASKE,
                                           Header.datei_name );
   PackeVorzeichenloseDaten( 1, (long)
          Header.komprimierungs_methode, header_daten + 0  );
   PackeVorzeichenloseDaten( 4, Header.original_groesse,
                             header_daten + 1 );
   PackeVorzeichenloseDaten( 4, Header.komprimierte_groesse,
                             header_daten + 5 );
   PackeVorzeichenloseDaten( 4, Header.original_crc,
                             header_daten + 9 );
   Header.header_crc = BerechneBlockCRC32( 13,
                            Header.header_crc,header_daten );
   Header.header_crc ^= CRC_MASKE;
   PackeVorzeichenloseDaten( 4, Header.header_crc,
```

```
                        header_daten + 13 );
   fwrite( header_daten, 1, 17, AusgabeCarDatei );
}
```

Die Routine, mit der der Dateiheader in die CAR-Datei übertragen werden kann, ist unkomplizierter als die zum Lesen derselben Daten benötigte, da nicht überprüft werden muß, ob irgendwelche Fehlerbedingungen vorliegen. Der erste Teil des Headers enthält den Namen der komprimierten Datei abgeschlossen mit einem Nullbyte. Beim Schreiben des Dateinamens muß man nicht besonders vorsichtig sein, da 8-Bit-ASCII-Zeichen auf alle Systeme übertragbar sind, für die CARMAN gedacht ist.

Die übrigen Elemente des Dateiheaders werden Stück für Stück mit der Routine PackeVorzeichenloseDaten() in ein Zeichenarray übertragen. Danach können sie durch einen Aufruf von fwrite() ausgegeben werden.

Die Headerprüfsumme (CRC)

Bei einem der Headerelemente, die von SchreibeDateiHeader() ausgegeben werden, handelt es sich um das Element »header_crc«. Diese Headerprüfsumme (CRC) ist eine 32-Bit-Zahl, die auf der Grundlage der in der Headerstruktur vorliegenden Daten erzeugt wird. Diese Zahl dient als Prüfsumme und wird mit Hilfe der CCITT-32-Formel erstellt. Viele andere Archivierungsprogramme wie beispielsweise PKZIP und ARJ benutzen diese Formel ebenfalls. Mit ihrer Hilfe können die meisten Fehler, die in einem Dateiheader vorkommen können, entdeckt werden.

Mit Hilfe der Header-CRC-Prüfsumme kann in Verbindung mit der CAR-Datei ein zusätzlicher Integritätstest durchgeführt werden. Wurde aus irgendwelchen Gründen eines der Datenelemente im Dateiheader versehentlich verändert, kann das zu katastrophalen Folgen bei der Dekomprimierung oder später beim Versuch, die fehlerhaften Daten zu nutzen, führen.

```
int LeseDateiHeader() {
   unsigned char header_daten[ 17 ];
   unsigned long header_crc;
   int i;
   int c;
   for ( i = 0 ; ; ) {
      c = getc( EingabeCarDatei );
      Header.datei_name[ i ] = (char) c;
      if ( c == '\0' ) break;
      if ( ++i == MAX_DATEINAME )
     FatalerFehler( "Der Dateiname im Header ist zu lang" );
   }
```

```
    if ( i == 0 ) return( 0 );
    header_crc = BerechneBlockCRC32( i + 1, CRC_MASKE,
                                      Header.datei_name );
    fread( header_daten, 1, 17, EingabeCarDatei );
    Header.komprimierungs_methode = (char)
          EntpackeVorzeichenloseDaten( 1, header_daten + 0  );
    Header.original_groesse = EntpackeVorzeichenloseDaten( 4,
                                           header_daten + 1  );
    Header.komprimierte_groesse=EntpackeVorzeichenloseDaten(4,
                                             header_daten + 5);
    Header.original_crc = EntpackeVorzeichenloseDaten( 4,
                                         header_daten + 9  );
    Header.header_crc = EntpackeVorzeichenloseDaten( 4,
                                         header_daten + 13 );
    header_crc = BerechneBlockCRC32( 13, header_crc, header_daten );
    header_crc ^= CRC_MASKE;
    if ( Header.header_crc != header_crc )
        FatalerFehler( "Headerprüfsummenfehler bei Datei %s",
                       Header.datei_name );
    return( 1 );
}
```

Das Lesen des Dateiheaders geschieht genau umgekehrt wie das Schreiben – aber dabei ist einiges zu beachten. Während der Dateiname eingelesen wird, müssen ein paar Dinge überprüft werden. Zuerst muß festgestellt werden, ob es sich um den letzten Dateiheader einer CAR-Datei handelt. Ist das der Fall, hat der Dateiname die Länge 0, und es wird sofort mit einem Übergabewert von 0 aus der Routine ausgesprungen, damit die aufrufende Routine weiß, daß das Ende der CAR-Datei erreicht wurde.

Es kann auch sein, daß der Dateiname den in der Headerstruktur bereitgestellten Speicherplatz übersteigt. Ist das der Fall, kommt es zu einem Programmende mit einem fatalen Fehlerhinweis.

Nachdem alle Headerdaten eingelesen wurden, wird ein letzter Gültigkeitstest durchgeführt. Dabei wird der für den Dateiheader berechnete CRC-Wert mit dem CRC-Wert verglichen, der in der CAR-Datei abgespeichert wurde. Stimmen diese beiden Werte nicht überein, kommt es ebenfalls zu einem Programmende mit einem fatalen Fehlerhinweis.

Das Bearbeiten der Kommandozeile

Kann ein Dateiheader aus einer CAR-Datei gelesen werden, ist es auch möglich, den Archivinhalt aufzulisten. Hierzu ist nur eine einfache Schleife notwendig:

```
while(LeseDateiHeader() != 0) {
       ZeigeCarDateiEintragAn();
       fseek(eingabe, header.komprimierte_groesse, SEEK_CUR);}
```

Mit der fseek()-Anweisung können die komprimierten Daten einer bestimmten Datei komplett übersprungen werden, da der Umfang der komprimierten Daten bekannt ist. Mit diesem Mechanismus wird die CAR-Datei bei jeder Art von Operation durchgearbeitet. Es wird mit der ersten Datei begonnen, und entsprechend geht es Header für Header voran, bis alle notwendigen Dateien bearbeitet wurden. CARMAN geht im Archiv dabei niemals zurück oder versucht, über das Dateiende hinauszugehen.

Jetzt, da wir etwas mit der CAR-Datei anfangen können, ist es an der Zeit, die anderen Programmteile zusammenzufügen. Der nächste logische Schritt besteht im Hinzufügen einer Funktion zur Bearbeitung der Kommandozeile.

Die CARMAN-Kommandozeile besteht aus drei Komponenten. 1. Einem der sieben weiter vorn aufgelisteten Buchstaben, der einen Befehl darstellt. 2. dem Namen der CAR-Datei und 3. einer optionalen Liste von Dateinamen. Ganz zu Anfang der Programmausführung wird BearbeiteArgumente() aufgerufen, um zu überprüfen, ob der erste Buchstabe einen Befehl darstellt.

```
int BearbeiteArgumente( argc, argv )
int argc;
char *argv[];
{

  int befehl;

  if ( argc < 3 || strlen( argv[ 1 ] ) > 1 )
      AnwendungExit();
  switch( befehl = toupper( argv[ 1 ][ 0 ] ) ) {
      case 'X' :
          fprintf( stderr, "Extrahiere Dateien\n" );
          break;
      case 'R' :
          fprintf( stderr, "Ersetze Dateien\n" );
          break;
      case 'P' :
     fprintf( stderr, "Gebe Dateien in der Standardausgabe "+
"aus" );
```

```
            break;
        case 'T' :
            fprintf( stderr, "Teste Integrität der Dateien\n" );
            break;
        case 'L' :
            fprintf( stderr, "Liste Archivinhalt auf\n" );
            break;
        case 'A' :
            if ( argc <= 3 )
                AnwendungExit();
            fprintf( stderr, "Füge Dateien dem Archiv zu\n" );
            break;
        case 'D' :
            if ( argc <= 3 )
                AnwendungExit();
          fprintf( stderr, "Lösche Dateien aus dem Archiv\n" );
            break;
        default  :
            AnwendungExit();
    };
    return( befehl );
}
```

Der erste Schritt bei der Untersuchung der Kommandozeile ist es, sicherzustellen, daß mindestens drei Argumente in der Kommandozeile vorliegen: der Programmname (CARMAN), ein aus einem Buchstaben bestehender Befehl und ein CAR-Dateiname. Der nächste Schritt besteht darin, den Befehlsbuchstaben auf seine Gültigkeit hin zu überprüfen, damit man sichergehen kann, daß es sich um einem der legalen, definierten CARMAN-Befehle handelt. Daraufhin wird eine kurze Meldung ausgegeben, die anzeigt, daß CARMAN den Befehl kennt. In zwei bestimmten Fällen besteht CARMAN auf der Angabe von Dateinamen. Werden in der Kommandozeile keine Dateinamen aufgeführt, bedeutet das bei den meisten CARMAN-Befehlen dasselbe, als ob ein Wildcard-Argument eingesetzt worden wäre: »*« (oder »*.*«, das MS-DOS-Äquivalent). Mit »CARMAN l backup.car« werden beispielsweise alle im Archiv backup.car vorliegenden Dateien aufgelistet.

Für die Befehle Hinzufügen (a) und Löschen (d) ist diese standardmäßige Vorgehensweise etwas zu gefährlich und resultiert deshalb in einer Fehlermeldung. Möchte der Anwender jede Datei im aktuellen Verzeichnis in einer CAR-Datei unterbringen, muß er in der Kommandozeile »*« oder »*.*« angeben. Das ist sicher nicht zuviel verlangt.

Das Generieren der Dateiliste

CARMAN muß in der Lage sein, Dateilisten zuhandhaben, damit mit Dateigruppen gearbeitet werden kann. Jeder der sieben CARMAN-Befehle akzeptiert eine Dateiliste als Argument. Es muß deshalb eine allgemeine Möglichkeit zum Aufbau und zur Bearbeitung von Dateilisten geben. Diese Funktion sollte zumindest ansatzweise auch in der Lage sein, Wildcard-Muster zu erkennen.

Bei UNIX und MS-DOS existieren bei der Wildcard-Mustererkennung einige kleine Unterschiede. Zu allererst muß allerdings beachtet werden, daß es bei CARMAN zwei verschiedene Arten der Wildcard-Mustererkennung gibt. In der Kommandozeile vorliegende Dateispezifikationen in Verbindung mit dem 'Hinzufügen'-Befehl, die Wildcards beinhalten, geben externe Dateien an, die in der CAR-Datei untergebracht werden sollen. Dateispezifikationen in Verbindung mit allen anderen Befehlen beziehen sich auf Dateien, die in der CAR-Datei selbst abgespeichert sind. Deshalb müssen diese beiden unterschiedlichen Dateilistentypen mit verschiedenen Methoden bearbeitet werden.

Und was das Ganze noch komplizierter macht: UNIX und MS-DOS unterschieden sich sehr darin, wie in einer Kommandozeile vorliegende Wildcards behandelt werden. Bei beiden Betriebssystemen gibt man den folgenden Befehl ein, wenn alle in einem Verzeichnis vorliegenden C-Dateien in einem Archiv untergebracht werden sollen:

```
carman a cdateien.car *.c
```

Bei UNIX expandiert der Befehlsinterpreter oder das Shellprogramm den Wildcard-Dateinamen in eine Liste von Dateien, bevor das Programm die Kommandozeile zu Gesicht bekommt. Wird CARMAN dann gestartet, wird ihm eine Kommandozeile präsentiert, die ungefähr wie folgt aussieht:

```
carman a cdateien.car test.c io.c foo.c bar.c
```

Das ist einer der Vorteile von UNIX. Eine Applikation muß sich nicht um die Wildcard-Expansion von Dateinamen in der Kommandozeile kümmern, da das von der Shell erledigt wird.

Bei MS-DOS sehen die Dinge etwas anders aus. Die Wildcard-Expansion ist dort Aufgabe des Programmes und nicht des Kommandozeileninterpreters. Das Programm muß deshalb die Expansion mit Hilfe von C-Laufzeit-Bibliotheksfunktionen sozusagen von Hand ausführen. Und was noch schlechter ist: Für die Funktionsnamen und Strukturdefinitionen, die zum Expandieren der Wildcard-Dateinamen benötigt werden, gibt es keine Standards. Für jeden Compiler muß das Ganze also etwas anders realisiert werden.

Bei CARMAN befindet sich die Liste der Dateinamen in einem Array mit dem Namen DateiListe[]. DateiListe ist ein aus char-Zeigern bestehendes Array, das von einer Routine mit dem Namen BildeDateiListe() eingerichtet wird. BildeDateiListe() wird nach der

Überprüfung der Kommandozeile aufgerufen. Dieser Funktion wird eine Liste der verbleibenden Kommandozeilenargumente zusammen mit der zugehörigen Anzahl übergeben.

BildeDateiListe() kopiert normalerweise nur die angegebenen Argumente in das Array DateiListe[]. Liegen keine Kommandozeilenargumente vor, wird DateiListe[0] auf '*' gesetzt, damit alle im Archiv vorliegenden Dateinamen angesprochen werden. Dadurch werden Befehle wie »CARMAN L TEST.CAR« in Befehle wie »CARMAN L TEST.CAR *« umgewandelt.

BildeDateiListe() verändert sein Verhalten, falls der Anwender den Befehl 'A' zum Hinzufügen von Dateien gewählt hat und das Betriebssystem MS-DOS vorliegt. Unter diesen Umständen wird eine Spezialroutine zum Expandieren einer potentiellen Wildcard-Dateispezifikation in eine Dateinamensliste aufgerufen. Die Ergebnisse dieser Operation werden im Array DateiListe[] abgelegt.

```
void BildeDateiListe( argc, argv, befehl ) int argc;
char *argv[];
int befehl;

{
  int i;
  int zaehler;
  zaehler = 0;
  if ( argc == 0 ) DateiListe[ zaehler++ ] = "*";
  else {
      for ( i = 0 ; i < argc ; i++ ) {
#ifdef MSDOS
          if ( befehl == 'A' )
             zaehler = ExpandiereUndBearbeiteMSDOSDateiNamen(
                                           zaehler, argv[ i ] );
          else
            BearbeiteMSDOSDateiNamen( zaehler++, argv[ i ] );
#endif
#ifndef MSDOS
   DateiListe[ zaehler ] = malloc( strlen( argv[ i ] ) + 2 );
          if ( DateiListe[ zaehler ] == NULL )
           FatalerFehler( "Kein Speicher mehr beim Ablegen "+
"der Dateinamen" );
          strcpy( DateiListe[ zaehler++ ], argv[ i ] );
#endif
          if ( zaehler > 99 )
               FatalerFehler( "Zuviele Dateinamen" );
      }
  }
  DateiListe[ zaehler ] = NULL;
}
```

Zusätzlich wird eine Spezialroutine mit dem Namen BearbeiteMSDOSDateiNamen() aufgerufen. Mit dieser Funktion werden alle MS-DOS-Dateinamen normalisiert. Beim Dateisystem von MS-DOS gibt es einige Komplikationen. 1. Bei allen Dateinamen gibt es keinen Unterschied zwischen Groß- und Kleinschreibung. Das heißt, »FOO.BAR« und »foo.bar« sind zwar unterschiedliche Namen, beziehen sich aber auf dieselbe Datei. 2. Die 8+3-Dateinamenskonvention bedeutet, daß »FOO« und »FOO.« beide dieselbe Datei ansprechen, auch wenn bei einem Namen ein abschließender Punkt '.' vorliegt und beim anderen nicht.

BearbeiteMSDOSDateiNamen() umgeht dieses Problem, indem diese Funktion Dateinamen zweifach bearbeitet. 1. Zuerst werden alle großen Buchstaben in Dateinamen, die in der Kommandozeile vorliegen, in kleine Buchstaben umgewandelt, damit eine zweifelsfreie Deutung möglich ist. 2. An die Namen aller Dateien, die über keine Endung oder keinen abschließenden Punkt '.' verfügen, wird an ein Punkt '.' angehängt. Beinhaltet der Dateiname die Wildcard-Zeichen '*' oder '?', wird an Dateinamen ohne Endung kein Punkt '.' angehängt.

Nicht alle MS-DOS-C-Compiler definieren die Konstante MSDOS. Tut dies Ihr Compiler nicht, müssen Sie die Quelltextdateien für CARMAN entsprechend ändern.

```
void BearbeiteMSDOSDateiNamen( zaehler, datei )
int zaehler;
char *datei;

{
  int i;
  char *p;
  DateiListe[ zaehler ] = malloc( strlen( datei ) + 2 );
  if ( DateiListe[ zaehler ] == NULL )
      FatalerFehler( "Kein Speicher mehr beim Ablegen der "+
                     "Dateinamen" );
  strcpy( DateiListe[ zaehler ], datei );
  for ( i = 0 ; DateiListe[ zaehler ][ i ] != '\0' ; i++ )
      DateiListe[ zaehler ][ i ] = (char)
                          tolower( DateiListe[ zaehler ][ i ] );
  if ( strpbrk( DateiListe[ zaehler ], "*?" ) == NULL ) {
      p = strrchr( DateiListe[ zaehler ], '\\' );
      if ( p == NULL )
          p = DateiListe[ zaehler ];
      if ( strrchr( p, '.' ) == NULL )
          strcat( DateiListe[ zaehler ], "." );
  }
}
int ExpandiereUndBearbeiteMSDOSDateiNamen(zaehler, wild_name)
    int zaehler;
char *wild_name;
```

```
{
  int fertig;
  DIR_STRUCT datei_info_block;
  char *fuehrender_pfad;
  char *datei_name;
  char *p;
  fuehrender_pfad = malloc( strlen( wild_name ) + 1 );
  datei_name = malloc( strlen( wild_name ) + 13 );
  if ( fuehrender_pfad == NULL || datei_name == NULL )
      FatalerFehler( "Kein Speicher mehr beim Ablegen der "+
                     "Dateinamen" );
  strcpy( fuehrender_pfad, wild_name );
  p = strrchr( fuehrender_pfad, '\\' );
  if ( p != NULL )
      p[ 1 ] = '\0';
  else {
      p = strrchr( fuehrender_pfad, ':' );
      if ( p != NULL )
          p[ 1 ] = '\0';
      else
          fuehrender_pfad[ 0 ] = '\0';
  }
  fertig = FIND_FIRST( wild_name, &datei_info_block, 0 );
  while ( !fertig ) {
      strcpy( datei_name, fuehrender_pfad );
      strcat( datei_name, datei_info_block.DIR_FILE_NAME );
      BearbeiteMSDOSDateiNamen( zaehler++, datei_name );
      fertig = FIND_NEXT( &datei_info_block );
      if ( zaehler > 99 )
          FatalerFehler( "Zuviele Dateinamen" );
  }
  free( fuehrender_pfad );
  free( datei_name );
  return( zaehler );
}
```

Der hier gezeigte Quelltext zum Expandieren von Wildcard-Dateinamen funktioniert mit den meisten populären MS-DOS-Compilern. Die zugehörigen Makros wurde jeweils abhängig vom eingesetzten Compiler, geringfügig anders definiert. Näheres dazu erfahren Sie aus dem am Ende dieses Kapitels aufgeführten Listing.

Das Öffnen der Archivdateien

Bevor die CAR-Datei bearbeitet werden kann, müssen die CAR-Ein-/Ausgabedateien geöffnet werden. Die dazu notwendige Routine ist aus mehreren Gründen recht kompliziert. Eine Routine, die das Archiv modifizieren kann, muß sowohl über eine Ein- als auch über eine Ausgabe-CAR-Datei verfügen. Dazu gehören die Routinen der Befehle 'Hinzufügen', 'Ersetzen' und 'Löschen'. Diese Befehle lesen aus der CAR-Datei, führen ihre Operationen aus und legen das Ergebnis in der Ausgabedatei ab.

Die übrigen Befehle modifizieren die Eingabe-CAR-Datei nicht wirklich, deshalb muß für sie keine Ausgabedatei geöffnet werden. Lautet der Befehl »Dateien im Archiv unterzubringen«, kann es sein, daß gar keine Eingabedatei existiert. Dann muß eine neue Eingabedatei erzeugt werden. Der Befehl OeffneArchivDateien() meistert diese Schwierigkeiten.

```
void OeffneArchivDateien( name, befehl )
char *name;
int befehl;
{
  char *s;
  int i;

  strncpy( CarDateiName, name, MAX_DATEINAME - 1 );
  CarDateiName[ MAX_DATEINAME - 1 ] = '\0';
  EingabeCarDatei = fopen( CarDateiName, "rb" );
  if ( EingabeCarDatei == NULL ) {
#ifdef MSDOS
      s = strrchr( CarDateiName, '\\' );
#else  /* UNIX */
      s = strrchr( CarDateiName, '/' );
#endif
      if ( s == NULL )
          s = CarDateiName;
      if ( strrchr( s, '.' ) == NULL )
      if ( strlen( CarDateiName ) < ( MAX_DATEINAME - 4 ) ) {
              strcat( CarDateiName, ".car" );
              EingabeCarDatei = fopen( CarDateiName, "rb" );
          }
  }

  if ( EingabeCarDatei == NULL && befehl != 'A' )
      FatalerFehler( "Kann Archiv '%s' nicht öffnen", "+
                     "CarDateiName );
  if ( befehl == 'A' || befehl == 'R' || befehl == 'D' ) {
      strcpy( TempDateiName, CarDateiName );
```

```
        s = strrchr( TempDateiName, '.' );
        if ( s == NULL )
            s = TempDateiName + strlen( TempDateiName );
        for ( i = 0 ; i < 10 ; i++ ) {
            sprintf( s, ".$$%d", i );
         if ( ( AusgabeCarDatei = fopen( TempDateiName, "r" ) )
                == NULL )
                break;
            fclose( AusgabeCarDatei );
            AusgabeCarDatei = NULL;
        }
        if ( i == 10 )
            FatalerFehler( "Kann temporäre Datei %s nicht "+
                           "öffnen", TempDateiName );
        AusgabeCarDatei = fopen( TempDateiName, "wb" );
        if ( AusgabeCarDatei == NULL )
            FatalerFehler( "Kann temporäre Datei %s nicht "+
                           "öffnen", TempDateiName );
    };
    if ( EingabeCarDatei != NULL )
        setvbuf( EingabeCarDatei, NULL, _IOFBF, 8192 );
    if ( AusgabeCarDatei != NULL )
        setvbuf( AusgabeCarDatei, NULL, _IOFBF, 8192 );
}
```

Wurde eine Ausgabedatei erstellt, werden in dieser Datei Kopien aller aus dem Eingabearchiv ausgewählten Dateien abgelegt. Nachdem alles erledigt ist, kann die Eingabedatei gelöscht und die Ausgabedatei umbenannt werden, damit sie den richtigen Namen trägt. Während CARMAN arbeitet, muß die Ausgabedatei allerdings einen anderen Namen tragen. Zu diesem Zweck wird ein temporärer Dateiname auf der Basis des Namens der CAR-Datei vergeben. Damit kein Name verwendet wird, der schon existiert, werden in gewissen Grenzen einige Überprüfungen durchgeführt.

Eine zusätzliche Fähigkeit, die CARMAN in dieser Routine entwickelt, ist es, automatisch an den Archivnamen eine Endung anzuhängen. Besitzt der Eingabedateiname keine Endung, versucht OeffneArchivDateien() zuerst, diese Datei normal zu öffnen. Kann die Datei nicht geöffnet werden, versucht es OeffneArchivDateien() noch einmal mit der an die Datei angehängten Endung »car«. So kann der Anwender einen Befehl wie »CARMAN L DATEIEN« eingeben, wenn der korrekte Befehl eigentlich »CARMAN L DATEIEN.CAR« hätte lauten müssen.

Beide Dateien verfügen über große Puffer, die mit der Funktion setvbuf() eingerichtet werden. Dadurch wird die Ausführung beschleunigt, besonders wenn massenweise Daten komprimierter Dateien aus dem Eingabearchiv an die Ausgabe-CAR-Datei weitergeleitet werden müssen.

Die Hauptschleife

Nachdem alle Vorarbeiten erledigt wurden, kann CARMAN mit seiner eigentlichen Arbeit beginnen. Die Hauptschleife befindet sich in einer Routine mit dem Namen BearbeiteAlle-DateienInArchiv(). Es handelt sich hierbei um eine große Schleife, mit der Dateien in der Eingabe-CAR-Datei lokalisiert werden, überprüft wird, ob diese Dateien mit einem Namen aus der Dateiliste identisch sind was aufgrund des angegebenen Befehles gemacht werden soll.

Bevor in die Hauptschleife eingetreten wird, überprüft CARMAN, ob die angegebene Anweisung darin bestand, Dateien zur CAR-Datei hinzuzufügen. Ist das der Fall, müssen diese Dateien in der CAR-Ausgabedatei untergebracht werden, bevor irgendetwas anderes geschieht. Das wird von einer Routine mit dem Namen FuegeDateiListeArchivZu() erledigt. Diese Routine versucht, jeden in der Kommandozeile angegebenen Dateinamen der CAR-Ausgabedatei hinzuzufügen.

```
int FuegeDateiListeArchivZu()
{
  int i;
  int j;
  int ueberspringen;

  char *s;
  FILE *eingabe_text_datei;
  for ( i = 0 ; DateiListe[ i ] != NULL ; i++ ) {
      eingabe_text_datei = fopen( DateiListe[ i ], "rb" );
      if ( eingabe_text_datei == NULL )
          FatalerFehler( "Kann %s nicht öffnen, um sie der "+
                  "CAR-Datei hinzuzufügen", DateiListe[ i ] );
#ifdef MSDOS
      s = strrchr( DateiListe[ i ], '\\' );
      if ( s == NULL )
          s = strrchr( DateiListe[ i ], ':' );
#endif
#ifndef MSDOS        /* Must be UNIX */
      s = strrchr( DateiListe[ i ], '/' );

#endif
      if ( s != NULL )
          s++;
      else
         s = DateiListe[ i ];
      ueberspringen = 0;
```

```
        for ( j = 0 ; j < i ; j++ )
            if ( strcmp( s, DateiListe[ j ] ) == 0 ) {
          fprintf( stderr, "Doppelter Dateiname: %s",
                   DateiListe[ i ] );
          fprintf( stderr, "   Überspringe diese Datei...\n" );
                ueberspringen = 1;
                break;
             }
        if ( s != DateiListe[ i ] ) {
                for ( j = 0 ; s[ j ] != '\0' ; j++ )
                DateiListe[ i ][ j ] = s[ j ];
            DateiListe[ i ][ j ] = '\0';
        }
        if ( !ueberspringen ) {
            strcpy( Header.datei_name, DateiListe[ i ] );
              Einfuegen( eingabe_text_datei, "Füge hinzu" );
        } else
            fclose( eingabe_text_datei );
    }
    return( i );
}
```

Beim Ablegen von Dateien im Archiv müssen einige Dinge beachtet werden, um das Gewünschte zu erreichen. Erstens muß man den vollständigen in der Kommandozeile spezifizierten Dateinamen benutzen, um die Datei, die abgelegt werden soll, zu öffnen. Nachdem die Datei geöffnet wurde, müssen jedoch die Pfad- und Laufwerkskomponenten vom Dateinamen entfernt werden. CARMAN legt nur den Dateinamen, keine Laufwerks- oder Pfaddefinitionen in der Headerstruktur ab. Liegt nur noch der Dateiname vor, wird überprüft, ob dieser bereits im Archiv vorkommt. Zwei Dateien mit demselben Namen in der CARMAN-Datei unterzubringen, ist keine gute Idee. Ging alles glatt, wird die Routine Einfuegen() aufgerufen. Diese Routine komprimiert die Datei und bringt sie in der CAR-Ausgabedatei unter.

Nachdem alle neuen Dateien abgelegt wurden, tritt CARMAN in die Hauptschleife ein. Dort findet die eigentliche Arbeit statt. Die Struktur der Hauptschleife ist recht einfach. Sie liest lediglich einen Dateiheader aus der Eingabedatei, überprüft, ob die Datei in der Dateiliste vorkommt, und merkt sich die Antwort. Als nächstes kommt eine Fallunterscheidung. Mit ihr wird die Eingabedatei in Abhängigkeit vom angegebenen Befehl bearbeitet. Was die Befehle tun, hängt vom Befehl selbst und davon ab, ob der Dateiname in der Dateiliste vorliegt oder nicht.

Zwei Befehle, die in der Hauptschleife vorkommen, benötigen etwas Vorarbeit. Die Befehle 'Teste' und 'Drucke' funktionieren genau wie der Befehl 'Extrahiere', ihre Ausgabe wird aber an das Nullgerät oder stdout (die Standardausgabe) weitergeleitet. Diese Bestimmungsorte werden eingerichtet, bevor die Ausführung der Schleife beginnt.

```
int BearbeiteAlleDateienInArchiv( befehl, zaehler )
int befehl;
int zaehler;

{
  int gefunden;
  FILE *eingabe_text_datei;
  FILE *ausgabe_bestimmungsort;

  if ( befehl == 'P' )
      ausgabe_bestimmungsort = stdout;
  else if ( befehl == 'T' )
#ifdef MSDOS
      ausgabe_bestimmungsort = fopen( "NUL", "wb" );
#else
      ausgabe_bestimmungsort = fopen( "/dev/null", "wb" );
#endif
  else
      ausgabe_bestimmungsort = NULL;
/*
* In dieser Schleife geschieht alles. Der Dateiheader jeder
* Datei des CAR-Archivs wird gelesen, und es wird überprüft,
* ob er in der Dateiliste vorkommt. Diese Information und die
* Art des Befehls entscheidet darüber, was zu tun ist. Wurde
* der 'Dateien Hinzufügen'-Befehl ausgeführt, ist
* EingabeCarDatei Null, und die Schleife wird übersprungen.
*/

 while (EingabeCarDatei != NULL && LeseDateiHeader() != 0) {
      gefunden = DurchsucheDateiListe( Header.datei_name );
      switch ( befehl ) {
          case 'D' :
               if ( gefunden ) {
                   UeberspringeDateiAusEingabeCar();
                   zaehler++;
               } else
                   KopiereDateiAusEingabeCar();
               break;
          case 'A' :
               if ( gefunden )
                   UeberspringeDateiAusEingabeCar();
               else
                   KopiereDateiAusEingabeCar();
               break;
```

```
        case 'L' :
            if ( gefunden ) {
                ZeigeCarDateiEintragAn();
                zaehler++;
            }
            UeberspringeDateiAusEingabeCar();
            break;
        case 'P' :
        case 'X' :
        case 'T' :
            if ( gefunden ) {
                Extrahiere( ausgabe_bestimmungsort );
                zaehler++;
            } else
                UeberspringeDateiAusEingabeCar();
            break;
        case 'R' :
            if ( gefunden ) {
            eingabe_text_datei = fopen( Header.datei_name, "rb" );
                if ( eingabe_text_datei == NULL ) {
                 fprintf( stderr, "Konnte %s nicht finden",
                          Header.datei_name );
                 fprintf( stderr, " um sie zu ersetzen, "+
                               "überspringe die Datei\n" );
                   KopiereDateiAusEingabeCar();
                } else {
                UeberspringeDateiAusEingabeCar();
                Einfuegen( eingabe_text_datei, "Ersetze" );
                    zaehler++;
                    fclose( eingabe_text_datei );
                }
            } else
                KopiereDateiAusEingabeCar();
            break;
    }
  }
  return( zaehler );
}
```

Die Schleife beginnt mit dem Einlesen des nächsten erreichbaren Dateiheaders aus der CAR-Datei. Ist das Ende der Datei erreicht, wird eine 0 zurückgeliefert und die Schleife beendet. Anderenfalls wird DurchsucheDateiListe() aufgerufen. Diese Funktion sucht im Array DateiListe[] nach einem passenden Dateinamen – dazu werden auch Wildcards miteinbezogen. Das Ergebnis der Suche wird in der Variablen gefunden abgelegt. Daraufhin beginnt die switch-Anweisung. Wohin switch-Anweisung verzweigt, hängt vom jeweiligen Befehl in der Kommandozeile ab:

Löschen: Wurde die Datei in der Dateiliste gefunden, möchte der Anwender diese Datei aus dem CAR-Archiv entfernen. In diesem Fall wird die Datei durch einen Aufruf von UeberspringeDateiAusEingabeCar() übersprungen. Anderenfalls wird die Datei mit einem Aufruf von KopiereDatei-AusEingabeCar() in die CAR-Ausgabedatei kopiert.

Hinzufügen: Liegt die Datei in der Dateiliste vor, heißt das, daß eine der am Anfang der Programmausführung in der CAR-Ausgabedatei untergebrachten Dateien sich auch in der CAR-Eingabedatei befindet. Ist das der Fall, muß diese Datei übersprungen werden, da sie überschrieben wurde. Anderenfalls wird die Datei in die CAR-Ausgabedatei kopiert.

Auflisten: Liegt die Datei in der Dateiliste vor, werden die Dateistatistiken in der Standardausgabe aufgelistet. Von diesem Befehl wird keine Ausgabedatei erzeugt. Nach dem Auflisten wird diese Datei also automatisch übersprungen.

Drucken:
Testen:
Extrahieren: Liegt die Datei in der Dateiliste vor, muß diese Datei an einen der möglichen Bestimmungsorte gebracht werden. Beim Drucken-Befehl wird die Datei zur Standardausgabe weitergeleitet. Beim Testen-Befehl landet die Datei beim Nullgerät und beim Extrahieren-Befehl in einer Datei, die mit einem entsprechenden Namen versehen wurde. Gibt es keine Übereinstimmung in der Dateiliste, wird die Datei übersprungen.

Ersetzen: Gibt es eine Übereinstimmung in der Dateiliste, muß die im Archiv gefundene Datei durch eine Datei mit demselben Namen, die im aktuellen Verzeichnis vorliegt, ersetzt werden. Kann diese Datei geöffnet werden, wird sie in der Ausgabedatei untergebracht und die aktuelle Eingabedatei übersprungen. Liegt keine Übereinstimmung vor oder kann die Datei nicht geöffnet werden, wird die in der CAR-Eingabedatei vorliegende Datei in die CAR-Ausgabedatei kopiert.

Nachdem alle Operationen ausgeführt wurden, wird die Anzahl der gefundenen Dateien an die aufrufende Routine übergeben. Diese Zahl kann nach Beendigung der Programmausführung angezeigt werden.

Dateien überspringen/kopieren

Die Hauptschleife hat lediglich drei Möglichkeiten, an der aktuellen Datei der CAR-Eingabedatei vorbeizukommen. Die ersten beiden bestehen in der Überspringen- und der Kopier-Routine. Mit der Kopier-Routine wird die aktuelle Datei der CAR-Eingabedatei in die CAR-Ausgabedatei kopiert. Mit der Überspringen-Routine kann die Datei übersprungen und mit dem nächsten Dateiheader fortgefahren werden.

Wie Dateien übersprungen werden, wurde weiter vorn schon erläutert. Es ist recht einfach, da die Größe der komprimierten Datei auf das Byte genau im Dateiheader abgespeichert ist. Das Programm muß nur die Anzahl der Bytes in der Eingabedatei vorrücken. Nachdem dies geschehen ist, kann die Datei nicht mehr in der Ausgabedatei untergebracht werden. Diese Aktion wird also nur dann vorgenommen, wenn die Datei gelöscht oder ersetzt werden soll (einschließlich einer Ersetzung durch den Hinzufügen-Befehl).

```
void UeberspringeDateiAusEingabeCar()
{
        fseek( EingabeCarDatei, Header.komprimierte_groesse,
SEEK_CUR );
}

void KopiereDateiAusEingabeCar()
{
  char puffer[ 256 ];
  unsigned int zaehler;

  SchreibeDateiHeader();
  while ( Header.komprimierte_groesse != 0 ) {
      if ( Header.komprimierte_groesse < 256 )
          zaehler = (int) Header.komprimierte_groesse;
      else
          zaehler = 256;
      if ( fread( puffer, 1, zaehler, EingabeCarDatei ) !=
           zaehler )
      FatalerFehler( "Fehler beim Lesen der Eingabedatei %s",
                     Header.datei_name );
      Header.komprimierte_groesse -= zaehler;
      if ( fwrite( puffer, 1, zaehler, AusgabeCarDatei) !=
           zaehler )
     FatalerFehler("Fehler beim Schreiben in die CAR-Datei");
  }
}
```

Das Kopieren einer Datei aus der CAR-Eingabedatei in die CAR-Ausgabedatei ist die »normale« Operation des Programmes. Der Inhalt der Datei geht dabei nicht verloren. Das ist nicht wesentlich schwieriger als das Überspringen einer Datei. Man muß dazu lediglich eine vorher festgelegte Anzahl Bytes auf einmal einlesen und an die Ausgabedatei weiterleiten. Während dieses Vorganges finden Fehlertests statt.

Nach Beendigung des Kopiervorganges zeigt der Dateizeiger in der CAR-Eingabedatei auf den nächsten Dateiheader, und das Programm kann wieder mit einem neuen Schleifendurchlauf beginnen.

Das Einfügen von Dateien

Die Einfügen-Routine wird aufgerufen, um eine externe Datei in der CAR-Ausgabedatei unterzubringen. Diese Routine versucht zuerst, die Datei mit Hilfe der LZSS-Komprimierungsroutine zu komprimieren. Klappt das nicht, wird stattdessen die Datei mit einer entsprechenden Routine direkt im Archiv abgelegt. Da nicht bekannt ist, wie groß die Datei nach der Komprimierung ist, muß Einfuegen() den Header nach der erfolgreichen Komprimierung aktualisieren. Außerdem wird dort auch die Komprimierungsmethode abgespeichert. Beim normalem Speichern wird dort eine 1 und eine 2 bei der LZSS-Komprimierung abgelegt. Es wäre einfach, neue Komprimierungsmethoden durch Hinzufügen von neuen Werten einzubinden. Die Routine Extrahieren() müßte dann so erweitert werden, daß die neue Komprimierungsmethode dort ebenfalls erkannt wird.

```
void Einfuegen( eingabe_text_datei, operation )
FILE *eingabe_text_datei;
char *operation;
{
  long gerettete_position_des_headers;
  long gerettete_position_des_datei;

  fprintf(stderr, "%s %-20s", operation, Header.datei_name);
  gerettete_position_des_headers = ftell( AusgabeCarDatei );
  Header.komprimierungs_methode = 2;
  SchreibeDateiHeader();
  gerettete_position_des_datei = ftell(AusgabeCarDatei);
  fseek( eingabe_text_datei, 0L, SEEK_END );
  Header.original_groesse = ftell( eingabe_text_datei );
  fseek( eingabe_text_datei, 0L, SEEK_SET );
  if ( !LZSSKomprimierung( eingabe_text_datei ) ) {
      Header.komprimierungs_methode = 1;
      fseek( AusgabeCarDatei, gerettete_position_des_datei,
             SEEK_SET );
      rewind( eingabe_text_datei );
      Speichere( eingabe_text_datei );
  }
  fclose( eingabe_text_datei );
  fseek( AusgabeCarDatei, gerettete_position_des_headers,
         SEEK_SET );
  SchreibeDateiHeader();
  fseek( AusgabeCarDatei, 0L, SEEK_END );
  printf( " %d%%\n", GradInProzent( Header.komprimierte_groesse,
Header.original_groesse ) );
}
```

Dateiextraktion

Die Extraktionsroutine ist noch einfacher als die Einfuegen()-Routine aufgebaut. Man muß nicht damit rechnen, daß die LZSS-Komprimierungsroutine keinen Erfolg bei der Komprimierung hat. Stattdessen wird anhand der im Dateiheader abgespeicherten Komprimierungsmethode nur die entsprechende Routine aufgerufen. Aber einige Dinge sind doch zu beachten.

Die Routine Extrahiere() kann zum einen mit einem vordefinierten FILE-Zeiger aufgerufen werden. Das passiert beim Ausführen der Befehle Drucke und Teste. Drucke leitet die Ausgabe an die Standardausgabe weiter und Teste zum Nullgerät (dem Allesfresser). Ist das der Fall, muß Extrahiere() zum Abspeichern der Ausgabedaten keine Datei öffnen.

Wird Extrahiere() zum anderen mit Hilfe des Befehles Extrahiere aufgerufen, muß die Ausgabedatei geöffnet werden, eine Überprüfung stattfinden, ob alles in Ordnung ist, und die Datei nach der Dekomprimierung geschlossen werden.

Auf alle Fälle muß Extrahiere() die CRC-Prüfsumme der Ausgabedatei nach der Dekomprimierung überprüfen. Wird mit dem Teste-Befehl gearbeitet, kann CARMAN so die Integrität der CAR-Datei nachweisen.

```
void Extrahiere( bestimmungsort )
FILE *bestimmungsort;

{
  FILE *ausgabe_text_datei;
  unsigned long crc;
  int fehler;

  fprintf( stderr, "%-20s ", Header.datei_name );
  fehler = 0;
  if ( bestimmungsort == NULL ) {
  if ( (ausgabe_text_datei = fopen(Header.datei_name, "wb") )
       == NULL ) {
      fprintf( stderr, "Kann %s nicht öffnen\n",
              Header.datei_name );
          fprintf( stderr, "Nicht extrahiert\n" );
          UeberspringeDateiAusEingabeCar();
          return;
      }
  } else
      ausgabe_text_datei = bestimmungsort;
  switch ( Header.komprimierungs_methode ) {
      case 1 :
          crc = Herausholen( ausgabe_text_datei );
          break;
```

```
        case 2 :
            crc = LZSSExpansion( ausgabe_text_datei );
            break;
        default :
            fprintf( stderr, "Unbekannte Methode: %c\n",
                     Header.komprimierungs_methode );
            UeberspringeDateiAusEingabeCar();
            fehler = 1;
            crc =  Header.original_crc;
            break;
    }
    if ( crc != Header.original_crc ) {
        fprintf( stderr, "CRC-Prüfsummenfehler\n" );
        fehler = 1;
    }
    if ( bestimmungsort == NULL ) {
        fclose( ausgabe_text_datei );
        if ( fehler )
#ifdef __STDC__
            remove( Header.datei_name );
#else
            unlink( Header.datei_name );
#endif
    }
    if ( !fehler )
        fprintf( stderr, " OK\n" );
}
```

Aufräumarbeiten

Nachdem CARMAN die Hauptschleife abgearbeitet hat, muß der vom Programm belegte Arbeitsspeicher wieder freigegeben werden. Dazu wird zunächst der spezielle EOF-Header in der CAR-Ausgabedatei mit der Routine SchreibeEndeVonCarHeader() abgelegt. Diese Routine legt einen Dateinamen mit der Länge Null im Dateiheader ab.

Daraufhin wird die CAR-Datei geschlossen, und es wird überprüft, ob Fehler vorliegen. Nun ist die Arbeit mit der CAR-Datei vollständig beendet, und sie kann die Eingabedatei ersetzen. Deshalb wird die Eingabedatei gelöscht, und die Ausgabedatei erhält den ursprünglichen Archivnamen. Dazu werden bei UNIX und MS-DOS etwas unterschiedliche Anweisungen benötigt.

Der Quelltext

Es folgt ein komplettes Listing des CARMAN-Programmes, einschließlich einiger Abschnitte, die im Verlauf dieses Kapitels nur oberflächlich behandelt wurden. Der LZSS-Komprimierungsteil ist nahezu identisch mit dem in Kapitel 8 gezeigten Programm. Er verfügt lediglich über ein leicht modifiziertes Ein-/Ausgabesystem.

Programmierer, die dieses Programm unter MS-DOS kompilieren möchten, sollten besonders auf die Programmteile achten, die von Anweisungen der Art #ifdef MSDOS begrenzt werden. Diese Teile müssen manchmal etwas abgeändert werden, damit sie unter unterschiedlichen MS-DOS-Compilern lauffähig sind. Diese Modifikationen sollten jedoch eigentlich nur im Umbenennen von Funktionen und Strukturen bestehen. Der eigentliche Programmablauf sollte unangetastet bleiben.

```
/******************** Start von CARMAN.C ********************
*
* Dieses ist das Hauptprogramm für den einfachen Archiv-Ma-
* nager. Es kann benutzt werden, um Dateien einem Archiv hin-
* zuzufügen, zu löschen, zu extrahieren oder um die Dateien
* aufzulisten. Das Programm sollte mit allen ANSI-MS-DOS-
* oder K&R-UNIX-Compilern kompiliert werden können. Der LZSS-
* Algorithmus, der hier Verwendung findet, wurde weiter vorn
* im Buch schon behandelt.
*/

#include <stdio.h>
#include <stdlib.h>
#include <string.h>
#include <ctype.h>
#ifdef __STDC__
#include <stdarg.h>
#else
#include <varargs.h>
#endif

#ifdef __STDC__
  /* Alle Borland C/C++ Versionen */
  #ifdef __TURBOC__
    #define MSDOS 1
    #include <io.h>
    #include <dir.h>
    #define DIR_STRUCT  struct ffblk
    #define FIND_FIRST( n, d, a ) findfirst( n, d, a )
```

```
    #define FIND_NEXT findnext
    #define DIR_FILE_NAME ff_name
  #endif
   /* Microsoft, Watcom, Zortech */
  #if defined( M_I86 ) || defined ( __ZTC__ ) ||
                                    defined ( __TSC__ )
    #define MSDOS 1
    #include <dos.h>
    #define DIR_STRUCT struct find_t
    #define FIND_FIRST( n, d, a ) _dos_findfirst( n, a, d )
    #define FIND_NEXT _dos_findnext
    #define DIR_FILE_NAME name
  #endif
#endif

/*
* Einige Konstanten, die im Programm benutzt werden.
*/

#define BASIS_HEADER_GROESSE           19
#define CRC_MASKE                     0xFFFFFFFFL
#define CRC32_POLYNOMIAL              0xEDB88320L

/*
* Die einzige Datenstruktur, die in einer CAR-Datei einge-
* setzt wird, ist die des Dateiheaders. Er geht jeder Datei
* voran und ist in einem portablen Format abgespeichert. Eine
* CAR-Datei besteht aus einer sukzessiven Sequenz von
* Header/Daten-Einheiten, wobei das Dateiende mit einem
* Dateiheader, dessen Dateiname Null ist, angezeigt wird.
* Beachten Sie, daß der Umfang des Headers (in der Datei) mit
* der Länge des Dateinamens variiert.
*/

#ifndef MAX_DATEINAME
#define MAX_DATEINAME 128
#endif

typedef struct header {
    char datei_name[ MAX_DATEINAME ];
    char komprimierungs_methode;
    unsigned long original_groesse;
    unsigned long komprimierte_groesse;
    unsigned long original_crc;
```

```
    unsigned long header_crc;
} HEADER;

/*
* Lokale Funktionsprototypen
*/

#ifdef __STDC__

int main( int argc, char *argv[] );
void FatalerFehler( char *message, ... );
void BildeCRCTabelle( void );
unsigned long BerechneBlockCRC32( unsigned int zaehler,
                                   unsigned long crc,
                                   void *puffer );
unsigned long AktualisiereZeichenCRC32( unsigned long crc,
                                        int c );
int BearbeiteArgumente( int argc, char *argv[] );
void AnwendungExit( void );
void OeffneArchivDateien( char *name, int befehl );
void BildeDateiListe( int argc, char *argv[], int befehl );
int ExpandiereUndBearbeiteMSDOSDateiNamen( int zaehler,
                                           char *wild_name );
void BearbeiteMSDOSDateiNamen( int zaehler, char *datei );
int FuegeDateiListeArchivZu( void );
int BearbeiteAlleDateienInArchiv( int befehl, int zaehler );
int DurchsucheDateiListe( char *datei_name );
int WildcardVergleich( char *s1, char *s2 );
void UeberspringeDateiAusEingabeCar( void );
void KopiereDateiAusEingabeCar( void );
void GebeListenTitelAus( void );
void ZeigeCarDateiEintragAn( void );
int GradInProzent( unsigned long komprimierte,
                                 unsigned long original );
int LeseDateiHeader( void );
unsigned long EntpackeVorzeichenloseDaten( int
                 anzahl_der_bytes, unsigned char *puffer );
void SchreibeDateiHeader( void );
void PackeVorzeichenloseDaten( int anzahl_der_bytes,
                unsigned long zahl, unsigned char *puffer );
void SchreibeEndeVonCarHeader( void );
void Einfuegen( FILE *eingabe_text_datei, char *operation );
void Extrahiere( FILE *bestimmungsort );
int Speichere( FILE *eingabe_text_datei );
```

```
unsigned long Herausholen( FILE *bestimmungsort );
int LZSSKomprimierung( FILE *eingabe_text_datei );
unsigned long LZSSExpansion( FILE *bestimmungsort );

#else

int main();
void FatalerFehler();
void BildeCRCTabelle();
unsigned long BerechneBlockCRC32();
unsigned long AktualisiereZeichenCRC32();
int BearbeiteArgumente();
void AnwendungExit();
void OeffneArchivDateien();
void BildeDateiListe();
int ExpandiereUndBearbeiteMSDOSDateiNamen();
void BearbeiteMSDOSDateiNamen();
int FuegeDateiListeArchivZu();
int BearbeiteAlleDateienInArchiv();
int DurchsucheDateiListe();
int WildcardVergleich();
void UeberspringeDateiAusEingabeCar();
void KopiereDateiAusEingabeCar();
void GebeListenTitelAus();
void ZeigeCarDateiEintragAn();
int GradInProzent();
int LeseDateiHeader();
unsigned long EntpackeVorzeichenloseDaten();
void SchreibeDateiHeader();
void PackeVorzeichenloseDaten();
void SchreibeEndeVonCarHeader();
void Einfuegen();
void Extrahiere();
int Speichere();
unsigned long Herausholen();
int LZSSKomprimierung();
unsigned long LZSSExpansion();

#endif

/*
* Hier befinden sich alle globalen Daten.
*/
char TempDateiName[ MAX_DATEINAME ];
```

```
/*
* Das Ausgabe-Archiv wird zuerst mit
*/
*/
* einem temporären Namen geöffnet
*/

FILE *EingabeCarDatei;
/*
* Die Eingabe-CAR-Datei. Diese Datei kann ev. nicht
* existieren ('A').
*/

char CarDateiName[ MAX_DATEINAME ];
/*
* Name der CAR-Datei aus der Kommandozeile                    */

FILE *AusgabeCarDatei;
/*
* Das Ausgabe-CAR-Archiv. Existiert nur bei den Operationen
* 'A' and 'R'
*/

HEADER Header; /* Der Header der Datei mit der        */
               /* aktuell gearbeitet wird             */

char *DateiListe[ 100 ]; /* Die Liste der Datei, die in der  */
                         /* Kommandozeile aufgeführt wurden */

unsigned long Ccitt32Tabelle[ 256 ];

/*
* Dieses Array enthält die CRC-Tabelle für die Berechnungen
* der 32 Bit-CRC-Werte.
*/

/*
* Dies ist die main-Funktion. Das meiste der Arbeit wurde an
* andere Funktionen delegiert. Zuerst wird die Kommandozeile
* bearbeitet und dann das Eingabe- sowie möglicherweise das
* Ausgabearchiv geöffnet. Anschließend wird eine Liste der
* Dateien gebildet, die durch den aktuellen Befehl bearbeitet
* werden sollen. Sollte der Befehl 'A' vorliegen, werden alle
* Dateien sofort dem Ausgabearchiv hinzugefügt. Dann wird die
```

```
* Hauptschleife aufgerufen. Sie durchläuft das gesamte Archiv
* und führt die entsprechenden Aktionen aus. Ist dies abge-
* schlossen, muß unter Umständen das Eingabearchiv gelöscht
* und das Ausgabearchiv den Namen des Eingabearchivs
* bekommen.
*/
int main( argc, argv )
int argc;
char *argv[];
{
  int befehl;
  int zaehler;
  setbuf( stdout, NULL );
  setbuf( stderr, NULL );
  fprintf( stderr, "CARMAN 1.0 : " );
  BildeCRCTabelle();
  befehl = BearbeiteArgumente( argc, argv );
  fprintf( stderr, "\n" );
  OeffneArchivDateien( argv[ 2 ], befehl );
  BildeDateiListe( argc - 3, argv + 3, befehl );
  if ( befehl == 'A' )
      zaehler = FuegeDateiListeArchivZu();
  else
      zaehler = 0;
  if ( befehl == 'L' )
      GebeListenTitelAus();
  zaehler = BearbeiteAlleDateienInArchiv( befehl, zaehler );
  if ( AusgabeCarDatei != NULL && zaehler != 0 ) {
      SchreibeEndeVonCarHeader();
      if ( ferror( AusgabeCarDatei ) || fclose(
                                    AusgabeCarDatei ) == EOF )
          FatalerFehler( "Kann nicht schreiben" );
#ifdef __STDC__
  remove( CarDateiName );
  rename( TempDateiName, CarDateiName );
#else
  unlink( CarDateiName );
  link( TempDateiName, CarDateiName );
  unlink( TempDateiName );
#endif
  }
  if ( befehl != 'P' )
      printf( "\n%d Datei%s\n", zaehler, ( zaehler == 1 ) ?
                                              "" : "en" );
```

```
  else
      fprintf( stderr, "\n%d Datei%s\n", zaehler, ( zaehler
                                          == 1 ) ? "" : "en" );
  return( 0 );
}

/*
* Die Routine FatalerFehler stellt einen kurzen Weg für die
* Programmbeendigung zur Verfügung, wenn ein fataler Fehler
* vorliegt. Es wird eine entsprechende Meldung ausgegeben,
* sowie die CAR- Ausgabedatei, sollte sie existieren, ge-
* löscht. Beachten Sie, daß K&R-Compiler variable Argument-
* anzahlen etwas anders als ANSI-Compiler handhaben.
*/
#ifdef __STDC__

void FatalerFehler( char *fmt, ... )
{
    va_list args;

    va_start( args, fmt );
#else

void FatalerFehler( va_alist )
va_dcl
{
  va_list args;
  char *fmt;
  va_start( args );
  fmt = va_arg( args, char * );
#endif
  putc( '\n', stderr );
  vfprintf( stderr, fmt, args );
  putc( '\n', stderr );
  va_end( args );
  if ( AusgabcCarDatei != NULL )
    fclose( AusgabeCarDatei );
#ifdef __STDC__
      remove( TempDateiName );
#else
      unlink( TempDateiName );
#endif
  exit( 1 );
}
```

```
/*
* Diese Routine bildet die Koeffiziententabelle, die für die
* Berechnung der 32-Bit-CRC-Werte benötigt wird. Die 256
* long-Integer umfassende Tabelle muß nur einmal am Programm-
* anfang eingerichtet werden. Die Werte könnte auch direkt
* bei der Arraydeklaration eintragen werden. Hierbei würde
* das Programm wenn auch nur um Bruchteile schneller.
*/
void BildeCRCTabelle()
{
  int i;
  int j;
  unsigned long wert;
  for ( i = 0; i <= 255 ; i++ ) {
      wert = i;
      for ( j = 8 ; j > 0; j-- ) {
          if ( wert & 1 )
              wert = ( wert >> 1 ) ^ CRC32_POLYNOMIAL;
          else
              wert >>= 1;
      }
      Ccitt32Tabelle[ i ] = wert;
  }
}

/*
* Diese Routine wird benutzt, um die 32-Bit-CRC-Prüfsumme
* eines Datenblocks zu berechnen. Hierzu wird der Eingabe-
* block mit der Koeffiziententabelle, die zum Programmanfang
* erstellt wurde, bearbeitet. Diese Routine nimmt einen Ein-
* gabewert als Ausgangspunkt für die Berechnungen, so daß die
* Prüfsumme laufend gebildet werden kann, wenn Blöcke ge-
* schrieben oder gelesen werden.
*/

unsigned long BerechneBlockCRC32( zaehler, crc, puffer )
unsigned int zaehler;
unsigned long crc;
void *puffer;

{
  unsigned char *p = (unsigned char *) puffer;
  unsigned long temp1;
  unsigned long temp2;
```

```
  while ( zaehler-- != 0 ) {
      temp1 = ( crc >> 8 ) & 0x00FFFFFFL;
      temp2 = Ccitt32Tabelle[ ( (int) crc ^ *p++ ) & 0xff ];
      crc = temp1 ^ temp2;
  }
  return( crc );
}

/*
* Wenn Ein-/Ausgabeoperationen byteweise ausgeführt werden,
* so wie bei der LZSS-Komprimierung, ist es einfacher, die
* Prüfsumme für jedes Byte statt eines Blockes zu bilden.
* Diese Routine übernimmt diese Aufgabe, wiederum unter Ver-
* wendung eines CRC-Wertes als Ausgangspunkt, so daß die
* Prüfsummenbildung laufend fortgeführt werden kann. In
* Situationen, in denen die Ausführungsgeschwindigkeit wich-
* tig ist, kann diese Routine auch als Makro programmiert
* werden.
*/

unsigned long AktualisiereZeichenCRC32( crc, c )
unsigned long crc;
int c;
{
  unsigned long temp1;
  unsigned long temp2;

  temp1 = ( crc >> 8 ) & 0x00FFFFFFL;
  temp2 = Ccitt32Tabelle[ ( (int) crc ^ c ) & 0xff ];
  crc = temp1 ^ temp2;
  return( crc );
}

/*
*
* Wenn CARMAN gestartet wird, wird diese Routine aufgerufen,
* um die Kommandozeile zu bearbeiten. Hierbei wird auf meh-
* rere Dinge geachtet. Sollten nicht alle Bedingungen, die
* für einen normalen Ablauf notwendig sind, zutreffen, wird
* das Programm mit einem Anwendungshinweis abgebrochen.
* Zunächst muß sichergestellt werden, daß in der Kommando
* zeile drei Argumente vorliegen: "CARMAN", ein Buchstabe und
* ein CAR-Archivname. Danach wird überprüft, ob der Buchstabe
* einen gültigen Befehl darstellt. Eine entsprechende Meldung
```

```
* wird ggf. ausgegeben. Die Befehle Hinzufügen und Löschen
* erwarten, daß die betreffenden Dateinamen angegeben werden.
* Das Vorhandensein weiterer Argumente wird in diesem Fall
* überprüft. In main() werden die zu den Befehlen gehörigen
* Aktionen weiter ausgeführt.
*/

int BearbeiteArgumente( argc, argv )
int argc;
char *argv[];
{
  int befehl;
  if ( argc < 3 || strlen( argv[ 1 ] ) > 1 )
      AnwendungExit();
  switch( befehl = toupper( argv[ 1 ][ 0 ] ) ) {
      case 'X' :
          fprintf( stderr, "Extrahiere Dateien\n" );
          break;
      case 'R' :
          fprintf( stderr, "Ersetze Dateien\n" );
          break;
      case 'P' :
          fprintf( stderr, "Gebe Dateien in der "+
                           "Standardausgabe aus\n" );
          break;
      case 'T' :
         fprintf( stderr, "Teste Integrität der Dateien\n" );
          break;
      case 'L' :
          fprintf( stderr, "Liste Archivinhalt auf\n" );
          break;
      case 'A' :
          if ( argc <= 3 )
              AnwendungExit();
          fprintf( stderr, "Füge Dateien dem Archiv zu\n" );
          break;
      case 'D' :
          if ( argc <= 3 )
              AnwendungExit();
        fprintf( stderr, "Lösche Dateien aus dem Archiv\n" );
          break;
      default  :
          AnwendungExit();
  };
```

```
  return( befehl );
}

/*
* Die Routine AnwendungExit stellt einen Aussprungspunkt für
* Fälle dar, in denen Probleme in der Kommandozeile aufgetre-
* ten sind. Die Routine gibt einen Anwendungshinweis aus und
* kehrt zum Betriebssystem zurück.
*/

void AnwendungExit()

{
  fputs ("CARMAN -- Komprimierender ARchive MANager\n",
         stderr );
  fputs( "Anwendung: carman befehl car-datei [datei ...]\n",
         stderr );
  fputs( "Befehle:\n", stderr );
  fputs( "  a: Fügt Dateien einem CAR-Archiv zu (falls
         vorhanden, werden sie ersetzt)\n", stderr );
  fputs( "  x: Extrahiert Dateien aus einem CAR-Archiv\n",
         stderr );
  fputs(" r: Ersetzt Dateien in einem CAR-Archiv\n", stderr);
  fputs(" d: Löscht Dateien aus einem CAR-Archiv\n", stderr);
  fputs( "  p: Gibt Dateien auf der Standardausgabe aus\n",
         stderr );
  fputs( "  l: Listet den Inhalt eines CAR-Archivs auf\n",
         stderr );
  fputs(" t: Testet Dateien in einem CAR-Archiv\n", stderr);
  fputs( "\n", stderr );
  exit( 1 );
}

/*
* Nachdem die Kommandozeile bearbeitet wurde, besitzt main()
* genügend Informationen, um die Ein- und Ausgabe-CAR-Archive
* entsprechend zu öffnen. Der Name des Archivs wurde in der
* Kommandozeile aufgeführt, wobei die Endung car nicht unbe-
* dingt mitangegeben werden muß. Sie wird im Bedarfsfall von
* dieser Routine angehängt. Es gibt eine Ausnahme, bei der
* die Eingabedatei nicht geöffnet werden kann. In diesem Fall
* sollen einem nicht existierenden Archiv Dateien hinzugefügt
* werden. Nachdem die Eingabedatei geöffnet wurde, wird ggf.
* eine Ausgabedatei erstellt. Die Befehle Hinzufügen, Löschen
```

```
* und Ersetzen verändern das Archiv. Das heißt: Das Eingabe-
* archiv wird verändert, und die Ergebnisse werden im
* Ausgabearchiv abgelegt. Zunächst bekommt das Ausgabearchiv
* einen temporären Dateinamen, der nach Beendigung der Ar-
* beiten entsprechend umbenannt wird.
*
* Da sehr wahrscheinlich große Datenmengen kopiert werden,
* werden die Dateipuffer mit der Funktion setvbuf()
* entsprechend groß angelegt.
*
*/

void OeffneArchivDateien( name, befehl )
char *name;
int befehl;
{
  char *s;
  int i;

  strncpy( CarDateiName, name, MAX_DATEINAME - 1 );
  CarDateiName[ MAX_DATEINAME - 1 ] = '\0';
  EingabeCarDatei = fopen( CarDateiName, "rb" );
  if ( EingabeCarDatei == NULL ) {
#ifdef MSDOS
      s = strrchr( CarDateiName, '\\' );
#else  /* UNIX */
      s = strrchr( CarDateiName, '/' );
#endif
      if ( s == NULL )
          s = CarDateiName;
      if ( strrchr( s, '.' ) == NULL )
      if ( strlen( CarDateiName ) < ( MAX_DATEINAME - 4 ) ) {
              strcat( CarDateiName, ".car" );
              EingabeCarDatei = fopen( CarDateiName, "rb" );
          }
  }
  if ( EingabeCarDatei == NULL && befehl != 'A' )
      FatalerFehler( "Kann Archiv '%s' nicht öffnen", "+
                     "CarDateiName );
  if ( befehl == 'A' || befehl == 'R' || befehl == 'D' ) {
      strcpy( TempDateiName, CarDateiName );
      s = strrchr( TempDateiName, '.' );
      if ( s == NULL )
          s = TempDateiName + strlen( TempDateiName );
```

```
        for ( i = 0 ; i < 10 ; i++ ) {
            sprintf( s, ".$$%d", i );
         if ( ( AusgabeCarDatei = fopen( TempDateiName, "r" ) )
              == NULL )
                break;
            fclose( AusgabeCarDatei );
            AusgabeCarDatei = NULL;
        }
        if ( i == 10 )
         FatalerFehler( "Kann temporäre Datei %s nicht öffnen",
                        TempDateiName );
        AusgabeCarDatei = fopen( TempDateiName, "wb" );
        if ( AusgabeCarDatei == NULL )
         FatalerFehler( "Kann temporäre Datei %s nicht öffnen",
                        TempDateiName );
    };
    if ( EingabeCarDatei != NULL )
        setvbuf( EingabeCarDatei, NULL, _IOFBF, 8192 );
    if ( AusgabeCarDatei != NULL )
        setvbuf( AusgabeCarDatei, NULL, _IOFBF, 8192 );
}

/*
 * Viele der Befehle arbeiten mit einem oder mehreren Datei-
 * namen als Argument. Die in der Kommandozeile aufgeführten
 * Dateinamen müssen bearbeitet und in einer Liste abgelegt
 * werden, die von den anderen Programmteilen leicht manipu-
 * liert werden kann. Dazu wird das Array DateiListe angelegt,
 * das über eine Reihe von Zeigern verfügt. Sollten in der
 * Kommandozeile keine Dateinamen vorgelegen haben, was der
 * Fall bei den Befehlen Extrahieren und Auflisten sein kann,
 * wird als erster Dateiname '*' eingetragen. Da das Wildcard-
 * Zeichen '*' Platzhalter für alle Dateinamen ist, muß im
 * folgenden Programmverlauf nicht der Spezialfall einer
 * leeren Liste gehandhabt werden. Die hier vorliegenden
 * Dateinamen werden im Falle von MS-DOS noch etwas bear-
 * beitet. Unter MS-DOS wird bei Dateinamen nicht zwischen
 * Klein- und Großschreibung unterschieden. Um Konfusionen zu
 * vermeiden, werden alle MS-DOS-Dateinamen in Kleinbuchstaben
 * umgewandelt. Weiterhin wird an alle Dateinamen, die nicht
 * mit einer Endung bzw. einem Punkt abgeschlossen sind, ein
 * solcher angehängt. Eine Ausnahme bilden Dateinamen mit *
 * Wildcard-Zeichen. Werden Dateien einem Archiv hinzugefügt,
 * müssen Wildcards in Dateinamen expandiert werden, um an die
```

```
* tatsächlichen Dateinamen zu kommen. Hierzu wird eine MS-
* DOS-spezifische Funktion aufgerufen. Diese Probleme kennt
* die UNIX-Welt nicht, bei der Dateinamen Groß- und Klein-
* buchstaben besitzen können und die Dateinamensexpansion von
* der Shell ausgeführt wird.
*/

void BildeDateiListe( argc, argv, befehl )
int argc;
char *argv[];
int befehl;

{
  int i;
  int zaehler;

  zaehler = 0;
  if ( argc == 0 )
      DateiListe[ zaehler++ ] = "*";
  else {
      for ( i = 0 ; i < argc ; i++ ) {
#ifdef MSDOS
          if ( befehl == 'A' )
              zaehler = ExpandiereUndBearbeiteMSDOSDateiNamen
                                          ( zaehler, argv[ i ] );
          else
            BearbeiteMSDOSDateiNamen( zaehler++, argv[ i ] );
#endif
#ifndef MSDOS
    DateiListe[ zaehler ] = malloc( strlen( argv[ i ] ) + 2 );
          if ( DateiListe[ zaehler ] == NULL )
       FatalerFehler( "Kein Speicher mehr beim Ablegen der "+
                      "Dateinamen" );
         strcpy( DateiListe[ zaehler++ ], argv[ i ] );
#endif
          if ( zaehler > 99 )
              FatalerFehler( "Zuviele Dateinamen" );
      }
  }
  DateiListe[ zaehler ] = NULL;
}
/*
* Unter MS-DOS werden Wildcards in der Kommandozeile nicht
* expandiert. Aus diesem Grund muß das Programm sich darum
```

```
* kümmern. Die Routine macht das unter Verwendung der Funk-
* tionen find_first und find_next. Unglücklicherweise imp-
* lementiert jeder MS-DOS-Compiler diese Funktionen etwas an-
* ders. Sollten alle Stricke reissen, kann ein Aufruf dieser
* Routine durch einen Aufruf der Routine BearbeiteMSDOSDateiNamen()
* ersetzt werden. In diesem Fall können in der Kommandozeile aller-
* dings keine Wildcards eingesetzt werden.
*/
#ifdef MSDOS

int ExpandiereUndBearbeiteMSDOSDateiNamen(zaehler, wild_name)
int zaehler;
char *wild_name;

{
  int fertig;
  DIR_STRUCT datei_info_block;
  char *fuehrender_pfad;
  char *datei_name;
  char *p;

  fuehrender_pfad = malloc( strlen( wild_name ) + 1 );
  datei_name = malloc( strlen( wild_name ) + 13 );
  if ( fuehrender_pfad == NULL || datei_name == NULL )
      FatalerFehler( "Kein Speicher mehr beim Ablegen der "+
                     "Dateinamen" );
  strcpy( fuehrender_pfad, wild_name );
  p = strrchr( fuehrender_pfad, '\\' );
  if ( p != NULL )
      p[ 1 ] = '\0';
  else {
      p = strrchr( fuehrender_pfad, ':' );
      if ( p != NULL )
          p[ 1 ] = '\0';
      else
          fuehrender_pfad[ 0 ] = '\0';
  }

  fertig = FIND_FIRST( wild_name, &datei_info_block, 0 );
  while ( !fertig ) {
      strcpy( datei_name, fuehrender_pfad );
      strcat( datei_name, datei_info_block.DIR_FILE_NAME );
      BearbeiteMSDOSDateiNamen( zaehler++, datei_name );
      fertig = FIND_NEXT( &datei_info_block );
```

```
      if ( zaehler > 99 )
          FatalerFehler( "Zuviele Dateinamen" );
  }
  free( fuehrender_pfad );
  free( datei_name );
  return( zaehler );
}

/*
* Wie weiter oben beschrieben wurde, normalisiert diese Rou-
* tine MS-DOS-Dateinamen. Zunächst werden, um Konfusionen zu
* vermeiden, alle Groß-buchstaben in Kleinbuchstaben umge-
* wandelt. Hiermit wird unter anderem vermieden, daß eine
* Datei einem Archiv doppelt hinzugefügt wird, weil sich die
* Groß- und Kleinschreibung unterschieden hat. Aus dem glei-
* chen Grund werden Dateinamen ohne abschließenden Punkt mit
* einem solchen versehen.
*/

void BearbeiteMSDOSDateiNamen( zaehler, datei )
int zaehler;
char *datei;
{
  int i;
  char *p;

  DateiListe[ zaehler ] = malloc( strlen( datei ) + 2 );
  if ( DateiListe[ zaehler ] == NULL )
      FatalerFehler( "Kein Speicher mehr beim Ablegen der "+
                     "Dateinamen" );
  strcpy( DateiListe[ zaehler ], datei );
  for ( i = 0 ; DateiListe[ zaehler ][ i ] != '\0' ; i++ )
      DateiListe[ zaehler ][ i ] = (char) tolower(
                                DateiListe[ zaehler ][ i ] );
  if ( strpbrk( DateiListe[ zaehler ], "*?" ) == NULL ) {
      p = strrchr( DateiListe[ zaehler ], '\\' );
      if ( p == NULL )
          p = DateiListe[ zaehler ];
      if ( strrchr( p, '.' ) == NULL )
          strcat( DateiListe[ zaehler ], "." );
  }
}

#endif
```

```
/*
* Nachdem die Argumente bearbeitet wurden, überprüft main(),
* ob der Befehl Füge Dateien hinzu vorliegt. Sollte dies der
* Fall sein, werden alle aufgeführten Dateien zuerst dem
* Archiv hinzugefügt, bevor fortgefahren wird. Diese Routine
* unternimmt dazu vor Aufruf der Routine Einfuegen() drei
* Schritte: Zuerst wird die Datei, mit der gearbeitet werden
* soll, geöffnet. Zweitens wird der Pfad und die Laufwerks-
* angabe auf dem Dateinamen entfernt. Drittens und letztens
* wird überprüft, ob der resultierende Dateiname nicht schon
* im Archiv vorliegt. Sollte das Fall sein, wird diese Datei
* überprungen, damit kein ungültiges Archiv entsteht.
*/

int FuegeDateiListeArchivZu()
{
  int i;
  int j;
  int ueberspringen;
  char *s;
  FILE *eingabe_text_datei;
  for ( i = 0 ; DateiListe[ i ] != NULL ; i++ ) {
      eingabe_text_datei = fopen( DateiListe[ i ], "rb" );
      if ( eingabe_text_datei == NULL )
FatalerFehler( "Kann %s nicht öffnen, um sie der CAR-Datei "+
              "hinzuzufügen", DateiListe[ i ] );
#ifdef MSDOS
      s = strrchr( DateiListe[ i ], '\\' );
      if ( s == NULL )
          s = strrchr( DateiListe[ i ], ':' );
#endif
#ifndef MSDOS       /* Must be UNIX */
      s = strrchr( DateiListe[ i ], '/' );
#endif
      if ( s != NULL )
          s++;
      else
         s = DateiListe[ i ];
      ueberspringen = 0;
      for ( j = 0 ; j < i ; j++ )
          if ( strcmp( s, DateiListe[ j ] ) == 0 ) {
              fprintf( stderr, "Doppelter Dateiname: %s",
                       DateiListe[ i ] );
        fprintf( stderr, "  Überspringe diese Datei...\n" );
```

```
                ueberspringen = 1;
                break;
            }
        if ( s != DateiListe[ i ] ) {
                for ( j = 0 ; s[ j ] != '\0' ; j++ )
                DateiListe[ i ][ j ] = s[ j ];
            DateiListe[ i ][ j ] = '\0';
        }
        if ( !ueberspringen ) {
            strcpy( Header.datei_name, DateiListe[ i ] );
            Einfuegen( eingabe_text_datei, "Füge hinzu" );
        } else
            fclose( eingabe_text_datei );
    }
    return( i );
}

/*
* Dies ist die Hauptschleife des Programmes, in der die tat-
* sächliche Arbeit getan wird. Diese Schleife beginnt mit der
* ersten Datei im Archiv, bearbeitet sie und fährt dann mit
* der nächsten fort. Abhängig vom Befehl werden Dateien
* extrahiert, in die Standardausgabe kopiert, dem Ausgabe-
* archiv hinzugefügt oder einfach übersprungen.
*/

int BearbeiteAlleDateienInArchiv( befehl, zaehler )
int befehl;
int zaehler;
{
    int gefunden;
    FILE *eingabe_text_datei;
    FILE *ausgabe_bestimmungsort;

    if ( befehl == 'P' )
      ausgabe_bestimmungsort = stdout;
    else if ( befehl == 'T' )
#ifdef MSDOS
      ausgabe_bestimmungsort = fopen( "NUL", "wb" );
#else
      ausgabe_bestimmungsort = fopen( "/dev/null", "wb" );
#endif
     else
        ausgabe_bestimmungsort = NULL;
```

```
/*
 * In dieser Schleife geschieht alles. Der Dateiheader jeder
 * Datei des CAR-Archivs wird gelesen, und es wird überprüft,
 * ob er in der Dateiliste vorkommt. Diese Information und die
 * Art des Befehls entscheiden darüber, was zu tun ist. Wurde
 * der 'Dateien Hinzufügen'-Befehl ausgeführt, ist
 * EingabeCarDatei Null, und die Schleife wird übersprungen.
 */
while ( EingabeCarDatei != NULL && LeseDateiHeader() != 0 ) {
      gefunden = DurchsucheDateiListe( Header.datei_name );
      switch ( befehl ) {
          case 'D' :
               if ( gefunden ) {
                   UeberspringeDateiAusEingabeCar();
                   zaehler++;
               } else
                   KopiereDateiAusEingabeCar();
               break;
          case 'A' :
               if ( gefunden )
                   UeberspringeDateiAusEingabeCar();
               else
                   KopiereDateiAusEingabeCar();
               break;
          case 'L' :
              if ( gefunden ) {
                  ZeigeCarDateiEintragAn();
                  zaehler++;
              }
              UeberspringeDateiAusEingabeCar();
              break;
          case 'P' :
          case 'X' :
          case 'T' :
              if ( gefunden ) {
                  Extrahiere( ausgabe_bestimmungsort );
                  zaehler++;
              } else
                  UeberspringeDateiAusEingabeCar();
              break;
          case 'R' :
              if ( gefunden ) {
                  eingabe_text_datei = fopen(
                                    Header.datei_name, "rb" );
```

```
                if ( eingabe_text_datei == NULL ) {
                fprintf( stderr, "Konnte %s nicht finden",
                         Header.datei_name );
        fprintf( stderr, " um sie zu ersetzen, überspringe "+
                       "die Datei\n" );
                   KopiereDateiAusEingabeCar();
                } else {
                    UeberspringeDateiAusEingabeCar();
                Einfuegen( eingabe_text_datei, "Ersetze" );
                    zaehler++;
                    fclose( eingabe_text_datei );
                }
            } else
                KopiereDateiAusEingabeCar();
            break;
        }
    }

  return( zaehler );
}

/*
* Diese Routine durchsucht die Dateiliste, um herauszufinden,
* ob eine Übereinstimmung mit dem Dateinamen im Dateiheader
* vorliegt. Für jede neue Datei aus dem Eingabearchiv, die in
* der Hauptschleife bearbeitet wird, wird bestimmt, ob sie in
* der Liste vorliegt. Das Ergebnis der Suche verwendet main()
* für die Entscheidung, welche Aktion folgen soll. Beim
* Löschen-Befehl kann zum Beispiel entschieden werden, ob die
* Datei übersprungen oder vom Eingabearchiv in das Ausgabe-
* archiv kopiert werden soll.
*
* Die tatsächliche Arbeit wird von der Routine WildcardVer-
* gleich() vorgenommen. Da viele der Befehle es erlauben, daß
* Dateinamen Wildcardzeichen enthalten, die sich auf Dateien
* innerhalb des Archiv beziehen, muß eine spezielle Ver-
* gleichsfunktion eingesetzt werden.
*/

int DurchsucheDateiListe( datei_name )
char *datei_name;

{
  int i;
```

```
  for ( i = 0 ; DateiListe[ i ] != NULL ; i++ ) {
      if ( WildcardVergleich( datei_name, DateiListe[ i ] ) )
          return( 1 );
  }
  return( 0 );
}
/*
* WildcardVergleich() vergleicht die Strings string mit
* wild_string.
* Es sind die Wildcard-Zeichen '*' und '?' erlaubt, wobei '*'
* einen String beliebiger Länge (auch 0) und '?' ein einzel-
* nes Zeichen repräsentiert.
*/
int WildcardVergleich( string, wild_string )
char *string;
char *wild_string;
{
  for ( ; ; ) {
      if ( *wild_string == '*' ) {
          wild_string++;
          for ( ; ; ) {
              while ( *string != '\0' && *string != *wild_string )
                  string++;
              if ( WildcardVergleich( string, wild_string ) )
                  return( 1 );
              else if ( *string == '\0' )
                  return( 0 );
              else
                  string++;
          }
      } else if ( *wild_string == '?' ) {
          wild_string++;
          if ( *string++ == '\0' )
              return( 0 );
      } else {
          if ( *string != *wild_string )
              return( 0 );
          if ( *string == '\0' )
              return( 1 );
          string++;
          wild_string++;
      }
  }
}
```

```
/*
 * Nachdem die Hauptschleife einen Dateiheader eingelesen hat,
 * überprüft sie anschließend, ob die Datei im Ausgabearchiv
 * abgelegt oder extrahiert werden soll. Trifft beides nicht
 * zu, muß sie übersprungen werden. Da die komprimierte Größe
 * im Header abgelegt ist, ist das nicht schwer. Diese Routine
 * nimmt an, daß sich der Dateizeiger beim Anfang der kompri-
 * mierten Daten befindet.
 */

void UeberspringeDateiAusEingabeCar()
{
     fseek( EingabeCarDatei, Header.komprimierte_groesse,
            SEEK_CUR );
}

/*
 * Bei Operationen, die das Eingabearchiv modifizieren, ist es
 * des öfteren notwendig, komprimierte Dateien vom Eingabe-
 * zum Ausgabearchiv zu kopieren. Dies wird mit dieser Routine
 * durch das Lesen und Schreiben von Datenblöcken bewerkstel-
 * ligt. Damit die CAR-Struktur ordnungsgemäßfgebaut ist, wird
 * zuerst der Dateiheader geschrieben; dann werden die Daten
 * übertragen. Ist die Routine fertig, steht der Dateizeiger
 * im Eingabearchiv beim nächsten Dateiheader und im Ausgabe-
 * archiv am Dateiende. Genau die richtige Stelle damit neue
 * Einträge hinzugefügt werden können.
 */

void KopiereDateiAusEingabeCar()
{
  char puffer[ 256 ];
  unsigned int zaehler;

  SchreibeDateiHeader();
  while ( Header.komprimierte_groesse != 0 ) {
      if ( Header.komprimierte_groesse < 256 )
          zaehler = (int) Header.komprimierte_groesse;
      else
          zaehler = 256;
      if ( fread( puffer, 1, zaehler, EingabeCarDatei ) !=
        zaehler )
      FatalerFehler( "Fehler beim Lesen der Eingabedatei %s",
                     Header.datei_name );
```

```
        Header.komprimierte_groesse -= zaehler;
        if ( fwrite( puffer, 1, zaehler, AusgabeCarDatei) !=
             zaehler )
    FatalerFehler( "Fehler beim Schreiben in die CAR-Datei" );
  }
}

/*
* Soll der Archivinhalt aufgelistet werden, wird diese Rou-
* tine aufgerufen, um die Spaltentitel auszugeben. Die Aus-
* gabe erfolgt in diesem Fall auf der Standardausgabe und
* nicht auf stderr, wie es in diesem Programm bei den anderen
* Meldungen der Fall ist.
*/

void GebeListenTitelAus()

{
  printf( "\n" );
  printf( "          original  komprimierte\n" );
  printf( "  Dateiname  Größe Größe Grad CRC-32 Methode\n" );
  printf( "------------------     --------  ----------  -----
          --------  ------\n" );
}
/*
* Soll der Archivinhalt aufgelistet werden, liest die Haupt-
* schleife jeden Dateiheader und überprüft, ob der Dateiname
* in der Dateiliste vorliegt (inklusive Wildcard-Überprü-
* fung). Sollte dies der Fall sein, werden die Headerinforma-
* tionen ausgegeben.
*/

void ZeigeCarDateiEintragAn()

{
  static char *methode[] = {
      "Gespeichert",
      "LZSS"
  };

  printf( "%-20s %10lu  %10lu  %4d%%  %08lx  %s\n",
          Header.datei_name,
          Header.original_groesse,
          Header.komprimierte_groesse,
```

```
            GradInProzent( Header.komprimierte_groesse,
                           Header.original_groesse ),
            Header.original_crc,
            methode[ Header.komprimierungs_methode - 1 ] );
}

/*
* An dieser Stelle wird der Komprimierungsgrad berechnet. Für
* Dateien, die nur abgespeichert wurden, beträgt er 0%.
* Dateien, die auf nichts schrumpften, besitzen einen Grad
* von 100%.
*/

int GradInProzent( komprimierte, original )

unsigned long komprimierte;
unsigned long original;
{
    int resultat;

    if ( original == 0 )
        return( 0 );
    resultat = (int) ( ( 100L * komprimierte ) / original );
    return( 100 - resultat );
}
/*
* Mit dieser Routine werden alle Informationen über die näch-
* ste Datei eingelesen. Die Daten werden in die globale
* Header-Struktur übertragen. Um die systemweite Portabilität
* der CAR-Dateien zu gewährleisten, werden die Daten zuerst
* in ein char-Array gepackt, bevor sie herausgeschrieben wer-
* den. Sollen Sie gelesen werden, müssen sie zuerst wieder in
* ein char-Array übertragen und dann entsprechend entpackt
* werden. Damit werden Schwierigkeiten bei der Byteanordung
* und der Ausrichtung von Strukturelementen zwischen ver-
* schiedenen Compilern und Plattformen vermieden.
* Um weitere Konfusionen zu vermeiden, werden die Datenele-
* mente in der gleichen Reihenfolge abgespeichert, in der sie
* auch in der Struktur vorliegen. Der einzige Unterschied be-
* steht darin, daß vom Dateinamen nur die Zeichen abgelegt
* werden, die tatsächlich vorliegen. Dies spart Speicher-
* platz. Der Dateiname erfüllt auch einen weiteren Zweck. Ist
* er Null, kennzeichnet er das Archivende.
*/
```

```
int LeseDateiHeader()
{
  unsigned char header_daten[ 17 ];
  unsigned long header_crc;
  int i;
  int c;

  for ( i = 0 ; ; ) {
      c = getc( EingabeCarDatei );
      Header.datei_name[ i ] = (char) c;
      if ( c == '\0' )
          break;
      if ( ++i == MAX_DATEINAME )
      FatalerFehler( "Der Dateiname im Header ist zu lang" );

  }
  if ( i == 0 )
     return( 0 );
  header_crc = BerechneBlockCRC32( i + 1, CRC_MASKE,
                                   Header.datei_name );
  fread( header_daten, 1, 17, EingabeCarDatei );
  Header.komprimierungs_methode = (char)
       EntpackeVorzeichenloseDaten( 1, header_daten + 0  );
  Header.original_groesse = EntpackeVorzeichenloseDaten( 4,
                                        header_daten + 1  );
  Header.komprimierte_groesse = EntpackeVorzeichenloseDaten(
                                     4, header_daten + 5  );
  Header.original_crc = EntpackeVorzeichenloseDaten( 4,
                                        header_daten + 9  );
  Header.header_crc = EntpackeVorzeichenloseDaten( 4,
                                        header_daten + 13 );
  header_crc = BerechneBlockCRC32( 13, header_crc,
                                   header_daten );
  header_crc ^= CRC_MASKE;
  if ( Header.header_crc != header_crc )
      FatalerFehler( "Headerprüfsummenfehler bei Datei %s",
                     Header.datei_name );
  return( 1 );
}

/*
* Diese Routine übersetzt gepackte Bytes in vorzeichenlose
* Integer.
*/
```

```
unsigned long EntpackeVorzeichenloseDaten( anzahl_der_bytes,
                                           puffer )
int anzahl_der_bytes;
unsigned char *puffer;
{
  unsigned long resultat;
  int verschiebungen;

  resultat = 0;
  verschiebungen = 0;
  while ( anzahl_der_bytes-- > 0 ) {
     resultat |= (unsigned long) *puffer++ << verschiebungen;
     verschiebungen += 8;
  }

  return( resultat );
}

/*
* Diese Routine wird aufgerufen, um den globalen Header in
* das Ausgabearchiv zu übertragen. Sie verwendet den oben
* beschriebenen Packmechanismus. Diese Routine berechnet
* auch die Prüfsumme des Headers, was an manchen Stellen
* vielleicht nicht notwendig ist.
*/
void SchreibeDateiHeader()
{
  unsigned char header_daten[ 17 ];
  int i;

  for ( i = 0 ; ; ) {
     putc( Header.datei_name[ i ], AusgabeCarDatei );
     if ( Header.datei_name[ i++ ] == '\0' )
         break;
  }

  Header.header_crc = BerechneBlockCRC32( i, CRC_MASKE,
                                   Header.datei_name );
  PackeVorzeichenloseDaten( 1, (long)
     Header.komprimierungs_methode,   header_daten + 0  );
  PackeVorzeichenloseDaten( 4, Header.original_groesse,
                            header_daten + 1 );
  PackeVorzeichenloseDaten( 4,
            Header.komprimierte_groesse,header_daten + 5 );
```

```
  PackeVorzeichenloseDaten( 4, Header.original_crc,
                            header_daten + 9 );
  Header.header_crc = BerechneBlockCRC32( 13,
                          Header.header_crc, header_daten );
  Header.header_crc ^= CRC_MASKE;
  PackeVorzeichenloseDaten( 4, Header.header_crc,
                            header_daten + 13 );
  fwrite( header_daten, 1, 17, AusgabeCarDatei );
}

/*
* Mit dieser Routine werden Integer und long-Integer in ein
* char-Array gepackt. Das char-Array ist der Teil, der dann
* in die CAR-Datei übertragen wird. Alle Daten werden so ge-
* packt, daß der niederwertigste Teil von Integern zuerst
* kommt.
*/
void PackeVorzeichenloseDaten(anzahl_der_bytes, zahl, puffer)
int anzahl_der_bytes;
unsigned long zahl;
unsigned char *puffer;
{
  while ( anzahl_der_bytes-- > 0 ) {
      *puffer++ = ( unsigned char ) ( zahl & 0xff );
      zahl >>= 8;
  }
}
/*
* Der letzte Dateiheader einer CAR-Datei enthält definitions-
* gemäß einen Null Zeichen umfassenden Dateinamen. Da der
* Dateiname das erste Element des Headers ist, reicht es, ein
* Nullbyte zu übertragen. Diese Technik spart wieder etwas
* Speicherplatz.
*/

void SchreibeEndeVonCarHeader()
{
  fputc( 0, AusgabeCarDatei );
}

/*
* Diese Routine wird von der Hauptschleife und von der Rou-
* tine FuegeDateiListeArchivZu() aufgerufen. Sie erwartet
* eine Eingabedatei als Argument und fügt dem Ausgabearchiv
```

```
* den Header und die Dateidaten zu. Es gibt einige Schwierig-
* keiten, mit denen diese Routine zurechtkommen muß. Als
* erstes sind die Headerinformationen zunächst unvollstän-
* dig, da unbekannt ist, welcher Komprimierungsgrad bei die-
* ser Datei erzielt wird. Aus diesem Grund wird der Header,
* so wie er ist, herausgeschrieben und seine Position ver-
* merkt. Ist die Komprimierung beendet, kann der Header ver-
* vollständig werden, indem zur Headerposition zurückgegangen
* und er erneut herausgeschrieben wird.
*
* Die zweite Schwierigkeit bereiten Dateien, die sich nicht
* komprimieren lassen. Einige Dateien nehmen sogar nach der
* Komprimierung mehr Platz ein. In diesem Fall gibt die Kom-
* primierungsroutine auf. Die vorliegende Routine geht zum
* Anfang der Daten zurück und speichert die Datei direkt ab.
* Aus diesem Grund wird die Startposition der Daten in dieser
* Routine ebenfalls vermerkt.
*/

void Einfuegen( eingabe_text_datei, operation )
FILE *eingabe_text_datei;
char *operation;
{
  long gerettete_position_des_headers;
  long gerettete_position_des_datei;

  fprintf( stderr, "%s %-20s", operation, Header.datei_name );
  gerettete_position_des_headers = ftell( AusgabeCarDatei );
  Header.komprimierungs_methode = 2;
  SchreibeDateiHeader();
  gerettete_position_des_datei = ftell(AusgabeCarDatei);
  fseek( eingabe_text_datei, 0L, SEEK_END );
  Header.original_groesse = ftell( eingabe_text_datei );
  fseek( eingabe_text_datei, 0L, SEEK_SET );
  if ( !LZSSKomprimierung( eingabe_text_datei ) ) {
      Header.komprimierungs_methode = 1;
      fseek( AusgabeCarDatei, gerettete_position_des_datei,
             SEEK_SET );
      rewind( eingabe_text_datei );
      Speichere( eingabe_text_datei );
  }
  fclose( eingabe_text_datei );
  fseek( AusgabeCarDatei, gerettete_position_des_headers,
         SEEK_SET );
```

```
  SchreibeDateiHeader();
  fseek( AusgabeCarDatei, 0L, SEEK_END );
  printf( " %d%%\n", GradInProzent(
    Header.komprimierte_groesse, Header.original_groesse ) );
}

/*
* Die Extraktionsroutine kann aus einem von drei Gründen auf-
* gerufen werden. Falls die Datei im Archiv tatsächlich
* extrahiert werden soll. In diesem Fall ist kein Bestim-
* mungsort angegeben. Die Routine muß deshalb die im Header
* angegebene Datei öffnen und die Datei dekomprimieren oder
* sie direkt aus dem Archiv holen. Wird das Archiv nur auf
* Integrität getestet, ist der Bestimmungsort vorgegeben (das
* Nullgerät). Sollte der Befehl Drucke Datei gewählt worden
* sein, ist der Bestimmungsort die Standardausgabe.
*/

void Extrahiere( bestimmungsort )
FILE *bestimmungsort;

{
  FILE *ausgabe_text_datei;
  unsigned long crc;
  int fehler;

  fprintf( stderr, "%-20s ", Header.datei_name );
  fehler = 0;
  if ( bestimmungsort == NULL ) {
  if ( (ausgabe_text_datei = fopen(Header.datei_name, "wb"))
       == NULL ) {
           fprintf( stderr, "Kann %s nicht öffnen\n",
                    Header.datei_name );
           fprintf( stderr, "Nicht extrahiert\n" );
           UeberspringeDateiAusEingabeCar();
           return;
       }
  } else

      ausgabe_text_datei = bestimmungsort;
  switch ( Header.komprimierungs_methode ) {
      case 1 :
           crc = Herausholen( ausgabe_text_datei );
           break;
```

```
        case 2 :
            crc = LZSSExpansion( ausgabe_text_datei );
            break;
        default :
            fprintf( stderr, "Unbekannte Methode: %c\n",
                     Header.komprimierungs_methode );
            UeberspringeDateiAusEingabeCar();
            fehler = 1;
            crc =  Header.original_crc;
            break;
    }

    if ( crc != Header.original_crc ) {
        fprintf( stderr, "CRC-Prüfsummefehler\n" );
        fehler = 1;
    }
    if ( bestimmungsort == NULL ) {
        fclose( ausgabe_text_datei );
        if ( fehler )
#ifdef __STDC__
            remove( Header.datei_name );
#else
            unlink( Header.datei_name );
#endif
    }

    if ( !fehler )
        fprintf( stderr, " OK\n" );
}
/*
* Das Programm CAR kann mehrere Methoden der Komprimierung
* handhaben. Dazu muß das Komprimierungsprogramm nur einige
* einfache Regeln befolgen. Zunächst muß die Komprimierungs-
* routine eine Prüfsumme der unkomprimierten Daten berechnen
* und das Resultat im Header ablegen. Die Expansionsroutine
* muß die Prüfsumme ebenfalls berechnen und der Routine Ex-
* trahiere() übergeben, damit diese Routine die Summe mit der
* im Header vergleichen kann. Die Komprimierungsroutine muß
* ihre Arbeit beenden, falls die komprimierten Daten an Um-
* fang zunehmen und größer als die Eingabedaten werden. Sie
* muß ** vorher **  zurückkehren, da sonst Probleme ent-
* stehen. Die Komprimierungsroutine muß true oder false
* übergeben, je nachdem wie das Ergebnis ihrer Arbeit
* lautete. Und von der Expansionsroutine wird schließlich
```

```
* noch erwartet, daß der Dateizeiger, nachdem sie die Datei
* dekomprimiert hat, auf dem nächsten Dateiheader
* positioniert ist.
*
* Diese Dinge können relativ leicht von Speichere() und Her-
* ausholen() bewerkstelligt werden, da sie weder komprimieren
* noch dekomprimieren.
*
*/

int Speichere( eingabe_text_datei )
FILE *eingabe_text_datei;
{
  unsigned int n;
  char puffer[ 256 ];
  int beruhiger;
  beruhiger = 0;
  Header.original_crc = CRC_MASKE;
  while ( ( n = fread( puffer, 1, 256, eingabe_text_datei ) )
          != 0 ) {
      fwrite( puffer, 1, n, AusgabeCarDatei );
      Header.original_crc = BerechneBlockCRC32( n,
                               Header.original_crc, puffer );
      if ( ( ++beruhiger & 15 ) == 0 )
          putc( '.', stderr );
  }
  Header.komprimierte_groesse = Header.original_groesse;
  Header.original_crc ^= CRC_MASKE;
  return( 1 );
}
unsigned long Herausholen( bestimmungsort )
FILE *bestimmungsort;
{
  unsigned long crc;
  unsigned int zaehler;
  unsigned char puffer[ 256 ];
  int beruhiger;

  beruhiger = 0;
  crc = CRC_MASKE;
  while ( Header.original_groesse != 0 ) {
      if ( Header.original_groesse > 256 )
          zaehler = 256;
      else
```

```
        zaehler = (int) Header.original_groesse;
    if (fread( puffer, 1, zaehler, EingabeCarDatei) != zaehler )
        FatalerFehler( "Kann aus der CAR-Datei nicht lesen" );
    if (fwrite(puffer, 1, zaehler, bestimmungsort) != zaehler) {
     fprintf(stderr,"Fehler beim Schreien in die Ausgabedatei");
        return( ~Header.original_crc );
      }
      crc = BerechneBlockCRC32( zaehler, crc, puffer );
    if ( bestimmungsort != stdout && ( beruhiger++ & 15 ) == 0 )
        putc( '.', stderr );
      Header.original_groesse -= zaehler;
  }
  return( crc ^ CRC_MASKE );
}
/*
* Dies ist der zweite Satz Komprimierungsroutinen. Hierbei
* handelt es sich um die LZSS-Komprimierung, die einen LZ77-
* ähnlichen Komprimierungsalgorithmus benutzt. Die vorliegen-
* de Implementation verwendet 12-Bit-Indizes und 4-Bit-Län-
* genangaben. Diese Werte wurden gewählt, damit mit »block-
* orientierter Ein-/Ausgabe« gearbeitet werden kann. Aufgrund
* dieser Werte können Index/Längen-Paare in einem Paar Bytes
* untergebracht werden. Zeichen, zu denen keine Überein-
* stimmungen gefunden werden können, werden als einzelne
* Bytes abgespeichert. Dadurch wird die Einausgabegeschwin-
* digkeit erhöht, und auf die Einzel-Bit-Ein-/Ausgabe kann
* verzichtet werden. Mit Ausnahme dieser kleinen Veränderung
* ist dieser Programmteil identisch mit dem weiter vorn im
* Buch verwendeten LZSS-Programm.
*/

/*
* Eine Vielzahl von Konstanten definiert die Komprimierungs-
* parameter. INDEX_BIT_ANZAHL gibt an, wieviele Bit für den
* Index in das Textfenster eingesetzt werden. Daraus läßt
* sich direkt FENSTER_GROESSE berechnen. LAENGEN_BIT_ANZAHL
* bezeichnet die Anzahl der Bit für den Längenparameter.
* Daraus läßt sich ROHE_VORAUS_GROESSE berechnen. BAUM_WURZEL
* zeigt auf einen speziellen Knoten im Baum, der immer zur
* Baumwurzel zeigt. END_OF_STREAM ist ein spezieller Index,
* der das Ende der Datei markiert. UNBENUTZT ist der Nullin-
* dex für den Baum. MOD_FENSTER() führt die Modulo-Operatio-
* nen für die Fensterindizes aus.
*/
```

```
#define INDEX_BIT_ANZAHL        12
#define LAENGEN_BIT_ANZAHL       4
#define FENSTER_GROESSE          ( 1 << INDEX_BIT_ANZAHL )
#define ROHE_VORAUS_GROESSE      ( 1 << LAENGEN_BIT_ANZAHL )
#define KOSTEN_NUTZEN            ( ( 1 + INDEX_BIT_ANZAHL +
                                    LAENGEN_BIT_ANZAHL ) / 9 )
#define VORAUS_GROESSE           ( ROHE_VORAUS_GROESSE +
                                  KOSTEN_NUTZEN )
#define BAUM_WURZEL              FENSTER_GROESSE
#define END_OF_STREAM            0
#define UNBENUTZT                0
#define MOD_FENSTER( a )  ( ( a ) & ( FENSTER_GROESSE - 1 ) )

/*
* In diesem Programm werden zwei globale Datenstrukturen be-
* nutzt. Das Array fenster[] umfaßt das Textfenster, mit den
* zuvor eingelesenen und bereits codierten Daten sowie den
* Voraus-Puffer. Die Struktur baum[] enthält den sortierten
* binären Baum aller Strings des Textfensters.
*/
unsigned char fenster[ FENSTER_GROESSE ];

struct {
    int eltern_teil;
    int kleineres_kind;
    int groesseres_kind;
} baum[ FENSTER_GROESSE + 1 ];

/*
 * Funktionsprototypen für ANSI C- und K&R-Compiler.
 */
#ifdef __STDC__

void InitBaum( int r );
void FasseKnotenZusammen(int alter_knoten, int neuer_knoten);
void ErsetzeKnoten( int alter_knoten, int neuer_knoten );
int SucheNaechstenKnoten( int node );
void LoescheString( int p );
int FuegeStringZu( int neuer_knoten, int *treffer_position );
void InitAusgabePuffer( void );
int LeereAusgabePuffer( void );
int ZeichenAusgeben( int data );
int PaarAusgeben( int position, int laenge );
void InitEingabePuffer( void );
```

```
int BitEinlesen( void );

#else

void InitBaum();
void FasseKnotenZusammen();
void ErsetzeKnoten();
int SucheNaechstenKnoten();
void LoescheString();
int FuegeStringZu();
void InitAusgabePuffer();
int LeereAusgabePuffer();
int ZeichenAusgeben();
int PaarAusgeben();
void InitEingabePuffer();
int BitEinlesen();

#endif

/*
* Da der Baum statisch deklariert wurde, wird jeder Knoten
* mit 0 initialisiert. Genau diesen Wert enthält auch das
* Makro UNBENUTZT. Damit der Baum jedoch eingesetzt werden
* kann, muß ihm eine Phrase zugefügt werden. Ansonsten wäre
* kein Wurzelknoten vorhanden. Das wird hier gemacht.
*/
void InitBaum( r )
int r;
{
  int i;
  for ( i = 0 ; i < ( FENSTER_GROESSE + 1 ) ; i++ ) {
      baum[ i ].eltern_teil = UNBENUTZT;
      baum[ i ].groesseres_kind = UNBENUTZT;
      baum[ i ].kleineres_kind = UNBENUTZT;
  }
  baum[ BAUM_WURZEL ].groesseres_kind = r;
  baum[ r ].eltern_teil = BAUM_WURZEL;
  baum[ r ].groesseres_kind = UNBENUTZT;
  baum[ r ].kleineres_kind = UNBENUTZT;
}

/*
* Diese Routine wird benutzt, wenn ein Knoten gelöscht wird.
* Die Verbindung zum darunterliegenden Knoten wird aufgelöst
```

```
* und der darunterliegende Knoten mit dem ursprünglichen
* Elternteil verbunden.
*/
void FasseKnotenZusammen( alter_knoten, neuer_knoten )
int alter_knoten;
int neuer_knoten;
{
  baum[ neuer_knoten ].eltern_teil = baum[ alter_knoten ]
                                             .eltern_teil;
 if (baum[ baum[ alter_knoten ].eltern_teil ].groesseres_kind
      == alter_knoten)
      baum[ baum[ alter_knoten ].eltern_teil ].groesseres_kind
            = neuer_knoten;
  else
       baum[ baum[ alter_knoten ].eltern_teil ].kleineres_kind
             = neuer_knoten;
  baum[ alter_knoten ].eltern_teil = UNBENUTZT;
}

/*
* Diese Routine wird ebenfalls eingesetzt, wenn ein Knoten
* gelöscht wird. Dieses Mal wird der alte Knoten durch einen
* vorher im Baum nicht vorhandenen Knoten ersetzt.
*/

void ErsetzeKnoten( alter_knoten, neuer_knoten )
int alter_knoten;
int neuer_knoten;
{
  int eltern_teil;

  eltern_teil = baum[ alter_knoten ].eltern_teil;
  if ( baum[ eltern_teil ].kleineres_kind == alter_knoten )
      baum[ eltern_teil ].kleineres_kind = neuer_knoten;

  else
      baum[ eltern_teil ].groesseres_kind = neuer_knoten;
  baum[ neuer_knoten ] = baum[ alter_knoten ];
  baum[ baum[ neuer_knoten ].kleineres_kind ].eltern_teil =
        neuer_knoten;
  baum[ baum[ neuer_knoten ].groesseres_kind ].eltern_teil =
        neuer_knoten;
  baum[ alter_knoten ].eltern_teil = UNBENUTZT;
}
```

```
/*
* Diese Routine wird benutzt, um den nächstkleineren Knoten
* zu finden. Hierbei wird angenommen, daß der Knoten über ein
* kleineres Kind verfügt. Der nächstkleinere Knoten wird
* dann lokalisiert, indem zuerst dem Knoten kleineres_kind
* und dann allen weiteren Knoten groesseres_kind gefolgt
* wird, bis das Ende erreicht wird.
*/
int SucheNaechstenKnoten( node )
int node;
{
  int next;

  next = baum[ node ].kleineres_kind;
  while ( baum[ next ].groesseres_kind != UNBENUTZT )
      next = baum[ next ].groesseres_kind;
  return( next );
}

/*
* Diese Routine führt einen klassischen Löschalgorithmus für
* binäre Bäume aus. Falls der Knoten nur über eine Verbindung
* in eine der beiden Richtungen verfügt, wird er einfach aus
* der Verbindungskette herausgenommen. Sollten beide Verbin-
* dungen vorliegen, muß stattdessen der nächstkleinere Kno-
* ten herausgenommen werden. Dieser Knoten bildet dann den
* Ersatz für den aktuellen Knoten.
*/
void LoescheString( p )
int p;
{
    int  ersatz;
    if ( baum[ p ].eltern_teil == UNBENUTZT )
        return;
    if ( baum[ p ].groesseres_kind == UNBENUTZT )
        FasseKnotenZusammen( p, baum[ p ].kleineres_kind );
    else if ( baum[ p ].kleineres_kind == UNBENUTZT )
        FasseKnotenZusammen( p, baum[ p ].groesseres_kind );
    else {
        ersatz = SucheNaechstenKnoten( p );
        LoescheString( ersatz );
        ErsetzeKnoten( p, ersatz );
    }
}
```

```
/*
 * An dieser Stelle wird die meiste Arbeit beim Codieren ge-
 * tan. Diese Routine ist dafür verantwortlich, dem Baum neue
 * Knoten hinzuzufügen. Und sie muß die beste Übereinstimmung
 * suchen und diese dem aufrufenden Programmteil mitteilen.
 * Sollte der neue Knoten über ein Duplikat im Baum verfügen,
 * muß dieses aus Effektivitätsgründen entfernt und der neue
 * Knoten an dieser Stelle eingefügt werden.
 */

int FuegeStringZu( neuer_knoten, treffer_position )
int neuer_knoten;
int *treffer_position;
{
    int i;
    int test_knoten;
    int delta;
    int treffer_laenge;
    int *kind;

    if ( neuer_knoten == END_OF_STREAM )
        return( 0 );
    test_knoten = baum[ BAUM_WURZEL ].groesseres_kind;
    treffer_laenge = 0;
    for ( ; ; ) {
        for ( i = 0 ; i < VORAUS_GROESSE ; i++ ) {
         delta = fenster[ MOD_FENSTER( neuer_knoten + i ) ] -
                   fenster[ MOD_FENSTER( test_knoten + i ) ];
            if ( delta != 0 )
                break;
        }
        if ( i >= treffer_laenge ) {
            treffer_laenge = i;
            *treffer_position = test_knoten;
            if ( treffer_laenge >= VORAUS_GROESSE ) {
                ErsetzeKnoten( test_knoten, neuer_knoten );
                return( treffer_laenge );
            }
        }

        if ( delta >= 0 )
            kind = &baum[ test_knoten ].groesseres_kind;
        else
            kind = &baum[ test_knoten ].kleineres_kind;
```

```
        if ( *kind == UNBENUTZT ) {
            *kind = neuer_knoten;
            baum[ neuer_knoten ].eltern_teil = test_knoten;
            baum[ neuer_knoten ].groesseres_kind = UNBENUTZT;
            baum[ neuer_knoten ].kleineres_kind = UNBENUTZT;
            return( treffer_laenge );
        }
        test_knoten = *kind;
    }
}

/*
* Dieser Programmteil beschäftigt sich mit den Ein-/Ausgabe-
* operationen des Programmes. Jedes Token besteht aus einem
* Flagbit gefolgt von entweder einem Zeichen oder einem
* Index/Längen-Paar. Die Flagbit werden im ersten Zeichen
* eines Pufferarrays untergebracht. Die Index/ Längen-Paare
* und die Zeichen folgen im Array danach. Nach jeweils 8
* Ausgabeoperationen ist das erste Zeichen im Array mit Flag-
* bit angefüllt, und das gesamte Array kann ausgegeben wer-
* den. Dies ist mit einer einzigen fwrite-Operation möglich
* und führt so zu einer größeren Effektivität.
*
* Für das Ganze sind nur ein paar Routinen und drei Datenob-
* jekte notwendig, die unten aufgeführt sind. Der Puffer ent-
* hält die Flagbit im ersten Zeichen, auf das die Zeichen
* bzw. Index/Längen-Paare folgen, so wie sie ausgegeben wur-
* den. Die Variable FlagBitMaske zeigt an, an welche Position
* in DatenPuffer[0] das nächste Bit gelangt. PufferOffset
* wird eingesetzt, um anzuzeigen, an welche Position im
* Puffer das nächste Token plaziert wird.
*/

char DatenPuffer[ 17 ];
int FlagBitMaske;
unsigned int PufferOffset;
/*
* Der Ausgabepuffer wird initialisiert, indem FlagBitMaske
* auf die erste Bitposition gesetzt, DatenPuffer[0] gelöscht
* und PufferOffset auf 1 gesetzt wird. PufferOffset zeigt
* damit auf die Stelle, an der das erste Zeichen oder
* Index/Längen-Paar plaziert wird.
*/
void InitAusgabePuffer()
```

```
{
    DatenPuffer[ 0 ] = 0;
    FlagBitMaske = 1;
    PufferOffset = 1;
}

/*
* Diese Routine wird bei zwei Gelegenheiten aufgerufen. Zum
* einen kann dies der Fall sein, wenn ein Zeichen oder
* Index/Längen-Paar ausgegeben wurde und FlagBitMaske
* anzeigt, daß der Puffer voll ist. Daraufhin wird der Puffer
* herausgeschrieben, und alle Variablen nehmen ihre Ausgangs-
* werte ein. Zum anderen kann diese Routine aufgerufen wer-
* den, wenn die Komprimierungsroutine mit ihrer Arbeit fertig
* ist und die Daten im Puffer noch zur Datei übertragen wer-
* den müssen.
*
* Beachten Sie, daß diese Routine sorgfältig darauf achtet,
* niemals mehr Daten herauszuschreiben, als in der unkom-
* primierten Datei vorlagen. Sie übergibt den Wert 0, falls
* dies auftritt, so daß die Komprimierungsroutine ent-
* sprechend handeln kann.
*
*/

int LeereAusgabePuffer()
{
    if ( PufferOffset == 1 )
        return( 1 );
    Header.komprimierte_groesse += PufferOffset;
    if ( ( Header.komprimierte_groesse ) >=
         Header.original_groesse )
        return( 0 );
    if ( fwrite( DatenPuffer, 1, PufferOffset,
                      AusgabeCarDatei ) != PufferOffset )
   FatalerFehler( "Fehler beim Schreiben der komprimierten "+
                  "Daten in die CAR-Datei" );
    InitAusgabePuffer();
    return( 1 );
}

/*
* Diese Routine fügt ein einzelnes Zeichen im Ausgabepuffer
* ein. In diesem Fall ist das Bitflag gesetzt. Nachdem das
```

```
* Bit gesetzt und das Byte im Puffer abgelegt wurde, wird die
* Bitflagmaske verschoben. Sollte sich herausstellen, daß
* alle 8 Bit bereits benutzt wurden, wird der Puffer geleert
* und neu initialisiert. Beachten Sie, daß die Routine
* LeereAusgabePuffer() erkennt, wann die Ausgabe umfangrei-
* cher als die Eingabe ist. In diesem Fall wird der aufrufen-
* den Routine eine 0 übergeben.
*/

int ZeichenAusgeben( data )
int data;

{
    DatenPuffer[ PufferOffset++ ] = (char) data;
    DatenPuffer[ 0 ] |= FlagBitMaske;
    FlagBitMaske <<= 1;
    if ( FlagBitMaske == 0x100 )
        return( LeereAusgabePuffer() );

    else
        return( 1 );
}

/*
* Diese Routine wird aufgerufen, um einen 12-Bit-Index und
* eine 4-Bit-Längenangabe auszugeben. Die 4 Längenbit werden
* in der oberen Hälfte des ersten Bytes im DatenPuffer[] ab-
* legt. Die untere Hälfte bekommen die obersten 4 Bit des
* Indexwertes. Entsprechend werden dem zweiten Byte die rest-
* lichen 8 Bit des Indexwertes zugeteilt. Wurde diese Arbeit
* erledigt, wird FlagBitMaske verschoben und überprüft, ob
* bereits 8 Bit abgelegt wurden. Wenn ja, wird der Ausgabe-
* puffer geleert und neu initialisiert. Beachten Sie, daß die
* Routine LeereAusgabePuffer() erkennt, wann die Ausgabe
* umfangreicher als die Eingabe ist. In diesem Fall wird der
* aufrufenden Routine eine 0 übergeben.
*/
int PaarAusgeben( position, laenge )
int position;
int laenge;
{
    DatenPuffer[ PufferOffset ] = (char) ( laenge << 4 );
    DatenPuffer[ PufferOffset++ ] |= ( position >> 8 );
    DatenPuffer[ PufferOffset++ ] = (char) (position & 0xff);
```

```
    FlagBitMaske <<= 1;
    if ( FlagBitMaske == 0x100 )
        return( LeereAusgabePuffer() );
    else
        return( 1 );
}

/*
 * Der Eingabeprozeß benutzt dieselben Datenstrukturen wie der
 * Ausgabeprozeß. Das Ganze ist jedoch etwas einfacher. Statt
 * den ganzen Puffer zu lesen, werden nur die Bitflags nach
 * DatenPuffer[0] gelesen und dem Expansionsprogramm nach
 * Bedarf mitgeteilt. Das Expansionsprogramm muß sich dann
 * selbst darum kümmern, ob es Zeichen oder Index/Längen-Paare
 * lesen muß. Diese Vorgänge können mit den normalen Dateiein-
 * /ausgabeoperationen bewerkstelligt werden.
 */

void InitEingabePuffer()
{
    FlagBitMaske = 1;
    DatenPuffer[ 0 ] = (char) getc( EingabeCarDatei );
}

/*
 * Wenn das Expansionsprogramm ein Bitflag lesen möchte, ruft
 * es diese Routine auf. Diese Routine achtet darauf, ob schon
 * alle Bit gelesen wurden. Sollte dies der Fall sein, wird
 * der Puffer reinitialisiert.
 */

int BitEinlesen()
{
    if ( FlagBitMaske == 0x100 )
        InitEingabePuffer();
    FlagBitMaske <<= 1;
    return( DatenPuffer[ 0 ] & ( FlagBitMaske >> 1 ) );
}
/*
 * Dies ist die Komprimierungsroutine. Sie muß zuerst den
 * Voraus-Puffer füllen und dann in die Komprimierungsschleife
 * einspringen. Diese Schleife entscheidet darüber, ob ein
 * einzelnes Zeichen oder ein Index/Längen-Token ausgegeben
 * wird. Nachdem dies geschehen ist, beginnt der nächste
```

```
* Schleifendurchlauf, der neue Zeichen einliest, alte
* Strings, die durch die neuen Zeichen überschrieben wurden,
* löscht und der neue Strings dem Baum hinzufügt. Während-
* dessen muß die Prüfsumme der Eingabedaten gebildet und
* überprüft werden, ob die Ausgabe zu groß wird. Die Routine
* übergibt ein Flag, das anzeigt, ob erfolgreich komprimiert
* werden konnte oder nicht. Sie muß auch die Elemente
* original_crc und komprimierte_groesse im Dateiheader
* aktualisieren.
*/

int LZSSKomprimierung( eingabe_text_datei )
FILE *eingabe_text_datei;
{
   int i;
   int c;
   int voraus_bytes;
   int aktuelle_position;
   int replace_zaehler;
   int treffer_laenge;
   int treffer_position;

  Header.komprimierte_groesse = 0;
  Header.original_crc = CRC_MASKE;
  InitAusgabePuffer();

  aktuelle_position = 1;
  for ( i = 0 ; i < VORAUS_GROESSE ; i++ ) {
      if ( ( c = getc( eingabe_text_datei ) ) == EOF )
          break;
      fenster[ aktuelle_position + i ] = (unsigned char) c;
      Header.original_crc = AktualisiereZeichenCRC32(
                                      Header.original_crc, c );
  }

  voraus_bytes = i;
  InitBaum( aktuelle_position );
  treffer_laenge = 0;
  treffer_position = 0;
  while ( voraus_bytes > 0 ) {
      if ( treffer_laenge > voraus_bytes )
          treffer_laenge = voraus_bytes;
      if ( treffer_laenge <= KOSTEN_NUTZEN ) {
          replace_zaehler = 1;
```

```
        if ( !ZeichenAusgeben( fenster[ aktuelle_position ] ) )
                return( 0 );
        } else {
            if ( !PaarAusgeben( treffer_position,
                    treffer_laenge - (KOSTEN_NUTZEN + 1)))
                return( 0 );
            replace_zaehler = treffer_laenge;
        }
        for ( i = 0 ; i < replace_zaehler ; i++ ) {
            LoescheString( MOD_FENSTER( aktuelle_position +
                           VORAUS_GROESSE ) );
            if ( ( c = getc( eingabe_text_datei ) ) == EOF ) {
                voraus_bytes--;
            } else {
                Header.original_crc =
            AktualisiereZeichenCRC32( Header.original_crc, c );
            fenster[ MOD_FENSTER( aktuelle_position +
                        VORAUS_GROESSE ) ] = (unsigned char) c;
              }
      aktuelle_position = MOD_FENSTER( aktuelle_position + 1 );
              if ( aktuelle_position == 0 )
                  putc( '.', stderr );
              if ( voraus_bytes )
       treffer_laenge = FuegeStringZu( aktuelle_position,
                                       &treffer_position );
        }
    };

    Header.original_crc ^= CRC_MASKE;
    return( LeereAusgabePuffer() );
}
/*
* Dies ist die Expansionsroutine des LZSS-Algorithmus. Sie
* muß lediglich die Flagbit lesen und entscheiden, ob ein
* einzelnes Zeichen oder ein Index/Längen-Token folgt und
* dann entsprechend reagieren. Diese Routine muß auch die
* Prüfsumme der Ausgabedaten bilden und dem aufrufenden Pro-
* gramm mitteilen.
*/
unsigned long LZSSExpansion( ausgabe ) FILE *ausgabe;
{
    int i;
    int aktuelle_position;
    int c;
```

```
  int treffer_laenge;
  int treffer_position;
  unsigned long crc;
  unsigned long ausgabe_zaehler;
  ausgabe_zaehler = 0;
  crc = CRC_MASKE;
  InitEingabePuffer();
  aktuelle_position = 1;
  while ( ausgabe_zaehler < Header.original_groesse ) {
      if ( BitEinlesen() ) {
          c = getc( EingabeCarDatei );
          putc( c, ausgabe );
          ausgabe_zaehler++;
          crc = AktualisiereZeichenCRC32( crc, c );
          fenster[ aktuelle_position ] = (unsigned char) c;
    aktuelle_position = MOD_FENSTER( aktuelle_position + 1 );
          if ( aktuelle_position == 0 && ausgabe != stdout )
              putc( '.', stderr );
      } else {
          treffer_laenge = getc( EingabeCarDatei );
          treffer_position = getc( EingabeCarDatei );
          treffer_position |= ( treffer_laenge & 0xf ) << 8;
          treffer_laenge >>= 4;
          treffer_laenge += KOSTEN_NUTZEN;
          ausgabe_zaehler += treffer_laenge + 1;
          for ( i = 0 ; i <= treffer_laenge ; i++ ) {
          c = fenster[ MOD_FENSTER( treffer_position + i ) ];
              putc( c, ausgabe );
              crc = AktualisiereZeichenCRC32( crc, c );
            fenster[ aktuelle_position ] = (unsigned char) c;
    aktuelle_position = MOD_FENSTER( aktuelle_position + 1 );
           if ( aktuelle_position == 0 && ausgabe != stdout )
                  putc( '.', stderr );
          }
      }
  }
  return( crc ^ CRC_MASKE );
}

/******************** Ende von CARMAN.C ********************/
```

Anhang A: Statistiken der Komprimierungsprogramme

In diesem Anhang finden Sie Statistiken, die für einige der in diesem Buch vorliegenden Komprimierungsprogramme aufgestellt wurden. Die hier zum Testen der Komprimierung verwendeten Daten sind identisch mit denen, die ich 1991 bei der Bewertung des *Dr. Dobb's Journal* Datenkomprimierungswettbewerbs benutzte. Die Ergebnisse können in der Novemberausgabe 1991 des *Dr. Dobb's Journal* nachgelesen werden.

Die hier angegebenen Komprimierungs- und Dekomprimierungsgeschwindigkeiten sollten nicht so ernst genommen werden. Es wurde zum einen keinerlei Versuch unternommen, diese Programme zu optimieren. Zum anderen kann es abhängig vom jeweils zum Aufbau des ausführbaren Programmes verwendeten Compilers zu Abweichungen kommen. Die meisten Programme wurden mit Hilfe von Borland C++ 2.0 erstellt, in einigen Fällen nahm ich aber aus Speicherplatzgründen Zortech C++ 3.0 entweder mit dem 286- oder 386-DOS-Extender.

		Komprimierungsgrade		
	Grafiken	**Programme**	**Textdateien**	**Insgesamt**
HUFF.C Kapitel 3 Huffman Codierung	27.22	24.79	40.38	31.04
AHUFF.C Kapitel 4 Adaptive Huff-Cod	32.59	26.69	40.72	33.27
ARITH.C Kapitel 5 Arthm. Codierung	27.78	25.25	40.81	31.51
ARITHN.C Kapitel 6 Ordnung = 1	61.66	44.74	59.60	54.49
ARITHN.C Kapitel 6 (1) Ordnung = 2	59.85	50.47	68.43	59.37

	Grafiken	Komprimierungsgrade Programme	Textdateien	Insgesamt
ARITHN.C Kapitel 6 (1) Ordnung = 3	58.51	51.55	71.86	60.67
LZSS.C Kapitel 8 Index/Länge = 12/4	43.45	41.44	58.83	48.22
LZSS.C Kapitel 8 Index/Länge = 13/4	44.57	42.56	60.91	49.69
LZSS.C Kapitel 8 Index/Länge = 14/4	44.71	42.32	61.10	49.70
LZSS.C Kapitel 8 Index/Länge = 12/3	42.83	40.38	57.27	47.10
LZSS.C Kapitel 8 Index/Länge = 12/5	43.91	42.31	59.21	48.81
LZSS.C Kapitel 8 Index/Länge = 12/8	40.60	39.60	54.67	45.29
LZW15V.C Kapitel 9 15 Bit variable LZW	48.44	36.15	58.28	47.31
LZW15V.C Kapitel 9 14 Bit variable LZW	48.23	36.27	57.76	47.11
LZW15V.C Kapitel 9 13 Bit variable LZW	47.76	36.34	56.71	46.65
LZW15V.C Kapitel 9 12 Bit variable LZW	46.78	36.61	54.82	45.81
LZW12.C Kapitel 9 12 Bit feste LZW	20.61	15.07	50.32	29.20
HUFF.C Kapitel 3 Huffman-Codierung	15273	13306	13353	13835
AHUFF.C Kapitel 4 Adaptive Huff.-Cod.	7553	6200	7523	7028
ARITH.C Kapitel 5 Arithm. Codierung	4616	4667	4474	4584
ARITHN.C Kapitel 6 Ordnung = 1	804	395	953	702

	Komprimierungsgrade			
	Grafiken	Programme	Textdateien	Insgesamt
ARITHN.C Kapitel 6 (1) Ordnung = 2	929	462	1158	834
ARITHN.C Kapitel 6 (1) Ordnung = 3	975	483	1206	871
LZSS.C Kapitel 8 Index/Länge = 12/4	3657	4159	3165	3671
LZSS.C Kapitel 8 Index/Länge = 13/4	3268	3853	2839	3336
LZSS.C Kapitel 8 (3) Index/Länge = 14/4	3082	3832	2563	3180
LZSS.C Kapitel 8 Index/Länge = 12/3	4093	4392	3594	4027
LZSS.C Kapitel 8 Index/Länge = 12/5	2942	3764	2773	3194
LZSS.C Kapitel 8 Index/Länge = 12/8	1831	1460	2411	1899
LZW15V.C Kapitel 9 15 Bit variable LZW	14913	11744	13332	13140
LZW15V.C Kapitel 9 14 Bit variable LZW	14850	11332	12783	12769
LZW15V.C Kapitel 9 13 Bit variable LZW	14256	10904	12241	12257
LZW15V.C Kapitel 9 12 Bit variable LZW	13669	10320	11432	11591
LZW12.C Kapitel 9 12 Bit feste Länge	13106	11057	14379	12786

	Dekomprimierungsraten Grafiken	Programme	Textdateien	Insgesamt
HUFF.C Kapitel 3 Huffman-Codierung	12428	10892	12560	11891
AHUFF.C Kapitel 4 Adaptive Huff.-Cod.	7366	6141	7755	7041
ARITH.C Kapitel 5 Arithm. Codierung	2320	2205	2074	2188
ARITHN.C Kapitel 6 Ordnung = 1	793	405	944	700
ARITHN.C Kapitel 6 (1) Ordnung = 2	905	472	1136	824
ARITHN.C Kapitel 6 (1) Ordnung = 3	946	492	1173	855
LZSS.C Kapitel 8 Index/Länge = 12/4	18622	16526	17424	17394
LZSS.C Kapitel 8 Index/Länge = 13/4	18899	16716	17798	17673
LZSS.C Kapitel 8 (3) Index/Länge = 14/4	30334	25120	27120	27196
LZSS.C Kapitel 8 Index/Länge = 12/3	18284	16572	16756	17074
LZSS.C Kapitel 8 Index/Länge = 12/5	18680	16674	17266	17409
LZSS.C Kapitel 8 Index/Länge = 12/8	18113	16230	16673	16879
LZW15V.C Kapitel 9 15 Bit variable LZW	15167	11986	13077	13206
LZW15V.C Kapitel 9 14 Bit variable LZW	14942	11804	12911	13018
LZW15V.C Kapitel 9 13 Bit variable LZW	14445	11462	12495	12609

	Grafiken	Dekomprimierungsraten Programme	Textdateien	Insgesamt
LZW15V.C Kapitel 9 12 Bit variable LZW	13567	10893	11608	11845
LZW12.C Kapitel 9 12 Bit feste LZW	15326	13978	15705	14950

Hinweise:

1. Erstellt mit dem Zortech DOS-Extender 286, damit der gesamte zur Verfügung stehende erweiterte Speicher genutzt werden kann. Modelle höherer Ordnung können mit mehreren Megabyte Speichern arbeiten.
2. Erstellt mit dem Zortech DOS-Extender 386. Ein Array in dem Programm ist länger als 64 Kbyte, und es war einfacher diesen Weg zu gehen, als den Quelltext mit MS-DOS-»huge« Zeigern arbeiten lassen zu müssen.

Anhang B: Testprogramme

Beim Testen der Datenkomprimierungsprogramme des *Dr. Dobb's* Programmierwettbewerbes 1991 stellte ich fest, daß es nur unzureichende Testmethoden gab. Viele Programme, die an diesem Wettbewerb teilnahmen, scheiterten an mehreren Testdateien der Komprimierungsdatenbank.

Außer einem guten Design besteht die beste Waffe gegen diese Art Fehler in umfangreichen Tests. Ich arbeite unter MS-DOS mit einem Testprogramm (CHURN), das in der Lage ist, ein Komprimierungsprogramm auf jede Datei eines Verzeichnisses anzuwenden. Dabei wird komprimiert, dekomprimiert und die Eingabe mit der Ausgabe verglichen. Das hat sich beim Testen der Software für dieses Buch als sehr nützlich erwiesen.

Es folgt die MS-DOS Version des Programmes. Instruktionen zum Gebrauch des Programmes finden Sie im Programmlisting.

```
/**********************START OF CHURN.C*********************
*
* Dieses Hilfsprogramm hat den Zweck, Komprimierungs- und
* Dekomprimierungsprogramme auf Funktionsfähigkeit, Ge-
* schwindigkeit und Komprimierungsgrad zu testen. CHURN
* wird mit drei Argumenten aufgerufen. Das erste ist das
* Wurzelverzeichnis. CHURN versucht, alle Dateien in und
* unter diesem Verzeichnis zu komprimieren und zu dekom-
* primieren. Der nächste Parameter stellt das Komprimierungs-
* programm plus Parameter dar. Hiermit soll die aktuelle
* Datei komprimiert werden und den Namen TEST.CMP bekommen.
* Das Komprimierungskommando wird DOS mit der Funktion
* system() erteilt. Da der aktuelle Dateiname für das
* Komprimierungskommando mit sprintf() in die Kommandozeile
* eingefügt wird, muß die Kommandozeile für das Komprimie-
* rungsprogramm die Zeichenfolge %s enthalten. Das letzte
* Argument von CHURN ist die Anweisung für das Dekomprimie-
* rungsprogramm, um aus TEST.CMP TEST.OUT zu erzeugen.
*
```

```
* Ein Beispiel, wie das für ein Programm aus diesem Buch
* funktiontiert, sieht so aus:
*
*  CHURN C:\ "LZSS-K %%s test.cmp" "LZSS-E test.cmp test.out"
*
* Die doppelten %% Zeichen u.U. sind notwendig, damit Komman-
* dozeileninterpreter wie 4DOS keine Variablensubstitution
* ausführen.
*
* Ein komplizierteres Beispiel mit PKZIP sieht wie folgt aus:
*
* CHURN C:\ "TEST %%s" "PKUNZIP TEST.CMP"
* wobei TEST.BAT zwei Zeilen umfaßt und so aussieht:
*
*     COPY %1 TEST.OUT
*     PKZIP -M TEST.CMP TEST.OUT
*
* CHURN legte eine Zusammenfassung der Komprimierungsaktivi-
* täten in CHURN.LOG ab. Diese Datei kann dann später durch
* andere Programme analysiert werden.
*
* Das Programm sollte nicht durch Contrl-C oder BREAK unter-
* brochen werden, da diese Tastenkombinationen höchstens das
* Komprimierungsprogramm unterbrechen. Stattdessen sollte
* einfach eine Taste gedrückt werden. CHURN erkennt dies als
* Signal für den Programmabbruch.
*/
#define MSDOS 1
#include <stdio.h>
#include <stdlib.h>
#include <string.h>
#include <time.h>
#include <process.h>
#include <conio.h>
#include <dos.h>
/*
* Die Funktionen findfirst und findnext arbeiten unter Turbo
* C und MSC fast identisch. Der einzige Unterschied besteht
* darin, daß ihre Namen und die Namen der Strukturen ver-
* schieden sind. Aus diesem Grund wurden hierfür Makros ein-
* geführt.
*/
```

```
#ifdef __TURBOC__

#include <dir.h>
#define DATEI_INFO                  struct ffblk
#define FIND_FIRST( name, info ) findfirst( ( name ), (info),
                     FA_DIREC )
#define FIND_NEXT( info )          findnext( ( info ) )
#define DATEI_IST_DIR( info )        ( ( info ).ff_attrib &
                                      FA_DIREC )
#define DATEI_NAME( info )          ( ( info ).ff_name )

#else

#define MSDOS 1
#define DATEI_INFO                  struct find_t
#define FIND_FIRST( name, info )  _dos_findfirst( ( name ),
                                      _A_SUBDIR, ( info ) )
#define FIND_NEXT( info )         _dos_findnext( ( info ) )
#define DATEI_IST_DIR( info )        ( ( info ).attrib &
                                    _A_SUBDIR )
#define DATEI_NAME( info )          ( ( info ).name )

#endif

/*
* Einige globale Variablen.
*/

int totale_dateien;
int totale_ok;
int totale_misslungen;
char *komprimierungs_kommando;
char *expandierungs_kommando;
FILE *eingabe;
FILE *ausgabe;
FILE *komprimierte;
FILE *log_datei;

/*
* Funktionsprototypen.
*/

void churn_dateien( char *pfad );
int datei_ist_bereits_komprimiert( char *name );
```

```
void schliesse_alle_dateien( void );
int komprimiere( char *datei_name );
void anwendung_exit( void );


/*
* Die Funktion main() muß bei diesem Programm nicht viel tun.
* Sie bearbeitet die Kommandozeile und bestimmt das Wurzel-
* verzeichnis. Danach werden die total-Zähler und die Start-
* zeit initialisiert. Jetzt wird churn_dateien() aufgerufen,
* das alle Arbeit macht. Abschließend werden einige Statisti-
* ken ausgegeben.
*/

void main( int argc, char *argv[] )
{
    time_t start_zeit;
    time_t stop_zeit;
    char wurzel_verz[ 81 ];

    if ( argc != 4 )
    anwendung_exit();
    strcpy( wurzel_verz, argv[ 1 ] );
    if ( wurzel_verz[ strlen( wurzel_verz ) - 1 ] != '\\' )
       strcat( wurzel_verz, "\\" );
    komprimierungs_kommando = argv[ 2 ];
    expandierungs_kommando = argv[ 3 ];
    setbuf( stdout, NULL );
    setbuf( stderr, NULL );
    totale_dateien = 0;
    totale_ok = 0;
    totale_misslungen = 0;
    log_datei = fopen( "CHURN.LOG", "w" );
    if ( log_datei == NULL ) {
    printf( "Konnte LOG-Datei nicht öffnen!\n" );
    exit( 1 );
    }
    fprintf( log_datei, "                              "+
                       "Original   Gepackte\n" );
    fprintf( log_datei, "       Dateiname              "+
                  " Größe     Größe   Grad  Resultat\n" );
  fprintf( log_datei, "-------------------------------------"+
            "-     " "--------  --------  ----  ------\n" );
    time( &start_zeit );
```

```
    churn_dateien( wurzel_verz );
    time( &stop_zeit );
    fprintf( log_datei, "\nGesamtzeit in Sekunden: %f "+
                        "Sekunden\n",
        difftime( stop_zeit, start_zeit ) );
    fprintf( log_datei, "Gesamtzahl Dateien:   %d\n",
             totale_dateien );
    fprintf( log_datei, "Gesamtzahl OK:        %d\n",
             totale_ok );
    fprintf( log_datei, "Gesamtzahl nicht OK:  %d\n",
             totale_misslungen );
}

/*
* Die Routine churn_dateien() besitzt eine Schleife, die alle
* Dateien des Verzeichnisses bearbeitet, das der Routine als
* Argument übergeben wurde. Bei jeder Datei passieren die
* folgenden drei Dinge. Sollte es sich um eine normale Datei
* handeln und diese besitzt eine Endung wie ZIP passiert gar
* nichts, ansonsten wird die Datei durch andere Routinen kom-
* primiert und dekomprimiert. Sollte es sich bei der aktuel-
* len Datei um ein Verzeichnis handeln, ruft churn_dateien()
* sich rekursiv mit dem Verzeichnis als Argument auf. Diese
* Routine ist eine der wenigen Routinen, bei denen die Rekur-
* sion die Sache tatsächlich vereinfacht.
*/

void churn_dateien( char *pfad )
{
    DATEI_INFO datei_info;
    int resultat;
    char voller_name[ 81 ];

    strcpy( voller_name, pfad );
    strcat( voller_name, "*.*" );
    resultat = FIND_FIRST( voller_name, &datei_info );
    while ( resultat == 0 ) {
    if ( kbhit() ) {
        getch();
        exit(0);
    }
    if ( DATEI_IST_DIR( datei_info ) ) {
        if ( DATEI_NAME( datei_info )[ 0 ] != '.' ) {
        strcpy( voller_name, pfad );
```

```
            strcat( voller_name, DATEI_NAME( datei_info) );
            strcat( voller_name, "\\" );
            churn_dateien( voller_name );
            }
        } else {n
            strcpy( voller_name, pfad );
            strcat( voller_name, DATEI_NAME( datei_info )  );
         if ( !datei_ist_bereits_komprimiert( voller_name ) ) {
            fprintf( stderr, "Teste %s\n", voller_name );
            if ( !komprimiere( voller_name ) )
                fprintf( stderr, "Vergleich mißlungen!\n" );
            }
        }

        resultat = FIND_NEXT( &datei_info );
        }
}

/*
* Die Aufgabe dieser Routine ist es, den ihr übergebenen
* Dateinamen daraufhin zu überprüfen, ob er eine bestimmte
* Dateiendung besitzt. Es werden Dateiendungen von Dateien
* überprüft, die bereits komprimiert sind. Sollte es sich um
* eine solche Datei handeln, wird TRUE übergeben.
*
* Soll die Funktionsweise von Komprimierungsprogrammen ge-
* testet werden, kann diese Routine übersprungen werden, da
* es dafür nichts besseres gibt als zu versuchen, eine
* "unkomprimierbare" Datei zu komprimieren. Sollen allerdings
* Komprimierungsgrade getestet werden, macht die Komprimie-
* rung solcher Dateien keinen Sinn.
*/

int datei_ist_bereits_komprimiert( char *name )
{
    char *endung;
    static char *endungen[]={ "ZIP", "ICE", "LZH", "ARC", +
                              "GIF", "PAK","ARJ", NULL };
    int i;

    endung=strchr( name, '.' );
    if ( endung++ == NULL )
    return( 0 );
    i = 0;
```

```
    while ( endungen[ i ] != NULL )
    if ( strcmp( endung, endungen[ i++ ] ) == 0 )
        return( 1 );
    return( 0 );
}

/*
* Diese Routine macht die Hauptarbeit. Sie komprimiert die
* ihr übergebene Datei und dekomprimiert sie wieder. An-
* schließend wird überprüft, ob das Resultat mit der
* Originaldatei übereinstimmt.
*/

int komprimiere( char *datei_name )
{
    long neue_groesse;
    long alte_groesse;
    int c;
    char kommando[ 132 ];

    printf( "%s\n", datei_name );
    fprintf( log_datei, "%-40s ", datei_name );
    sprintf( kommando, komprimierungs_kommando, datei_name );
    system( kommando );
    sprintf( kommando, expandierungs_kommando, datei_name );
    system( kommando );

    eingabe = fopen( datei_name, "rb" );
    ausgabe = fopen( "TEST.OUT", "rb" );
    komprimierte = fopen( "TEST.CMP", "rb" );

    totale_dateien++;
    if ( eingabe == NULL || ausgabe == NULL || komprimierte
        == NULL ) {
    totale_misslungen++;
    schliesse_alle_dateien();
    fprintf( log_datei, "Fehler: Konnte Datei nicht "+
                        "öffnen!\n" );
    return( 0 );
    }

    fseek( eingabe, 0L, SEEK_END );
    alte_groesse = ftell( eingabe );
    fseek( eingabe, 0L, SEEK_SET );
```

```
    fseek( komprimierte, 0L, SEEK_END );
    neue_groesse = ftell( komprimierte );

    fprintf( log_datei, " %8ld  %8ld ", alte_groesse,
            neue_groesse );
    if ( alte_groesse == 0L )
    alte_groesse = 1L;
    fprintf( log_datei, "%4ld%%  ",
       100L - ( ( 100L * neue_groesse ) / alte_groesse ) );
    do {
    c = getc( eingabe );
    if ( getc( ausgabe ) != c ) {
        fprintf( log_datei, "Mißlungen\n" );
        totale_misslungen++;
        schliesse_alle_dateien();
        return( 0 );
    }
    }
    while ( c != EOF );
    fprintf( log_datei, "OK\n" );
    schliesse_alle_dateien();
    totale_ok++;
    return( 1 );
}

void schliesse_alle_dateien()
{
    if ( eingabe != NULL )
    fclose( eingabe );
    if ( ausgabe != NULL )
    fclose( ausgabe );
    if ( komprimierte != NULL )
    fclose( komprimierte );
}

/*
* Diese Routine gibt aus, wie das Programm bedient werden muß
* und kehrt dann zu DOS zurück.
*/

void anwendung_exit( void )
{
    char *usage = "CHURN 1.0. \nAnwendung:  CHURN Verz. "
      "\"Komprimierungs"
```

```
        "kommando\" \"Expansionskommando\"\n"
        "\n"
        "CHURN wird benutzt, um Komprimierungsprogramme zu "
        "testen.\nDazu werden alle Dateien in und unter dem "
        "angegebenen \nWurzelverzeichnisses komprimiert und "
        "wieder dekomprimiert. \nFür jede aufgefundene "
        "Datei wird zuerst das Komprimierungskommando "
        "\naufgerufen, das die Datei TEST.CMP erzeugen muß. "
        "Dann wird das \nDekomprimierungskommando benutzt, "
        "um die Datei TEST.OUT zu \nerzeugen. CHURN "
        "vergleicht dann beide Dateien, um sicherzugehen, "
        "\ndaß alles funktioniert hat. \nDer Name der "
        "aktuellen Datei wird dazu in die Kommandozeile "
        "\neingefügt. Dazu wird sprintf herangezogen, so daß"
        "das Kommando die \nSequenz %%s enthalten muß. "
        "Beachten Sie, daß die Kommandos in \ndoppelte "
        "Anführungsstriche gesetzt werden müssen, damit sie "
        "in \nprintf-Funktionen eingesetzt werden können. "
        "Beachten Sie außerdem, \ndaß sie das Zeichen % "
        "u.U. doppelt einsetzen müssen, da einige "
        "\nKommandozeileninterpreter ansonsten "
        "Parametersubstitutionen \nvornehmen. Das "
        "Komprimierungsprogramm wird mit der system-Funktion"
        "\naufgerufen, so daß auch Batch-Dateien verwendet "
        "werden können.\nBeispiel:  CHURN C:\\ \"LZSS-K "
        "%s TEST.CMP\" \n       "
        "\"LZSS-C TEST.CMP TEST.OUT\"\n";

    puts( usage );
    exit( 1 );
}

/**********************ENDE VON CHURN.C**********************/
```

Glossar

Adaptive Komprimierung, adaptive Modellierung

Datenkomprimierungstechniken, die mit einem Modell arbeiten, können entweder ein festes Modell für den gesamten zu bearbeitenden Datenstrom benutzen oder das Modell modifizieren, während der Datenstrom bearbeitet wird. Techniken, mit denen das Modell während der Ausführung modifiziert werden kann, werden als adaptive Modellierungen bezeichnet. Ein Beispiel für eine adaptive Komprimierungstechnik ist die LZW-Komprimierung.

ADPCM

Adaptive differentielle Puls-Code-Modulation. Die standardmäßige PCM-Codierung wird häufig bei der Codierung von Audiodaten eingesetzt. Bei Telefongesprächen und CDs wird beispielsweise die konventionelle PCM-Methode benutzt. Sie tastet Kurven ab und codiert den Amplitudenwert. DPCM ist die differentielle Puls-Code-Modulation. Bei der DPCM-Methode wird nicht der Amplitudenwert sondern der Unterschied zum letzten Abtastwert codiert. Die ADPCM-Methode geht noch einen Schritt weiter. Bei dieser Methode wird die Codierung des Unterschiedes in Abhängigkeit vom Zustand der Kurve verändert. Die PCM-Codierungsmethode verwendet bei der Codierung von Telefongesprächen 64 Kbit pro Sekunde. Bei der ADPCM-Methode kann diese Rate auf 32 oder sogar 16 Kbit pro Sekunde reduziert werden, ohne daß die Stimmübertragungsqualität wesentlich darunter leidet.

Alphabet

Ein Alphabet ist eine Sammlung aller Symbole, die in einer Meldung vorkommen können. Werden beispielsweise ASCII-Textdateien komprimiert, besteht das Alphabet aus den Zeichen 0x00 bis 0x7f.

Archiv

Ein Archiv enthält eine oder mehrere Dateien, die komprimiert wurden oder auch nicht. Ein Archiv wird meist zum Abspeichern oder Transportieren von Dateien benutzt. Programme wie PKZIP und ARC komprimieren Dateien, bevor sie in Archiven abgelegt werden.

Arithmetische Codierung

Traditionelle Codierungstechniken, wie die ASCII- oder die Huffman-Codierung codieren Symbole mit eindeutigen Bitmustern. Bei der arithmetischen Codierung dagegen wird ein vollständiger Text als einzelne Fließkommazahl kleiner 1 oder größer oder gleich 0 codiert. Mit der arithmetischen Codierung können Texte durch Elimierung des Quantisierungseffektes anderer Codierungstechniken effektiver codiert werden.

ARC, MS-DOS-Programm

ARC ist ein kommerzielles Archivierungsprogramm, das von der Firma System Enhancement Associates in Wayne, N.J. erstellt wurde. ARC war eines der ersten Komprimierungs-/Archivierungsprogramme, das Mitte der 80er Jahre in der gesamten PC-Computerwelt Verbreitung fand.

ARJ, MS-DOS-Programm

ARJ ist ein kommerzielles Archivierungsprogramm, das von Robert Jung entwickelt wurde. ARJ kann von jedem benutzt werden. Kommerzielle Anwender müssen jedoch Lizenzgebühren bezahlen. ARJ ist mit ANSI C-Quelltext zum Extrahieren von Dateien aus ARJ-Archiven ausgestattet, die ohne Einschränkungen vertrieben werden dürfen.

Blockcodierung

Häufig werden Bilder komprimiert, indem man einzelne Blöcke des Bildes unabhängig voneinander codiert. Der JPEG-Algorithmus zum Beispiel verwendet bei der Komprimierung von Grafiken eine 8x8-Blockgröße.

CCITT

CCITT ist die Abkürzung für International Telegraph and Telephon Consultative Commitee (internationales, beratendendes Komitee in Sachen Telegrafen und Telefon). Diese Organisation ist für die Zulassung vieler heute gebräuchlicher Komprimierungs- und

Übertragungsmethoden zuständig, einschließlich mehrerer PCM- und ADPCM-Techniken, der FAX-Übertragung und der Entwicklung der JPEG- und MPEG-Standards.

Codes, Codierung

Symbole, die von einem Computer gespeichert oder bearbeitet werden sollen, werden in Codes umgewandelt. Dieser Vorgang wird als Codierung bezeichnet. ASCII und EBCDIC sind wohl die bekanntesten Textcodierungsmethoden. Daten können komprimiert werden, falls effektivere Codierungsmethoden wie zum Beispiel die Huffman-Codierung, eingesetzt werden.

COMPACT, UNIX-Programm

COMPACT ist ein UNIX-Programm, das Dateien mit Hilfe der dynamischen Huffman-Codierung komprimiert. Normalerweise wird stattdessen fast immer mit dem Programm COMPRESS gearbeitet.

COMPRESS, UNIX-Programm

COMPRESS ist ein UNIX-Programm, das Dateien mit Hilfe einer LZW-Implementation komprimiert. COMPRESS ist unter UNIX-Anwendern weit verbreitet und als Public-Domain erhältlich. Seit kurzem besteht der Verdacht, daß COMPRESS ein Unisys-Patent verletzt. Dadurch wird sein Nutzen und seine Verbreitung in Zukunft wohl eingeschränkt werden.

CRC, zyklischer Redundanztest

CRC ist eine Zahl, die man durch Anwendung einer Formel auf einen Datenblock normalerweise für die Bildung einer Prüfsumme erhält. Eine gute CRC-Formel sollte in der Lage sein, für jede denkbare Fehlermöglichkeit eine andere Zahl zu bilden. In diesem Buch wird mit der CCITT spezifischen 32-Bit-Formel gearbeitet.

Diskrete Cosinus-Transformation (DCT)

Die DCT wird bei der JPEG-Bildkomprimierungsmethode angewandt. Sie ähnelt der Fourier-Transformation, da bei beiden Methoden Datensätze von der räumlichen Ebene in den Frequenzbereich und zurück transformiert werden. Wurde ein Bild mit der DCT in eine Reihe von Frequenzinformationen umgewandelt, kann es mit »verlustbehafteten«

Techniken komprimiert werden. Damit dasselbe Bild dekomprimiert werden kann, müssen die Frequenzinformationen in die räumlichen Informationen zurückverwandelt werden.

Entropie, Informationsgehalt

Entropie ist die Maßeinheit für den Informationsgehalt eines Objektes. Die »absolute Entropie« anzugeben, ist unmöglich. Die Entropie wird anhand eines vorgegebenen Modells berechnet. Sie kann in Bit ausgedrückt werden. Liegt die Entropie in dieser Form vor, spricht man im allgemeinen vom Informationsgehalt.

Escape-Code

Ein Escape-Code ist ein spezielles Symbol, mit dessen Hilfe man aus dem aktuellen Kontext »fliehen« kann. Bei der Datenkomprimierung werden Escape-Codes häufig eingesetzt, wenn ein Symbol, das im aktuellen Symbolverzeichnis nicht vorliegt, codiert werden muß. Der Escape-Code weist das Decodierungsprogramm an, in einen anderen Kontext zu wechseln, in dem das Symbol ordnungsgemäß decodiert werden kann.

Freeware

Bei Freeware handelt es sich um Software, die kostenlos vertrieben wird und von jedem genutzt werden kann. Freeware unterscheidet sich insofern von Public Domain, daß der Softwareentwickler das Copyright an seiner Arbeit behält. Dadurch kann der Copyrightbesitzer alle Modifikationen kontrollieren oder unterbinden, sowie die Software wieder aus dem Verkehr ziehen. Software, die von der Freeware Software Foundation vertrieben wird, wie beispielsweise der Editor EMACS, wird als Freeware bezeichnet.

Gruppe 3 FAX

Bei Gruppe 3 FAX handelt es sich um einen CCITT-Standard zur Übertragung von Faksimiledaten. Schwarz-weiß Bilder können mit einer Kombination aus differentieller, Lauflängen- und Huffman-Codierung komprimiert werden.

Huffman-Codierung

Die Huffman-Codierung ist eine Codierungsmethode, bei der die Längen der Symbole im Verhältnis zum Informationsgehalt variieren. Symbole, die im Text wahrscheinlich nicht so häufig vorkommen, werden mit einem aus vielen Bit bestehenden Code codiert. Symbole, bei denen die Wahrscheinlichkeit, daß sie im Text vorkommen, sehr groß ist, werden mit weniger Bit codiert. Huffman-Codes können einfach decodiert werden, da kein Code die Vorsilbe eines anderen Codes sein kann. Die Methode wurde das erste Mal in einem Artikel von D.A. Huffman aus dem Jahre 1952 beschrieben.

Informationstheorie

Die Informationstheorie beschäftigt sich mit der Speicherung, Bearbeitung und Übertragung von Informationen. Dieser Wissenschaftszweig wurde kurz nach dem 2. Weltkrieg von Claude Shannon bei den Bell Laboratorien ins Leben gerufen.

ISO

ISO ist die Abkürzung für International Standards Organization (internationale Organisation für Standards). Die ISO-Organisation ist eine der Stützen (zusammen mit dem CCITT) der JPEG- und MPEG-Standardisierungsanstrengungen.

JPEG

JPEG ist die Abkürzung für Joint Photographic Experts Group (vereinigte Gruppe der Photographieexperten). Diese Gruppe wird als »vereinigt« bezeichnet, da sie von der CCITT und der ISO, zwei bekannten internationalen Standardorganisationen, zugelassen ist. JPEG bezieht sich sowohl auf die Gruppe als auch ihre Arbeit. Die Gruppe arbeitet an einem Komprimierungsstandard, der eine Methode zum Komprimieren von Photographien definieren wird. Bilder, die mit dem JPEG-Algorithmus komprimiert werden, unterliegen einer »verlustbehafteten« Komprimierung. Der Komprimierungsgrad kann variieren, was zu einer Verbesserung oder Verschlechterung der Auflösung führt.

Die meisten JPEG-Algorithmen, die momentan eingesetzt werden, sind dank leistungsfähiger spezieller Prozessoren in der Lage, Komprimierungen und Dekomprimierungen schnell durchzuführen. Lediglich auf Software basierende Techniken, die mit normalen Prozessoren arbeiten, sind noch recht langsam. Mit Hilfe der JPEG-Komprimierungsmethode können recht beeindruckende Komprimierungsgrade erzielt werden, wodurch die Speicheranforderungen von Bildern auf weniger als 10% des Originals sinken. Die Auflösung leidet dabei nur minimal. Nimmt man größere Qualitätsverluste in Kauf, können Bilder mit Hilfe des JPEG-Algorithmus auf mehr als 95% komprimiert werden.

Komprimierungsgrad

Mit dem Komprimierungsgrad wird der Unterschied zwischen einer Datei und der komprimierten Version der Datei beschrieben. Es gibt mehrere Möglichkeiten, diese Zahl auszudrücken. Eine Methode besteht darin, ein Verhältnis zwischen Ein- und Ausgabegröße wie »Komprimierungsgrad 4:1« anzugeben. Man kann den Unterschied zwischen den Dateien auch mit einer Prozentzahl aus dem Bereich zwischen 0% und 100% (oder größer, falls es nicht gelang, die Datei zu komprimieren) auszudrücken. Einige arbeiten mit einer umgekehrten Skala und setzen 100% als »besten« Komprimierungsgrad ein. Manchmal sieht man auch, daß der Komprimierungsgrad als »Bit pro Byte« angegeben wird.

Lauflängencodierung (LHArc)

LHArc ist ein von Haruyasu Yoshizaki autorisiertes Freeware-Komprimierungsprogramm. Es arbeitet mit der LZSS-Variante der LZ77-Komprimierungsmethode, gefolgt von einer dynamischen Huffman-Codierung. Der Freewarestatus, kombiniert mit der Verfügbarkeit des Quelltexts, machten aus diesem Programm ein populäres Programm.

Lineare, vorhersagende Codierung

Bei LPC handelt es sich um eine Codierungstechnik, die Stimmdaten mit Hilfe eines Modells der menschlichen Stimme übermittelt.

LZW, LZSS, LZ-77, LZ-78

Jacob Ziv und Abraham Lempel veröffentlichten 1977 und 1978 einige Artikel, die sich mit zwei verschiedenen tabellengesteuerten Komprimierungstechniken beschäftigten. Bei der LZ77-Methode werden Strings mit einem Fenster fester Größe im zuvor eingelesenen Text durch Positions- und Längenangaben ersetzt. Bei der LZ78-Methode wird eine Phrasentabelle des zuvor gesehenen Textes eingerichtet. Dabei gibt es keine Beschränkungen in bezug darauf, wie weit zurück eine Phrase aufgetreten ist. Diese Artikel zogen geradezu hektische Aktivitäten bei anderen Entwicklern nach sich, die diese Techniken verfeinerten. Daraus entstanden Komprimierungsalgorithmen, die der frühen statischen Huffman-Codierung weit überlegen waren. Heutzutage wird im Zusammenhang mit den meisten V.42bis Modems, Software wie LHArc, ARJ und PKZIP mit tabellengesteuerten Methoden gearbeitet.

Modell

Komprimierungsalgorithmen benötigen alle ein »Modell«. Dabei handelt es sich um statistische Daten, die gesammelt wurden, um den Zustand des Codierungsprogrammes zu beschreiben. Bei einem einfachen Komprimierungsprogramm beispielsweise kann das Modell die Häufigkeitswerte der in einer Eingabedatei vorliegenden Symbole umfassen.

MPEG

MPEG ist die Abkürzung für Moving Pictures Experts Group (Expertengruppe bewegter Bilder). Genau wie JPEG bezieht sich MPEG sowohl auf die Gruppe als auch deren Arbeit. Bei der MPEG handelt es sich um eine vom ISO-Komitee zugelassene Gruppe, die an der digitalen Übermittlung von Fernsehbildern und -ton arbeitet. Das Ziel der MPEG besteht darin, ein qualitativ hochwertiges Bild und den dazugehörenden Stereosound über einen 1,5 Mbps Kanal zu schicken. Die MPEG-Gruppe hat einen Standard herausgegeben, der noch überarbeitet und geprüft wird.

Nyquist-Rate

Die Rate, mit der ein analoges Signal der Frequenz f abgetastet werden muß, damit das Signal ordnungsgemäß reproduziert werden kann. Harry Nyquist stellte fest, daß diese Rate größer als 2*f sein muß.

Ordnung

Welche Ordnung ein Modell einnimmt, hängt davon ab, wieviele der vorher eingelesenen Symbole bei der Codierung in Betracht gezogen werden. Bei einem Modell der Ordnung 0 werden zum Beispiel alle vorher eingelesenen Symbole ignoriert, wenn bestimmt wird, welchen Code ein bestimmtes Symbol erhält. Auch wenn das vorige Zeichen ein 'q' war, steigt bei einem Modell der Ordnung 0 die Wahrscheinlichkeitsrate eines 'u' nicht an. Bei einem Modell der Ordnung 1, wird das 'q' in die Überlegungen miteinbezogen, was die Wahrscheinlichkeitsrate für ein 'u' enorm steigert.

Phrase

Eine Phrase ist ein Symbolstring beliebiger Länge. Programmiert man in C, kann der Ausdruck String oder Zeichenkette durch Phrase ersetzt werden.

PKZIP

PKZIP ist ein populäres PC-Komprimierungs-/Archivierungsprogramm. Es wird von PKWare, Glendale und WI als Shareware vertrieben. Dieses Programm komprimiert mit Hilfe mehrerer verschiedener tabellengestützter Komprimierungsalgorithmen Dateien. Es ist inzwischen im MS-DOS-Bereich so bekannt, daß es fast als »Standard« gilt, obwohl der Quelltext nicht frei zugänglich ist.

p X 64

p x 64 bezieht sich im Zusammenhang mit dem CCITT-Standard auf die digitale Übertragung audiovisueller Informationen, was im allgemeinen als Videokonferenz bezeichnet wird. ISDN-Kommunikationsnetzwerke allokieren Bandbreiten in 64 Kbit/Sekunden-»Stücken«. Das 'p' von p x 64 bezieht sich bei einem Videoübertragung auf eine bestimmte Anzahl (p) von 64 Kbps Kanälen, die hierfür herangezogen werden. Die Übertragungsqualität hängt von der Größe von p ab. Videokonferenzen können stattfinden, wenn p 1 oder 2 beträgt, aber dabei gerät die Übertragung von Bewegungen sehr schlecht. Wird p größer, steigt auch die Übertragungsqualität.

Shannon-Fano-Codierung

Die Shannon-Fano Technik wurde in den frühen 50er Jahren entwickelt, um die Anzahl der für eine Meldung notwendigen Bit zu verringern, wenn die Wahrscheinlichkeitsrate der Symbole in der Meldung bekannt ist. Sie wurde von der Huffman-Codierung verdrängt, mit deren Hilfe fast optimale Codes erzeugt werden können, mit denen etwas besser komprimiert werden kann, als mit Shannon-Fano-Codes.

Shannon, Claude

Claude Shannon ist der Vater der Informationstheorie. Er arbeitete in den 40er und 50er Jahren daran. Shannon definierte, wie der »Informationsgehalt« und die Entropie mit den Daten zusammenhängen.

Shareware

Immer mehr Softwareprodukte werden als Shareware vertrieben. Shareware beruht auf einem »Probier die Ware aus, bevor Du sie kaufst«-Konzept. Ein Shareware-Programm darf vom Anwender über einen bestimmten vom Autor genehmigten Zeitraum genutzt werden. Danach muß der Anwender das Programm bezahlen, falls er es weiter benutzen möchte. Dafür erhält er in der Regel eine bessere Dokumentation, Hilfestellung und andere Vergünstigungen.

Der Vertrieb von Shareware-Programmen beruht jedoch auf einem ad hoc Konzept. Von der Association for Shareware Professionals wird eine gewisse Standardisierung angestrebt. Die ASP-Organisation gab Richtlinien für Shareware-Autoren heraus, worin verschiedene Vertriebs- und Anwenderunterstützungsstandards definiert werden.

Shareware-Programme sind meistens auch billiger als ihre kommerziellen Konkurrenten. Das ist aber nicht Bedingung. Viele Anwender nehmen fälschlicherweise an, daß Shareware »frei« ist. Dagegen kämpft die ASP-Organisation.

SQ, MS-DOS-Komprimierungsprogramm

Eines der ersten PC-Komprimierungsprogramme waren SQ und sein Gegenstück USQ. Diese beiden Programme verfügten über einen einfachen Huffman-Algorithmus der Ordnung 0. Sie wurden zuerst für das CP/M-Betriebssystem entwickelt und gleich nach seinem Erscheinen auf MS-DOS übertragen. Mit SQ konnte keine Dateiarchivierung vorgenommen werden, deshalb wurde es immer zusammen mit LU eingesetzt. LU ist ein Programm, das Dateien in einer Bibliothek unterbringt.

Mit Erscheinen des Shareware-Programmes ARC geriet SQ bald in Vergessenheit. Mit ARC und seinem LZW-Algorithmus konnten nicht nur bessere Komprimierungsgrade erzielt werden, sondern die Komprimierungs- und Archivierungsfunktionen waren in einem Programm kombiniert. Dadurch ist der Anwender in der Lage, Dateigruppen in einem Schritt zu komprimieren und in einem Archiv unterzubringen.

Statisches Modell

Ein statisches Modell verändert sich während der Komprimierung eines Symbolstromes nicht. Als Beispiel kann ein einfaches Huffman-Komprimierungsprogramm der Ordnung 0 dienen. Bei der klassischen Implementation dieses Programmes werden beim ersten Durchgang für alle Zeichen Häufigkeitswerte gebildet. Mit diesen Daten wird anschließend der Huffman-Codierungsbaum aufgebaut. Dieser Baum stellt das statische Modell dar. Bei einem zweiten Durchlauf werden die Daten dann komprimiert.

Symbole

In der Datenkomprimierungsterminologie handelt es sich bei einem Symbol um die ultimative Informationseinheit. Allzweckkomprimierungsprogramme komprimieren Byteströme. In diesem Fall ist ein Byte dasselbe wie ein Symbol. Ein Symbol kann jedoch auch einfach eine Fließkommazahl, ein Wort oder etwas anderes sein.

Tabelle, adaptiv/statisch

Makrosubstitutionsmethoden verwenden zum Komprimieren von Daten eine Tabelle. Ein Symbolstring wird als Zeiger in die Tabelle codiert. Bei einer adaptiven Methode wie der LZ77-Methode wird die Tabelle ständig verändert. Beim statischen Verfahren wird der gesamte Datenstrom mit derselben Tabelle komprimiert.

TAR, UNIX-Programm

TAR ist ein Standard-UNIX-Programm, mit dem Archive erstellt werden können. Es nimmt eine Dateigruppe und bringt diese in einer einzigen Datei unter. TAR komprimiert die Dateien in keinster Weise. UNIX-Archive werden häufig gebildet, indem Dateigruppen zuerst mit TAR zusammengepackt und dann mit COMPRESS komprimiert werden. Die resultierende Datei hat dann das sogenannte »TAR.Z«-Format.

Token

Ein willkürlich ausgewähltes Objekt, mit dessen Hilfe etwas anderes codiert wird. Bei der tabellengesteuerten Komprimierung ist ein Token ein Objekt, mit dem eine Phrase codiert werden kann.

Verlustbehaftct

Bei der verlustbehafteten Komprimierungstechnik kann der komprimierte Strom nicht zu einer exakten Kopie des Eingabestromes expandiert werden. Die verlustbehaftete Komprimierung kann auf digital abgespeicherte Repräsentationen analoger Phänomene wie zum Beispiel Grafiken und Audiosignale angewandt werden. Da geringe Auflösungsverluste hingenommen werden, können verlustbehaftete Algorithmen sehr viel besser komprimieren.

Verlustlos

Die verlustlose Komprimierung wird zur Komprimierung eines Textstromes eingesetzt, damit daraus bei der Dekomprimierung eine identische Kopie des Datenstromes erstellt werden kann. Dieser Komprimierungstyp wird normalerweise auf Dateien, die normale Daten enthalten, angewandt.

Welch, Terry

Terry Welch verfeinerte den LZ78-Datenkomprimierungsalgorithmus zu einer »Technique for High-Performance Data Compression«. Sein Patent des LZW-Algorithmus gehört jetzt Unisys.

Ziv & Lempel

Jacob Ziv und Abraham Lempel sind zwei israelische Informationstheoretiker, die 1977 und 1978 Artikel über die tabellengesteuerte Datenkomprimierung schrieben.

Bibliographie

Bell, Timothy C., Cleary, John, G., Witten, Ian H, (1990) *Textcompression*, Prentice Hall, Englewood Cliffs NJ.

Embree, Paul M., und Kimble, Bruce, (1991), *C Language Algorithms for Digital Signal Processing*, Prentice Hall, Englewood Cliffs, NH.

Fiala, Edward R., und Greene, Daniel H., »Data compression with fine Windows«, *Communications of the ACM*, Band 32, Nummer 4, April 1989, Seiten 490-505.

Huffman, D.A., »A method for the construction of minimum-redundancy codes«, *Proceedings of the IRE*, Band 40, Nummer 9, September 1952, Seiten 1098-1101.

Jain, Anil K., Farrelle, Paul M und Algazi, V. Ralph, (1984) *Image Compression, Digital Image Processing Techniques*, Academic Press, Seiten 171-226.

Karl, John H., *An Introduction to Digital Signal Processing*, Academic Press, 1989.

Monsour, Robert A. und Whiting, Douglas L., »Data Compression Breaks Through to Disk Memory Technology«, *Computer Technology Review*, Band 11,mmer 6, Mai 1991, Seiten 39-45.

Nelson, Mark, »LZW Data Compression«, *Dr. Dobb's Journal*, Band 14, Nummer 10, Oktober 1989, Seitem 29-37.

Ramabadran, Tenkasi V. und Gaitonde, Sunil S., »A Tutorial on CRC Computations«, *IEEE Micro*, August 1988, Seiten 62-75.

Storer, J.A., (1988) *Data Compression*, Computer Science Press, Rockville, MD.

Wallace, Gregory K., »The JPEG Still Picture Standard«, *Communications of the ACM*, Band 34, Nummer 4, April 1990, Seiten 31-44.

Welch, Terry, »A Technique for High-Performance Data Compression«, *IEEE Computer*, Band 17, Nummer 6, Juni 1984, Seiten 8-19.

Witten, Ian H., Neal, Radford M. und Cleary, John G., »Arithmetic Coding for Data Compression«, *Communications of the ACM*, Band 30, Juni 1987, Seiten 520-540.

Ziv, J. und Lempel, A., »A universal algorithm for sequential data compression«, *IEEE Transactions on Information Theory*, Band 30, Nummer 3, Mai 1977, Seiten 337-343.

Ziv, J. und Lempel, A. »Compression of individual sequences via variable-rate coding«, *IEEE Transactions on Information Theory*, Band 24, Nummer 5, September 1978, Seiten 530-536.

Andere Quellen

Besonders gut eignet sich das IBM-Programmierer Forum auf CompuServe, um mehr über die Datenkomprimierung zu lernen. Den Zugang zu CompuServe erhält man durch Anruf bei der zuständigen Kundendienststelle. Es folgen einige Dateien, die momentan in der Datenkomprimierungsbibilothek von CompuServe vorliegen:

AR002.EXE	Ein Komprimierungs-/Archivierungsprogramm mit kommentiertem C-Quelltext.
ARJ220.EXE UNARJ220.EXE	Das ARJ-Komprimierungsprogramm. ARJ darf nicht kommerziell von jedem genutzt werden. Es enthält den Quelltext UNARJ.C, der in andere Produkte eingebaut werden kann.
CMPPAS.EXE	LZSS- und LZARI-Komprimierungsprogramme in Turbo Pascal.
COMPR.TXT	Ein Aufsatz von Haruhiko Okumara über den Stand der japanischen Shareware-Komprimierungsprogramme, besonders LHArc.
LHA213.EXE LHASRC.EXE	Das LHArc Komprimierungsprogramm, Freeware mit C- und Assembler-Quelltext.
LZCOMP.EXE	C-Quelltext für LZSS, LZHUF und die LZSS-Algorithmen.
PAK251.EXE	Shareware-Komprimierungsprogramm, das viele Formate unterstützt.
PKZ110.EXE	Das bekannte PKZIP-Shareware-Archivierungs-/Komprimierungs-Paket.
ZOO210.EXE	Das UNIX-Archivierungspaket. Public Domain.

Nachwort

Als ich dieses Buch über Datenkomprimierung schrieb, verfolgte mich der Gedanke, daß viele der hier behandelten Techniken von ihren Erfindern oder anderen patentiert wurden. Daß ein Datenkomprimierungsalgorithmus durch das Gesetz des »geistigen Eigentums« für Programmierer unzugänglich wird, steht meiner Ansicht nach im Gegensatz zu den Grundprinzipien, die mich und viele andere veranlaßten, diesen Beruf zu ergreifen.

Ich habe bisher noch nicht bemerkt, daß durch die Vergabe von Softwarepatenten die Computerwissenschaft vorangebracht wurde oder die Rechte der Entwickler geschützt wurden. Mehrere Firmen beharren auf ihre Patentrechte, lange nachdem die Entwickler an größeren und besseren Projekten bei anderen Firmen arbeiten. Haben die Patenteigner irgendetwas anders getan als Patente zu sammeln? Tragen sie zum Fortschritt der Computerwissenschaft bei?

Damit ein Softwareprodukt kommerziellen Erfolg hat, muß es innovativ sein, ein gutes Design haben, über eine erstklassige Dokumentation verfügen und sich an den Anwenderbedürfnissen orientieren. Diese Dinge kann Ihnen niemand nehmen. Andererseits kann auch ein großer Patentberg es nicht verhindern, daß diese Dinge durch Unaufmerksamkeit oder Selbstgefälligkeit verloren gehen. Diejenigen, die sich an geistigem Eigentum vergreifen, werden diese Lektion wohl nie lernen.

Was können Sie tun? 1. Lassen Sie Ihre eigene Arbeit nie patentieren und ermutigen Sie Gleichgesinnte auch dazu, es nicht zu tun. Konzentrieren Sie ihre Energie auf die Verbesserung Ihrer Produkte, nicht darauf, gesetzliche Hindernisse für Konkurrenten zu errichten. 2. Plädieren Sie für eine Änderung der Ansichten. Das heißt: Diejenigen, die mit Ihnen arbeiten, mit denen Sie Geschäfte machen und die in der Regierung für diese Dinge zuständig sind, müssen zu einer Änderung ihrer Meinung bewegt werden. Schreiben Sie an Ihre Abgeordneten. Schreiben Sie an ACM. Schreiben Sie an das House Subcommittee on Intellectual Property. Außerdem können Sie sich an mich wenden und Mitglied im Verein »League For Programming Freedom« werden. Mehr Informationen zu diesem Thema erhalten Sie unter folgender Adresse:

League For Programming Freedom
1 Kendall Square #143
P.O. Box 9171
Cambridge, MA 02139

Index

E

F

G

H

T

U

W

Z